21 世纪全国高等院校财经管理系列实用规划教材

企业文化理论与实务
（第 2 版）

主　编　王水嫩

内 容 简 介

本书分为上篇和下篇。上篇(1~6章)系统阐明企业文化的内涵、产生与发展、核心要素、载体结构、演变及规律、影响因素;下篇(7~12章)深入探讨企业文化的地位与功能、企业文化建设的建设、测量、培育、"落地生根"的艺术、传播。

本书体现了三大特点:"准",即对基本概念表述准确,对企业文化基本理论阐述清晰;"新",即教材体系新颖,吸收了国内外企业文化理论的最新观点和方法;"实",即理论联系实际,具有很强的操作性,每章都提供了一个引例、一个案例分析。

本书既可作为管理专业的本科生、研究生的教材,也可作为企业进行企业文化培训的参考用书,还可供企业家、企业管理者、公务员和一切对组织文化感兴趣的读者的阅读和参考。

图书在版编目(CIP)数据

企业文化理论与实务/王水嫩主编. —2版. —北京:北京大学出版社,2015.1
(21世纪全国高等院校财经管理系列实用规划教材)
ISBN 978-7-301-24445-6

Ⅰ. ①企… Ⅱ. ①王… Ⅲ. ①企业文化—高等学校—教材 Ⅳ. ①F270

中国版本图书馆 CIP 数据核字(2014)第 141550 号

书　　　　名:	企业文化理论与实务(第2版)
著作责任者:	王水嫩　主编
策 划 编 辑:	李　虎　王显超
责 任 编 辑:	翟　源
标 准 书 号:	ISBN 978-7-301-24445-6/C·1021
出 版 发 行:	北京大学出版社
地　　　　址:	北京市海淀区成府路 205 号　100871
网　　　　址:	http://www.pup.cn　新浪官方微博:@北京大学出版社
电 子 信 箱:	pup_6@163.com
电　　　　话:	邮购部 62752015　发行部 62750672　编辑部 62750667　出版部 62754962
印 刷 者:	北京鑫海金澳胶印有限公司
经 销 者:	新华书店
	787 毫米×1092 毫米　16 开本　17.5 印张　387 千字
	2009 年 1 月第 1 版
	2015 年 1 月第 2 版　2019 年 3 月第 4 次印刷
定　　　　价:	35.00 元

未经许可,不得以任何方式复制或抄袭本书之部分或全部内容。
版权所有,侵权必究
举报电话:010-62752024　电子信箱:fd@pup.pku.edu.cn

21世纪全国高等院校财经管理系列实用规划教材

专家编审委员会

主任委员 刘诗白

副主任委员（按拼音排序）

  韩传模   李全喜   王宗萍
  颜爱民   曾　旗   朱廷珺

顾　问（按拼音排序）

  高俊山   郭复初   胡运权
  万后芬   张　强

委　员（按拼音排序）

  程春梅   邓德胜   范　徵
  冯根尧   冯雷鸣   黄解宇
  李柏生   李定珍   李相合
  李小红   刘志超   沈爱华
  王富华   吴宝华   张淑敏
  赵邦宏   赵　宏   赵秀玲

法律顾问 杨士富

丛 书 序

我国越来越多的高等院校设置了经济管理类学科专业,这是一个包括理论经济学、应用经济学、管理科学与工程、工商管理、公共管理、农林经济管理、图书馆、情报与档案管理7个一级学科门类和31个专业的庞大学科体系。2006年教育部的数据表明,在全国普通高校中,经济类专业布点1518个,管理类专业布点4328个。其中除少量院校设置的经济管理专业偏重理论教学外,绝大部分属于应用型专业。经济管理类应用型专业主要着眼于培养社会主义国民经济发展所需要的德智体全面发展的高素质专门人才,要求既具有比较扎实的理论功底和良好的发展后劲,又具有较强的职业技能,并且又要求具有较好的创新精神和实践能力。

在当前开拓新型工业化道路,推进全面小康社会建设的新时期,进一步加强经济管理人才的培养,注重经济理论的系统化学习,特别是现代财经管理理论的学习,提高学生的专业理论素质和应用实践能力,培养出一大批高水平、高素质的经济管理人才,越来越成为提升我国经济竞争力、保证国民经济持续健康发展的重要前提。这就要求高等财经教育要更加注重依据国内外社会经济条件的变化,适时变革和调整教育目标和教学内容;要求经济管理学科专业更加注重应用、注重实践、注重规范、注重国际交流;要求经济管理学科专业与其他学科专业相互交融与协调发展;要求高等财经教育培养的人才具有更加丰富的社会知识和较强的人文素质及创新精神。要完成上述任务,各所高等院校需要进行深入的教学改革和创新,特别是要搞好有较高质量的教材的编写和创新工作。

出版社的领导和编辑通过对国内大学经济管理学科教材实际情况的调研,在与众多专家学者讨论的基础上,决定编写和出版一套面向经济管理学科专业的应用型系列教材,这是一项有利于促进高校教学改革发展的重要措施。

本系列教材是按照高等学校经济类和管理类学科本科专业规范、培养方案,以及课程教学大纲的要求,合理定位,由长期在教学第一线从事教学工作的教师编写,立足于21世纪经济管理类学科发展的需要,深入分析经济管理类专业本科学生现状及存在的问题,探索经济管理类专业本科学生综合素质培养的途径,以科学性、先进性、系统性和实用性为目标,其编写的特色主要体现在以下几个方面:

(1) 关注经济管理学科发展的大背景,拓宽理论基础和专业知识,着眼于增强教学内容与实际的联系和应用性,突出创造能力和创新意识。

(2) 体系完整、严密。系列涵盖经济类、管理类相关专业以及与经管相关的部分法律类课程,并把握相关课程之间的关系,整个系列丛书形成一套完整、严密的知识结构体系。

(3) 内容新颖。借鉴国外最新的教材,融会当前有关经济管理学科的最新理论和实践经验,用最新知识充实教材内容。

(4) 合作交流的成果。本系列教材是由全国上百所高校教师共同编写而成,在相互进行学术交流、经验借鉴、取长补短、集思广益的基础上,形成编写大纲。最终融合了各地特点,具有较强的适应性。

(5) 案例教学。教材融入了大量案例研究分析内容,让学生在学习过程中理论联系实际，特别列举了我国经济管理工作中的大量实际案例，这可大大增强学生的实际操作能力。

（6）注重能力培养。力求做到不断强化自我学习能力、思维能力、创造性解决问题的能力以及不断自我更新知识的能力，促进学生向着富有鲜明个性的方向发展。

作为高要求，经济管理类教材应在基本理论上做到以马克思主义为指导，结合我国财经工作的新实践，充分汲取中华民族优秀文化和西方科学管理思想，形成具有中国特色的创新教材。这一目标不可能一蹴而就，需要作者通过长期艰苦的学术劳动和不断地进行教材内容的更新才能达成。我希望这一系列教材的编写，将是我国拥有较高质量的高校财经管理学科应用型教材建设工程的新尝试和新起点。

我要感谢参加本系列教材编写和审稿的各位老师所付出的大量卓有成效的辛勤劳动。由于编写时间紧、相互协调难度大等原因，本系列教材肯定还存在一些不足和错漏。我相信，在各位老师的关心和帮助下，本系列教材一定能不断地改进和完善，并在我国大学经济管理类学科专业的教学改革和课程体系建设中起到应有的促进作用。

刘诗白

2007年8月

刘诗白 现任西南财经大学名誉校长、教授，博士生导师，四川省社会科学联合会主席，《经济学家》杂志主编，全国高等财经院校《资本论》研究会会长，学术团体"新知研究院"院长。

第 2 版前言

2009 年 1 月,本书第 1 版由北京大学出版社与中国农业大学出版社联合出版。在随后的 5 年里,本书第 1 版得到了读者的广泛认可,在北京大学出版社已重印多次。企业文化理论自 20 世纪 80 年代诞生以来,取得了长足的发展,无论在国内还是国外,其理论影响都非常深远。近年,随着我国经济管理类专业的迅猛发展,企业文化课程逐渐成为人力资源管理专业、工商管理专业、行政管理专业的选修课程和专业方向课,甚至专业核心课程,受到极大的重视。在本科、硕士、MBA、MPA 及 EMBA、EDP 中,企业文化往往成为最受欢迎的选修课程之一。随着全球化的深入,价值观的多元化、员工的多元化,企业跨国经营的发展,新技术日新月异的变化,文化冲突日益困扰着企业的可持续发展,管理实践界越来越重视企业文化。正是企业文化理论、实践和教育的发展,使得本书的修改显得尤为迫切。为此,编者利用一年半的时间,基于企业文化理论、实践的发展及相关研究和咨询工作,对本书进行了较大幅度的修改和完善,以期第 2 版既能反映企业文化理论与实践的最新发展成果,又能适合国内院校本科、研究生教学的实际需求。

编者对本书的修订主要体现在以下三个方面。

首先,每章增设了导入案例和参考文献。编者考虑到本书的主要使用对象为本科生,并广泛应用于本科教学,为了更好地服务于课程教学,本书在第 1 版中,每章已设有学习目标、复习题、思考题、本章小结、关键词及案例分析等。根据编者多年的教学实践及使用本书的师生的建议,本次修改中在每章新增了引例及参考文献,以提供更加丰富的教学资源,方便教师教学安排,更方便学生自主学习。学习目标简要概括了每章内容的侧重点;引例能启发读者思考企业文化管理的现实问题,引导读者带着问题和浓厚兴趣进入该章的正文部分;复习题以问题的形式帮助读者回顾和复习该章的重点内容;思考题要求读者结合实践对该章涉及的理论问题进行深入的思考和运用;本章小结梳理和总结了本章内容的内在逻辑和主要内容;关键词提醒读者需要重点关注和理解的基本概念;案例分析是为了让读者运用该章学到的相关理论和方法,对企业文化管理的现实问题进行深入的分析和探索;每章的拓展阅读是编者精选的相关经典文献和理论前沿文献,目的是使读者夯实理论基础或开阔理论视野。在修订过程中,编者对企业文化案例进行了仔细的筛选,增补了最新的案例,并根据每个案例的主题分别放在相应的章节。本书有许多外国经典的文化管理案例,同时,编者更注重使用中国本土的企业案例,试图让读者既能感受中西企业文化的差异,又能体会在中国文化背景下如何理解企业的发展与管理问题。

其次,完善了教材体系。本次修改对第 1 版的章节有删除也有增加,对相关知识点进行了补充,使教材体系更加系统化。例如,删除了第 1 版第 5 章"企业文化的类型",因为编者认为企业文化类型相关知识没有必要专门设一章,一些重要的分类方法在第 9 章"企业文化测量"中也有介绍。再如,将原来第 11 章"企业文化设计"压缩成现在第 10 章的 10.1 "企业文化的挖掘与提炼",内容更显紧凑。另外,还新增加了第 12 章"企业文化的传播"。编者认为在文化经济时代,全面、准确地对外展示、传播企业文化,在社会公众心目中留下美好印象,塑造兼具文明度、知名度和美誉度的企业形象,对企业发展至关重要。另外,编者对许多知识点都做了补充。例如,在第 2 章中,增加了企业文化理论产生的背景分析,使读者对企业文化理论产生的直接原因及其更为深刻的经济、社会原因有了更全面系统的理解;第 3 章中,增设了一节"企业使命"的内容,将企业文化的三个最重要核心要素——企业使命、愿景和核心价值观,更集中、完整地呈现给读者,让读者更好地理解三者之间的内在逻辑;第 5 章中增设了一节"企业文化的演化",更好地体现了企业文化演变的过程与内在规律性;在第 7 章中,新增了"企业文化的消极功能"一节,对企业文化功能的分析更加全面。

再次,补充了相关理论最新的研究成果。企业文化理论发展迅速,虽然只有短短 4 年时间,但也涌现了不少新成果。在修改过程中,编者重点是对每章增加相对较新的知识内容,力图反映企业文化最新的知识体系。例如,编者借鉴和整合了战略性企业社会责任、文化演化、基于价值观的领导、组织学习、企业伦理等相关研究成果。

参与本次修订的人员,均来自浙江师范大学经济与管理学院。主要修订人员,如王水嫩、郑文哲、李长江等,都担任企业管理专业的本科教学、研究生教学,以及 MBA 教学、MPA 教学、企业管理者的培训课程,都有 20 年以上的教学经验。具体的编写分工如下:王水嫩编写第 1 章、第 3 章、第 4 章、第 5 章和第 6 章;李长江编写第 2 章和第 9 章;陈亮编写第 7 章和第 13 章;郑文哲编写第 8 章、第 10 章、第 11 章和第 12 章。企业管理专业的三位研究生刘欣、缪月宵、王洁协助编者做了大量的资料收集与整理工作。第 2 版初稿出来后,研究生缪月宵、黄文妍、陈晴、马晓思对整个文稿进行了编排和核对,王水嫩做了最后的审读。

在过去的 4 年里,许多采用本书的教师、学生通过电子邮件、精品课程网站(http://course.zjnu.cn/cc/)提出了宝贵的反馈和修改建议。编者对这些教师的指导和帮助表示衷心的感谢!

尽管编者试图对本书进行更为完善的修改,但受水平所限,书中难免存在疏漏与不足之处,敬请广大读者批评指正。

编 者

2014 年 7 月

第1版前言

管理学界已经形成一个基本共识——优秀的企业文化构成企业的核心竞争力，是基业长青的保证。21 世纪是"文化管理"时代，也是"文化致胜"时代，因此企业文化被誉为现代管理之魂。但在企业管理教学研究与企业咨询工作中，我们发现：不少人、不少企业对企业文化的认识还不是很清楚，甚至存在各种各样的认知误区；企业文化建设实践过于形式化，效果不明显。企业文化究竟是什么？如何才能培育企业的核心价值观，推进企业文化管理？这些问题已经成为企业经营者面临的现实挑战。

自 1980 年初企业文化理论诞生以来的短短 20 多年中，国内对企业文化的研究取得了丰硕的成果，其中包括各种企业文化教材的编写和出版。但是，目前我国企业文化的教材也普遍存在以下问题：对企业文化这一核心范畴界定不清晰、理解不统一，有时从广义角度理解，有时又从狭义角度研究，由此导致教材体系混乱且各不相同，给教学带来诸多不便；对企业文化最新研究成果的吸收和体现不够，滞后于企业文化理论和实践的发展；缺乏可操作性，对企业文化建设和变革实践的探讨还不够深入，不能很好地给企业文化建设实践以借鉴和启发。

基于以上几个方面的考虑，编者决定编写《企业文化理论与实务》教材，以满足企业管理实践的强烈需要，同时也解决在教学中面临的现实问题。从 2007 年 5 月确定提纲到 2008 年 9 月完成书稿，其间编者反复推敲，不少章节数易其稿。最后完成的教材分理论篇和实务篇。理论篇系统阐明企业文化的内涵、核心要素、载体结构、类型、功能、演进规律和影响因素；实务篇深入探讨企业文化建设的目标、主体、启动时机、一般步骤、实施路径和培育艺术。本教材体现三大特点："准"，即对企业文化理论和概念表述、阐明准确；"新"，即教材体系新颖，吸收了国内外最新的观点和理论；"实"，即理论联系实际，具有很强的操作性，每一章都提供一个典型案例。理论篇大都采用发达国家卓越企业的案例，实务篇大都采用本土的案例，以增强其启发性和借鉴性。

本教材为浙江省社会科学联合会社科普及重点课题的研究成果，主要作为管理专业的本科生、研究生教学之用，也可作为企业进行企业文化培训之用，并适合于企业家、企业管理者、公务员和一切对组织文化感兴趣的人员阅读和参考。我们还制作了与本教材配套使用的《企业文化精品课程网站》和教学课件(PPT)，网址为 http://course.zjnu.cn/cc/。网站提供了丰富的教学资源。

本书由王水嫩副教授策划和总撰，并编写了第 1、3、4、9、12 章，李长江教授编写了第 2、10 章，郑文哲教授编写了第 8、14 章，李杰义、胡淑姣副教授编写了第 5、11 章，夏凤、陈琪副教授编写了第 7、13 章，邓新杰编写了第 6 章。朱燕、陈双双、潘书群也为编写教材做了一些基础工作。

由于作者知识和经验有限，书中疏漏之处在所难免，恳请广大读者批评指正。

编　者
2008 年 10 月

目　　录

上篇　企业文化理论

第1章　文化、企业文化与文化管理 ... 3
- 1.1 文化的定义、要素及特点 ... 5
  - 1.1.1 "文化"概念的历史考察 ... 5
  - 1.1.2 文化的定义 ... 7
  - 1.1.3 文化的基本要素 ... 7
  - 1.1.4 文化的特点 ... 9
- 1.2 企业文化的定义、分类及特征 ... 10
  - 1.2.1 企业文化的定义 ... 10
  - 1.2.2 企业文化的层级分类 ... 13
  - 1.2.3 企业文化的基本特征 ... 14
- 1.3 文化管理的内涵及特征 ... 16
  - 1.3.1 文化管理的内涵 ... 16
  - 1.3.2 文化管理的基本特征 ... 19
- 本章小结 ... 20
- 复习题 ... 20
- 思考题 ... 21
- 拓展阅读 ... 26

第2章　企业文化理论的产生与发展 ... 27
- 2.1 企业文化理论的兴起 ... 28
- 2.2 企业文化理论兴起和发展的时代背景 ... 29
- 2.3 企业文化研究的发展脉络与主要研究领域 ... 31
- 2.4 企业文化研究趋势展望 ... 35
- 2.5 企业文化理论在中国的传播与发展 ... 38
- 本章小结 ... 40
- 复习题 ... 40
- 思考题 ... 40
- 拓展阅读 ... 42

第3章　企业文化的核心要素 ... 43
- 3.1 企业价值观——企业文化的核心 ... 45
  - 3.1.1 企业价值观的概念 ... 45
  - 3.1.2 企业价值观的作用 ... 47
  - 3.1.3 企业价值观体系 ... 47
  - 3.1.4 企业核心价值观 ... 49
  - 3.1.5 企业价值排序 ... 50
- 3.2 企业使命和愿景 ... 51
  - 3.2.1 企业使命 ... 51
  - 3.2.2 企业愿景 ... 52
- 3.3 企业精神 ... 53
  - 3.3.1 企业精神的概念 ... 54
  - 3.3.2 企业精神与企业价值观的区别 ... 54
  - 3.3.3 企业精神的特点 ... 54
  - 3.3.4 企业精神的作用 ... 56
  - 3.3.5 企业精神的产生 ... 57
  - 3.3.6 企业精神的培育 ... 57
  - 3.3.7 企业精神的内容 ... 58
- 3.4 企业道德和企业社会责任 ... 59
  - 3.4.1 企业道德 ... 59
  - 3.4.2 企业社会责任 ... 62
- 本章小结 ... 64
- 复习题 ... 66
- 思考题 ... 66
- 拓展阅读 ... 68

第4章　企业文化的载体结构 ... 69
- 4.1 企业文化结构观点概述 ... 70
- 4.2 企业文化的载体结构 ... 74
  - 4.2.1 企业文化的制度层 ... 74
  - 4.2.2 企业文化的行为层 ... 78
  - 4.2.3 企业文化的物质层 ... 81
- 本章小结 ... 83
- 复习题 ... 83
- 思考题 ... 83
- 拓展阅读 ... 85

第5章　企业文化的演变及规律 86

5.1 企业文化雏形的生成 88
- 5.1.1 企业文化雏形的生成过程 88
- 5.1.2 企业文化雏形的主要内容和特征 91

5.2 企业文化的传承与积累 92
- 5.2.1 企业文化的传承 93
- 5.2.2 企业文化的积累 94

5.3 企业文化的演化 96
- 5.3.1 企业文化的自然演化 96
- 5.3.2 企业文化的发展周期 97

5.4 企业文化的冲突与变革 98
- 5.4.1 企业文化的冲突 98
- 5.4.2 企业文化的变革 101

本章小结 105
复习题 105
思考题 106
拓展阅读 108

第6章　企业文化的影响因素 109

6.1 企业文化的外部影响因素 110
- 6.1.1 民族文化 111
- 6.1.2 社会制度 112
- 6.1.3 经济基础 113
- 6.1.4 行业文化 114
- 6.1.5 外来文化 116
- 6.1.6 地域文化 117

6.2 企业文化的内部影响因素 118
- 6.2.1 企业历史 118
- 6.2.2 企业领导者 119
- 6.2.3 企业员工 121
- 6.2.4 企业发展阶段 122
- 6.2.5 企业战略 123
- 6.2.6 企业制度 124

本章小结 125
复习题 126
思考题 126
拓展阅读 127

下篇　企业文化实务

第7章　企业文化的地位与功能 131

7.1 企业文化的地位 132
- 7.1.1 企业文化是企业组织的灵魂 133
- 7.1.2 企业文化是实现企业战略的思想保障 133
- 7.1.3 企业文化是企业活力的内在源泉 134
- 7.1.4 企业文化是企业行为规范的内在约束 135
- 7.1.5 企业文化是核心竞争力的核心元素 135

7.2 企业文化的基本功能 136
- 7.2.1 企业文化的积极功能 137
- 7.2.2 企业文化的消极功能 141

本章小结 143
复习题 143
思考题 143
拓展阅读 145

第8章　企业文化建设 146

8.1 企业文化建设的定义和目标 147
- 8.1.1 企业文化建设的定义 147
- 8.1.2 企业文化建设的目标 148

8.2 企业文化建设的主体 149
- 8.2.1 企业领导者 150
- 8.2.2 企业文化建设领导小组 151
- 8.2.3 企业文化处或企业文化部 151
- 8.2.4 企业中层管理者 152
- 8.2.5 企业员工 153
- 8.2.6 外聘专家 153

8.3 企业文化建设的时机 154
- 8.3.1 企业超常规发展时 154
- 8.3.2 业绩平平或陷入困境时 155
- 8.3.3 企业制度转型时 155
- 8.3.4 企业领导班子发生重大变化时 156
- 8.3.5 外部环境发生重大变化时 156

8.4 企业文化建设的基本原则 156
    8.4.1 以人为本，铸造和谐 157
    8.4.2 诚信为基，创新为魂 157
    8.4.3 打造特色，彰显个性 157
    8.4.4 积极引导，逐步推进 158
8.5 企业文化建设的一般步骤 158
本章小结 158
复习题 159
思考题 159
拓展阅读 162

第9章 企业文化测量 163

9.1 企业文化测量的意义 164
    9.1.1 为企业文化诊断提供工具 164
    9.1.2 为企业文化变革提供依据 165
    9.1.3 为企业文化实证研究提供
          科学基础 165
9.2 企业文化测量的内容、特点 166
    9.2.1 企业文化测量的内容 166
    9.2.2 企业文化测量的特点 166
9.3 企业文化测量的维度 167
    9.3.1 西方国家的企业常用的企业
          文化测量维度 167
    9.3.2 中国企业常用的企业文化
          测量维度 171
9.4 企业文化测量的方法及实施步骤 174
    9.4.1 企业文化测量的方法 174
    9.4.2 企业文化测量的实施步骤 175
9.5 企业文化测量量表的设计 175
本章小结 180
复习题 180
思考题 180
拓展阅读 182

第10章 企业文化的培育 184

10.1 企业文化的挖掘与提炼 188
    10.1.1 企业文化挖掘、提炼的
           内容与方法 188
    10.1.2 企业文化挖掘、提炼应
           遵循的原则 188

10.2 企业文化的培育与塑造 190
    10.2.1 文化导入 190
    10.2.2 文化变革 191
    10.2.3 制度化 192
    10.2.4 评估反思 192
10.3 企业文化建设的实施原则 193
    10.3.1 系统有序原则 193
    10.3.2 团队领导原则 194
    10.3.3 全员参与原则 194
    10.3.4 持之以恒原则 194
10.4 企业文化培育的基本路径 195
    10.4.1 理念层：宣传培训，
           讨论沟通 195
    10.4.2 行为层：榜样示范，
           岗位实践 197
    10.4.3 制度层：承载文化，
           严格执行 198
    10.4.4 物质层：精心布置，
           彰显文化 199
10.5 企业文化培育塑造的一般方法 203
    10.5.1 舆论导向法 203
    10.5.2 领导垂范法 204
    10.5.3 事件启示法 204
    10.5.4 行为激励法 204
    10.5.5 礼仪规范法 204
    10.5.6 活动感染法 205
    10.5.7 氛围渲染法 205
    10.5.8 榜样示范法 205
    10.5.9 民主驱动法 205
    10.5.10 形象重塑法 206
本章小结 206
复习题 207
思考题 207
拓展阅读 213

第11章 企业文化"落地生根"的
           艺术 214

11.1 软管理的"硬化"艺术 216
11.2 "虚功"实做的艺术 219

11.3 价值观转化的艺术 221
11.4 领导者的示范艺术 222
11.5 情境强化的艺术 224
11.6 运用心理机制 227
本章小结 231
复习题 231
思考题 231
拓展阅读 235

第 12 章 企业文化的传播 236

12.1 企业文化传播概述 238
    12.1.1 企业文化传播的概念 238
    12.1.2 企业文化传播的特征 239
12.2 企业文化传播的构成要素 241
    12.2.1 传播者 241

12.2.2 信息 243
12.2.3 媒介渠道 244
12.2.4 受传者 246
12.2.5 效果 247
12.2.6 反馈 248
12.2.7 噪声 249
12.3 企业文化传播的类型及规律 249
    12.3.1 企业文化传播的类型 249
    12.3.2 企业文化传播的规律 251
本章小结 253
复习题 254
思考题 254
拓展阅读 256

参考文献 257

上篇

企业文化理论

企业文化理论的兴起,至今不过30多年的时间,但这一理论已引起了企业界和学术界的广泛关注和研究。这是因为它给企业注入了生命活力,以及它给企业带来了有形和无形的、经济和社会的双重效益。企业文化已成为促进企业经营业绩和经济增长的有效手段和精神动力。本篇第1章对企业文化这一基本范畴及相关概念进行了明确的界定,以正本清源。第2章论述了企业文化理论的产生与发展。第3章论述了企业文化的核心要素,包括企业价值观、企业使命和愿景、企业精神、企业道德和企业社会责任。第4章论述了企业文化的结构,包括制度载体、行为载体、物质载体等。第5章对企业文化进行了动态分析,揭示了企业文化的演变过程及其内在规律。第6章系统分析了影响企业形成和变迁的外部因素和内部因素。第7章研究了企业文化的地位与功能。

本篇分别对企业文化的本质特征、核心要素、载体结构、类型、演变规律、影响因素和地位功能进行了论述,由此建立了一个完整的企业文化理论体系。

学习目标:

(1) 正确理解企业文化的内涵,避免走入企业文化的认知误区。
(2) 了解企业文化理论的产生过程及发展趋势,理解其在管理思想史上的意义。
(3) 掌握企业文化的核心要素及其内在关系,加深对企业文化的理解。
(4) 了解企业文化载体结构,理解理念层与制度层、行为层和物质层的关系。
(5) 了解企业文化生成、变迁的过程,深入理解其形成机制和演变规律。
(6) 全面理解企业文化的诸多影响因素,把握若干关键性因素。
(7) 深入研究企业文化的作用机理,理解其地位功能,培养文化自觉意识。

第1章 文化、企业文化与文化管理

本章学习目标

1. 文化的定义、要素及特点;
2. 企业文化的定义及特征;
3. 文化管理的定义及特征。

导入案例

企业文化的"动物性格"

持续成长的公司,尽管战略和运营总在不断适应变化的外部世界,但深层的决定其命运的始终是相对稳定的核心理念。这犹如动物长期形成的秉性决定了它将怎样直面自然界的挑战。文化、战略、市场结局相互依存、相融相生。

在自然界,各物种所具有的活动习性是在长期的生存环境中形成的,"物竞天择"就意味着只承认"竞争力"。《2007年度中国企业长青文化研究报告》就是这样一份颇有"丛林法则"、"图腾文化"的中国企业众相图。它将挑选出来的34家中国优秀企业,依据公司氛围、领导人、管理重心、价值取向等四个方面的文化特征,类比动物界生灵的运动特性而呈现出了具有自然崇拜的四种文化:象文化、狼文化、鹰文化、羚羊文化。作者试图通过分析优秀企业的理念及其在经营过程中的渗透和执行,来展现它们成功的文化轨迹和性格魅力。

在这个"动物世界"里,它们展现了不同的文化气质:象文化——人本型企业文化、狼文化——活力型企业文化、鹰文化——市场型企业文化、羚羊文化——稳健型企业文化。当然,并非一个企业在归为某类文化时就不具有其他文化的因素。突出的文化性格对企业生命延续产生了重大的决定性的影响。

1. 象文化:尊重、友好——人本型

企业的工作环境是友好的,领导者的形象犹如一位导师,企业的管理重心在于强调"以人为本",企业的成功则意味着人力资源获得了充分重视和开发,如万科、长虹、海信、远东、雅戈尔、红塔、格兰仕、三九、青岛啤酒和波司登为代表。

以综合评分最高的万科为例。它的创始人王石有着很好的企业威望和社会尊敬度。但对于王石来说,他和万科的文化魅力不在于"个人崇拜"的无以复加,而是公司始终倡导了一种理想主义的价值观与社会责任。同时,万科推出了"培养专业经理阶层,鼓励优秀人才为企业长期服务,提倡健康丰盛的人生和培养正确的职业操守"这样充满人本主义精神的企业人文纲领。尊重人,为优秀人才创造和谐、富有激情的工作和人生,是万科成功的首要因素。

2. 狼文化:强者、冒险——活力型

狼群有着强烈的危机感,它们生性敏捷而具备攻击性,重视团队作战并能持之以恒。狼精神是一种强者精神。在狼文化企业里,充满活力,有着富于创造性的工作环境;领导者往往以革新者和敢于冒险的形象出现;企业最为看重的是在行业的领先位置;而企业的成功就在于能获取独特的产品和服务。华为、国美、格力、娃哈哈、李宁、比亚迪、复星、吉利都是中国企业狼文化的典型代表。

以华为为例。华为十多年奋斗所取得的骄人业绩,堪为中国企业史上独一无二的例子。华为人俨然是一群善于"拼命"的狼。公司有一种强烈的扩张欲望,一旦找到突破口,不惜任何代价也要有所斩获;群狼"胜则举杯相庆,败则拼死相救",研发队伍超过万人,营销人员更是每次"出征"都给自己立下"军令状"、"破釜沉舟",不达目的誓不罢休。华为在今天的国际市场上还算不上足够强大,也不能保证它在强手如云的国际舞台还能纵横多久,所以华为不断强调危机意识,总把自己放在一个攻击者的位置,正是这种狼性让华为至今仍在国际化的险途攀登。

3. 鹰文化:目标、绩效——市场型

具有鹰文化的企业氛围是结果导向型的组织,领导以推动者和出奇制胜的竞争者形象出现,企业靠强调胜利来凝聚员工,企业的成功也就意味着高市场份额和拥有市场领先地位。这类公司以联想、伊利、TCL、平安、光明、春兰、喜之郎、小天鹅、雨润、思念等公司为代表。

第1章 文化、企业文化与文化管理

以联想为例。联想文化是典型的目标导向。柳传志时期，以强力执行，极大地支持了以客户为中心的目标导向；以出奇制胜的创新，实现了企业绩效和市场份额的高增长。当杨元庆从柳传志手中接过"联想未来"的旗帜后，虽然联想文化在不断调整，但管理风格始终建筑在绩效导向的基础上，仍然是以做到一个目标再奔向另一个目标的扑捕动作，去获取要跳一下才够得着的高目标。联想最根本的东西没有丢——从大处看世界，对自身永不满足，不断进取。

4. 羚羊文化：温和、敏捷——稳健型

羚羊的品性是在温和中见敏捷，能快速反应但绝不失稳健。这类文化的代表性企业有海尔、中兴、苏宁、美的、汇源、燕京啤酒等企业。由于以追求稳健发展为最大特征，因此这类企业的工作环境规范；企业靠规则凝聚员工；企业强调运营的有效性加稳定性；企业的成功是凭借可靠的服务、良好的运行和低成本。

以海尔为例。海尔的每一步都伴随着创新突破、追求卓越，但是它在实现创新中也强调和合，行王道而非诡道，走稳招而不走险招。当其他家电企业注重抓生产促销售时，海尔砸了冰箱，提出质量口号；当其他家电企业以渠道为王，大力发展批发网络时，海尔提出"真诚到永远"，建立了全国服务体系；当某些家电企业试图进行行业垄断时，海尔走了多元化的路子；向海外发展，海尔选择了自创品牌而非加工制造。

每个企业都有不同的企业文化，企业文化也并不是静止不变的，它依附于企业而存在，因此企业在发展变化的同时，企业文化也必须要不断变革来适应企业的变化和要求。

（资料来源：新华信，中国企业文化的"动物性格"[J]. 企业文化，2008，(5).)

同一个概念有多种不同的定义是学术界经常发生的基本事实。这种多样性一方面来自对象的丰富性，另一方面源自学者之间观察问题的角度不同、强调的重点不同、涵盖面的宽窄不同、使用的方法不同。企业文化曾有180多种定义，在学术界至今仍众说纷纭，莫衷一是。目前中国企业管理实践中对企业文化概念存在着种种认知误区。因此，本章首先要对企业文化这一基本范畴及相关概念进行明确的界定，以正本清源。

1.1 文化的定义、要素及特点

企业文化概念的重心是"文化"。因而，了解什么是"文化"并弄清其基本内涵，是研究企业文化的逻辑起点。

1.1.1 "文化"概念的历史考察

在汉语中，文化是"文"和"化"的复合词。从其初始的意蕴看，"文"是指语言、文字、典章、制度一类的事物，"化"是指感化、改造、塑造的过程和结果。把"文"和"化"两个字联结起来使用，最早出现于《周易》中："观乎天文，以察时变；观乎人文，以化成天下。"这里的"人文"、"化成"即含有文化的意义。"文化"作为一个词，最早出现在中国西汉时期刘向的《说苑》中，原文为："圣人之治天下也，先文德而后武力。凡武之兴为不服也。文化不改，然后加诛。"这里把"文化"与"武力"对立起来，文化被理解为"文治教化"。近代，梁漱溟把文化看作"人类的生活的样法"[①]。胡适则把文化和文明联系起来，

---

① 梁漱溟. 东西文化及其哲学[M]. 上海：商务印书馆，1922.

认为文化是"一种文明所形成的生活的方式"。古代、近代对文化的理解只是强调了一个方面,都不是很全面,与现代意义上的文化的含义不同。

"文化"的现代含义可从现行的工具书上查找,我国比较权威的工具书对"文化"一词都有比较明确的表述。例如,《辞海》对文化的释义是:"从广义来说,指人类社会历史实践过程中所创造的物质财富和精神财富的总和;从狭义来说,指社会的意识形态及与之相适应的制度和组织结构。"《当代百科知识大词典》把文化解释为:"一般而言,指在社会发展过程中人类创造物的总称,它包括物质技术文化、社会制度文化和观念精神文化。文化一旦形成之后便具有自身的发展规律,通过一代复一代的继承,文化会延续下去。"

在西方,"文化"(Culture)一词来源于古拉丁文Cultura,其基本含义是"耕作"、"培育"、"教习"、"开化",是一种同"自然存在"相对应的存在。

国外学者对文化的定义也有多种多样的表述。

英国文化人类学家爱德华·泰勒在1871年出版的《原始文化》中第一次把文化作为一个中心概念来使用,并系统表述为:"文化是一个复杂的总体,包括知识、信仰、艺术,道德、法律、风俗,以及人类在社会里所获得的一切能力与习惯。"[①]

美国学者赫斯科维茨对文化的描述比较全面,他认为:"文化是习得的,文化是由构成人类存在的生物学成分、环境学成分、心理学成分和历史学成分衍生而来的;文化有结构,可分为各个层面;文化是动态的,可以通过一定方式的努力而改变;文化具有规律性,可借助科学方法加以分析;文化是个人适应整个环境的工具,是表达其创造性的手段。"

美国学者罗伯特·摩森和菲利普·哈西斯等人在《文化协调》一书中认为:"文化是一种生活方式,它产生了人类群体,并被有意识或无意识地传给下一代。确切地说,在一种不断满足需求的试图中,观念、态度、习惯、习俗和传统在一个群体中被确立并在一定程度上规范化。文化是明显的或隐含的处理问题的方式和机制,它使得一个民族在适应其环境及不断变化的条件时,有别于其他。"

法国学者维克多·埃尔在《文化概念》一书中指出卢梭的《社会契约论》一书中关于"文化"一词的定义是最准确的,即文化是风俗、习惯,特别是舆论。它的特点有三个:一是铭刻在人们的内心;二是缓慢诞生,但每天都在获得新生力量并取代权威力量;三是能够维持人们的法律意识,激活已经疲软的法律或取代已经消亡的法律。

荷兰文化管理专家霍夫斯泰德(Geert Hofstede)对文化的定义是:特定环境中的人的共同的心理程序(1983年)。强调文化不是个体特征,而是群体特征,是一个群体在价值观念、信仰、行为准则、风俗习惯等方面所表现出来的区别于另一群体的显著特征。他们之所以会有共同的心理程序,是因为他们处于同样的环境中,面临着同样的挑战,有着同样的生活经验。

《牛津现代辞典》对文化的解释是:人类能力的高度发展,借训练与经验而促成的身心的发展、锻炼、修养;或人类社会智力发展的证据、文明,如艺术、科学等。

《韦氏大词典》(第3版)认为,文化的适用范围首先是"指人类行为及其具体化于思想、言论、行动和制品方面的产物的总体模式,它的形成与存在依赖于人类通过使用工具、语言和抽象思维体系而进行学习和传授知识的能力";其次是"指在某一种族、宗教或社会组

---

① 庄锡昌,等. 多维视野中的文化理论[M]. 杭州:浙江人民出版社,1987.

织中，其传统的独特结构所含有的惯常信仰、社会礼仪和生活特性的总体"；最后是"特指一定的群体、职业或专业、性别、年龄阶层或社会等级的典型行为或标准化社会特征的综合。"

英国《柯林斯英语词典》对"文化"的定义列出了两条：一是"指相传的思想、信念、价值、知识的总体，它构成社会活动的共同基础"，二是"指具有共同传统的某一类人的活动与思想的总体，其传统在成员间传播并得到加强。"

1.1.2 文化的定义

文化的定义众说纷纭、见仁见智。但从以上的种种定义中可以看出，文化有广义与狭义之分，也有宏观与微观之别。

广义理解，人类历史上，凡是与人的思想、行为及人工制品相联系的都是文化，它囊括了人类社会有史以来的一切创造物，包括三个方面：一是器物性文化，即人造的物品，如长城、运河、工具、产品等；二是制度性文化，即人所制定的行为规范，如法律、政策、规章、规则等；三是观念性文化，即社会的意识形态，如哲学、文学、艺术、道德、宗教等。从狭义理解，文化特指精神产品及行为方式。

文化按其覆盖面的不同，可以有不同的层次。从宏观上看，文化可以是全人类的文化，或是民族的、宗教的、社会的文化；从微观上看，它又可以指社会中的某一特定群体的文化，如地域文化、组织文化等。

尽管学术界对文化概念的界定存在着分歧，但就文化的本质而言，学者的认识正在趋于一致。编者综合学者的理解认为：文化是人类改造自然、社会和人类自身活动的成果，其本质是一定自然和社会环境中的人在长期的活动中所形成的，以价值观系统为核心的一系列习俗、规范和准则的总和。它体现了一个群体在价值取向、思维方式、理想追求、精神风貌等方面的显著特征。

1.1.3 文化的基本要素

文化是由一些基本要素相互依赖、相互制约而形成的体系。构成文化的基本要素有以下五点。

1. 物质文化

物质文化是人类为了满足自身生存和发展需要，从而对自然界改造和加工形成的种种结果，是人的智力借以表现的载体。物质文化是客观存在的物质现象，是人可感知的、可触摸的，它和自然物的区别就在于，它经过了人的雕琢。从古人留下的万里长城到当今的长江三峡，从人造天体到人们佩带的电子表，从服饰和时装到空调和饮食，都是人们将自然物经过加工、再加工造就出来的。

2. 认知文化

认知文化是人们认识世界与改造世界的工具和手段，它是通过学习获得的。这种工具和手段不同于人们用于书写的纸笔或用于获取和处理信息的计算机，而是知识形态的理论系统，是由哲学、道德、宗教、艺术、科学提供的世界观、方法论，以及各种具体的定理、原则或模型。认知文化既是人类认识世界、改造世界累积起来的实践经验和智慧成果，也是任何新一代开创新生活、进行文化再创造的前提和基础。

3. 象征符号

象征符号是表征文化的符号，也是人们借文化而彼此交往、彼此沟通的媒介，是任何一种文化不可或缺的重要因素。象征符号主要有语言、文字、面部表情、行为动作、各种标识和徽记等。这些象征符号是人们在社会实践和交往活动中概括和抽象出来的，其含义是人们彼此理解和认同的。从最简单的一声呼唤到表态传情的挤眉弄眼，交往双方都是一看就能明白，而且是心领神会的。象征符号是沟通手段，它本身又是一种文化成果。不同民族、地区、群体的象征符号的具体形式是不同的，如汉民族用汉语、汉字，盎格鲁-撒克逊民族用英语、英文。

4. 行为规范

社会个体都是根据自己的需要和动机行事的，每个个体的需要和动机的性质、强度往往不同。同时，只有当社会成员按一定的秩序规范采取配合行动的时候，社会活动才能达到预期的目的，社会才能有序并提高效益。因此，在人类社会早期，人们即开始认识到约束个人行为并使其与他人行为、社会要求相协调，对于个人、社会都是必不可少的。这种愿望和努力推动着人们创造出各种制约手段，人类社会早期形成了风俗、习惯、禁忌，以后又相继形成了道德规范、各种规章制度及各种法律法令。现在，社会的各种层次，政治、经济、文化的各个领域，各行各业，都有与其相配套的伦理要求和制度规范。所有社会成员，特别是各种职业岗位的成员，都受到这样或那样的规范制约。社会正在成为一个制度化的社会，各种制度相互补充，正在形成完备的制度体系。行为规范可以是一种默契，也可以是一种约定、一种严密的逻辑条令，但都是人类在实践中为了更好地从事物质和精神活动而创造的，因而它是一种重要的文化因素。

5. 价值文化

在文化体系中，没有什么比价值观更重要的了。价值观是从人和自然、人和社会、人和人之间的关系中概括出来的，是人们评价是非、善恶、美丑的尺度，选择行为方向和方式的依据。每个人都有自己的价值观，每一个群体、每一种社会也都有自己的价值观念和价值标准。价值观念的不同，是哲学意识形态的不同，也是文化形态的不同。价值观念和价值标准是文化体系的核心。文化体系的不同主要不在于物质文化或象征符号文化的不同，而在于渗透于认知文化和规范文化中的价值文化的不同。正如人类在社会实践中千百次地重复遇到的问题：不在于选择了什么，而在于依据什么选择。

上述五种要素是相互制约、相互适应的。正是这种相互制约、相互适应关系，使各要素之间彼此衔接和协调，形成整体的结构、功能和特征，使得一种文化和另一种文化之间有了彼此相区别的界限。任何文化都是由五个基本要素相互制约而形成的有机整体，一个民族的文化如此，一个地域、一个群体、一个组织的文化也是如此。

1.1.4 文化的特点

文化作为人类活动的产物，具有如下特点。

1. 文化的共享性

文化是一系列共享的概念、价值观念和行为准则，它是使个人行为被集体所接受的共同标准。文化是一个群体的共同特征，群体中的每一个人都自然而然地这么想、这么看、这么做。一种被认为是"文化"的思想和行为，必须为一群人所共同具有。

2. 文化的整合性

文化的整合性是说文化是由一些基本要素相互依赖、相互制约而形成的结构体系。构成文化的诸要素或特质，不是随机拼凑，而是相互适应、和谐一致的。文化是一个有机体，是从人们的观念到行为习惯再到行为结果的连续体，它有能力把自己的各要素整合为一个整体，并具有一种自我生长、自我发育、自我完善、自成体系的能力。

3. 文化的适应性

文化的适应性是指文化对特定的自然和社会环境的适应。文化在本质上是开放的，是一种耗散结构，需要不断地与环境交换，才能保持自己的有序并进一步发展。正是因为文化具有适应性，它才能延续下去。

4. 文化的层次性

文化是一种架构，具有清晰的内在结构和层面，有自身的规律，其核心信息来自历史传统。文化按其覆盖面的不同，可以有不同的层次，包括从全人类的文化到不同国家的、民族的、地域的乃至组织的文化，这样就形成了不同层次的"亚文化"。所谓亚文化是指其核心(价值观念)和主流文化相一致，但只为社会上一部分人所享有的支流文化，亦称小群体文化。亚文化对人的心理和行为的影响不应被忽略。文化的主亚层次之分，可以沿社会的构成层次做进一步分解，最后分解到家庭和企业等社会基本单元。

5. 文化的规范性

文化本身是决定和限制个人行为变异的一个主要因素。文化存在于个体之外，对人施加无形的、强大的强制力量，从而使个体与某种文化保持一致。个人对文化的适应表现为对文化氛围的体验和感受。个人对其所认同的群体文化有强烈的归属感，这就促使他主动调节自己的行为，以与群体文化相适应，从而与环境相适应。对于文化的规范性，人们通常并没有明显的感觉，是因为人们处于同质的文化之中，与文化所要求的行为和心理模式是一致的。当人们试图反抗文化规范和强制时，文化的力量就会明显地体现出来。文化强制性表现为群体的心理对个人的排斥性、疏远性、冷漠性和否定性。

6. 文化的普同性

文化的普同性表现为社会实践活动中普同的文化形式，其特点是各个不同民族的意识和行为内在具有共同的、同一的样式。世界文化的崇高理想自古以来一直使文化有可能超越边界和国界。文化的诸多领域，如哲学、道德、文学、艺术和教育等不但包含各阶级民族的内容,而且还包含了全人类的、普同的原则。这些原则促进各国人民的相互接近及各民族文化的相互融合。目前,互联网等高新技术迅速普及,经济全球化进程加快,各民族生活方式的差距逐渐缩小,整个世界的文化更加趋向普同。

7. 文化的差异性

文化的差异性即文化个性,就是一个群体在价值观念、思维方式、信仰、行为准则、风俗习惯等方面所表现出来的区别于另一群体的显著特征,这是人们在不同的环境中学习和适应的结果。文化是共性和个性的统一体。一方面,由于在共同环境中生活,采用大体一致的活动方式,因而有大体一致的物质文化,以及趋同的风俗、习惯等,这就是文化的共性,即文化是某一群体的共同特征;另一方面,不同的环境也造就了不同群体在价值观、信仰和行为准则上的差异,这就构成了文化的差异性。

8. 文化的继承性

构成文化的观念、习惯、态度、习俗和传统是一个群体在社会实践中形成的经验,并在一定程度上得到规范化。它们是明显的或隐含的处理问题的方式和机制,在成员间传播并得到强化,因而具有继承性。在文化的历史发展进程中,每一个新的阶段在否定前一个阶段的同时,必须吸收它的所有进步内容,以及人类此前所取得的全部优秀成果。文化是习得的,而不是直接通过遗传就天生具有的。

9. 文化的发展性

文化就其本质而言是不断发展变化的。19世纪的进化论人类学者认为,人类文化是由低级向高级、由简单向复杂不断进化的。从早期的茹毛饮血,到今天的时尚潮流,从早期的刀耕火种,到今天的自动化、信息化,这些都是文化发展的结果。以马林诺夫斯基为代表的功能学派认为,文化过程就是文化变迁。文化变迁是现存的社会秩序,包括组织、信仰、知识及工具或多或少地发生改变的过程。它的主要机制是创新、传播和涵化。总的来说,文化稳定是相对的,变化发展是绝对的。

1.2 企业文化的定义、分类及特征

1.2.1 企业文化的定义

"企业文化"作为专业术语,最初出自20世纪80年代初的西方管理学界,在英语中由于其出现的场合不同有几种不同的称谓:Organizational Culture(组织文化)、Corporate Culture(公司文化)、Enterprise Culture(企业文化)、Firm Culture(公司文化)、Company Culture(公司文化)等。本书将组织文化定义为所有的组织中存在的文化,即大范围的组织定义,包括政府、企业和其他机构。公司文化和企业文化只是在称呼上的不同,指的是专门从事商品生产和服务的经济组织中的文化。

如同文化的定义一样,到目前为止,企业文化尚无公认的定义。自企业文化诞生之日起,专家学者就致力于企业文化概念的讨论和界定,提出了种种表述。

威廉·大内(1981)在《Z理论:美国企业界怎样迎接日本的挑战》一书中,认为"传统

第1章 文化、企业文化与文化管理

和气氛构成了一个公司的文化。同时,文化意味着一家公司的价值观,诸如进取、守成或是灵活——这些价值观构成了公司员工的活动、意见和行为规范。管理人员身体力行,把这些规范灌输给员工并代代相传。"

托马斯·彼得斯和罗伯特·沃特曼(1981)在《成功之路:美国最佳管理企业的经验》一书中,认为"企业将其基本信念、基本价值观灌输给它的员工,形成上下一致的企业文化,促使广大员工为自己的信仰而工作,就是产生强烈的使命感,激发最大的想象力和创造力。"

特雷斯·迪尔和阿伦·肯尼迪(1981)在《公司文化:企业生存的习俗和礼仪》一书中,对企业文化阐述得更为具体,认为企业文化由五个方面的要素组成,即:①企业环境,这是对企业文化的形成和变迁具有关键影响的因素;②价值观,是企业文化的核心因素;③英雄人物,他们是企业价值观的人格化,为员工提供了具体的楷模;④礼节和仪式,即企业的日常惯例和常规,向员工们表明了他们所期望的行为模式;⑤文化网络,即企业内部的"非正式"的信息传播渠道,是企业价值观和英雄人物传奇的"运载媒介"。

IBM(International Business Machines Corporation,国际商业机器公司)的董事长托马斯·沃森认为,一个公司的兴衰在于"我们称之为信念的那种因素,以及这信念对其员工们的感染力。"他指出:"为了生存下去和取得成功,任何一个组织都必须具备一整套健全的信念。"他从 IBM 的实际经验出发,认为企业文化是企业哲学。他的企业哲学最重要的概念,是对每个人的尊重。他说:"这是一个简单的概念,然而在 IBM,这个观念却占去了大部分管理时间,也是我们尤其应该贯彻的观念。"

劳伦斯·米勒认为,企业文化是一种观念。他说有一种"简单的观念,能蕴藏无比的威力——能创造一个新社会和达到新的水准。观念可以成为催化剂,使人类的潜能发挥出来。"

1985 年,埃德加·沙因(Edgar H.Schein)写了一本为其企业文化研究"画上句号"的书——《组织文化与领导》。在书中,沙因把企业文化描述为"一套基本假设",即"企业文化是企业(这一群体)在解决外在适应性与内部整合性问题时,习得的一组共享假定。因为它们运作得很好,而被视为有效,因此传授给新成员,作为遇到这些问题时,如何去知觉、思考及感觉的正确方法。"[①]沙因企业文化思想的精华浓缩在随后出版的《企业文化生存指南》[②],它与一般的著作不同,在题为"企业文化到底是什么"的第二章中,沙因根本未给企业文化下任何定义。相反,他从现象入手分析了企业文化的存在和体现,他将文化由浅到深划分为三个层次,即表象、表达的价值和共同默认的假设。第一层次"表象"是不同企业所呈现出的不同风格,是清晰而又显而易见的,比如企业的组织架构与流程。第二层次"表达的价值"是需要通过访谈内部人员来深入理解和破译的。第三层次"共同默认的假设"是指共同习得的价值观、理念和假设,它产生于企业成员共同学习的过程中。

在研究企业文化时,我国的许多学者对企业文化的定义和内涵也有自己的理解。

"企业文化是企业在长期的生产经营和管理活动中培育形成的,具有本企业特色并体现企业管理者主体意识的精神财富及其物质形态。它由企业环境、价值观、英雄人物、文

---

① [英] 斯图尔特·克雷纳. 管理大师 50 人[M]. 海口:海南出版社,2000.
② [美] 埃德加·沙因. 企业文化生存指南[M]. 郝继涛,译. 北京:机械工业出版社,2004.

仪式和文化网络等要素组成。"(张木生，1996)

"我们认为，可以用简单的语言来表达企业文化这个概念，即指全体员工在长期的创业和发展过程中培育形成并共同遵守的最高目标、价值标准、基本信念及行为规范。它是企业理念形态文化、物质形态文化和制度形态文化的复合体。"(张德、吴剑平，2000)

"我们认为，企业文化作为一种亚文化，是从属于组织文化的一个子概念，它是企业在实现企业目标的过程中形成和建立起来的，由企业内部全体成员共同认可和遵守的价值观念、道德标准、企业哲学、行为规范、经营理念、管理方式、规章制度等的总和，以人的全面发展为最终目标。其核心是企业精神和企业价值观。"(胡正荣，1995)

"企业文化是一种从事经济活动的组织中形成的组织文化。它所包含的价值观念、行为准则等意识形态和物质形态均为该组织成员所共同认可。它与文教、科研、军事等组织的文化性质是不同的。"(刘光明，1999)

"企业文化是在一定社会文化背景下的管理文化，是一种新的现代企业管理科学理论和管理方式，又是一种精神动力和文化资源。它主张人是管理的主体，又是管理的客体，人处于现代企业生产经营活动的中心地位，在完善对'物'的管理的基础上，突出了对'人'的管理，并把对'人'的管理与对'物'的管理有机地结合起来。在对'人'的管理中，既重视制度和纪律的规范作用，又重视意识形态的作用，把'硬管理'与'软管理'有机地结合起来，而以'软管理'为主，从而促使企业的物质、制度、精神三大要素协调发展，实现企业管理功能的整体优化。简单地说，企业文化主要是通过精神和文化的力量，从管理的深层规范企业的行为，为实现企业的目标服务。"(张大中、徐文中、孟凡驰，1999)

"企业文化就是一个企业的氛围，无处不在、无时不有、无形但能感觉到。"(曾仕强，2000)

从以上国内外学者给企业文化所下的定义来看，他们的侧重点或着眼点各有不同，涵盖面也不尽一致，有描述性定义、分析性定义、结构性定义、功能性定义、生成性定义及操作性定义。但不管怎样定义，都必须抓住企业文化的两个根本属性。

1. 管理学属性

企业文化的管理学属性在于两个方面：一方面，企业文化作为一种管理手段和管理方式，本身就具有管理学的意义；另一方面，在企业文化的形成和发展中离不开管理活动，企业文化即管理文化，它源于管理，用于管理。

企业是一个经济组织，其首要任务是生产和经营产品及服务来满足顾客的需要，它在社会中担负的主要角色就是提供更多更好的产品和服务，为顾客创造价值，同时兼顾各利益相关方。企业的主要活动就是企业生产、经营和管理，企业文化内容都是在此基础上生成，并围绕这些问题而发生、发展的。经验证明，企业文化是由企业中占支配地位的领导集团经过多年的精心培育产生并逐渐成形的。由于领导者在企业中处于特殊地位，他们的思想观念和领导风格随着企业经营管理行为而渗透到企业的各个部门和各个环节，所以，他们的意识和行为便自然而然地在整个企业文化形态中起着核心和主导作用。企业文化是在企业领导主体意识的主导下，在企业长期生产经营实践中逐渐形成的，被企业全体人员普遍认同和自觉遵守的，具有本企业特色的一种文化形态。离开了企业的生产、经营、管理活动，就不可能形成企业文化。在企业这样一个社会的微观组织中，企业文化和企业的经营管理活动紧密相连、休戚相关。企业文化在管理实践中产生，并和企业的管理功能密切联系在一起，构成企业管理的软件要素，在企业管理中发挥着重要作用。如果脱离了管理这一实践的土壤，企业文化就成了高高在上的空中楼阁，也就失去了实践基础和实际价值。

2. 亚文化属性

企业的活动有深刻的文化背景，企业文化作为一种微观组织的文化，是社会文化系统中的一种亚文化形态。

在现代社会中，人们普遍地认识到组织是按照一定的目的、任务和形式组织起来的社会集团。而经验和实践的结果告诉人们：在任何组织，包括企业组织中，都存在某种根深蒂固的价值观念和行为准则。例如，关于工作应当怎样组织，职权应当如何发挥作用，管理风格应该是含蓄一些还是明确一些，应当怎样奖励人、管理人、控制人等。

由于企业所具有的社会功能及其自身运作的要求，就会产生企业共同的目标、共同的价值观念体系、共同的行为准则和与之相适应的组织机构和制度。企业文化就是企业这样一种组织创造的文化，其包含的价值观念、行为准则，乃至思维方式、风俗、习惯、舆论、精神境界、作风、人际关系均为这样一个组织所特有的。因此，企业文化不同于超越"组织"这一层次之上的民族文化和社会文化。在整个社会的文化框架体系中，企业文化作为一种微观组织的文化而存在。它是一种亚文化，即非主流的、居于从属地位的文化，深受社会主流文化的影响，为一定社会文化系统的性质所制约。同时，它又是整个社会文化的重要组成部分，既具有社会文化和民族文化的共同属性，也具有自己的不同特点，对社会文化还具有巨大的反作用。

综上所述，编者将企业文化界定为：企业文化是在特定的社会文化影响下，在企业长期的经营管理实践中形成的，被企业成员所普遍认同的价值观念和思维模式，及自觉遵守和维系的行为准则的总和。企业文化作为企业内各种价值观念的总和或集合，包涵丰富的内容，其中，价值观念是企业文化的核心。

1.2.2 企业文化的层级分类

从企业文化的地位和层次看，企业文化又可分为两个层级：主文化和亚文化。

企业主文化就是企业在一定时期内所形成的占主导地位的文化，它构成了企业文化的主流、主脉，决定着企业的面貌和发展状况。在企业主文化体系中，企业使命、企业愿景、企业核心价值观、企业精神、企业道德之间，及其与企业物质文化、制度文化之间是基本和谐，大体一致的。否则，它就属于病态文化。

企业亚文化可以有以下两种解释：一是相当于企业副文化，即企业在一定时期里形成的非主流的不占主导地位的企业文化。二是相当于企业的亚群文化，即企业的次级文化，这种亚文化又分为纵向亚文化和横向亚文化。纵向亚文化包括创始人和企业家文化、决策层文化、管理层文化、操作层文化等；横向亚文化包括战略管理文化、研发文化、产品文化、营销文化、绩效文化、安全文化、服务文化、诚信文化等，还包括各子公司、分支机构文化。企业亚文化可能是企业的补充文化、辅助文化，也可能是企业的对立文化、替代文化。

从文化层次上看，企业亚文化是企业主文化的次级文化，因而可能是部门文化、子系统文化、车间班组文化。从文化体组织性质上看，企业亚文化是企业非正式组织文化，因而可能是沙龙文化、小群体文化、俱乐部文化、派别文化；从文化主体对企业文化选择和倾向性上看，是非决策层行为主体容易选择、接受、奉行的，因而，企业亚文化可能是非当权者文化，是下级或下属文化，是"民间文化"，是富有"反抗性"的文化(尤其是在企业决策层充当不开明角色，与非决策层形成明显的文化隔阂、冲突时)。

1.2.3 企业文化的基本特征

企业文化是一个多元的体系，应从不同的角度来概括其本质特征。分析企业文化的基本特征，有助于人们更好地理解企业文化。

1. 客观性

企业文化是客观存在的，是不以人们的意志为转移的。每个企业从它诞生的第一天起就在创造着自己独特的文化，不同的文化也以不同的方式塑造着不同的企业，企业与文化共生，文化与企业共存(范作申，1993)。在实践中，企业文化是与企业同步产生的，无论是泰罗所处的科学管理时代的企业，还是现代知识经济时代的企业，都有自己的企业文化。企业文化的核心是价值观，任何企业都是在一定的价值观或企业理念的指导下，形成自己的管理思想、管理方式和手段。换而言之，企业发展战略的设计、经营目标的确立、规章制度的制定等一系列企业经营活动，无一不融合着企业经营者的哲学思想和价值导向。每个企业都呈现出不同的发展战略、组织氛围、群体意识、制度规范、企业形象和沟通渠道，这些便客观地构成了独特的企业文化特征。

2. 独特性

企业文化的独特性，即每个企业都有自己独特的区别于其他企业的文化个性。企业文化是企业基本特点的体现，是一个企业独特的精神和风格的具体反映，它以其鲜明的个性区别于其他企业。这是因为企业文化是一种亚文化，它存在于不同的民族社会文化之中，企业生存的社会环境、地理环境和经济环境不同，同时，企业所处行业的特殊性、自身经营管理特点、企业家的个人风范和员工的整体素质等内在条件各不相同，所以企业文化必然会呈现出不同的特色。

3. 非强制性

企业文化不是强制人们遵守各种硬性的规章制度和纪律，而是强调文化上的"认同"，强调人的自主意识和主动性，通过启发人的自觉意识来达到自控和自律。当然，非强制之中也包含有某种"强制"，即软性约束，违背企业文化的言行是要受到舆论谴责、群体排斥的。所以威廉·大内说："这种文化可以部分地代替发布命令和对工人进行严密监督的专门方法，从而既能提高劳动生产率，又能发展工作中的支持关系。"企业文化与传统管理对人的调节方式不同，传统管理主要是外在的、硬性的控制，如管理人员的监督、机器等技术手段的控制、制度的约束等；而企业文化主要是软性的文化引导与内在的文化自律。

4. 相对稳定性

企业文化的形成、发展并发挥作用，不可能在短期内立竿见影，而是在长期中经过多

第1章 文化、企业文化与文化管理

次循环往复的认真实践、总结、强化才能完成的。企业文化的生成呈现长期性,而其作用也具有延绵性。企业文化一旦形成,是作为全体成员的信念、传统、习惯和价值观念的结晶,成为成员深层心理结构中的基本部分而存在,因而能在较长时间内对成员的思想、感情和行为发生作用,具有相对的稳定性。如果企业环境没有发生根本性变化,企业文化就不会因企业产品、组织制度、经营策略和领导人的改变而改变,尤其是企业文化的基本内核,它的稳定性就更加突出。

5. 动态性

企业文化不仅具有稳定性的特征,而且具有动态性的特征,稳定性和动态性是统一的,企业文化是在变化中保持稳定的。动态性特征表现在:企业文化的形成需要一个较长的过程,由不定型系统到初步定型和系统化这一过程本身就具有变动性。企业文化形成后,企业经营管理实践的发展及企业内外环境的根本变化,必然会引起人们观念的更新,从而推动企业文化变革、创新和发展。如今竞争环境复杂多变,竞争互动不断加快,企业的竞争优势也开始动态化。动态竞争将改变企业的战略思维,致使企业必须形成新的思维方式和方法,即新的企业文化,才能在市场竞争中永葆生命力。

6. 实践性

企业文化具有强烈的实践性和实效性特点。企业的生产、经营和管理,是企业文化产生的客观现实基础。企业只有在经营管理实践中,才能形成和培育企业文化;离开了企业经营管理实践,企业文化就成了无源之水、无本之木。企业文化不是抽象地逻辑推理出来的,也不是宣传包装出来的,而是在反复的经营管理实践中被证明后才得以总结提炼出来的。它铭刻在员工心中,约束着企业员工的行为,指导着企业的运作。严格地说,只有在企业经营管理实践中真正实行的价值理念,才能构成企业文化的一部分,那种渴望的、正在倡导的价值理念,还不是真正意义上的企业文化。

7. 渗透性

企业文化的核心是价值观念,它是无形的,因而它的存在、传播和作用需借助于各种具体形式和载体,如企业的各种活动、制度和物质环境等。真正被员工认同和实践的价值观念具有极强的渗透性,它无处不在,渗透于企业的每个层面、每个角落。在认知企业文化时,不能将本质内容和形式载体混为一谈,正如学者许宏所描述的:"它(企业文化)不是指知识修养,而是指人们对知识的态度;不是利润,而是对利润的心理;不是人际关系,而是人际关系所体现的为人处世的哲学;不是俱乐部,而是参加俱乐部的动机;不是社交活动,而是社交方式;不是运动会的奖牌,而是奖牌所折射出来的荣誉观;不是新闻,而是对新闻的评论;不是舒适优美的工作环境,而是对工作环境的感情;不是企业的管理活动,而是造成那种管理方式的原因。总之,企业文化是一种渗透在企业一切活动之中的东西。"①

---

① 许宏. 企业管理新谋略:中美日比较与C经理的述评[M]. 长沙:湖南文艺出版社,1986.

1.3 文化管理的内涵及特征

1.3.1 文化管理的内涵

企业文化在管理实践中产生，源于管理，并和企业的管理功能密切联系在一起，构成企业管理的软件要素，在企业管理中发挥着重要作用。但只有当企业文化作为一种自觉的管理手段或管理方式时，才出现"文化管理"。

何谓文化管理？国内外学者从不同的角度提出了自己的理解，但目前仍没有一致的看法。应焕红在《公司文化管理》一书中认为："文化管理就是把企业管理的软要素——文化作为企业管理的中心环节的一种现代企业管理方式。它从人的心理和行为特点入手，培养企业组织的共同价值观和员工的共同情感，形成具有企业自身特点的文化；从组织整体的存在和发展的角度，去研究和吸收各种管理方法，形成统一的管理风格；通过公司文化培育、管理文化模式的推进，激发员工的自觉行为和内在积极性。"[①]

1. 文化管理是企业管理的高级阶段

企业文化是一种与企业共生的客观存在，当人们对它的存在没有意识，或者只意识到了它的存在而没有对其进行精心培育时，它只是处于企业管理者的视野之外，潜移默化地发挥着作用；而当人们在实践中意识到它的客观存在，并有意识地提倡和培植积极的企业文化，摒弃和抑制消极落后的企业文化，从而引导企业文化向健康的轨道发展，并使之渗透到管理当中时，企业文化就逐渐演变为一种新型的管理方式——文化管理。

从管理发展的历史看，企业管理经历了经验管理、科学管理和文化管理三个阶段，见表1-1。经验管理处于管理的初级阶段，注重管理者个人的经验、能力和水平，主要表现为"能人管理"、"拍脑袋决策"。科学管理是管理的中级阶段，注重管理手段、管理技术，强调制度化、法治化、共性和集体价值的实现。科学管理把管理人员的注意力吸引到对流程的重视和对管理技术的重视上，把管理变成了烦琐的、形式主义的管理。

表 1-1 经验管理、科学管理与文化管理的比较

管理阶段	管理方式	特　　点
初级阶段	经验管理	人治：凭个人经验能力的经验管理
中级阶段	科学管理	法治：注重明确的定额、制度管理
高级阶段	文化管理	文治：注重愿景、信念、企业精神等，员工与企业结成命运共同体

文化管理作为一种新的管理方式，是管理的高级阶段。它建立在"人本管理"的基础上，强调人是管理的出发点和归宿点，坚持以人为中心，尊重人、信任人，把人放在企业管理的主体地位上，主张以文化为根本手段进行管理，反对单纯的强制管理，注重企业愿景、信念、企业精神对员工的积极性、主动性、创造性的激发，强调文化认同和群体意识的作用，使员工与企业结成命运共同体。

---

① 应焕红. 公司文化管理[M]. 北京：中国经济出版社，2001.

第1章 文化、企业文化与文化管理

长期以来，传统管理所形成的形式主义倾向和物化主义倾向掩盖了管理的本质，使管理因丧失精神而变得呆滞、僵化、片面。管理不仅使管理人员异化，而且也使被管理人员严重异化，管理走到了它的反面，成为了企业生产经营发展的桎梏。文化管理则通过提炼、确立和贯彻组织的使命、愿景和价值观，形成独特的企业文化，以人为本，以文化人。有了文化——企业之魂，管理便获得了方向和目标，便能有效克服管理手段、方法、技术的自相矛盾和互相抵消，克服管理的片面性、杂乱性、无机性，把形式主义的、事务性的、烦琐零碎的管理变成活生生的灵魂管理。因而文化管理是攀登企业管理高峰的一场革命，是管理思想发展的新阶段。

2. 文化管理是人本管理的最高层次

1) 人本管理的要义

人本管理将人视为企业之本，视为企业最重要的资源，倡导围绕调动企业中人的积极性、主动性和创造性开展企业的一切管理活动，其核心是理解人、尊重人、激发人的热情，实现企业与员工共同发展的目标。在企业是什么、企业靠什么、企业为什么等基本问题上，始终贯穿着以人为本的思想，即"企业即人(of the People)、企业靠人(by the People)、企业为人(for the People)"，因此，把人本管理称为"3P管理"。

(1) 企业即人。企业是由人组成的集合体，企业无"人"则"止"。企业目标必须通过员工的分工协作而实现。企业管理首先是对员工进行有效的组织和管理，进而通过员工实现对物质资源的配置和利用。如果企业缺乏一支精干高效、团结协作的员工队伍，再好的技术设备、再充裕的资金也不能创造出任何效益，甚至还可能成为企业的包袱。"企业即人"的思想要求企业必须建立高度信任的理念，相信人的能力，把人的因素放在中心位置，时刻将开发人的潜能放在主导地位。例如，日本索尼公司前董事长盛田昭夫曾说："如果说日本式经营真有什么秘诀，那么，'人'是一切秘诀最根本的出发点。"被誉为"经营之神"的松下幸之助也曾说："松下公司的口号是'企业即人'，并多次宣称'要造松下产品，先造松下人'。"

(2) 企业靠人。人本管理实现企业目标的主要方式是充分依靠和利用企业的人力资本，发现人才，爱护人才，调动人才的积极性和创造性。人本管理重视情感管理，运用行为科学，致力于改善人际关系，提高员工对企业的归属感；人本管理强调员工参与，全体员工既成为管理的客体，同时也成为管理的主体，鼓励员工通过各种途径为企业发展献计献策，以提高企业的决策水平，强化员工执行决策的意愿和效率；人本管理提倡员工自主管理，管理层对员工充分授权，让每位员工都能享受权利、信息和知识，在自我控制下有效地完成工作任务，达到自我实现的目的；人本管理注重文化管理，通过创造良好的企业文化氛围，铸造员工共同的行为模式，培养积极向上的企业精神，努力将员工的个人目标有效地统一到企业的组织目标上。

(3) 企业为人。人本管理成功的标志是企业目标与员工个人目标都能得以实现。传统意义上的企业是一个经济组织，企业的控制权和剩余索取权归股东所有，企业的经理阶层代理股东行使管理权力。企业管理是否成功的衡量标准直接表现为短期的企业利润率或长期的企业股票市值，这实际上反映的是企业资本所有者的利益。在施行人本管理的企业中，企业员工成为管理活动的服务对象，管理活动成功的标志不但要看资本所有者的利益是否实现，还要看企业员工的个人目标是否实现。

实行人本管理的企业都十分注重全面提高员工的工作质量和生活质量。它们给员工提供了在工作中学习的机会，使他们不断进步。员工培训的着眼点不仅是掌握某种技能，更强调员工的自我发展和完善。企业帮助员工开展职业生涯设计，以求得企业发展和员工个人发展的协调统一。许多企业还为员工建立了利润分享制和形式多样的股权激励，包括员工持股计划、股票期权等，使"以人为本"的管理思想转化为实实在在的报酬激励。

随着环境问题日益受到人类的关注，一些企业开始将"企业为人"的人本管理思想从企业的"内部人"扩展到企业的"外部人"，关心社区的公益事业，保护资源和环境，把企业自身的经济目标和社区的发展规划、国家的发展目标结合起来。现在国外企业流行的"绿色管理"所采用的一些做法，如尽量减少生产过程中的环境污染、使用可回收的材料做包装、生产绿色的天然食品等，都反映了这种广义的人本管理思想。

2) 人本管理的层次

人本管理是一种以人为中心的管理，其中又有情感管理、民主管理、自主管理、人才管理和文化管理五个不同的层次。

(1) 情感管理。情感管理是通过情感的双向交流和沟通来实现有效的管理。员工是有血、有肉、有情感的人，情感管理注重人的情感和内心世界，要求管理者做到"懂人心、尊人心、暖人心、正人心、得人心、激人心"，致力于影响人的情绪、心态、价值追求和精神面貌，其核心是激发员工的积极性，消除员工的消极情绪。例如，"走动式管理"就是要求管理人员走出办公室，深入现场，与各层次和各类型人员接触、交谈，加强感情沟通，融洽关系，了解情况，及时鼓励与表扬员工的成绩，同时发现问题，征求意见，与员工一起寻找对策。情感管理可以减少劳资矛盾、融洽劳资关系，提高员工对企业的归属感。

(2) 民主管理。员工是有头脑、有智慧的人，民主管理就是要让员工参与决策，充分利用他们的聪明才智。

所谓"春江水暖鸭先知"，企业是一个庞大的系统，运行中的问题肯定是"泡在水中"的，员工能更先发现，更加清楚。如果员工能主动积极地提出问题并解决问题，那么企业运行效率就能得到有效保证。管理者应多听少说，要有随时随地听取别人意见的思维习惯和行为习惯，鼓励部下反映来自下面的意见，集思广益，营造民主氛围。

另外，从员工角度分析，民主管理也非常重要。人人都有自尊心，管理者在做出涉及部下的决定时，如果不让部属来参与，就会损伤他们的自尊心，甚至引起他们的激烈反对。如果管理者能让其他人参与决策，即听取他们的意见，那非但不会挫伤员工的自尊心，反而会提高他们的士气。

例如，海尔民主管理做得很有成效。海尔鼓励员工立足岗位发现问题，大胆创新探索，对勇于在实践中创新、为公司创造显著绩效的员工不仅给予丰厚的物质奖励，还给予极大的精神激励。公司常以员工名字命名其所创新的成果，如云燕镜子、启明焊枪、马国军垫块等。

(3) 自主管理。自主管理是现代企业的新型管理方式，是民主管理的进一步发展。这种管理方式要求员工根据企业的发展战略和目标，自主地制订计划、实施控制、实现目标，即"自己管理自己"。它可以把个人意志与企业意志统一起来，从而使每个人心情舒畅地为企业做贡献。"信任型"管理和"弹性工作时间制"都是自主管理的新型管理方式。它是以素质良好的员工为前提的，管理者不单凭职务权力和形式上的尊严去领导下级，员工也能自己制订实施与上级目标紧密联系的个人工作目标计划。

第1章 文化、企业文化与文化管理

(4) 人才管理。在社会经济迅速变革的时代背景下，企业环境变化越来越快，越来越剧烈，企业要保持竞争力，必须比竞争对手更快、更有效地学习。"工作学习化，学习工作化"是现代企业的必然要求。人才的重要特点是热爱学习，渴望成功，富有创造性。人才管理就是要求管理者重视组织学习和员工培训，要善于发现人才、培养人才、合理使用人才，做到人尽其才。企业给员工创造学习和发展的环境与机会，爱护人才、培养人才。

(5) 文化管理。员工是有心、有梦、有追求的人，文化管理强调通过企业文化培育、管理文化模式的推进，使员工形成共同的价值观和行为规范，拥有与企业目标相一致的个人职业目标，从而产生强烈的内在激励和精神动力，自动自发地努力，共同推动企业的发展。彼得·德鲁克强调："文化管理将是提升生产力的关键。"从情感管理到文化管理，管理依次向纵深方向推进，文化管理是人本管理的最高层次。

1.3.2 文化管理的基本特征

1. 文化管理以人本管理为基础

文化管理是在人本管理的基础上发展起来的新的管理方式。它强调人是整个企业中最宝贵的资源和财富，也是企业活动的中心和主旋律，企业必须充分重视人的价值，最大限度地尊重人、关心人、依靠人、理解人、凝聚人、培养人和造就人，充分调动人的积极性，发挥人的主观能动性，努力提高企业全体成员的社会责任感和使命感，使企业和成员不仅成为利益共同体，而且成为真正的命运共同体。

2. 文化管理以文化为管理的根本手段

文化管理强调"以文化人"、"以文导企"。文化管理的核心就是认为任何企业都必须建立一套适应环境要求的适应性文化体系，以之贯穿、整理、提升和完善企业的管理制度和行为规范，使价值理念与企业制度相融。同时，必须用这种个性文化塑造员工的思想和心灵，使他们为这种文化所指引，对这种文化深刻认同，成为这种文化的自觉执行者和推动者，做到价值理念内化于心、外化于行，从而使企业从物的层面到人的层面，从静的状态到动的状态完全统一，以此来实现企业目标和个人目标的有机结合，实现企业与社会及企业内部物质、制度、精神的最佳组合和动态平衡。

3. 文化管理以软性管理为主

文化管理是把企业管理的软要素作为企业管理的中心环节的一种现代企业管理模式。它强调从人的心理和行为特点入手，培养企业组织的共同价值观和企业员工的共同情感，形成企业自身的文化。然后，通过这种柔性的而非刚性的文化引导，建立起企业内部合作、友爱、奋进的文化心理环境，以及协调和谐的群体氛围，自动地调节企业成员的心态和行动，使企业的共同目标转化为成员的自觉行动，使群体产生最大的协同合力。大量管理实践证明，这种由软性管理所产生的协同力比企业的刚性管理制度有着更为强烈的控制力和持久力。

文化管理以软性管理为主，同时要求刚柔并济、软硬兼施。企业制度是强制性的、硬性的，但要依赖于企业共同价值观和企业精神才得以自觉遵守；企业精神、企业道德是非强制性的、软性的，但其形成的群体压力和心理环境对员工的推动力又是不可抗拒的，这种软环境的建立和维持,也离不开通过执行制度、进行奖惩来强化。软环境保证硬管理,硬环境强化软管理,这体现了文化管理的辩证法。

4. 文化管理以群体凝聚力为目标

企业中的成员来自于五湖四海,不同的风俗习惯、文化传统、工作态度、行为方式、目的愿望会导致成员之间的摩擦、排斥、对立、冲突乃至对抗,这往往不利于企业目标的顺利实现。而企业文化通过建立共同的价值观和寻找观念共同点,不断强化企业成员之间的合作、信任和团结,使之产生亲近感、信任感和归属感,实现文化的认同和融合,在达成共识的基础上,使企业具有一种巨大的向心力和凝聚力。

本 章 小 结

文化是人类改造自然、社会和人类自身活动的成果,其本质是:在一定自然环境和历史环境中的人在长期的活动中所形成的,以价值观系统为核心的一系列习俗、规范和准则的总和。它体现了一个群体在价值取向、思维方式、理想追求、精神风貌等方面区别于另一个群体的显著特征。任何文化都是由物质文化、认知文化、象征符号、行为规范、价值文化五个基本要素相互制约而形成的有机整体。文化具有共享性、整合性、适应性、层次性、规范性、普同性、差异性、继承性、发展性等特点。

企业文化是在社会文化的影响下,在企业长期的经营管理实践中形成的,是企业成员普遍认同的价值观念及自觉遵守和维系的思维模式和行为准则的总和。企业文化包涵丰富的内容,包括企业价值观念、道德标准、企业哲学、行为规范、经营理念、管理方式、规章制度等,其中,价值观念是企业文化的核心。企业文化具有客观性、独特性、非强制性、相对稳定性、动态性、实践性、渗透性等特征。

文化管理作为一种新的管理方式,是管理的高级阶段。它建立在人本管理的基础上,以群体凝聚力为目标,以软性管理为主,强调"以文化人"、"以文导企"。

 关键词

文化、企业文化、亚文化、文化管理、人本管理、科学管理、经验管理、情感管理、民主管理、自主管理、软性管理

复 习 题

1. 如何正确理解文化?
2. 文化包括哪些基本要素,有哪些特点?
3. 如何理解企业文化概念,它有哪些特征?
4. 企业文化与企业亚文化的关系如何?
5. 何谓文化管理,它有哪些基本特征?
6. 如何理解文化管理是企业管理的高级阶段?
7. 文化管理与人本管理有何联系?

第1章 文化、企业文化与文化管理

思 考 题

1. 结合实践谈谈你对企业文化内涵的理解。
2. 结合现实中的某一企业,描述其管理特点并判断其所处的管理阶段。

案例分析

海底捞的管理智慧

北京是中国政治和文化中心,北京人又喜欢吃火锅,因此除了有传统的涮羊肉,各种地方风味的火锅也几乎都能在京城找到,重庆麻辣、内蒙肥牛、贵州酸鱼、港式海鲜……竞争激烈,消费者笑,火锅店老板愁。很多火锅店在北京"活"不过三年。

2004年2月,一家名不见经传的四川火锅店也进京凑热闹来了。起初,它像所有新店一样根本没有引起业界的注意,人们对不知死活的新进入者已经司空见惯。可没过多久,同行们发现这家火锅店的门外,三伏天竟然有食客排长队。

要知道,北京的三伏天,温度经常高达30多度。这是火锅生意最淡的季节,很多火锅店这时要么提供特别的菜式,要么让部分员工回家歇着。可是这家店居然还要"翻台",这不能不说是一个奇迹。这个奇迹的缔造者就是——海底捞。

海底捞是何方神仙,竟有如此能耐?它靠什么招数赢得"见多食广"的首都火锅爱好者的青睐?问那些三伏天在门外排队的食客,你们为什么喜欢海底捞?

"这里的服务员很'变态'。在这里等着,有人给擦皮鞋、修指甲,还提供水果拼盘和饮料,还能上网、打扑克、下象棋,全部都免费啊!"

"这里跟别的餐厅不一样:吃火锅眼镜容易有雾气,他们给你绒布;头发长的女生,就给你猴筋套,还是粉色的;手机放在桌子上,吃火锅容易脏,还给你专门包手机的塑料套。"

"我第二次去服务员就能叫出我的名字,第三次去就知道我喜欢吃什么。服务员看出我感冒了,竟然悄悄跑去给我买药。感觉像在家里一样。"

……

仅凭这些,就能在北京站住脚?开餐馆的人都说,开一间店容易,开两间店难,开三间店不"死"才算有本事。有人满心疑惑,有人等着看戏。很快,海底捞第二间店开业了,同样火爆,第三间、第四间……短短4年,海底捞一口气在北京开出了11间店,而且没有一间加盟店。

俗话说,外行看热闹,内行看门道。2006年,百胜中国公司将年会聚餐放在海底捞北京牡丹园店,并说这顿饭的目的是"参观和学习"。百胜是世界餐饮巨头,旗下的肯德基和必胜客开遍全球,而当时海底捞总共不到20家店。海底捞的创始人张勇说:"这简直是大象向蚂蚁学习。"次日,在百胜中国年会上,张勇应邀就"如何激发员工工作热情"做演讲时,被这些"大象学生"追问了整整3个小时。

这些都吸引了我们的研究兴趣。在过去一年里,我们对海底捞各个级别的管理人员进行了深入访谈,列席该公司的管理例会,安排研究助理进店当了一个星期的服务员,亲身感受海底捞的管理和企业文化,核实一些关键问题。我们还选了北京另外几家餐厅进行参照研究,以此发掘海底捞独特的管理智慧。

1. 用心创造差异化

创业初期,还是四川拖拉机厂电焊工的张勇在家乡简阳支起了四张桌子,利用业余时间卖起了麻辣烫。"我不会装修,不会炒料,店址选在了街的背面,刚开始连毛肚是什么都不知道,想要生存下去只能态度

好些,别人要什么快一点,有什么不满意多陪笑脸。刚开张时,不知道窍门,经常出错,为了让客人满意,送的比卖的还多。"张勇回忆道,"结果大家都说我的东西不好吃,却又都愿意过来。"半年下来,一毛钱一串的麻辣烫让张勇赚了一万块钱。这家麻辣烫就是海底捞的前身。

"客人吃得开心,就会夸你味道好,但要是觉得你态度冷淡,就会说好难吃啊。"从做麻辣烫起,张勇就意识到,做餐饮,服务是取胜的关键。麻辣烫变成正式的火锅店之后,生意因为与众不同的服务很快红火起来。

1998年的一天,张勇的火锅店来了一位西安客人,觉得味道很好,吃完后对张勇说:"到西安开一家吧,西安爱吃火锅的人多。"张勇就这样开了第二家店,海底捞从此走出四川。14年过去,海底捞在全国6个省市开了30多家店,拥有6000余名员工。

张勇从麻辣烫和第一个火锅店的经营中悟出来,火锅生意不同于其他餐馆生意,在这里每个客人都是半个大厨,不仅自己配调料,还亲自根据自己的口味煮各种食品,因此吃火锅的客人需要更多的服务。此外,由于四川火锅浓重的麻辣刺激,吃到最后绝大多数客人实际上已分不出不同火锅店的口味。因此,在地点、价钱和环境相似的情况下,服务好坏是食客是否回头的最重要因素。

管理真是一门实践的艺术,没读过大学,没受过任何正式管理教育的张勇,在根本不知道竞争差异化是何物时,竟在偏僻的四川简阳创造出自己的服务差异化战略,而且把这个战略成功灌输给了所有一线员工。

怎么才能让客户体会到差异?就是要超出客人的期望,让他们在海底捞享受到在其他火锅店里享受不到的服务。要做到这一点不能仅靠标准化的服务,更要根据每位客人的喜好提供创造性的个性服务。从洗菜、点菜、传菜、做火锅底料、帮客人煮菜、清洁到结账,做过火锅店每一个岗位的张勇,深知客人的需求五花八门,单是用流程和制度培训出来的服务员最多能达到及格的水平。制度与流程对保证产品和服务质量的作用毋庸置疑,但同时也压抑了人性,因为它们忽视了员工最有价值的部位——大脑。让雇员严格遵守制度和流程,等于只雇了他的双手。这是最亏本的生意,因为人的双手是最劣等的机器。人最值钱的是大脑,因为它有创造力。

服务的目的是让客户满意,可是客人的要求不尽相同。例如,有人要标准的调料,有人喜欢自己配;有人需要两份调料,有人连半份都用不了;有人喜欢自己涮,有人喜欢服务员给他涮。有人不喜欢免费上酸梅汤,能不能让他免费喝一碗本该收费的豆浆?碰到牙口不好的老人,能不能送碗鸡蛋羹?让客人满意不可能完全靠标准化的流程和制度,只能靠一线服务员临场根据自己的判断完成。如果碰到流程和制度没有规定的问题,就需要大脑去判断了。例如,客人想吃冰激凌,服务员要不要到外边给他买?

大脑在什么情况下才能创造?心理学证明,当人用心的时候,大脑的创造力最强。于是,让海底捞的服务员都像自己一样用心服务就变成张勇的基本经营理念。

2. 把员工当成家人

可是,如何让服务员也像自己一样用心呢?毕竟,自己是老板,员工只是做一份工作而已。张勇的答案是:让员工把公司当成家,他们就会把心放在工作上。为什么?一个家庭不可能每个人都是家长,但不妨碍大家都对这个家尽可能作出最大的贡献,因为每个家庭成员的心都在家里。

那么,又要怎么样才能让员工把海底捞当家?张勇觉得这简单得不能再简单:把员工当成家里人。

如果员工是你的家人,你会让他们住城里人不住的地下室吗?不会。可是很多北京餐馆的服务员就是住地下室,老板住楼上。海底捞的员工住的都是正规住宅,有空调和暖气,电视、电话一应俱全,还可以免费上网。公司还雇人给宿舍打扫卫生,换洗被单。公司给员工租房的标准是步行20分钟到工作地点,因为北京交通太复杂,服务员工作时间太长。

如果你的姐妹从乡村初次来北京打工,你一定担心他们路不熟,会走丢;不懂规矩,会遭城里人的白眼。于是,海底捞的员工培训不仅仅有工作内容,还包括怎么看北京地图,怎么用冲水马桶,怎么坐地铁,怎么过红绿灯……

第1章 文化、企业文化与文化管理

我们在采访时，海底捞员工骄傲地说："我们的工装是100元一套的好衣服，鞋子也是名牌——李宁！"做过服务员的张勇知道：服务员的工作表面看起来不累，可是工作量相当于每天走10公里的路。

你的姐妹千里迢迢来打工，外甥和侄子的教育怎么办？不把这个也安排好，她们不可能一门心思扑在工作上。于是，海底捞在四川简阳建了寄宿学校，因为海底捞三分之一的员工来自四川。

海底捞不仅照顾员工的子女，还想到了员工的父母。优秀员工的一部分奖金，每月由公司直接寄给在家乡的父母。谁不想孩子有出息？可是衣锦还乡的毕竟少数，而公司每月寄来的钱让这些父母的脸上有光彩。中国人含蓄，中国的农民更含蓄，心里骄傲不好直说，却说："这孩子有福气，找到一家好公司，老板把他当兄弟！"难怪员工都管张勇叫张大哥。

如果你的姐妹结婚了，你能眼看着年轻的夫妇分居吗？如果妹夫没有工作，你能不替他着急吗？于是海底捞的人事政策又让人力资源专家大跌眼镜——鼓励夫妻同时在海底捞工作，而且提供有公司补贴的夫妻房。

海底捞的招工程序也别具一格，提倡内部推荐。于是越来越多的老乡、同学、亲戚一起到海底捞工作。与此相对，许多公司把亲属回避当做铁律。张勇为什么要这样做？因为他知道家人之间不仅有亲情，更重要的是信任。打仗亲兄弟，上阵父子兵。社会学告诉我们，绝大部分人在熟人圈里的道德水平比在陌生人群中要高。看，无师自通的海底捞又胜一筹。(让我想起了曾国藩的湘军)

把员工当成家人，就要像信任家人那样信任员工。如果亲姐妹代你去买菜，你还会派人监督吗？当然不会。所以，海底捞200万元以下的开支均由副总负责，而他们同张勇都无亲无故。大区经理的审批权为100万元，30万元以下的店长就可以签字。40多岁的张勇，如今已经"半退休"。授权如此放心大胆，在民营企业实属少见。(把外姓人成功搞进"家族企业"，这就是用人不疑的特效。)

如果说张勇对管理层的授权让人吃惊，他对一线员工的信任更让同行匪夷所思。海底捞的一线员工都有免单权。不论什么原因，只要员工认为有必要，就可以给客户免费送一些菜，甚至有权免掉一餐的费用。在其他餐厅，这种权力起码要经理才会有。(这是信任的最高境界)

聪明的管理者能让员工的大脑为他工作。为此，除了让员工把心放在工作上外，还把解决问题的权力交给一线员工，这样才能最大限度消除客户的不满意。

当员工不仅仅是机械地执行上级的命令，他就是一个管理者了。按照这个定义，海底捞员工都是管理者，海底捞是一个由6000名管理者组成的公司！难怪张勇说："创新在海底捞不是刻意推行的，我们只是努力创造员工愿意工作的环境，结果创新就不断涌出来了。"

3. 尊敬、希望和公平

有人会问：难道张勇就不怕有人利用免单权换取个人利益？这种情况确实发生过，只不过极少，而且那些员工做第二次的时候就被查处开除了。

两个因素决定海底捞一线员工不会滥用免单权。第一，管理层除了财务总监和工程总监外，全部从服务员做起。这条政策极端到包括厨师长的职位，理由是不论你的厨艺有多好，没有亲自服务过客人，就不会知道服务员需要什么样的后厨支持才能把客人服务好。管理3000多员工的北京和上海大区总经理袁华强，就是从门童、服务员一路做起来的。至今他还骄傲地说，我是超一流服务员，可以一个人同时照顾4张台。他和手下每一层的管理者都非常清楚，什么时候必须用免单的方式才能让客人满意。因此，作弊的人怎能骗过他们？

第二，人的自律。人都有邪恶和正义两重性，两者谁占上风经常是生存环境使然。孟子有言：君视臣如手足，则臣视君如腹心；君视臣如犬马，则臣视君如国人；君视臣如土芥，则臣视君如寇仇。海底捞把员工视为姐妹手足，员工自然把海底捞当做自己的心脏来呵护。那些被偷垮的餐馆，员工在那里很可能受到了土芥般的轻视。设身处地想想看，如果你既喜欢这个工作，又感激这个公司，特别是你还在意亲戚朋友、同学和老乡对你的看法，你愿意用几百元钱去交换它们吗？如果对员工连这样的信任都没有，你怎么能期望员工把心交给你？

当然,更重要的是海底捞的晋升制度让他们看到了真切的希望。任何新来的员工都有三条晋升途径可以选择:管理线——新员工—合格员工——级员工—优秀员工—领班—大堂经理—店经理—区域经理—大区经理;技术线——新员工—合格员工——级员工—优秀员工—先进员工—标兵员工—劳模员工—功勋员工;后勤线——新员工—合格员工——级员工—先进员工—办公室人员或者出纳—会计、采购、技术部、开发部等。

学历不再是必要条件,工龄也不再是必要条件。这种不拘一格选人才的晋升政策,不仅让这些处在社会底层的员工有了尊严,更是在这些没有上过大学的农民工心里打开一扇亮堂堂的窗户:只要努力,我的人生就有希望。没有管理才能的员工,通过任劳任怨的工作也可以得到认可,如果做到功勋员工,工资收入只比店长低一点。

人是群居动物,天生追求公平。幸福与否主要来自和同类的对比。如果追求公平的天性遭受挫折,比如老板的小舅子对大家呼来喝去,一个同事靠漂亮脸蛋子拿了最高的奖金,刚来的大学生连上菜的程序都不懂就当上了经理……员工一定不会感到幸福。

另外,人不幸福,对别人就不可能友善,更谈不上创造。海底捞知道,想让服务员对客户态度好,就必须让服务员感到幸福。让人感到幸福,不仅要提供好的物质待遇,还要让人感觉公平。

晋升制度是海底捞服务差异化战略的核心保障。海底捞的晋升政策除了能保障管理层知道服务员的冷暖外,也让普通员工感到公平。

4. 造人优先

人必须一天天长大,成功的企业也从来不是一步登天。从偏僻的四川简阳一路开到北京和上海,张勇发现海底捞很有竞争力,于是他的战略目标就变成了"把海底捞开到全国的每一个角落,做中国火锅第一品牌"。

按照一般连锁经营的商业逻辑,发现势头这么好的海底捞要成为中国第一火锅品牌似乎并不难,因为商业模式和服务流程都已日趋成熟,只要有充足的资金或者通过发展加盟店,就可以实现快速扩张。

可是,海底捞不仅一分钱银行贷款没有,就连找上门的投资银行和私募基金的钱都不要。张勇说:用人家的钱就要按人家的计划开店,可是做生意跟做人一样,该吃饭就吃饭,该睡觉就睡觉,要的是一个境界!因此,海底捞从第一天起到现在30多家店,资金都是从火锅生意一分分赚来的。用投资银行家的话说,海底捞是纯粹的内生增长。

张勇认为,扩张这件事急不得,因为他有一块"心病"没解决。那就是:海底捞的所有做法别人都可以复制,只有海底捞的人是没法复制的,而这恰恰是海底捞的核心竞争力。可是上哪找这么多优秀的员工呀?不要以为都是农村出来的打工妹,拿一样的工资就能干一样的活。一个人在海底捞可以干12个小时,还笑着说不累,在别的餐馆干10个小时就要愁眉苦脸。

为什么?海底捞的员工是在用双手改变命运,而他们的同行仅仅是为了挣钱糊口。

人的思想成长和转变都需要环境和时间。做餐馆的人都知道,任何餐馆一旦做成连锁,流程和制度就至关重要。海底捞员工在入职前也要经过严格的培训,也要有员工死记硬背的详细的服务流程和手册。但是,海底捞的环境不仅仅是那些成文的制度与流程,还有从心里相信双手能改变命运、大脑能像管理者那样做判断的老服务员的言传身教。尽管大多数员工都是通过熟人介绍来的,但淘汰的仍然不少,因为海底捞不仅劳动强度大,更要紧的是海底捞要求员工用心服务客户,对服务的主动性和创造性要求高,这让新员工感到无所适从。因此,海底捞的员工不仅要经过统一的培训,还必须经过一对一师徒式的单兵教练。(培训必不可少,历练必不可少,淘汰必不可少。)

海底捞服务的标准化要求每一个服务员都让客人觉得他们在尽心尽力地服务,高高兴兴地工作。比如,有的服务员不善言语,但他可以一溜小跑给客人买烟;有的服务员喜欢说话,他可以陪客人海阔天空。这种标准化轻易学不来,因为它要求每个服务员都是管理者。海底捞有很多具体服务方式,比如眼镜布、手机套、免费电话等等,这几年被很多餐馆效仿,可是细心人一看就会发现——形似神离,因为它们的员工

第1章　文化、企业文化与文化管理

只是用双手为客人服务。

海底捞把培养合格员工的工作称为造人。张勇将造人视为海底捞发展战略的基石。如何储备更多拥有海底捞思维的管理者和一线员工，占据了他现在绝大部分精力。海底捞对店长的考核只有两个指标：一是客人的满意度，二是员工的工作积极性。同时，要求每个店按照实际需要的110%配备员工，为扩张提供人员保障。企业考核什么，员工就关注什么，于是大家每天都在努力"造人"。完全不知平衡计分法为何物的海底捞，竟把平衡计分法精髓发挥得淋漓尽致。

看到这儿，一定有读者会问，难道海底捞不考核单店的利润吗？没错，不考核。张勇认为，利润是客户满意和员工满意的结果，客户和员工满意了，利润自然就来了。单店的利润更多同选址有关，不是店长能决定的。实际上，海底捞不仅不考核单店利润，在整个公司也不把利润列为考核指标，因为在张勇看来，考核利润同把海底捞开到中国每一个角落的战略目标是相冲突的。如果硬要考核利润，不仅劳民伤财，还会分散管理层的注意力，那么海底捞就不会有现在这样健康和从容的发展步伐。（不考核利润？这个有点深！）

做过服务员的张勇知道，按目前的方式"造人"，速度达不到那些拿着钱要入股海底捞的投资银行家的要求。这就是为什么他拒绝了多家创业投资抛出的绣球。他知道，当人力资源还没准备好，拿大把资金快速开店的做法，只会让海底捞风光一时，却会让品牌很快死掉。很多投资银行家的逻辑是，只要有了好的品牌、制度和流程，加上他们的资金就可以快速扩张占领市场。可惜，这些手握大把资金、满脑商业模型、一心想快速创造赚钱奇迹、但没有任何实体经济操作经验的名牌商学院毕业生们，恰恰不知道：人和生意，成长都需要时间，是一个个具体、不同的人影响了一桩桩具体生意的成败。人能创造流程和制度，也能改变流程和制度；人能聚财，也能散财；人才是生意的灵魂，流程、制度和资金都只不过是工具。（天哪，我碰到真理了！）

有人可能会说，如果对手比你的发展速度快，把市场占满了，你的机会不就没有了吗？

这是教科书里的理论，现实中永远不会是这样。人类社会生生不息，人类的错误也不断重复。领跑者的错误永远会给后来者让出空间。

5. 创始人张勇

按理说，生意大了，张勇应该日理万机才对。可是这个把人生境界看得比生意更重要的董事长，现在每月只在公司开一次总经理办公会，其他时间都是一个"甩手掌柜"，经常一个人带着司机在四川的大山里转悠。只是高中毕业，第一次创业就成功，不到40岁就开始"游山玩水"的张勇怎么有这么多管理智慧，难道他是一位"高人"？

当然不是。张勇坦诚地告诉我们，在开第一间店时，他并没有想到这么多，全都是凭直觉做，这些管理方法是海底捞的团队十几年来一点一滴摸索和积累下来的。

的确，在我们对海底捞一年多的跟踪研究中发现，海底捞的管理者在决定每一项管理政策时，更多靠的是对人性的直觉理解；靠的是对农民工这个特殊群体的直觉理解；靠的是对餐馆服务员这种特殊工作的直觉理解；靠的是对成千上万不同顾客的直觉理解。这些简单直觉的背后，包含了他们对人生和世界的思考。

毫无疑问，创始人张勇在这里起到了决定性的作用。作为一名企业家，他在经营企业的风风雨雨中，特别是在累、烦或兴奋得睡不着觉时，一定会不断地问自己：人活着为什么？为什么人人都追求公平，可是世界到处是不公平？我办企业为什么？望着顾客那张不满意的脸，给不给他们免单？看着一年辛苦到头赚来的利润，我应该拿多少，员工应该分多少？还应该投多少到充满风险的生意中去？公司亏钱了，员工要回家过年，除了路费，还应不应该再给他们买年货的钱？

我们不清楚张勇的思考过程，也不知道他是不是把这些问题想清楚了，但是从海底捞目前的管理做法中我们可以清楚地看到：张勇没有把赚钱放在首位，起码现在没有。因为他没有像一般企业那样把利润作为考核指标；没有像一般劳动密集型行业的老板那样尽量节省员工开支；没有像一般民营老板那样紧紧把

25

握财权；没有一般企业那样快速扩张的冲动。相反，他的管理方法更多体现了"以人为本，追求公平"的理想主义，这在崇尚时尚主义的企业家群体中实属少见。

关于企业目的的争论由来已久，两大阵营的领头人物都赫赫有名。一位是二十世纪最伟大的思想家之一、诺贝尔经济学奖得主米尔顿·弗里德曼(Milton Friedman)，他认为企业的目的就是赚取利润。另一位是管理学界唯一一位获得美国"总统自由勋章"彼得·德鲁克(Peter Drucker)，他认为企业的目的是创造顾客。我们认为，这两位大师的观点没有对错，只不过说明了两个并存的事实：

第一，企业家创办企业的目的是赚取利润，而且是最大利润。什么是最大利润？那就是今天的利润，因为今天的利润是现值。

第二，有些企业家创办企业的目的是想创一番事业。要想事业继续，就必须不断创造顾客。要想创造顾客，就必须让顾客今天尝到甜头，于是就是要减少今天的利润。

企业同人一样，都遵照正态分布规律，平庸的永远是大多数，优秀的永远是少数。正因为如此，尽管企业的整体平均寿命不超过十年，却总有凤毛麟角的百年老店屹立不倒，依然活力无限地创造着顾客。(要十年还是要百年？)

张勇的海底捞显然是想成为少数优秀的一族。想成为百年老店，根基自然要扎得更深一些，步伐自然要迈得更从容一些。

讨论题

1. 海底捞为什么会成功？
2. 海底捞有怎样的企业文化？
3. 海底捞独特的企业文化是怎样形成的？

拓 展 阅 读

[1] 罗长海，林坚. 企业文化要义[M]. 北京：清华大学出版社，2003.
[2] 陈春花. 企业文化管理[M]. 广州：华南理工大学出版社，2006.
[3] 李庆善. 企业文化之源——企业文化[M]. 北京：科学技术出版社，1991.
[4] 王超逸，李庆善. 企业文化学原理[M]. 北京：高等教育出版社，2009.
[5] 刘光明. 企业文化[M]. 北京：经济管理出版社，2006.
[6] 刘光明. 企业文化教程[M]. 北京：经济管理出版社，2008.
[7] 刘光明. 企业文化案例[M]. 北京：经济管理出版社，2003.
[8] 张国良. 企业文化管理[M]. 北京：清华大学出版社，2010.
[9] 梁漱溟. 东西文化及其哲学[M]. 上海：商务印书馆，1922.
[10] 庄锡昌，等. 多维视野中的文化理论[M]. 杭州：浙江人民出版社，1987.
[11] [英] 斯图而特·克雷纳. 管理大师50人[M]. 海口：海南出版社，2000.
[12] [美] 埃德加·沙因. 企业文化生存指南[M]. 郝继涛，译. 北京：机械工业出版社，2004.
[13] 黄铁鹰. 海底捞你学不会[M]. 北京：中信出版社，2005.

第 2 章

企业文化理论的产生与发展

本章学习目标

1. 企业文化理论产生的历史背景;
2. 企业文化发展的主要方向;
3. 企业文化理论在中国的传播与发展趋势。

■ 导入案例

"青蛙"变"王子"

多年前，美国通用汽车公司设在加利福尼亚州弗里蒙特的汽车装配厂，由于连年亏损而关闭。但当它与日本丰田公司合营组成新联合汽车制造公司以后，仅仅18个月，企业面貌就发生了难以想象的巨大变化：原来这个拥有5 000名员工的企业，雇员中存在的5 000个左右的不满事件，如今只剩下两个，原来高达20%的旷工率也大大下降了，劳动生产效率大约提高了一倍。用美国人的话来评论这个厂的变化："仿佛像一只青蛙一下子变成了王子。"这样巨大的变化是怎样发生的？丰田公司派来的日方管理人员施行了什么政策？关键是管理模式进行了转换。通用汽车公司弗里蒙特厂原来的负责人，采用的是标准的泰勒式科学管理模式，行政命令、严格监督、惩罚和解雇的手法及管理者高高在上的领导作风，弄得劳资双方矛盾十分尖锐——"劳方与资方就像两个有着世仇的家族，长期进行斗争。"而日本管理人员反其道而行之，他们尊重工会、尊重工人，让工人们分组管理，各负其责，并且处处建立管理者与工人平等的气氛——经理人员与工人合用停车场、餐厅，穿同样的工作服，取消经理专用办公室，大家互相称作"同事"。

这种尊重员工、平等共事、分权管理的价值观，激发出美国工人的敬业精神、对管理者的信赖和对企业的忠诚。日本管理人员在培养美国工人的忠诚时并不需要花费多少钱，然而日本人的方法看来远比美国人之前所采取的对抗性方法更为有效。正像新联合汽车制造公司人事总经理威廉·蔡尔所说："日本人的哲学是把人作为一个重要因素，而典型的美国哲学则相反，它把工人仅仅看成机器的延伸。"这段话一针见血地指出了以人为中心的管理模式与忽视人的因素的科学管理模式之间的本质区别。

（资料来源：张德，吴剑平. 企业文化与CI策划[M]. 2版. 北京：清华大学出版社，2003.）

20世纪80年代前后，美、日企业竞争模式的兴起，使企业文化理论因此应运而生。企业文化理论是社会文化与组织管理思想在特殊的社会和经济变革条件下交融、碰撞的产物。它的兴起是现代企业管理科学逻辑发展的必然结果，同时，它也引发了一场企业管理思想革命。可以说，企业文化理论为西方管理思想的发展树立了又一块里程碑，是在西方管理思想经历了"经济人"、"社会人"、"自我实现人"和"复杂人"等一系列假设之后，呼唤西方企业管理学界和实务界重新审视那些在企业管理实践中被忽略的深层次软性因素。本章结合时代背景，首先回顾企业文化研究的兴起、发展脉络，其次探讨企业文化研究的未来展望，最后研究企业文化理论在中国的传播与应用。

2.1 企业文化理论的兴起

20世纪七八十年代以前，美国一直在管理方法和管理制度方面领先于全球。但到了20世纪七八十年代，一贯以理性管理著称的美国经济出现了衰退；而与此同时，日本经济却异军突起，对美国乃至整个西方经济构成了挑战。到底是哪些因素导致美国的衰退和日本的崛起？这个问题引起了美国管理学界和企业界的广泛关注。帕斯卡尔等学者通过研究发现：与美国企业强调管理方法、制度等刚性因素不同，日本企业更加注重管理的软性精神因素及与企业长期并存的员工集体信念，并且塑造出了有利于企业创新、把价值与心理因素整合在一起的企业文化。企业文化这种软性精神因素对日本企业取得良好的经营绩效和

第 2 章 企业文化理论的产生与发展

长期发展起到了重要的作用。帕斯卡尔等学者认为,企业文化可用来解释日本企业超过号称竞争力为全球第一的美国企业,并且呼吁应该重新关注企业深层次的软性因素,强调这种深层软性因素对企业发展的重要意义。

"企业文化"概念横空出世,并"一石激起千层浪",在 1980 年初期的美国掀起了企业文化研究的热潮。美国管理学界连续推出四部力作:威廉·大内(William G.Ouchi)的《Z 理论——美国企业界怎样迎接日本的挑战》(1981);迪尔(Terrence E.Deal)和阿伦·肯尼迪(Allan A. Kennedy)合著的《企业文化:企业生存的习俗和礼仪》(1982);帕斯卡尔(Pascale)和阿索斯(R.Athos)合著的《日本企业管理艺术》(1982);以及托马斯·彼得斯(Thomas J.Peters)与小罗伯特·沃特曼(Robert H.Waterman)合著的《寻求优势:美国最成功公司的经验》(1982)。

《Z 理论:美国企业界怎样迎接日本的挑战》分析了企业管理与文化的关系,提出了"Z 型文化"、"Z 型组织"等概念,认为企业的控制机制是完全被文化所包容的。

《企业文化:企业生存的习俗和礼仪》基于对 80 多家美国企业的深入调研,提出了"杰出而又成功的企业大多拥有强有力的企业文化"的论断,从而大大提高了人们对企业文化的关注和重视程度。该书第一次系统阐述了企业文化体系,认为这一体系包括五项要素,即企业环境、价值观、英雄、仪式、文化网络,其中,价值观是核心要素。

《日本企业管理艺术》提出了著名的麦肯锡"7S 框架",即战略(Strategy)、结构(Structure)、制度(Systems)、人员(Staff)、风格(Style)、技能(Skius)、共同价值观(Shared Values),通过比较美国、日本企业管理模式,不难发现美国企业更加重视战略、结构、制度这三个硬性因素;而日本企业则不但重视硬性因素,而且更重视软性因素——人员、风格、技能、共同价值观。这些软性因素同样属于企业文化的范畴,而且是日本企业超越美国企业的关键所在。

《寻求优势:美国最成功公司的经验》致力于研究美国杰出而又成功的企业的共同管理特征,总结了美国最成功企业管理的 8 个特征,即行动迅速、接近客户、锐意革新、重视员工、集中精力、扬长避短、简化结构、管理艺术。

以上四部力作吹响了企业文化理论研究的号角,被学界称为企业文化理论"四重奏"。企业文化理论因它们而异军突起,并且持续影响全球管理界数十年。

编者认为,这四部著作尽管并未从学术高度系统、严谨地研究企业文化理论,但却发动了一场史无前例的企业文化启蒙运动,大大推进了企业文化理念的传播。它们的主要功绩在于:使新兴的企业文化思想深入人心,并受到广泛重视,为其后的企业文化研究奠定了基础。

2.2 企业文化理论兴起和发展的时代背景

如前文所述,20 世纪 80 年代前后,美国、日本企业竞争模式比较热的兴起,使企业文化理论应运而生。人们往往将企业文化理论兴起的原因,归结为美国、日本企业管理模式的比较研究。事实上,准确地说,美国、日本企业管理模式的比较研究只是一根"导火索",而企业文化理论的诞生则有其更为深刻的历史背景。

1. 社会大变革

第二次世界大战之后，到 20 世纪 80 年代这段时期，西方国家的现代化进程明显加速，是一个技术、经济与社会的大变革时期，也是对传统的思想意识进行挑战的时期。现代化的到来，使人类社会的物质文明达到空前繁荣的程度，同时，它也带来了前所未有的冲击，引起西方社会的巨大变革。在此背景下，美国社会出现了一股后现代主义思潮。后现代主义者们对现代化导致的诸多弊端，如忽视人的情感因素、社会科学研究成果，以及过分看重科学实证等问题进行了无情的针砭。企业文化思想顺应了当时的时代潮流，强调对旧管理模式进行反思的必要性，呼吁重新关怀人性、回归人本。

2. 管理实践的变化

20 世纪 80 年代前后，西方企业的内外部环境发生了显著的变化，传统的过分偏重理性、刚性的管理模式的缺陷日益明显，客观上要求有新的理论来弥补这一不足。

1) 市场呈现全球化倾向

第二次世界大战后，和平与发展成为时代的主旋律。西方发达国家现代化进程加速，经济增长迅猛，经济全球化趋势日益加速。特别是 1967 年，美国和 45 个国家签署了《关税及贸易总协定》，标志着全球化进入新阶段。很多国家都实施了开放政策，对于外国投资给予优惠条件。国际贸易发展迅速，特别是日本企业以强劲的竞争力逐步打入美国市场，并让美国企业感受到空前的竞争压力。开放的市场带来了开放的视野，不同的文化进行着交流、碰撞、学习和融合。在此背景下，跨国公司得到了空前的发展，跨文化管理问题摆上议事日程。

2) 竞争重点改变

经过第二次世界大战后 30 多年的发展，西方国家的居民收入大幅提高。随着消费者支付能力的大幅提高，消费模式已悄然发生变化，由实物功能型向精神享受型转变。市场竞争的重点发生了变化，竞争不仅在产品质量、价格、服务等基础领域展开，还在更高及更综合的品牌、形象和价值主张等层面展开，正所谓"三流的营销卖产品，二流的营销卖服务，一流的营销卖理念。"

3) 员工改变

由于收入水平的提高，更由于西方高等教育的普及，在 20 世纪 80 年代，西方企业员工的主体性需求日益提升。"越来越多的迹象表明，许多人工作不仅仅是为了追求金钱和经济稳定，他们在寻找一个有意义的工作，寻找能允许他们个人发展和自我实现的工作。这些信念已变成我们文化的一个基本部分。"[①]员工参与管理的意识与能力不断提高。企业员工的需求变化呼唤着以人为本的文化管理。

4) 员工工作方式改变

第二次世界大战后，西方国家兴起了以电子技术为中心的新技术革命。科学与技术的迅猛发展，使机器日益替代劳动。在企业运营中，大量简单重复的劳动、繁重的体力劳动都由自动化的机器代劳了，现在员工要做的工作大都是需要随机应变的、需要创意和创造

---

① 弗莱蒙特·E.卡斯特，詹姆斯·E.罗森茨韦克. 组织与管理：系统方法与权变方法[M]. 4 版. 傅严，等译. 北京：中国社会科学出版社，2000.

第 2 章 企业文化理论的产生与发展

性的脑力劳动。以前行之有效的"胡萝卜+大棒"的管理方式效果日益式微，如何有效管理和激励知识员工，提高脑力劳动的工作效率成为管理的新问题。

5) 企业组织结构改变

传统企业组织往往是科层式金字塔结构。为适应外部环境迅速变化的需要，管理系统和组织系统明显打破了传统的企业边界和等级制金字塔结构，组织结构趋向扁平化、网络化，甚至虚拟化。原来承担上下级层次间信息沟通联络的中间环节——中间管理层将日益减少；内部分工和由内部分工带来的控制和反控制、协调和反协调的内耗将被扬弃，从而创造最短的信息流和最快速有效的决策。这种组织结构意味着组织的分权趋势，组织成员可以在自己的职责范围内处理事务，这对员工素质和组织管理提出了更高的要求。如何把"分散"的员工统领起来，保证企业战略的有效执行？其中，企业文化起着怎样的作用？这些问题日益突出。

20 世纪 80 年代前后，西方企业的内外部环境发生了上述诸多变化，科学不断昌明、技术发展，市场日益全球化，竞争日趋激烈，企业员工的文化素质、生活水平、参与管理的意识和能力不断提高，组织结构趋向扁平化。在这种形势下，企业文化理论应运而生。

企业文化是客观存在的，有企业便有企业文化。从客观上说，自有企业以来一直到 20 世纪上半期，企业文化在整个企业发展中的作用并不显著；到了 20 世纪下半期，企业文化的作用才逐渐变得重要起来，并涌现了大批依靠优秀文化取胜的企业。从主观上来说，只是到了 20 世纪 70 年代，迫于企业文化对企业发展的巨大功能，理论界才对它进行认真研究，于 20 世纪 80 年代形成理论探索的高潮。到了 20 世纪 90 年代，在以信息网络化和经济全球化为特征的新经济时代下，企业文化研究得到进一步的纵深发展。时至今日，企业文化不再是一个简单的概念或一种理论，而是深深地融入企业的变革、发展和管理实践之中，并且成为决定企业兴衰成败的关键因素。

2.3 企业文化研究的发展脉络与主要研究领域

1. 定性基础理论研究

20 世纪 80 年代，学者围绕企业文化的概念和内涵、构成要素和层次及类型划分等问题进行了卓有成效的研究。这一时期的主要研究基本上都是定性研究。

1) 企业文化概念与内涵的研究

关于企业文化的概念和内涵，学术界一直没有达成一致。1985 年，埃德加·沙因(Edgar H. Schein)的《组织文化与领导力》问世。一般认为，《组织文化与领导力》一书的出版标志着企业文化研究真正进入了理论研究阶段。

2) 企业文化构成要素和层次的研究

企业文化的构成要素和层次也是 20 世纪 80 年代初期企业文化学者广泛讨论的问题。几乎所有关于结构要素的研究都把价值观作为企业文化的核心，作为文化最深层的概念。迪尔和肯尼迪提出了企业文化五要素论，即企业环境、价值观、英雄人物、礼节和仪式、文化网络，认为其中的价值观是企业文化的核心。关于价值观核心作用的研究，霍夫斯泰德(Hofsttede)的四层次模型较有代表性。该模型认为企业文化可分为由里及外的四个层次：价值观、仪式、英雄、符号。其中，外面三层可以归纳为"实践活动"，是可见的；而最里层的"价值观"是核心，是不可见的。

对于大多数学者把价值观作为最深层概念的观点，沙因表达了不同的看法。他认为基本假设才是最深层的，而价值观则处于第二层，是基本假设的一种呈现，最外面是"人工饰物"等外显部分。在《企业文化生存指南》(1985)一书中，沙因将文化划分为由浅到深的三个层次，即表象、表达的价值和共同默认的假设：第一层次"表象"，是不同企业所呈现出的不同的风格，是清晰而又显而易见的。第二层次"表达的价值"，是需要通过访谈内部人员来深入理解和破译的。第三层次"共同默认的假设"，是指共同习得的价值观、理念和假设，它产生于企业成员共同学习的过程中。"基本假设更容易被团体成员视为理所当然、毋庸置疑的定论，而对于价值观则可以进行开放性探讨和质疑。"

由于基本假设这些潜意识的内容很难用定量方法来研究，因此，即使在20世纪90年代后兴起的企业文化定量研究逐渐取代定性研究而成为企业文化研究的主流以后，学术界仍然更多地沿用以价值观为核心层的层次模型。

3) 企业文化类型的研究

在企业文化"四重奏"时期，迪尔和肯尼迪就将企业文化分为"硬汉、强人文化"，"尽情干、尽情玩文化"，"风险文化"，"过程文化"四种类型。后来，奎因(Quinn)等提出的"竞争性文化价值模型"。他按照内部与外部导向、灵活自由与稳定控制两个维度对企业文化进行了分类，分成四种基本模式，即群体性文化、发展型文化、理性化文化和官僚式文化。奎因认为，尽管这四种组织文化彼此区别很大，但很少有企业组织单独属于其中的某一特定文化。正常的企业组织不应该只有一种文化，这样很容易走向极端。竞争性文化价值模型强调的就是组织内部不同力量之间的均衡。竞争价值理论模型，为后来组织文化的测量、评估和诊断提供了重要的理论基础。

2. 企业文化研究的方法论之争

20世纪80年代兴起的企业文化基础理论研究基本上都是定性研究，定量研究只占少数。在当时定量研究已经成为管理学研究主流的背景下，企业文化研究却能独树一帜，开辟了一个特别的以定性研究为主的研究领域，从而使企业文化研究带有一定的时尚性、特殊性、创造性甚至革命性的色彩。

早期的企业文化研究大多沿用人类学的研究范式，把组织文化视同传统的氏族部落文化，采用民族志研究方法进行长期的实地观察。沙因提出了现场观察、现场访谈、文化评估等方法，赞成采用个人或小组访谈的方式来进行文化评价，并且认为问卷调查的答案只能被视为文化的表现，无法表达任何实际产生影响的深层价值观或者共同假设。

沙因(1996)认为，组织深层次的基本假设存在于全体成员的潜意识中，很难进行量化测度。文化是不能单靠外在显化的行为来解读的，情境中出现的一些权变因素会导致组织成员的行为背离其深层价值观及假设。要想发现文化的基本元素，要么直接探求组织成员的认知和思维背后的深层价值观及假设，要么就得花大量的时间去观察他们的行为。很多学者赞同沙因的观点，认为量化研究无助于理解组织文化，建议采用定性的民族志或历史研究法。

然而，霍夫斯泰德等(1990)通过实证发现，在文化具有独立的向度、文化的向度具有操作性定义的前提下，量化取向的文化研究仍然是可行的。Sackman(1991)提出了整合历史和问卷调查方法的组织文化归纳分析法，并且认为企业文化研究在方法论上应该遵循两种思路：一是以局外人(Outsider)的身份开展调查研究，然后加以演绎；二是站在局内人(Insider)的立场上进行调查研究，然后加以归纳。

进入 20 世纪 90 年代以后，企业文化研究这个以定性研究为主、独立于定量研究之外的新的管理学研究领域受到定量研究的渗透。目前，定量研究已经占据这个研究领域的主导地位。编者认为，这与 20 世纪 90 年代以后企业文化研究从基础理论转向实际应用有着很大的关系，量化方法能够更有效地解释企业文化对企业产出(如绩效、员工满意度等)的影响。但是，就企业文化理论研究的特殊性、创造性及研究视角的深度和广度而言，定量研究是无法取代定性研究的，因此，两者的融合才能催生出高水平的研究成果。

3. 企业文化基础理论衍生及应用研究

20 世纪 90 年代以后，西方企业遇到了更为激烈的竞争和更加严峻的挑战，迫使企业文化研究更加注重企业实际，从基础理论研究明显转向了实际应用研究，从单一概念走向整合模型，即考察企业文化作为部分变量与其他管理要素的关系并构建整合模型。于是，企业文化研究出现了三个重要的走向：一是企业文化基础理论衍生研究；二是企业文化测量、诊断与评估研究；三是企业文化绩效效应研究。

1) 企业文化基础理论衍生研究

企业文化基础理论衍生研究主要包括三个方面：企业文化作为部分变量与其他管理要素的关系以及整合模型构建的研究；企业文化与新的管理思想融合的研究；企业文化自身的深化研究。

(1) 企业文化作为部分变量与其他管理要素关系及整合模型构建的研究。企业文化基础理论研究从 20 世纪 90 年代开始从部分逐渐走向整合，开始把企业文化与其他管理要素联系起来。学者也逐渐放弃早期的企业文化研究所采用的定性方法，把企业文化作为一个变量或功能单位与企业管理中的其他要素进行整合研究，如企业文化作为一个变量与"人力资源管理"、"战略管理"、"职业生涯管理"、"创新"、"员工态度"、"市场营销"的整合，并构建了很多相关模型。企业文化基础理论衍生研究也因此而呈现百花齐放的态势。但是，这种把企业文化默认为一个变量和功能单位的定量研究尽管繁荣了企业文化研究，但却违背了早期企业文化理论研究者的初衷，企业文化独立于定量研究的特殊地位也因此而逐渐丧失，关于深度和方法论的争论也逐渐被搁置起来。

(2) 企业文化与新的管理思想融合的研究。关于企业文化基础理论的衍生研究还融入了一些新的管理思想，体现了企业文化这一整体、软性因素的强大包容性和生命力。

彼得·圣吉(1990)在《第五项修炼：学习型组织的艺术与实务》一书中提出了著名的学习型组织理论，认为学习型组织必须具备自我超越、改善心智模式、建立共同愿景、开展团队学习、系统思考等五项核心能力(或进行这五方面的修炼)，并且把其中的"系统思考"放在了最重要的位置，因为它是整合其他各项修炼于一体的关键。其实，圣吉提出了一种学习型企业文化，他的理论也逐渐演变为一种学习型组织的企业文化理论。德国学者马丁和波尔纳(1994)在《重塑管理形象：渐近式管理，打开成功之门的钥匙》一书中提出了渐进式管理理论，并且认为企业不仅是一种盈利组织，而且还应该是一种社会和文化单位。静态的逻辑思维方式有其局限性，在企业管理中应该运用动态演化的观点来考虑问题，这样才能谋求企业发展。他们提出的渐进式管理模式把企业分为 7 个等级，不同等级的企业都有其独特的企业文化特征，从低到高依次为"保证生存，渡过难关"、"家长制"、"技术统治与刚性管理"、"创造与革新"、"热情与信任"、"想象力强，有远见卓识"、"全球意识"。这一思想事实上是从企业文化的角度把企业的管理分为 7 个等级，它所强调的动态性、不可预见性、综合性、层次性、多元性、创造性等组织特征实际上与企业文化有着密切的关系。

(3) 企业文化自身的深化研究。关于企业文化自身的深化研究在 20 世纪 90 年代以后得以继续进行，学者试图从不同的角度来丰富对企业文化系统要素的研究，针对企业文化的动态性、多样性、复杂性进行深化研究。Hatch(1993)基于过程观研究了企业文化的动态性。过程观本身又基于沙因的组织文化要素论研究企业文化的基本假设、价值观等诸多内在要素和人工饰物之间的动态互动关系，并提出了一个更复杂的企业文化动态过程模型。Cox(1994)基于分裂观考察了组织文化多样性的问题。从分裂观看，组织文化既不是整体一致的，也不是由不同子文化构成的，而是四分五裂的；组织使命是多样的，组织文化是模糊的，组织文化是矛盾甚至冲突的。

2) 企业文化测量、诊断与评估研究

到了 20 世纪 90 年代以后，企业文化研究开始从定性转向定量。很多学者开发了企业文化定量分析量表，如 OCAI(Organizational Culture Assessment Instrument，组织文化量表)、OBQ(Organizational Belief Questionnaire，组织信仰问卷)等，都想通过构建组织文化测量量表来定量测度、评估和诊断企业文化。

值得一提的是，从 20 世纪 90 年代至今，中国的企业文化定量测量及方法研究取得了丰硕的成果。最初只满足于使用国外学者的理论模型和测量量表，现在已经从理论架构和方法上实现了本土化的突破。台湾学者郑伯埙(1990)以中国台湾地区企业为样本研究构建了组织文化价值观量表，提出了 9 个带有东方文化色彩的文化维度。忻榕和徐淑英(2004)通过研究归纳出中国国有企业的 10 个文化维度(创新、结果导向、员工发展、和谐、实用主义、顾客导向、奖酬导向、贡献、未来导向和领导行为)，同时通过与国外研究比较发现：中国国有企业组织文化有顾客导向、奖酬导向、贡献、未来导向、领导行为 5 个特殊维度，而西方组织文化中的"进取心"和"关注细节"并没有出现在中国国有企业的文化维度中。

随着国内外组织文化定量测量研究的不断深入，组织文化测量量表层出不穷，出现了"组织文化测度量表丛林"现象。

3) 企业文化绩效效应研究

20 世纪 90 年代以来，西方学者开始重视如何把企业文化应用于企业管理实践的问题，企业文化与企业绩效之间的关系便成了企业文化研究的一个新热点。

最早关于企业文化与企业绩效相关的观点在"四重奏"中就已经出现，如迪尔和肯尼迪等学者认为文化的强度与企业取得成功有着密切的关系。20 世纪 90 年代，很多学者运用实证方法证明了企业文化与经营绩效之间更为复杂的关系。例如，Kotter 和 Heskitt(1992)在《企业文化与经营绩效》中，对 1987—1991 年美国 22 个行业 72 家公司的企业文化和经营绩效之间的关系进行了深入的研究，结果发现企业文化对企业绩效有重要的作用，并且预测在未来很长时期内企业文化可能是决定企业兴衰的关键因素。他们还提出了强力型、策略合理型、灵活适应型三种不同的企业文化，并且认为强力又能主动适应外部环境的企业文化最有利于经营绩效的提升，而企业文化的强力程度并非与经营绩效成正比。这项研究对于企业文化与绩效关系研究具有开创性意义。从此，企业文化与绩效关系的研究蓬勃发展，并且取得了丰硕的成果。

2.4 企业文化研究趋势展望

企业文化理论研究在基本完成基础理论研究(包括企业文化的概念、结构、类型等)之后，呈现出深入发展、多领域并进的格局。随着形势的发展，企业文化研究在基础理论及衍生研究、应用研究及测评方面将会呈现以下一些趋势。

1. 跨文化研究

在经济全球化的今天，中西方交流日益频繁，跨国公司日益增多并持续发展，不同国家之间的文化碰撞也越来越多地反映在企业特别是合资企业内部，一贯以物为本的西方管理文化与一贯以人为本的中国管理文化彼此逐渐开始走入对方的阵营。随着中国改革开放的不断深入，中西方企业文化之间的融合度也越来越高，不同民族文化之间不断相互渗透。过去在同一民族文化背景下屡试不爽的组织管理方法如今已经难以适应多民族跨文化的组织环境，因此，在全球化经营中，跨国公司要想实施有效的管理，就必须了解民族文化差异，对子公司所在国的文化采取包容的态度，在跨文化条件下有效解决异质文化冲突，创造自身独特的企业文化，以便卓有成效地实施跨文化管理。

随着全球化的深入发展，跨文化管理仍将继续成为企业文化研究的一大热点，这一趋势主要包括两个方面：首先，跨文化管理的文化适应与冲突规避研究。当前，跨国公司普遍面临如何适应不同国家的文化，以及如何在公司内部规避不同文化相互冲突的问题，以创造更为博大、宽容的文化氛围。因此，相关研究应该着力研究跨国经营中异域文化适应和不同文化相互冲突的问题。其次，跨文化管理的文化整合研究。跨文化管理的目的就是要使不同的文化能够相互融合，整合成一种新的企业文化。新文化只有根植于企业全体员工的心中，并体现在员工的思想、价值观、行为中，跨国公司才能卓有成效地实施跨文化管理。因此，如何融合不同的文化，把不同的文化整合成新的企业文化，也是未来跨文化管理研究的一个重要方面。

2. 企业文化与绩效关系研究

科特(1992)在《企业文化与经营业绩》一书中指出，凡是能够促进企业绩效提升的文化都有一个共同的特点，那就是不断促进企业变革。企业的变革过程也是企业文化变革的过程。企业文化的塑造不可能一劳永逸，而是要随着企业的发展和变革及时进行调整和变革，这样才能对企业的长期发展产生深远的影响。未来的企业文化与绩效关系研究应该关注以下三个方面。

首先，影响企业文化与经营绩效关系的中介变量。自科特开创了企业文化与经营绩效关系研究以来，企业文化与绩效关系研究蓬勃发展。但是，企业文化到底通过什么中介因素来影响经营绩效仍然是一个未解之谜。探索企业文化如何通过经营战略、领导风格、人力资源管理等中介因素来影响经营绩效，将是未来企业文化与绩效关系研究的一个重点。

其次，企业文化对其他因素影响经营绩效的中介作用。企业的其他因素也可能通过企业文化来影响企业的绩效，如民族文化、组织环境、经营战略、领导人特质和价值观等都可能通过企业文化来影响经营绩效。

最后，企业文化变革与经营绩效之间的关系。企业文化变革包括方向变革和强度变革两个方面。方向变革是指企业文化的主要价值观和类型发生变化，如从稳定主导文化转变为创新主导文化；而强度变革则指企业文化对企业的渗透力和对员工的影响力变化，如从弱势的企业文化转变为强势的企业文化。围绕这两个方向探讨企业文化变革如何影响经营绩效，以及如何通过企业文化变革促进经营绩效的提升，将是未来企业文化与绩效关系研究的另一重点。

3. 企业文化与领导力关系研究

沙因长期致力于探索企业文化与领导力之间的关系，在2010年《组织文化与领导力》(第4版)一书中突出强调了三点：企业家作为企业领导人，是企业文化的塑造者；企业文化一旦形成，就会对领导风格产生影响；当企业既有文化成为企业发展的障碍时，企业领导人可以甚至必须通过推动企业文化变革来排除障碍。企业文化在很大程度上就是"企业家文化"，企业家的个人信仰往往与企业的文化定位密切相关，成为企业文化的源头。

在知识经济时代组织扁平化、网络化及经济全球化的过程中，跨文化管理已经成为一种必然。企业文化与领导力可以说是"一枚硬币的两面"，两者如何适应跨文化管理并获得自身的发展，必将成为未来企业文化研究的一个重点。

未来的企业文化与领导力关系研究应该着重关注以下两个方面：①企业领导人个人特质与企业文化的关系，具体而言，就是他们的个人特质如何影响企业文化的形成和发展(或变革)，以及前者影响后者形成和发展的程度；②企业文化对领导风格的影响，由企业创始人塑造的企业文化具有一定的稳定性和渗透力，往往会影响企业继任者的领导风格。因此，未来的企业文化与领导力关系研究不应忽视对第二个问题的研究。

4. 企业文化多元化研究

在知识经济条件下，企业的组织形式日趋网络化，因而要求企业文化更具弹性。由于网络化组织内部的各工作单元是相对独立、自主决策的，因此，在集中统一的主流文化下，各工作单元必然会形成自己的亚文化，这些亚文化通常能反映不同工作单元或部门的风格。而同一工作单元或部门的成员往往拥有共享的独特亚文化，它既体现了主流文化的核心价值观，又反映了工作单元的亚文化特征。在网络化组织的工作单元里，企业文化会不断创新、变革，形成有别于企业文化的亚文化。文化的多元化会促进企业的文化创新，进而促进知识经济条件下的企业不断走向繁荣。因此，编者认为，未来的企业文化研究应该关注企业文化多元化问题，着重研究网络组织内部的亚文化、大型企业集团内部的亚文化，以及组织内部非正式组织的亚文化。

5. 企业文化测评研究

随着企业文化定量研究的不断发展，企业文化测评研究必将继续成为企业文化研究的热点。今后企业文化测评研究应该注意以下三个方面：①本土化的测评工具开发与适用范围研究。由于文化背景不同，对于不同国家的企业，难以采用统一的文化测评量表，不同的国家文化会给测评工具带来适用性方面的挑战，根据不同国家的文化特点来开发本土化测评工具，是未来企业文化测评研究的重点。②企业文化测评的理论基础研究。企业文化测评必须依赖于坚实的理论基础，围绕企业文化测评工具开发的基础研究，可以确保测评工具的质量，是未来需要重点关注的问题。③企业文化测评工具的效度研究。企业文化测评主要采用定量方法，要通过统计检验来进行效度研究。不过，真正具有挑战性的是定性文化测评工具的效度研究，这将是未来企业文化测评研究的一个新热点。

6. 基于民族文化的本土化研究

民族文化为企业文化提供了肥沃的土壤，深刻地影响着企业文化的形成和发展。虽然企业文化理论诞生于西方，但相关研究却发端于美日竞争模式比较，因此，实际上，企业文化理论从一开始就关注东西方文化差异。但是，20世纪80年代以后企业文化理论主要是在欧美等国家发展起来的，对其他国家特别是东方民族文化国家的企业文化关注不够。

不同国家的企业文化实践为企业文化学者研究本土企业文化提供了大量的机会。编者认为，未来企业文化的本土化研究主要包含以下两个方面：①创建基于民族文化的本土企业文化理论。对于中国学者来说，这方面的研究应该关注民族文化差异，特别是东西方文化差异，重点在于基于东方民族文化的本土化理论研究。中国文化是东方文化的杰出代表，许多企业文化学者越来越认识到构建中国特色企业文化理论的重要性和紧迫性。当西方学者把目光聚焦于中国的传统文化时，中国更应关注本民族的传统文化对企业文化的影响，为构建本土化企业文化理论做出应有的贡献。②对西方企业文化理论的本土化研究。西方企业文化理论在移植到不同国家以后容易出现"水土不服"的问题，中国学者应该着重关注如何在深入研究以欧美文化为背景的西方企业文化理论的基础上，有效解决西方企业文化"水土不服"的问题，这就要求中国学者深入开展对西方企业文化理论的本土化研究。

7. 虚拟企业文化研究

随着互联网的发展和普及，各种虚拟企业及团队层出不穷，但目前仍只有很少的学者关注虚拟企业的企业文化问题，因此，相关研究明显不足，而且不够系统。在谈到虚拟企业文化的研究价值时，Martin(2002)指出："与互联网技术有关的技术变革有可能催生我们的理论成从未考察过的新的组织形式。文化研究人员会发现，相关研究有可能揭示一些我们从未考虑过的问题。这(虚拟企业文化)是一个极有探索价值的宝藏。"研究那些其员工也许从未谋面的虚拟企业的文化特征，有可能成为一种新的趋势。具体而言，这方面的研究包括以下两个方面：一是虚拟企业文化的基础理论与方法研究。虚拟企业有自己的特殊性，它的企业文化必然不同于传统实体企业的文化，因此，关于虚拟企业文化基础理论与方法的研究首先应该关注虚拟企业文化的层次、类型、形成机制，以及适合虚拟企业文化研究的方法与范式等问题。二是虚拟企业文化与实体企业文化比较研究。今后的相关研究应该在依据虚拟企业的特殊性，在探究虚拟企业文化对虚拟企业经营绩效的影响、虚拟企业文化测评方法等问题的基础上，着重开展虚拟企业文化与实体企业文化的比较研究，以甄别这两种企业文化的异同点。

2.5 企业文化理论在中国的传播与发展

1. 企业文化在中国的传播

中国企业文化管理实践始于 20 世纪 50 年代。当时,在一些大型国有企业中就有文化管理的理念,如鞍钢宪法、大庆铁人精神等。这些理论未被冠以企业文化的概念,但实际上却发挥着正如当前所倡导的企业文化管理的作用。20 世纪 80 年代末,随着中国改革开放的进一步深入,在引进外资、引进国外先进技术和管理的过程中,企业文化作为一种管理模式被引入中国的企业中,许多企业都搞起了企业文化,国内学者也展开了广泛的理论研究,在全国掀起了企业文化研究的热潮。但是,由于众多原因,中国企业文化建设并没有取得预期效果,到 20 世纪 90 年代中期,中国的企业文化研究和实践逐渐"降温"。然而,沉寂了几年后,中国企业文化理论研究和实践又开始"升温",国内学术界、企业界又重新掀起了企业文化热,企业文化建设再度引起了业界的广泛关注和重视。海尔、联想、华为、TCL 等国内优秀的企业,都将企业文化的构建和创新作为实现企业可持续发展的重要战略之一。企业文化之所以引起企业界和学术界的广泛关注,是因为企业文化能够不断地给企业注入新的活力,给企业带来有形的和无形的、社会的和经济的双重效益。因此,在知识经济时代研究企业文化、建设企业文化、实施文化管理,对提升企业的核心竞争力具有重大的意义。

2. 中国企业文化建设的误区

根据成熟的国内外企业文化的理论研究成果和国内外优秀企业文化建设的实践经验,编者认为,中国企业文化建设存在着许多误区,主要包括以下五个方面。

一是注重企业文化的形式,忽略企业文化的内涵。这是企业文化建设的"形式主义"。许多企业管理者片面地追求企业文化的外在表现形式,如热衷于搞文艺活动、喊口号、统一服装、统一标志、请广告公司做 CI(Corporate Identity,企业识别)设计等。根据沙因的企业文化划分的层次,位于企业文化最核心的是基本假设,其次是价值层面,再次是行为规范和行为方式层面,位于最表层的才是企业文化的各种表现方式,包括各种符号、英雄、活动等。由此可见,企业文化活动和企业 CI 形象设计都是企业文化表层的表现方式。如果只有表层的形式而未表现出企业文化的内在价值观及其指导下的行为规范和行为方式,企业文化是没有意义的,不能形成文化推动力,也不能产生管理功能和深远的影响。

二是将企业文化视同企业精神,使企业文化脱离企业管理实践。这是企业文化建设的"空想主义"。精神需求人人都需要,而且必须有。但是,如果单纯地唱高调、喊口号,塑造企业精神或企业圣经,这样的企业文化是空泛的,不会产生任何凝聚力,而且会适得其反。企业精神必须与企业管理实践紧密结合,要在企业精神与企业管理实践中间架起能行走的桥梁。企业精神对企业内部的凝聚力、企业生产效率及企业发展固然有着重要的作用,但这种影响不是单独发挥作用的,它是渗透于企业管理的体制、激励机制、经营策略之中并协同起作用的。企业的经营理念和价值观是贯穿在企业经营活动和企业管理的每一个环节和整个过程中,并与企业环境变化相适应的,因此不能脱离企业管理实践。

三是将企业文化建设等同于政治思想工作。这是企业文化建设的"党派主义"。这里的"党派主义"是指将一个社会统治阶级的政治思想、纲领作为企业文化。企业管理离不开统治阶级的政治思想指导，但是，企业文化管理不能等同于政治思想，它们的体制和机制有很大的不同。企业是一个经济主体，将企业文化等同于政治思想工作，说明企业管理者至少有可能存在两个问题，或是该企业管理者素质低，不懂企业文化管理的本质内涵，或是该企业管理者有政治目的。

四是将传统文化等同于企业文化。这是企业文化建设的"民族主义"。有些企业管理者根据日本企业文化倡导的团队合作的民族性特征和欧美企业文化倡导的个人英雄主义的民族性特征，认为中国的企业文化管理应建立在中国民族文化的基础上，因此，就直接将儒家文化、道家文化等中国的民族文化应用于企业文化管理中。应该说传统的中国民族文化具有中国特色，但是，当代中国人，尤其年轻的一代是否还奉行这些文化传统，这是问题的关键。事实表明，中国传统文化正在离人们越来越远，因此，盲目应用中国的传统文化来管理企业在当前也是不切实际的。

五是企业文化建设千篇一律，没有个性。这是企业文化建设的"共产主义"。综观许多企业的企业文化，方方面面都大体相似，如"团结、求实、创新、奋斗、励精图治、奋勇当先、奋发图强……"，这些口号词在众多企业厂训中经常出现，缺乏鲜明的个性特色和独特的风格。其实，每个企业的发展历程不同，企业的构成成分不同，面对的竞争压力也不同，所以其对环境做出反应的策略和处理内部冲突的方式都会有自己的特色。例如，在日本，索尼公司的企业文化强调开拓创新，日产汽车公司的企业文化强调顾客至上，松下公司强调塑造"松下人"；在美国，惠普公司的企业文化强调对市场和环境的适应性，IBM的企业文化强调尊重人、信任人，善于运用激励手段。可见，不同企业，其文化管理应体现个性和特色，即使在同一文化背景下，也要彰显特色和个性。企业文化要结合企业发展阶段、发展目标、经营策略、企业内外环境等多种因素综合考虑而构建，体现特色和个性。不同的企业文化本质上没有"好与差"、"对与错"的分别，一种企业文化不可能在不同企业中产生相同或相近的效果，不同的企业文化应具有各自的特色。企业价值最大化可作为衡量企业文化是否合适的重要标准，当然，这里的价值最大化不仅要考虑企业的经济效益，还应涉及企业的社会效益。

3. 中国企业文化理论与实践发展趋势

与国外企业文化研究的迅猛发展相比，中国的企业文化研究显得十分薄弱，这表现在：①中国的企业文化研究还停留在粗浅的阶段，虽然也有一些关于企业文化的研究，但是大多数是以介绍和探讨企业文化的意义，以及企业文化与社会文化、与企业创新等的辩证关系为主，真正有理论根据的定性研究和规范的实证研究为数甚少；②中国企业文化的研究严重滞后于其发展实践，许多企业在塑造企业文化时主要是企业内部自己探讨，虽然也有专家学者的介入，但是由于对该企业文化发展的内在逻辑、该企业文化的定位、企业文化的变革等问题缺少长期深入的研究，所以，企业文化实践缺少真正的科学理论的指导，缺少个性，同时也难以对企业长期发展产生文化的推动力。因此，我们应该借鉴国外企业文化的研究，来加强中国企业文化研究，促进中国企业文化的发展。

本 章 小 结

企业文化的理论研究始于20世纪70年代末到80年代初,威廉·大内的专著《Z理论:美国企业界怎样迎接日本的挑战》、特雷斯·迪尔和艾兰·肯尼迪合著的《企业文化:企业生存的习俗和礼仪》、托马斯·彼得斯与小罗伯特·沃特曼合著的《寻求优势:美国最成功公司的经验》与帕斯卡尔·阿索斯著的《日本企业管理艺术》四本书被合称为企业文化研究的"四重奏",这标志着企业文化研究的兴起。其后,企业文化研究热潮兴起。进入20世纪90年代,企业文化研究出现了三个走向:一是企业文化基础理论衍生研究;二是企业文化测量、诊断与评估的研究;三是企业文化绩效效应的研究。未来企业文化研究将会呈现以下一些趋势:跨文化研究、企业文化与绩效关系研究、企业文化与领导力关系研究、企业文化多元化研究、企业文化测评研究、基于民族文化的本土化研究、虚拟企业文化研究等。

中国企业文化研究相对国外的企业文化研究成果要薄弱些,企业文化建设当前仍存在着五大误区:一是注重企业文化的形式,忽略企业文化的内涵;二是将企业文化视同企业精神,使企业文化脱离企业管理实践;三是将企业文化建设等同于政治思想工作;四是将传统文化等同于企业文化;五是企业文化建设千篇一律,没有个性。中国企业文化在未来需要加强研究,尤其要坚持理论研究与应用研究相结合、定性研究与定量研究相结合的原则。

关键词

Z型文化、Z型组织、文化差异、7S框架、后现代主义、跨文化管理

复 习 题

1. 企业文化理论产生的历史背景是什么?
2. 企业文化在中国的传播大致经历了几个阶段?
3. 为什么说企业文化理论是管理理论的一次革命性变革?
4. 中国企业文化理论与实践发展趋势怎样?

思 考 题

1. 中国传统文化在企业文化管理中的作用和影响有哪些?
2. 企业文化管理在企业管理中的地位与作用是什么?

案例分析

江苏电力:企业文化演进的三个阶段

江苏省电力公司(以下简称江苏电力)成立于1988年12月,主要从事江苏境内电网建设、管理,经营江苏境内电量销售业务。江苏电力公司文化伴随公司发展的实践,经历了螺旋式发展过程,走过了三个阶段,迈上了三个台阶,逐步形成了自己的特色。

第2章 企业文化理论的产生与发展

第一阶段(1992—1999年)。这是江苏电力公司文化的初始阶段，面向市场经济，接受并逐步实践企业文化，初现公司文化的雏形。

20世纪90年代，为适应计划经济向市场经济的转变，力求满足社会经济和人民生活用电需求，公司以"达标创一流"(达到构架电力公司一流企业标准)为重点，加强电力建设，提高员工素质和企业管理素质，塑造公司良好的社会形象。针对电力行业存在垄断弊端和员工缺乏市场观念、服务观念和安全观念的实际，组织全员开展"电力走向市场"大讨论活动，增强市场观念和竞争观念；结合全社会开展文明创建活动，提出"安全优质共用电，人民电业为人民"的文明行业创建主题口号，向员工宣导，增强员工宗旨意识和服务意识；贯彻"安全第一、预防为主"的安全方针，强化员工安全教育，增强安全意识和安全责任。公司在企业管理素质的提高上，特别在服务文化和安全文化建设上，建立完善服务承诺制度和安全岗位责任制等一系列规则制度，使公司的管理素质、安全生产形势和用电服务水平有了明显的改进和提升。

第二阶段(2000—2002年)。这是江苏电力公司文化的全面推进阶段，总结提炼与实践应用公司文化理念系统和形象视觉识别系统，确立战略管理思想，坚持以人为本，创建中国一流电力公司。

公司提出了"同行领先，国际水平，江苏特色，人才高地"的战略思路，制订了公司20年发展战略和"十五"发展计划，勾画了新世纪公司发展蓝图，为公司文化建设奠定了基础，使公司文化建设进入了一个新的发展时期。公司领导对企业文化建设非常重视，把企业文化建设纳入公司发展战略和领导任期目标，组建了公司企业文化建设委员会和企业形象战略推进委员会，制定了企业文化发展战略。公司在集聚员工智慧的基础上，与南京大学咨询机构合作，总结和提炼了公司文化理念系统，设计和确立了公司形象识别系统。在这一时期，公司文化建设紧紧围绕创建中国一流电力公司的目标，以培育公司精神、突出以人为本的价值观、树立良好的公司形象为重点，全面推进公司文化建设。编印了《公司文化宣传提纲》、《公司文化知识问答》、《公司文化理念手册》、《员工文明礼仪手册》和《员工道德读本》等作为员工学习培训教材。举办公司文化艺术节和公司文化培训班，以活动和载体加强企业文化队伍建设，营造文化建设的浓厚氛围。同时，公司加强企业文化阵地和设施建设，创办《江苏电力企业文化》杂志，建立员工培训中心、文化活动中心和健康中心。成为员工共同价值观和行为准则的公司文化内涵主要包括"竞争求发展，创新当先行"的公司精神，"发展江苏电力企业，服务社会事业"的公司宗旨，"建成集团化，多元化，现代化，国际化，居于国内同行领先水平，跻身世界先进电力企业行列的现代电力公司"的战略目标，"管理现代化，经营集约化"的经营理念，"员工为本，效益为先"的管理理念，"始于客户需求，终于客户满意"的服务理念等十个方面。

第三阶段(2003年以来)。这是江苏电力公司文化的系统提升阶段，完善公司文化体系，打造公司先行文化，以文化引导企业管理和公司发展，创建国际一流公司。

在2002年提前实现建成中国一流电力公司第一步战略目标的基础上，公司坚持以世界的眼光和开放的胸襟，坚定不移地推进国际一流公司创建工作，到2005年努力实现建成国际一流公司的目标。为了适应和服务建设国际一流公司战略目标，公司对企业文化进行系统整合和提高，总结完善原有企业文化体系，构建引领公司发展战略，遵循文化发展规律、体现员工根本利益的公司文化目标体系，建设具有公司特色的先行文化，系统提升公司文化的层次和品质。在这一阶段，公司举办了企业文化研修班，形成了反映公司文化实践的专题材料。公司与南京大学商学院、江苏省企业联合会、企业文化研究所等专业机构合作，开展企业文化专题调研。在实践的基础上，公司构建了包含公司使命、公司愿景、核心价值观、指导原则、行为准则、公司理念、公司精神和公司形象标语为主要内容的企业文化目标体系。公司与麦肯锡公司合作对公司六大关键流程进行管理咨询诊断，与埃森哲公司合作对苏州供电公司进行业务流程诊断，取得了良好效果，得到国家电网公司的充分肯定。同时，公司加快构建内部管理体制和科学管理体系，形成了科学的决策管理体系、双文明综合承包责任考核体系、专业工作委员会参谋体系、"六位一体"监审体系和全员绩效考核体系。在系统提升公司文化的过程中，公司还引进学习型组织管理理论推进公司文化建设，编印《建设学习型企业读本》，组织了全员问卷调查，举办专题培训班，组建了378个学习型团队。

具体而言,公司文化的基本内涵由十二部分组成:公司使命——服务客户,福泽社会,惠及员工;公司愿景——成为国际一流的知名电力公司;公司核心价值观——安全第一,客户至上,发展优先,员工为本;安全理念——没有消除不了的隐患,没有避免不了的事故;服务理念——始于客户需求,终于客户满意;人才理念——为员工创造发展空间,为公司构筑人才高地;质量理念——第一次就把事情做对,每一次都把事情做好;绩效理念——全面衡量,重在改善;风险理念——时时防范风险,处处控制风险;团队理念——团结协作,追求卓越;监管理念——服从监管,支持监管,依靠监管;公司精神——争先、领先、率先。江苏电力近年来主抓企业文化与企业声誉建设,把企业文化、企业声誉、企业诚信建设落实到实处,落实到服务电力客户、服务社会发展中去,在精神文明建设等方面的各项工作成绩显著,公司荣获国家电力(电网)公司双文明单位、江苏省文明行业、全国用户满意企业、中国企业文化建设特殊贡献单位等称号。

(资料来源:刘光明. 新编企业文化案例[M]. 北京:经济管理出版社,2011.)

讨论题

1. 江苏电力的企业文化发展经历了几个阶段?各有什么特点?
2. 江苏电力的先行文化有什么特点和重点?
3. 你认为什么是电网企业的社会责任?

拓 展 阅 读

[1] 赵曙明,裴宇晶.企业文化研究脉络梳理与趋势展望[J]. 外国经济与管理,2011,(10).

[2] 刘光明. 新编企业文化案例[M]. 北京:经济管理出版社,2011.

[3] 张志学,张建君,梁钧平. 企业制度和企业文化的功效:组织控制的观点[J]. 经济科学,2006,(1).

[4] [美] 弗莱蒙特·E.卡斯特,詹姆斯·E.罗森茨韦克. 组织与管理:系统方法与权变方法[M]. 4版. 傅严,等译. 北京:中国社会科学出版社,2000.

[5] 张羿.后现代企业与管理革命[M]. 昆明:云南人民出版社,1998.

[6] [英] 斯图尔特·克雷纳. 管理百年[M]. 邱琼,等译. 海口:海南出版社,2003.

[7] [美] 彼得·杜拉克. 21世纪的管理挑战[M]. 刘毓玲,译. 北京:生活·读书·新知 三联书店,2000.

[8] 张德,刘翼生. 中国企业文化:现在与未来[M]. 北京:中国商业出版社,1991.

[9] 赵泽林. 21世纪企业文化发展的六大趋势[J]. 中外企业文化,2001,(9).

[10] 张德. 企业文化建设[M]. 2版. 北京:清华大学出版社,2009.

[11] 陈春花. 企业文化管理[M]. 广州:华南理工大学出版社,2002.

[12] 张德,吴剑平. 企业文化与CI策划[M]. 2版. 北京:清华大学出版社,2003.

第3章

企业文化的核心要素

本章学习目标

1. 企业文化的核心要素；
2. 企业价值观体系；
3. 企业核心价值观；
4. 企业使命和企业愿景；
5. 企业精神；
6. 企业道德及企业社会责任。

导入案例

青岛啤酒的企业文化体系

2009年8月15日,青岛啤酒(以下简称青啤)已经走过了整整106年的风雨历程。如今这位"百岁老人"非但没有表现出衰老与疲惫,反而激情勃发、活力十足,销售量居中国啤酒行业首位,是世界第八大啤酒厂商。到底这家百年老店是如何保持基业长青的呢?除出色的产品质量以外,百年时间沉淀下来的企业文化才是青啤制胜的关键。在一百多年的发展历程中,青啤企业文化经历了自发、自觉和提升三个阶段,逐渐形成了以表层形象文化、中层制度文化及深层价值理念为核心的完整的企业文化体系(如图3.1所示)。

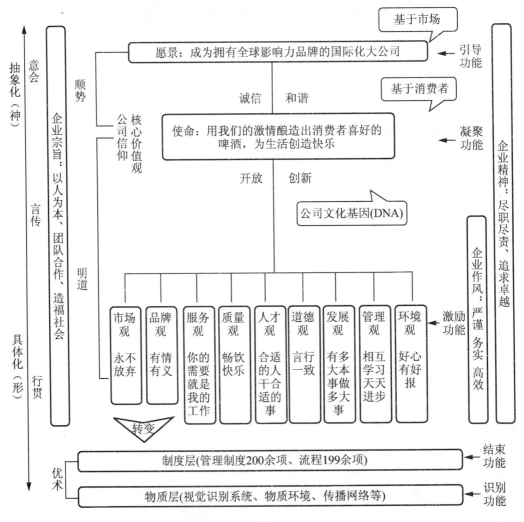

图3.1 青岛啤酒企业文化系统

青啤文化包括精神、制度、物质三个层面。精神层包括使命、愿景、核心价值观、理念、宗旨、精神等,是文化的核心和灵魂,是企业的"心"。制度层由精神层转化而来,目前有200多项制度、190余项流程,还包括公关活动、营销活动等,将文化进行科学的、规范化的培育,表现出公司强大的不依赖任何人的制度执行力,是企业的"手"。物质层包括公司的视觉识别系统、物质环境、产品造型包装设计、企业文化传播网络等,是精神层的载体,也是文化最为外在直观的系统,是企业的"脸"。从精神层到物质层,由抽象到具体,由神到形,执行中也有意会、言传、行贯的偏重。

愿景位于文化框架的最上方,青啤文化是愿景领航的文化,基于市场提出,具有引导功能;使命紧随其后,阐明了公司存在的理由和价值,基于消费者提出。这两项均是顺势而为:因为不管公司是否做好了充分的准备,啤酒市场已经是一个国际化的市场,成为国际化的大公司是市场的客观要求;同时,啤酒的好坏由专家鉴定的时代已经过去了,必须满足消费者的喜好才会使企业生存发展,所以使命强调了消费者导向。

核心价值观是青啤所推崇的基本理念和信仰,体现了公司的境界和原则,使命即公司的核心价值观。而核心价值观是基于青啤公司区别于其他组织的独特的文化细胞形成的,既有传承,又有创新,在矛盾中寻求标准,使文化细胞更健康和更具适应性,对员工具有凝聚作用。理念群由核心价值观派生而出,阐明了公司在不同方面的观念立场,有激励作用。这一部分是明道,即阐明青啤生存发展之道。

制度层和物质层部分对所有企业行为和员工行为实行系统化、标准化、规范化的统一管理,形成统一的企业形象,便于统一的经营管理,在文化中起着约束和识别作用。与明道相对应,这一部分是优术,即寻求文化落地的具体途径。

企业宗旨"以人为本,团队合作,造福社会"和企业精神"尽职尽责,追求卓越"贯穿在文化的各个层面,精神层、制度层、物质层体现了青啤的企业作风——严谨、务实、高效。

如此,青啤文化体系中的各子系统相互协调、相得益彰,使企业文化在企业成长过程中发挥着强大的作用。

本章将分析企业文化的主要构件及其内在联系,目的在于揭示企业文化的内在成分,使大家对企业文化有更加深入的了解和整体的把握。企业文化的核心要素包括企业使命、企业愿景、企业核心价值观、企业精神、企业道德、企业传统、企业作风等。限于篇幅,本章仅对企业使命、企业愿景、企业核心价值观、企业精神、企业道德进行探讨。

3.1 企业价值观——企业文化的核心

文化是人类的生活方式,而只有那些有益的、有价值的生活方式才可能在群体中反复出现,因而价值观在文化中居于核心地位。同样,企业价值观在企业文化中也起着核心作用。可以说,企业文化的所有内容,都是在企业价值观的基础上产生的,也都是价值观在不同领域的体现或具体化。因此,企业文化学界已形成共识:企业价值观是企业文化的核心。价值观的差异也造就了不同企业的文化个性和特征。

3.1.1 企业价值观的概念

研究企业价值观,首先要弄清何谓价值、价值观。

1. 作为哲学范畴的价值概念

企业文化视野中的"价值",是一个哲学范畴的概念。在哲学中,价值是一种关系范畴,是用来表示主体与客体之间需要与满足的关系。对于主体而言,能够满足主体需要的客体,就是有意义的、有价值的。

2. 价值观

"观念"在哲学上是相对"物质"而言的,泛指客观世界在人脑中的反映,即意识。而通常人们是从狭义来理解"观念"的,即指人们对于客观现实的总的看法和理解。

价值观是价值主体在长期的工作和生活中形成的关于价值客体的总观点、总看法。它表示的是主体对客体的一种态度,这种"态度",是同主体的需要、理想、意向等密切联系在一起的。价值观具有鲜明的评判特征,价值观一旦形成就成为人们立身处世的抉择依据。

3. 企业价值观

企业价值观是企业在追求经营成功的过程中所推崇的基本信念及奉行的行为准则。理解企业价值观应注意以下四个方面。

(1) 企业价值观的内容可从两个角度理解:一是由"哪些对象对企业成功有意义"的问题而形成的价值观和方法论,即企业经营理念和管理理念;二是对"企业的价值在于什么"问题的回答。企业价值观就是企业大多数员工关于这两类问题的共同看法。

对于企业而言,有价值的对象很多,如顾客、员工、产品、信息、技术、创新、品牌等各种有形的、无形的资源。企业经营理念和管理理念就是企业在经营管理中处理人与人(雇主与雇员、管理者与被管理者、消费者与生产者、企业利益与职工利益、企业利益与社会利益、局部利益与整体利益、当前利益与长远利益、企业与企业之间相互利益)、人与物(产品质量与产品价值、职工操作规范、技术开发与改造、标准化、定额、计量、信息、情报、计划、成本、财务等)关系上形成的看法和观点。

企业的价值究竟何在?不同的企业有不同的观点。有些企业认为"企业价值在于致富",有的则认为"企业价值在于利润、在于服务、在于育人。"在西方企业发展过程中,企业价值观念经历了多种形态的演变,其中,最大利润价值观、经营管理价值观、企业社会互利价值观比较典型,分别代表了三种不同历史时期西方企业的基本信念和价值取向。

① 最大利润价值观。主要是指企业全部的管理决策和行动都围绕如何获取最大利润这一标准来评价企业经营的好坏。

② 经营管理价值观。主要是指在企业规模扩大、组织复杂、巨额投资而投资者分散的条件下,管理者受投资者的委托,从事经营管理而形成的价值观。一般地说,除了尽可能地使投资者获利以外,还非常注重企业人员自身价值的实现。

③ 企业社会互利价值观。是20世纪70年代兴起的一种价值观,它要求在确定企业利润水平时,把职工、企业、社会的利益统筹起来考虑,不能失之偏颇。

(2) 企业价值观是群体的共同信念和价值追求。它是绝大多数企业员工认同的价值观,是企业管理者与企业员工共享的群体价值观念,而不是企业家个人的价值观。

(3) 企业价值观是群体价值观念:以企业中的个体价值观为基础,以企业家价值观为主导。也就是说,企业价值观的形成以企业员工的认同、内化为标志,它要转变为每个员工都认同和接受的个体价值观。在这一认同过程中,企业家起了主导的作用。企业家把自己的个体价值观渗透到企业经营管理之中,逐渐得到成员的理解和认同,最终转化为一种人人共享的价值观念。

第 3 章 企业文化的核心要素

(4) 企业价值观是一种付诸实践的价值观念。价值观既属于信奉和倡导的价值观念，又属于必须付诸实践的价值理念。也就是说，企业价值观不仅要员工在思想上认同，而且要作为自觉遵守的行为标准，体现在实际行动中。员工是企业价值观的实践者。

3.1.2 企业价值观的作用

企业价值观作为企业人员所共享的群体价值观念，是企业文化的磐石，是企业真正得以成功的精神真髓。企业价值观决定和影响着企业存在的目的和意义，为企业的生存和发展提供基本方向和行动指南，它决定了企业的战略决策、企业的制度安排、企业的管理特色和经营风格、企业全体员工的行为取向，是维系企业运行的纽带。价值观是树根，决定了树生命力的强和弱，它不仅决定着企业当前的生存，更决定着企业未来的发展。

托马斯·彼得斯与小罗伯特·沃特曼在《追求卓越》中曾总结说："一个组织与其他组织相比较取得的任何成就，主要取决于它的基本哲学、精神和内在驱动力，这些比技术水平、经济资源、组织结构、革新和选择时机等重要得多……一个组织的成员是否笃信它的基本信条和指导思想，是否信心十足地贯彻这些原则，对于成功所起的作用要大得多。"德鲁克也曾说："管理的任务就在于使个人的价值观和志向转化为组织的力量和成就。"

3.1.3 企业价值观体系

对于企业而言，有价值的对象很多，如顾客、产品、信息、技术、员工、创新等；同时，企业本身的价值也体现于诸多方面，如创造财富、培养人才等。因此，企业价值观内容丰富、涵盖广泛，是多元整合而构成的复合价值观体系。

 案例 3-1

海尔的价值观

企业价值观：敬业报国，追求卓越。
质量理念：优秀的产品是优秀的人才干出来的；有缺陷的产品是废品。
服务理念：用户永远是对的；把用户的烦恼降到零。
营销理念：首先卖信誉，其次卖产品。
创新理念：以观念创新为先导、以战略创新为基础、以组织创新为保障、以技术创新为手段、以市场创新为目标。
兼并理念："吃休克鱼、用文化激活休克鱼"。
人才理念："人人是人才，赛马不相马"。
研发理念："用户的难题就是我们开发的课题"、"要干就干最好的"。
市场理念：只有淡季的思想，没有淡季的市场；市场唯一不变的法则是永远在变。

案例 3-2

蒙牛的价值观

战略观：不谋万事不足谋一时，不谋全局不足谋一域。
研发观：全球学习，本土创新；市场、顾客、竞争、赢利四个导向。
质量观：产品即人品。
营销观：大价值、大品牌、大流通。
资本观：整合全球资源，发展中国乳业。
财富观：财聚人散，财散人聚。
工作观：把生活和工作理解成一个学习、创新和创造意义的过程。
人格观：有胸怀、有远见、有思维、有品格。
管理观：98%法则。即品牌的98%是文化；经营的98%是人性；资源的98%是整合；矛盾的98%是误会。
发展观：蒙牛成长的三大法宝：用文化凝聚人心；用制度规范人性；用品牌成就人生。

企业价值观体系的内部各构成要素之间是遵循一定关系连接起来的，并形成相对稳定的整合形式。下面从横向和纵向两个角度来分析企业价值观的体系结构。

1. 企业价值观体系的横向结构

按照企业的价值取向划分，企业价值观体系可分为两个部分。

1) 企业经济价值观

企业是一个经营共同体、投资实体。因此，其价值观中必定包含十分明确的经济价值取向和经济行为准则。企业经济价值观强调要把获得尽可能多的经济效益作为主体价值目标的追求。具体地说，企业经济价值观包括效益观念、市场观念、竞争观念、质量观念、创新观念、信息观念、品牌观念、信誉观念等。企业经济价值观是企业价值观念体系的主体构成部分，是企业价值观的基本内容。

2) 企业社会伦理观

企业是社会的一个细胞，是国家、社会与社区的一个集团公民，在企业的经营管理中，必然与企业利益相关者发生千丝万缕的关系。企业如何处理与股东、员工、消费者、政府等利益相关者的利益关系，属于企业伦理道德领域。企业社会伦理观强调要把企业发展的社会责任、社会奉献精神树立为企业的主导价值目标。企业社会伦理观包括人本观念、诚信观念、义务观念、责任观念、法纪观念等。

企业社会伦理观是企业价值观体系的主导构成部分，是企业的主导价值目标，在整个价值体系中起导向作用。企业经济价值观强调"获得尽可能多的经济效益"，但这并不是说，企业的全部经营管理在于谋取利润最大化。有正确社会伦理观的企业，追求企业利润与利益相关者之间的平衡，既增进利益相关者的福利，又保证企业有利润地发展。

第3章 企业文化的核心要素

2. 企业价值观体系的纵向结构

按照企业的价值观层次划分,企业价值观体系可分为以下四个层面:①

(1) 核心价值观(Core Values)是企业在追求经营成功过程中所推崇的根本信念和奉行的终极目标,在整个企业价值观体系中居于核心地位,起决定作用,是企业文化的基石。

(2) 目标价值观(Aspirational Values)是指企业要获得成功必须拥有的,但目前暂不具备,正在努力倡导和培育的价值观。

(3) 基本价值观(Permission-to-play Values)是企业中任何员工所必须具备的行为和社交的最低标准。

(4) 附属价值观(Accidental Values)不是由企业领导者有意培植的,而是随时间的推移在企业中自然形成的价值观。

3.1.4 企业核心价值观

企业核心价值观是企业在追求经营成功过程中所推崇的根本信念和奉行的终极目标。它实际上就是企业的本位价值,是指一种被企业人员所公认的最根本、最重要的价值,并以此作为价值评价的基础,其他价值可以通过一定的标准和方法折算成这种价值。它主要包括两个方面的内容:根本信条和终极目标。

(1) 根本信条即企业成员认同的企业经营管理的根本立场和指导原则,它贯彻于企业运作的所有层面,渗透在目标、战略、战术、政策、程序、文化习性、管理行为、职务设计、会计制度之中。简言之,根本信条是指导企业所有行动的根深蒂固的原则,不能与特定业务策略或作业方法混为一谈。

(2) 终极目标是全体员工或多数员工一致认同的关于企业发展及意义的终极判断,它反映了企业的社会定位和终极使命,是企业存在的根本原因。它呈稳定状态,不受外在环境左右,不会随着当时的趋势和流行而摇摆,甚至不会随着市场情势而变化。

案例 3-3

默克的核心价值观

《价值观与梦想:默克百年》——默克公司创立 100 周年时出版的一本书,书名根本没提默克做的是什么事。为什么不叫别的书名?如《从化学品到制药公司:默克百年财务成就》,因为他们认为默克的成功在于始终坚持了核心价值观,坚持了梦想,注重理念驱策公司发展,默克百年是由理想指引和激励的。

1. 默克的价值观

在 1935 年,即在价值观宣言还不流行的 70 多年前,乔治·默克二世就阐述过默克的理想:在(我们)这一行工作的人真正受到了"促进医学进步,服务于之"的理想的激励。56 年后的 1991 年,在整整三代领导人之后,默克公司的 CEO 罗伊·魏吉罗用同样的语气说:"最重要的是,记住我们业务的成功意味着战胜疾病和协助人类。"默克把其价值观和梦想融入公司的所有层面,化为目标、战略、战术、政策、程序、文化习性、管理行为、职务设计、会计制度,简言之,化成公司的一切作为。默克创造了一个包容所

---

① 王吉鹏,价值观的起飞与落地[M]. 北京:电子工业出版社,2004.

有员工的整体环境,不断向他们灌输极为一贯、互相强化的信号,使他们几乎不可能误解公司的理念和抱负。

2. 默克公司贯彻核心价值观的具体事件

默克计划开发和捐赠名叫美迪善的药给第三世界国家治疗"河盲症",此病因大量寄生虫在人体组织里游动,最后移动到眼睛而致失明。当时有百万人感染,但都买不起药品。默克知道研发计划不会有很大的投资回报,但还是希望产品检验通过后,某些政府机构或第三者会购买,然后分发给病人。可默克没那么幸运,没有人来购买该产品。最后,默克决定免费赠药给病人,且自行负担分发费用。魏吉罗说,若不推动这一计划,可能会瓦解默克旗下科学家的士气——这些科学家服务公司时明确地认定是从事"保存和改善生命"的事业。

第二次世界大战后,日本肺结核横行,而日本政府却无能为力,是默克把链霉素引进日本,控制了肺结核。此举默克没有赚到一分钱,但它今天已成为日本最大的美国制药公司,这绝非偶然。

默克如何处理崇高理想和实际利益之间的矛盾?用一句话概括就是做一个务实的理想主义者。乔治·默克二世在1950年就这样解释这一矛盾:本公司的原则,简单地说,就是我们要牢记药品旨在治病救人。我们要始终不忘"药品旨在救人,不在求利,但利润会随之而来"的观点。如果我们记住这一点,就绝不会没有利润,我们记得越清楚,利润就越大。

3.1.5　企业价值排序

价值体系中的各种价值有时并不能兼得,于是便发生如何取舍的问题,有时虽能兼得,但各种价值或重要性不一致,或彼此间有因果之类的关系,于是便发生如何对各种价值进行排序的问题。裴多菲有一首诗:"生命诚可贵,爱情价更高。若为自由故,二者皆可抛。"这就是对三种价值(生命、爱情、自由)所做的一种排序和取舍。

不同企业之间价值观的区别,往往不是表现为对于"企业是否有某种价值"有不同的回答,也不是表现为对"某对象对于企业来说是否有价值"有相悖的意见,而是表现为价值排序上的区别,表现为核心价值观的不同。

案例3-4

盛田昭夫和索尼品牌

20世纪50年代,盛田昭夫在美国推销晶体管收音机,有一个厂商要求订货10万台。这可是一宗大买卖,订货款相当于当时索尼公司全部资金的几倍。但做这笔生意有一个条件,必须把布洛瓦的名字放在收音机上。买主笑着说:"在这个国家,没有人知道索尼,若用索尼的名字恐怕我们一台也卖不出去。而我们公司的名字是50多年前创业时传下来的,在当地是一块金字招牌。"当时索尼总公司给盛田昭夫的答复是:"接受订货,忘记索尼的名字。"可是盛田昭夫却认为不能遵从总公司的意见,他把这桩买卖回绝了。买主十分诧异地问:"为什么有钱不赚呢?放着我们已经赢得的声誉不用,那不太可笑了吗?"盛田昭夫回答说:"我要索尼的名字。现在是我们公司50年历史的第一年,如果不用索尼的名字,我们就永远不会有自己的历史。"这就是说,盛田昭夫把品牌、企业的知名度,看得比利润更重要、更有价值。有人认为盛田昭夫干了件蠢事,盛田昭夫后来却经常说:"这是我一生中做得最英明的决定。"

国外的企业文化理论中，有一些对企业价值排序定位进行了讨论，他们所做出的某些结论值得关注。

(1) 人的价值高于一切。企业的价值就在于关心人、培育人，满足人的物质和精神的需要；同时，对于企业要获得成功来说，最有价值的因素不是物，不是制度，而是人。

(2) 人的知识不如人的智力，人的智力不如人的素质，人的素质不如人的觉悟。

(3) "为社会服务"的价值高于"利润"的价值。一方面，企业的目的、使命和价值，在于向社会提供物美价廉的产品和优质服务，而利润不应成为企业的最高目的，只应视作社会对企业的报酬；另一方面，调动企业人员积极性的最有效的手段，也不是"利润"指标，而是为社会多做贡献的使命感。

(4) "共同协作"的价值高于"独立单干"的价值。理由很简单，因为共同协作自然而然地适应于现代企业生产的社会性。

(5) "集体"的价值高于"自我"的价值。企业实际上就是一个集体，如果个人要自我膨胀，在企业中就会产生失落感。

(6) "普通岗位"的价值高于"权力"的价值。最清楚事情应该怎么办的是一线工人，"凡人创造生产率"；而"权力"则只是权力，并不会给人带来知识。

(7) "维持职工队伍稳定"的价值高于"赚钱"的价值。一个在繁荣时"招聘"、萧条时"解雇"职工的企业，不能赢得人心，不能留住人才，也不能形成企业共识。在萧条时并不"解雇"职工的企业，虽牺牲了一些利润，但留住了人才，赢得了人心，并形成了企业共识。

(8) "用户"的价值高于"技术"的价值。应该靠用户和市场来驱动，而不是靠技术来驱动，用户的建议总是最为经济实惠的①。

(9) "保证质量"的价值高于"推出新品"的价值。因此，就采用未经证实的新技术来说，许多企业都愿意"在市场上以甘居亚军为荣"。

(10) "集体路线"的价值高于"正确决策"的价值。

(11) 上帝(顾客)第一，家庭第二，工作第三。

以上各种排序都不是纯理论推导，而是从某些企业的实际经验归纳总结出的。它们不一定对所有的企业都适用，即使适用也不一定永远适用，但其启发意义却是毋庸置疑的。

3.2 企业使命和愿景

企业使命和愿景是企业价值观的内核，是企业"基本假设"的组成部分。

3.2.1 企业使命

企业使命是企业存在的根本目的和理由，揭示了企业存在的社会价值，它回答的是"企业为什么存在"的问题，或者说，它要回答"我们要做什么，为什么这样做"的现实问题。例如，同仁堂的宗旨是"济世养生"；迪士尼公司的使命是"使人们过得快活"；微软公司的使命是致力于提供使工作、学习、生活更加方便、丰富的个人电脑软件。不论这种原因

---

① 服务的"黄金定律"。

或者理由是"提供某种产品或者服务",还是"满足某种需要"或者"承担某个不可或缺的责任",企业使命指明了企业的目的、方向和责任。德鲁克说:"管理就是界定企业的使命,并激励和组织人力资源去实现这个使命。"企业使命的意义在于:明确企业的发展方向和核心业务;承诺企业存在的社会价值。

3.2.2 企业愿景

1. 企业愿景的概念

"愿景"这一概念是美国管理大师彼得·圣吉提出的。他在《第五项修炼——学习型组织的艺术与实务》中提出了构建学习型组织的五种修炼方法,其中之一就是构筑共同愿景(Shared Vision)。

何谓愿景?愿即意愿,有待实现的意愿;景即景象,具体生动的图景。愿景是主体对于自己想要实现目标的刻画。一本西方教材用一幅漫画生动地解释了愿景的含义——毛毛虫指着蝴蝶说:"那是我的愿景。"

企业愿景就是企业全体人员内心真正向往的关于企业的未来蓝图,是激励每个员工努力追求和奋斗的企业目标。企业愿景回答的是"企业将来要成为什么"的问题,是企业全体成员所由衷向往、共同分享的意愿和景象,它能激发内部成员强大的精神动力,是众志成城的重心,能创造出众人一体的感觉。

相对于企业使命而言,企业愿景更加清晰和具体,有更多"量化"的成分,也融入了更强烈的竞争意识。例如,微软:让世界上第一台电脑都因为微软而转动;波音:领导航空工业,永为航空工业的先驱;海尔:中国的世界名牌,进入全球500强。

2. 企业愿景的特征

1) 明确

企业愿景非常明确,其中心突出,让人一看就"懂",几乎不需要解释。它有一个明确的终点线,达成目标时,企业上下成员都会明白。

2) 动人

企业愿景具有强大的吸引力,"它光芒四射、动人心弦,是有形而高度集中的东西,能够激发所有人的力量。"①企业成员会不由自主地被它吸引,并全力以赴为之奋斗。

3) 分享

企业愿景是建立在个人愿景基础之上的共同愿景,是个人愿景和组织愿景的整合,是企业全体人员所共同分享的梦想。首先,员工得有个人愿景。如果没有,那么他们的工作只是依附和遵从别人的愿景,这种遵从是适应的、勉强的,不可能是积极的、投入的。其次,企业愿景是众多个人愿景的集合。如果"企业目标"只是领导者提出和个别、少数人认同,而未被广大成员所接受,或有相当数量的人对这一目标抱怀疑态度,不予认同,并认为自己不可能分享这个目标,那这个目标就不可能成为企业愿景。它不为企业成员所认同、理解和分享,就不能激发成员的创造力,甚至会使成员采取冷漠、不遵从、勉强的态度。企业愿景的力量来自于每个成员对企业未来的共同关切和向往。

---

① [美]吉姆·柯林斯,杰里·波勒斯. 基业长青[M]. 2版. 真如,译. 北京:中信出版社,2005.

第3章 企业文化的核心要素

根据彼得·圣吉的研究，组织成员对组织目标的认同和支持，按程度不同可分为7个层次，即奉献、投入、真正遵从、适度遵从、勉强遵从、不遵从和冷漠。

(1) 奉献。组织成员衷心向往，以创造性劳动全心全意实现组织目标。

(2) 投入。组织成员衷心向往，愿意在力所能及的范围内做任何事情。

(3) 真正遵从。看到愿景的好处，遵照规定做所有能做的事情，力求做得更多。

(4) 适度遵从。大体上也看到了好处，能做自己应做的事情。

(5) 勉强遵从。未看到好处，不是真正愿意，只因组织要求不得不做组织期望的事情。

(6) 不遵从。看不到愿景的好处，也不愿做组织期望的事，我行我素。

(7) 冷漠。对愿景无动于衷，既不支持也不反对，没有兴趣，没有干劲，每天关心的是"下班时间到了吗？"

在多数组织里，大部分人对组织的目标与基本法则只处在适度遵从或处于真正遵从的层次，这与共同愿景所需的"分享"还有距离。

3. 企业愿景与企业价值观的关系

企业愿景反映了企业领导者和员工的追求层次及理想抱负，是企业共同价值观的集中表现。它与企业使命与核心价值观在本质上是一致的。彼得·圣吉指出：愿景若与人们每日信守的价值观不一致，不仅无法激发真正的热忱，反而可能因挫败、失望而对愿景抱以嘲讽的态度。企业价值观是企业在向愿景迈进时，全体成员必须认同的观念和必须自觉遵守的行为准则，是企业愿景得以追求和实现的思想保证。

4. 企业愿景的作用

根据切斯特·巴纳德的组织理论，组织的有效性在于其成员对目标的共同认同，以及建立在目标认同基础上为组织做贡献的意愿及组织内部顺畅的信息沟通。

企业愿景给企业指明努力方向，凝聚力量。企业是经济单位，又是由许多各不相同的个人所构成的复杂的利益群体，只有当大多数人或所有人的独立意志统一于企业愿景，个人意志和企业团体意志形成共同前进的合力时，企业才能正常乃至高速运转。

就员工个体而言，企业愿景可以鼓舞人心、激励斗志。愿景有利于激发员工制定高质量的目标，提高自我效能感及高绩效。当员工认为组织愿景突出和显著时，他们更容易从事与愿景方向一致的活动。反之，其从事与愿景方向一致活动的动机就会降低。

"心有多大，舞台就有多大。"一个企业能成为什么样的组织取决于其所描绘的企业愿景，尽管目标是"争取第一"，并不一定能实现，但如果企业的目标只是"保持中等"，那几乎可以肯定其与第一无缘。此所谓："取法乎上，仅得其中；取法乎中，仅得其下。"目标高低影响了未来所能达到的高度。

3.3 企 业 精 神

企业精神是企业文化的高度浓缩，是企业文化的灵魂。毋庸置疑，它是企业文化的一个构成部分，在企业文化体系中占据重要地位。

3.3.1 企业精神的概念

企业精神到底是什么？人们的认识并不一致。有人认为企业精神囊括了企业的全部精神现象和精神活力，是企业文化的同义语；有人则把企业精神等同于企业价值观。编者认为，有必要把企业精神和企业文化、企业价值观等概念区别开。

企业精神是企业在整体价值观念体系的支配和滋养下，在长期经营管理中经精心培养而逐渐形成的，是全体成员共同一致、彼此共鸣的内心态度、意志状况、思想境界和理想追求。企业精神包括以下五层含义。

(1) 企业精神反映了成员对本企业的特征、地位、形象和风气的理解及认同，也蕴含着对本企业的发展、命运和未来所抱有的理想与希望，内涵丰富。

(2) 企业精神的形成，既需要企业价值观的指导，同时又是企业价值观的体现。

(3) 企业精神是对企业已有的观念意识、传统习惯、行为方式中的积极因素进行总结、提炼及倡导的结果，是经过企业有意识地提倡和培养而逐渐形成的。因此，企业文化是企业精神的源泉，企业精神则是企业文化发展到一定阶段的产物。

(4) 企业精神是在全体员工的实践中所体现出来的企业主导意识和精神风貌，是企业现实状况的客观反映。

(5) 企业精神折射出一个企业的整体素质和精神风格，成为凝聚企业员工的无形的共同情感和精神力量。

3.3.2 企业精神与企业价值观的区别

从上述企业精神的定义中可知，企业精神与企业价值观存在着十分密切的联系：企业精神是在价值观支配指导下精心培育的，企业价值观是企业精神形成、塑造的基础和源泉。丹麦管理顾问杰斯帕·昆德指出："公司精神是将组织团结和凝聚在使命和愿景周围的一套价值观，它是组织赖以存在的一系列价值观和态度、观念，这是公司内每一个成员共同分享的，因此它是真正具有激励作用的要素。"[①]同时，两者也有明显的区别：价值是一种关系范畴，先进的价值观是以正确反映这种关系为前提的，价值观更强调人们认知活动的理性一面；而精神是一种状态范畴，描述的是员工的主观精神面貌，它更强调人们基于一定认知基础，在实践行动中表现出来的情绪、心态、意志等精神状况。

3.3.3 企业精神的特点

1. 实践性

企业精神源于企业生产经营的实践之中。随着这种实践的发展，企业逐渐提炼出带有经典意义的指导企业运作的哲学思想，成为企业领导者倡导并以决策和组织实施等手段所强化的主导意识。在现实中，这种主导意识往往以简洁而富有哲理的语言形式加以概括，或通过厂歌、厂训、厂规、厂徽等形式形象地表达出来。但企业精神却真正存在于企业员工的实践行为中。企业精神在企业实践中形成，又体现于企业实践中，具有鲜明的实践性。

---

① [丹麦] 杰斯帕·昆德. 公司精神[M]. 王珏, 译. 昆明：云南大学出版社，2002.

2. 独特性

企业精神反映了企业基本价值取向，同时又是企业传统习惯与作风的综合体现。企业因自己的生产方式、历史传统、产品结构、管理风格、员工状况的不同，受社会潮流、民族精神的影响，必然会形成自己独特的企业精神。企业精神具有强烈的个性，它不仅能动地反映了与企业生产经营密切相关的本质特性，而且鲜明地显示了企业的经营宗旨和发展方向。

3. 群体性

企业精神是全体员工共同一致、彼此共鸣的内心态度、意志状况、思想境界和理想追求，它是企业人员共有的一种群体意识和精神气质，在企业内部具有广泛的普及性。不具有群体性或共享性，就不可能成为企业精神。

4. 渗透性

企业精神是企业中占主导地位的价值观念的集中体现。它能够对全体职工的行为方式产生广泛而持久的影响力，通过潜移默化的方式为广大职工所接受，从而渗透到企业生产经营活动的全过程之中。

5. 稳定性

企业作为一种独立存在的主体，具有自己特殊的发展演变过程。企业精神就是在企业自己特殊的发展过程中，经过长期精心培育和建设才形成的。作为企业的一种相对稳定而又独立的主导意识，无论从它所反映的内容，还是表达的形式看，企业精神都具有稳定性，甚至可能离开企业组织形态而延续一段时间。

6. 动态性

企业精神的稳定性并不意味着一成不变，它还是要随着企业的发展而不断发展的。企业精神是对员工中存在的现代生产意识、竞争意识、文明意识、道德意识，以及企业理想、目标、思想面貌的提炼和概括，但与此同时，形势又不允许企业以一个固定的模式以不变应万变。竞争的激化、时空的变迁、技术的飞跃、观念的更新、企业的重组，都要求企业做出与之相适应的反应，这就反映出企业精神的动态性。

7. 约束性

企业领导人常常以各种形式使企业精神在企业组织过程中得到全方位强有力的贯彻。企业精神一旦形成群体心理定势，既可通过明确的意识支配行为，也可通过潜意识产生行为。其信念化的结果，会大大提高员工主动承担责任和修正个人行为的自觉性，从而主动地关注企业的前途，维护企业的声誉，为企业贡献自己的全部力量。企业精神作为一种客观存在，对广大员工的行为产生一种无形的约束力，它对背离企业精神的思想、行为产生一种制约作用，对符合企业精神的思想、行为产生激励效能。

8. 时代性

企业精神是时代精神的体现，是企业个性和时代精神相结合的具体化。优秀的企业精神应当能够让人从中把握时代的脉搏，感受到时代赋予企业的勃勃生机。在发展市场经济的今天，企业精神应当渗透着现代企业经营管理理念，如顾客至上观念、企业社会责任观念、灵活经营观念、市场竞争观念、经济效益观念等。

3.3.4 企业精神的作用

丹麦著名的管理学家和企业家杰斯帕·昆德在《公司精神》中总结说："那些能在公司精神指引下经营公司而同时能把握市场的人或公司，将是新的赢家。"企业精神是企业存在和运行的精神支柱，它能激发企业员工的积极性，增强企业的活力，是企业进步的推动力量，是企业永不枯竭的"能源"。

具体来说，企业精神对企业的生存和发展有以下六个方面的作用。

1) 企业精神是企业管理水平的指示器

企业精神是企业群体的士气管理，它有利于培养职工正确的集体意识，规范企业行为，增强企业活力。它比之于人管人、规章管人，更为广泛而有效，因为企业精神是建立在对事业的紧迫感、对工作的责任感、对组织的归属感等基础上的自觉管理，能够有效地提高士气。因此，企业精神的形成，是企业管理进入一个较高层次的标志，是企业管理水平的指示器。

2) 企业精神是企业活力的源泉

企业精神犹如强大的磁场吸引着企业界的广大职工，只要有"铁"的成分，就必然会被吸附上去，"铁"的含量越多，被吸引的程度就越大。企业精神之所以有如此巨大的魔力，成为企业活力的源泉，就在于它一方面把广大职工的潜力发掘了出来，使之服务于该企业的共同事业；另一方面使企业目标和个人目标得到了统一，减少了企业的"内耗"。

3) 企业精神的成熟与否是企业素质高低的晴雨表

任何一个企业，都有一个或明或暗的赖以维系人心、维持生产和经营的精神因素，具有自觉与不自觉、层次高与层次低、成熟与不成熟的区别。这种精神因素的成熟，标志着企业精神的形成和企业的兴旺发达；而这种精神的崩溃，则意味着企业的垮台和倒闭。从这个意义上说，企业精神是衡量企业素质的综合指标。当然，大家知道企业素质是多方面的，有人才素质、产品素质、技术素质等，但各种素质无不在企业精神上得到反映。

4) 企业精神是企业政治工作和经济工作的黏合剂

长期以来，企业管理实际上被分割为经济管理和思想政治管理两大块，形成"两张皮"。搞经济工作的不过问思想政治工作，抓思想政治工作的不过问生产和经营工作。有时甚至"各拉各的车"、"各唱各的调"，各强调各的重要，产生一些软摩擦，形成企业内耗。对于这个问题，各级党组织都采取过很多措施，试图把"两张皮"缝合在一起，但始终未能找到一个理想的途径。而培育企业精神既是企业思想政治工作的课题，也是企业经济管理的课题；既是企业的政治工作，也是企业的管理工作、经济工作；既与企业的日常工作有关，又与企业的长远发展有关。这样，通过培育企业精神，就在更深的层次上把企业思想政治工作和经济工作黏合成一体，为解决企业管理工作"两张皮"的顽症找到了一条有效的途径。

5) 企业精神代表着全体员工的精神风貌，是企业凝聚力的基础

企业精神像一根纽带，把职工和企业的追求紧紧联系在一起，使每个职工产生归属感

和荣誉感。它可以围绕企业发展目标，凝结成极大的群体合力，产生出奋发进取的集体意识，激励起员工的能动精神，最有效地推动企业生产经营发展。它可以得到企业上下员工的内在认同，从而在生产经营实践中形成新的共同价值观和行为准则，成为大家的自觉意识和自觉行为。它可以改善人与人之间的关系，使员工情感交融，对企业产生一种依恋之情，形成企业的内聚力、向心力。

6) 企业精神对职工行为具有无形的约束力，是评判企业行为的重要依据

企业精神经过潜移默化形成一种群体道德规范和行为准则，实现外部约束和自我约束的统一。企业精神主要构成企业的非正式约束，其主要是从价值观念、道德规范上对员工进行软约束。它通过将企业共同价值观、道德观向员工个人价值观、道德观的内化，使员工在观念上确立一种内在的自我约束的行为标准。一旦员工的某项行为违背了企业的信念，其在心理上会感到内疚，并受到共同意识的压力和公共舆论的谴责，促使其自动纠正错误行为。因此优秀的企业精神文化可以降低企业运行的费用，达到最佳的约束功能。

3.3.5 企业精神的产生

企业精神是企业文化发展到一定阶段的必然产物，任何企业精神的存在都是企业生存和发展的客观要求。任何企业的企业精神都是从企业每个员工的行为、企业运营管理每个环节培养、产生出来的。

首先，企业精神是在企业中每个员工的具体行为中产生和体现出来的。每个企业都有自己独特的经营理念，这就需要在生产经营和企业管理中，培育和产生企业精神。

其次，企业的产品或服务制造是最基本的活动，是产生企业精神的沃土。企业生产的每个产品不仅蕴含了企业的生产技术，也体现出企业精神。企业精神也是在产品或服务制造过程中逐步培养起来的。

最后，企业精神寓于企业管理中。企业精神体现在企业经营管理的各个方面，几乎在管理的每个环节都能感受到企业精神的存在。

3.3.6 企业精神的培育

企业精神是企业价值观的精髓，它不能自发产生，因此需要一个由分散到系统、从现象到本质的提炼与培育过程。这种培育是有意识、有目地进行的，方法有下列六种。

1. 舆论宣传

企业精神的塑造和培育离不开舆论宣传。舆论宣传为其创造了良好的培育环境，使企业精神达到深入人心的效果。舆论宣传的形式多种多样，可以通过板报、广播、电视、网站、微博、文艺演出、报告会等形式进行。

2. 领导带头垂范

企业精神的培育离不开模范人物的榜样作用和企业领导的垂范作用。由于企业精神培育的目的在于为企业员工提供一个共同认同的信念和理想，因此领导应起到带头垂范作用。

3. 典型启迪

先进模范人物的作用对于企业的广大员工具有激励作用，因此企业精神的培育可以通过先进人物的模范事迹和榜样作用来给员工起到带头作用。

4. 目标激励

企业精神的培育可以利用目标激励的方法来进行。企业可以制定各种激励目标和措施来激发员工的动机，使员工朝向群体价值目标前进，最终实现企业目标。

5. 感情投资

感情投资在企业精神的培育中尤为重要。企业的员工不仅是经纪人，更是社会人。根据马斯洛的需求层次理论，员工除了生理需求、安全需求外，还有情感和归属的需求、尊重的需求及自我实现的需求。因此除了关心个人收入以外，员工更注重工作上的成就感和归属感。因此企业应营造一个民主平等、和谐融洽的生产经营环境，并采取多种措施帮助员工解决生活困难，关心员工的物质利益和精神生活。感情投资有利于增加企业精神的渗透力，使企业精神尽快深入人心，成为企业员工的精神支柱。

6. 形象教育

形象教育就是通过厂徽、厂旗、厂歌、厂服、厂花、标语口号等来体现企业的战略目标，同时通过企业的宣传产品和先进技术不断丰富企业形象，以激励员工的自豪感和归属感。例如，同仁堂"炮制虽繁，必不敢省人工；品味虽贵，必不敢减物力。"极生动地激发了员工的责任感，感召员工奋发努力、精益求精地生产产品，也对外大大提升了企业形象，创造出企业对消费者负责的良好形象。因此形象教育是培育和塑造企业精神的重要方法。

3.3.7 企业精神的内容

目前，世界各国先进的企业都非常重视企业精神的培育，从其内容来看，主张参与、协作、奉献等已成为现代企业精神的主导意志。

1. 参与精神

员工通过参与企业管理，发挥聪明才智，得到了经济报酬，同时也改善了人际关系，实现了自我价值。而企业由于员工的参与，改进了生产技术，降低了成本，提高了效率。

2. 协作精神

协作不仅能放大整体价值，也能更好地实现个体价值。因此协作是现代企业精神中的基本要素。促进协作精神的方法多种多样，既可以通过明确的分工、团队工作等来实现，还可以利用工作后的聚餐等形式来促进同事之间的私人感情。

3. 奉献精神

奉献精神与企业的社会责任相联系。首先，企业只有坚持公众利益至上，才能得到公众的好评，提升企业的形象和声誉。这就要求企业积极参加社会公益事业，支持文化、教育、社会发展等。其次，奉献精神也强调员工对企业的责任感。企业倡导奉献精神，员工践行奉献精神，能够使企业找到企业价值最大化和个人价值最大化的平衡点。

4. 创新精神

创新与风险相伴而行,企业需要营造一种鼓励创新、积极向上的开拓性企业文化和企业精神,以形成不畏风险、勇猛精进的良好氛围。创新精神是企业文化的精髓,是企业长盛不衰的法宝。松下电器、IBM、英特尔等百年企业之所以延续至今,原因就在于其创新精神长盛不衰,将创新精神像基因一样植入企业的细胞当中。

5. 竞争精神

竞争精神是企业竞争价值观的升华和凝聚,是一个企业是否具有核心竞争力的重要因素。一个企业以怎样的精神面貌参与市场竞争,通过怎样的手段获得市场份额,都是企业竞争精神在起关键作用。正是这样一种精神动力,支持着企业拥有不断应对各种挑战的勇气和动力。因此竞争精神也是企业精神中重要的一项内容。

3.4 企业道德和企业社会责任

道德与社会责任作为管理学中的两个重要范畴,近年来引起了人们强烈的关注。在掺杂造假、欺诈行骗、商业贿赂等道德沦丧的事件屡屡被媒体曝光以后,在企业中加强道德建设的重要性得到了越来越多人的认同。企业在遵守法律、追求利润的同时,还要争取为社会做点事,这就是社会责任。企业在力所能及的情况下从事必要的社会活动、帮助解决棘手的社会问题,通常有利于其长远发展。因此,在分析研究了企业价值观、企业使命和愿景、企业精神等企业文化的内核之后,下面进一步分析研究企业道德和企业社会责任问题,这是企业文化的重要组成部分。

3.4.1 企业道德

1. 企业道德的概念

道德指人们在共同生活中用来明辨是非、调节行为的规则或原则。道德与制度虽然都是行为准则和规范,但制度具有强制性,而道德却是非强制性的,它是依靠社会舆论、传统习惯,特别是通过人们的内心信念而起作用的。一般来讲,制度解决是否合法的问题,道德解决是否合理的问题。

企业道德是调整企业与员工之间、企业与社会之间关系的行为规范。其本质是规则或原则,这些规则或原则旨在帮助企业人员判断某种行为是否正确,或这种行为是否为企业所接受。企业道德可以分为两部分:一部分是企业对于企业内部成员的道德,另一部分是企业对于整个社会(具体地说是企业利益者)的道德。企业道德以善恶为评价标准,主要依靠社会舆论、传统习惯和信念来调整规范企业及员工的行为。企业道德对员工的影响主要通过两个途径:第一,企业道德作为一种善与恶的评价,可以通过舆论和教育的方式影响企业员工的心理和意识;第二,企业道德作为一种行为标准,可以通过舆论、教育、榜样、习惯等形式调整企业员工的行为。

企业道德是一种意识形态,是企业在运行中适应社会的需求自然产生的。不同企业的道德标准可能不一样,即使是同一企业,也可能在不同的时期有不同的道德标准。企业的道德标准要与社会的道德标准兼容，否则这个企业很难为社会所容纳。企业道德反映了企业一种内在的价值观念和企业意识，是企业经营管理理论与实践的一种必然性产物，是企业在生产实践中求生存、求发展的主体性的强烈体现。企业道德中的必然性内涵，反映的是一定企业环境对企业道德行为提出的客观要求，它从总体上规范人们的行为。企业道德并没有强制性的约束力，但是其具有强大的舆论约束力。当一个企业树立起与社会道德相应的道德时，这个企业的行为规范就有了标准，从而才能和谐地协调企业内外部的各种关系。

2. 企业道德观

1) 功利观

功利观认为，行为决策要完全依据其后果或结果做出。功利主义的目标是为尽可能多的人谋求尽可能多的利益。接受功利观的管理者可能认为解雇工厂中20%的工人是正当的，因为这将增强工厂的盈利能力，使余下的80%的工人工作更有保障，并且符合股东的利益。一方面，功利主义对效率和生产率有促进作用，并符合利润最大化的目标；另一方面，它会造成资源配置的扭曲，同时，功利主义也会导致一些利益相关者的权利被忽视。

2) 权利观

权利观认为，行为决策要在尊重和保护个人基本权利(如隐私权、言论自由权和游行自由权等)的前提下做出。例如，当雇员揭发雇主违反法律时，应当对他们的言论自由加以保护。权利观积极的一面是它保护了个人的自由和隐私，但其也有消极的一面(主要是针对组织而言的)，即接受这种观点的管理者把对个人权利的保护看得比工作的完成更加重要，从而在组织中会产生对生产率和效率有不利影响的工作氛围。

3) 公平观

公平观要求管理者按公平的原则行事。接受公平观的管理者可能决定向新来的员工支付比最低工资高一些的工资，因为在他看来，最低工资不足以维持该员工的基本生活。按公平原则行事有得有失，得的是它保护了弱势群体的利益，失的是它可能不利于培养员工的风险意识和创新精神。

4) 综合观

综合观主张把实证(是什么)和规范(应该是什么)两种方法并入企业道德中，即要求决策人在决策时综合考虑实证和规范两方面的因素。这种道德观综合了两种"契约"：①适用于社会公众的一般契约，这种契约规定了经营管理行为的一般通行准则；②适用于特定社团里的成员的特殊契约，这种契约规定了哪些行为方式是可以接受的。这种道德观与其他三种的区别在于它要求管理者考察各行业和各企业现有的道德准则，从而决定什么是对的、什么是错的。

研究表明，大多数企业对道德行为持功利主义态度，因为功利主义与诸如效率、生产率和高额利润之类的目标相一致。随着个人权利和社会公平越来越受到重视，功利主义遭到了越来越多人的非议，因为它在照顾多数人利益的时候忽视了个人和少数人的利益。对个人权利和社会公平的考虑，意味着管理者要从非功利的角度建立道德标准。这对当今的管理者来说无疑是个严峻的挑战，因为使用诸如个人权利、社会公平和组织要求之类的标准来进行决策，要比使用诸如效率和利润之类的标准来进行决策更让管理者感到困惑。其结果是，管理者不断发现自己处在道德困境中。

3. 崇尚道德的企业的基本特征

1) 把遵守道德规范看作责任

崇尚道德的企业不仅把遵守道德规范视作企业获取利益的一种手段，更把其视作企业的一项责任。如果遵守道德规范会带来利益，而不遵守道德规范会带来损失，企业当然会选择遵守道德规范。但是如果遵守道德规范会带来损失，而不遵守道德规范会带来利益，企业仍然选择遵守道德规范，这就是责任。承担责任意味着要付出额外成本。

2) 以社会利益为重

崇尚道德的企业不仅从企业自身角度，更从社会整体角度思考问题。企业有时为了社会整体的利益，甚至不惜在短期内牺牲企业自身的利益。

3) 重视利益相关者的利益

崇尚道德的企业尊重利益相关者的利益，善于处理组织与利益相关者的关系，也善于处理管理者与一般员工之间及一般员工内部的关系。崇尚道德的企业明白企业与利益相关者是相互依赖的。

4) 视人为目的

崇尚道德的企业不仅把人看作手段，更把人看作目的，企业行为的目的是为了人。德国著名哲学家康德指出，人应该永远把他人看作目的，而永远不要把他人只看作实现目的的手段。他把"人是目的而不是手段"视为"绝对命令"，应无条件地遵守。

5) 超越法律

崇尚道德的企业超越法律要求的追求和行为，能使企业取得卓越的成就。法律是所有社会成员必须共同遵守的最起码的行为规范。一个企业如果奉行"只要守法就行了"的原则，就不大可能积极地从事那些"应该的"、"鼓励的"行为，实际上也就等于放弃了对卓越的追求。仅仅遵守法律的组织不大可能激发员工的责任感和使命感，不大可能赢得顾客、供应者、公众的信赖和支持，因而也就不大可能取得非凡的成就。

相反，崇尚道德的企业虽不把企业自身利益放在第一位，但常常能取得卓越的业绩。美国著名企业默克公司创始人的儿子、企业家乔治·默克二世说过这样一段话："我们努力记住药品是为人的，而不是为了利润。如果我们记住了这一点，利润也就来了，而且总是会来。我们记得越牢，利润就越大。"吉姆·C.柯林斯和杰里·I.波勒斯指出："只有当公司不把利润看得高于一切的时候，才有可能采取具有远见卓识的行动。"R.爱德华·弗里曼和小丹尼尔·H.吉尔伯特在谈到惠普、IBM、麦当劳等优秀企业时指出，这些优秀企业的秘诀在于懂得人的价值观并崇尚道德，而且懂得如何把它们融入公司战略中。追求卓越实质上就是崇尚道德。

6) 自律

崇尚道德的企业具有自律的特征。社会舆论和内心信念能唤醒人们的良知、羞耻感和内疚感，从而对其行为进行自我调节。

7) 以企业价值观为导向和激励

崇尚道德的企业通常为企业确立了较为崇高的使命和价值信仰，以此来引导企业及其成员的一切行为。这种价值观一般能够激发成员做出不平凡的贡献，从而给组织带来生机和活力。

3.4.2 企业社会责任

从上面企业道德的探讨中可见,企业道德总是与企业社会责任联系在一起。一个崇尚道德的企业总是具有强烈的社会责任感,能自觉履行自己的社会责任。下面将主要从企业社会责任角度予以探讨。

1. 西方两种企业社会责任观点

从 1924 年美国学者谢尔顿提出"企业社会责任"(Corporate Social Responsibility,CSR)这一概念以来,其内涵一直备受争议。西方曾有以下两种截然相反的观点。

1)"纯经济观"

以诺贝尔经济学奖得主密尔顿·弗里德曼为代表的"纯经济观",认为"企业的社会责任就是使利润最大化",即"在公开、自由的竞争中,充分利用资源、能量去增加利润。"在他看来,企业为了盈利,必须生产社会成员所需要的产品,而且要以最有效的方式进行,只要企业不从事欺诈行为,即是尽了社会责任。

2)"社会经济观"

"社会经济观"认为应扩大企业的社会责任。他们认为企业有道义上的责任来考虑某些社会因素,"企业的社会责任是指超过法律和经济要求的、企业为谋求对社会有利的长远目标所承担的责任。"这一派的代表人物有克里斯托夫·D.斯顿、罗伯特·爱默德和斯蒂芬·P.罗宾斯。罗宾斯还区分了社会责任(Social Responsibility)和社会义务(Social Obligation),认为一个企业只要承担了经济和法律责任,就算承担了社会义务;而社会责任则是在社会义务的基础上再加上道德责任,它要求企业分清是非善恶并遵守基本的道德准则。

以弗里德曼为代表的"纯经济观"曾长期在西方占主导地位,这主要是受 19 世纪西方社会中自由主义经济思潮的影响。早在 19 世纪,西方自由经济学的鼻祖亚当·斯密即认为,如果企业在竞争的环境下追求最大利润,则国家得益,私利与公益是不相违背的。因为这种自利心会使大众得到所需的产品和服务,国家因而得益,这是企业唯一的社会责任。弗里德曼的观点和亚当·斯密的观点一脉相承,在西方产生了广泛和深远的影响,当时,许多企业家都认为他们的主要义务就是赚取利润,企业追求利润最大化是天经地义的。

但是,这种理论有一个假设前提,即企业利润最大化和社会福利的增加是统一的。这一假设前提在自由竞争的市场经济中不是无条件存在的,甚至在有些情况下,它根本无法实现。只是在企业产生之初及以后相当长的时间里,企业活动的外部性所造成的社会危害长期未引起人们的重视和注意。到了 20 世纪 60 年代,随着以美国为代表的资本主义发达国家大企业的兴起,垄断日益加剧,给资本主义世界的整个经济结构、社会结构带来深刻的影响,企业活动的外部性所产生的社会效应等问题逐渐引起整个社会的关注。同时,一些社会问题,如贫困、失业、社会不公、种族歧视等,并未随着社会发展而解决,反而日益严峻。面对强大的企业组织和日益严峻的社会问题,"纯经济观"开始受到广泛的批评,政府和社会各界甚至企业越来越倾向于第二种观点,"社会经济观"逐渐替代"纯经济观",成为一种主流观点。

2. 企业社会责任的定义

(1) 狭义的定义:企业社会责任主要指经济责任以外的社会责任,特别是建立在经济责任和法律责任基础上的,为社会的福利而必须关心的道义上的责任。具体包括两类:一是企业对社会所造成的影响责任,企业必须对提供的"非社会需要"的副产品负责;二是对社会自身问题的责任,如企业参与对贫困、失业、社会不公等社会问题的解决等。将企业的社会责任与经济责任相分离,可以鲜明地体现企业作为"经济组织"的另一种属性,即"社会组织"性。作为以赢利为目的的经济主体,利润最大化是企业生存的自然法则。因而,对于承担经济责任,企业具有"本能"的自觉性、主动性和积极性。而对待社会责任,企业难免会出现被动、消极的惰性。企业承担经济责任及社会责任的态度和行为差异反映了两个概念并行而不从属界定的合理性。

(2) 广义的定义:企业社会责任是指企业对包括股东在内的利益相关者的综合性社会契约责任。这里的"社会契约"包括强制性的显性契约和非强制性的隐性契约。因此,综合性契约责任是指包括企业的经济责任、法律责任、道德责任在内的所有责任。广义的企业社会责任观点认为企业的经济责任、法律责任是企业最基本的责任,如果不履行这两种基础性社会责任,道德责任就失去了存在的基础,因此,必须从广义角度理解企业社会责任。

目前,企业社会责任的支持者一般都赞同广义的观点。

3. 企业社会责任的理论依据

关于企业为什么应当承担社会责任,西方理论界相继提出了社会契约论、利益相关者理论和企业公民说三种解释。

(1) 社会契约论。卡罗尔(Carroll)提出的企业社会责任循环模型(1979)认为,企业社会责任的本质是企业与社会(或利益相关者)之间的契约关系(如图3.2所示),企业社会责任就是企业在处理企业与社会之间的关系时应遵守的契约。社会契约论认为,虽然企业作为经济组织具有独立的经济利益,然而企业追求自身利益是在社会中进行的,是以为社会提供产品服务为基本手段的,能否为社会提供满足社会需要的产品或服务是企业生存和发展的基本前提和条件。企业作为社会的一种基本组织,它存在于社会之中,必须遵从社会的需要和规范,因此要承担社会责任。这一观点主要是从社会出发考虑企业行为对社会的影响,以及社会对企业行为的期望与要求。

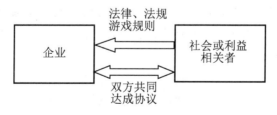

图3.2 社会契约中的要素

(2) 利益相关者理论。该理论认为,企业的出资不仅来自股东,而且来自企业的雇员、供应商、债权人和客户,后者提供的是一种特殊的人力投资和资本投资。企业是其利益相关者相互关系的联结体,因此企业不仅要对股东负责,而且要对雇员、消费者、商业伙伴、社区和环境等利益相关者负责。

(3) 企业公民说。通过引入"公民"理念，重新审视了企业的地位和作用这一重要命题，认为企业是公民或像公民，在社会中有其必须遵守的条件、必须达到的标准及必须履行的义务。

4. 企业社会责任的对象和内容

第一，企业对投资者的责任。企业作为一种经济组织，没有利润就不可能生存和发展，最后必然被市场所淘汰。因此，追求利润最大化是企业主要的经营目标。企业有责任向投资者提供有吸引力的投资回报；有责任将其财务状况等企业真实信息及时报告给投资者。

第二，企业对职工的社会责任。企业对职工的福利、安全、教育等方面承担义务。企业必须健全劳动保护制度，保证职工有安全、卫生的劳动环境；企业必须关心企业职工的福利(包括职工本人及其家庭)，在工资待遇、医疗保险、养老保险、失业保险等方面承担直接的或间接的责任；企业还必须在职工的再教育方面承担责任，以不断提高职工的文化水平和技术素质，使其能够适应企业发展的需要和个人发展的需要。

第三，企业对消费者的社会责任。企业应提供安全可靠的产品，尊重消费者的知情权和自由选择权，不得通过欺诈消费者以牟取暴利。

第四，企业对社会慈善事业和其他公益事业的社会责任。企业应在力所能及的情况下积极参加社区建设活动、吸纳社区人员就业、参加社会公益活动等，如扶贫帮困、救死扶伤、安置残疾人、赡养孤寡等慈善事业，以及绿化城市、保护动植物、资助文体活动等其他公益事业。

第五，企业对资源、环境与社会可持续发展的社会责任。资源过度开发、资源浪费和环境污染是社会可持续发展所面临的重要问题，而企业活动是造成这些问题的重要因素。社会发展依赖于企业的发展，没有企业发展的社会发展是不能想象的，解决企业发展与社会发展在资源、环境方面矛盾的合理选择在于企业承担在资源、环境方面的社会责任。企业的这种社会责任要求企业一方面按照有关法律的规定尽可能合理地利用资源，减少对环境的污染程度；另一方面，企业要承担治理由企业所造成的资源浪费和环境污染的相关费用。

第六，企业对供应商、竞争者、债权人的责任。对供应商，企业应该遵守合同规定，按照互利的合作原则，按约支付货款；对竞争者，企业应坚持公平竞争的原则；对债权人，企业要按照债务合同的要求，按期保数地还本付息，为债权人提供借贷安全。

第七，企业对政府的社会责任。企业的这种社会责任要求企业按照有关法律、法规的规定，照章纳税和承担政府规定的其他责任义务，并接受政府的干预和监督，不得逃税、偷税、漏税和非法避税。

本 章 小 结

企业文化的核心要素包括企业核心价值观、企业使命、企业愿景、企业精神、企业道德、企业宗旨、企业风气等。本章对其中几个重要内容进行了探讨。

企业价值观是企业在追求经营成功的过程中所推崇的基本信念及奉行的行为准则，它是绝大多数企业员工普遍认同的价值观，也是在实践中自觉遵守的行为标准。企业价值观是企业文化的核心。企业价值观内容丰富、涵盖广泛，它是多元整合而构成的复合价值观体系。从横向角度看，企业价值观体系可分为两个部分：企业经济价值观和企业社会伦理观；从纵向角度看，企业价值观体系可分为四个层次：核心价值观、目标价值观、基本价值观和附属价值观。价值体系中的各种价值的重要性是不一样的，因此，产生了价值排序问题。企业核心价值观是企业在追求经营成功过程中所推崇的根本信念和奉行的终极目标，是整个企业价值观体系中最重要、最根本的部分，不同企业之间价值观的区别往往最主要的就是体现在其核心价值观的不同。

企业愿景就是企业全体人员内心真正向往的关于企业的未来蓝图，是激励每个员工努力追求和奋斗的企业目标。这一目标是明确、动人、被每个企业成员所认同和分享的。企业愿景反映了企业领导者和员工的追求层次和理想抱负，是企业价值观的集中表现。企业愿景能给企业指明努力方向、鼓舞人心、激励斗志、凝聚力量。

企业精神是企业在整体价值观念体系的支配和滋养下，在长期经营管理中经精心培养而逐渐形成的，是全体成员共同一致、彼此共鸣的内心态度、意志状况、思想境界和理想追求。企业精神是企业文化的高度浓缩，是企业文化的灵魂。

企业道德是调整企业与员工之间、企业与社会之间关系的行为规范。崇尚道德的企业往往以企业价值观为导向和激励、视人为目的、以社会利益为重、重视利益相关者的利益、把遵守道德规范看作责任、自律、超越法律的要求。

广义的企业社会责任是指企业对包括股东在内的利益相关者的综合性社会契约责任，包括企业的经济责任、法律责任、道德责任在内的所有责任。狭义的企业社会责任仅指道德责任。西方理论界对企业社会责任的理论依据提出了社会契约论、利益相关者理论和企业公民说三种解释。企业社会责任的具体对象和内容见表3-1。

表 3-1　企业社会责任的对象及主要内容

对　　象	主要内容
投资者	资金安全和收益、提供经营和投资的真实信息、合法权利的尊重
职工	尊重员工合法权益、提供安全健康的工作环境
消费者	提供安全可靠的产品、尊重其知情权和自由选择权
社会慈善事业和其他公益事业	积极参加社区建设活动、吸纳社区人员就业、参加社会公益活动等
资源、环境与社会可持续发展	环境友好、合理利用自然资源
供应商、竞争者、债权人	诚信守约、公平竞争
政府	依法纳税、承担政府规定的其他责任义务

关键词

企业价值观、企业价值观体系、企业经济价值观、企业社会伦理观、核心价值观、目标价值观、基本价值观、附属价值观、企业价值排序、企业愿景、企业精神、企业道德、企业社会责任、经济责任、法律责任、道德责任、企业公民、企业利益相关者

复 习 题

1. 如何理解企业价值观及其作用？
2. 企业价值观体系的结构如何？
3. 何谓企业核心价值观？它在企业价值观体系中处于怎样的地位？
4. 企业愿景有哪些特征？对企业发展有何作用？
5. 何谓企业精神？它有哪些特点？
6. 企业核心价值观、企业愿景、企业精神之间存在怎样的逻辑联系？
7. 如何理解四种不同的企业道德观？
8. 崇尚道德的企业有哪些基本特征？
9. 企业社会责任有哪些理论依据？
10. 企业社会责任包括哪些内容？

思 考 题

1. 结合实践谈谈你对企业核心价值观及其作用的理解。
2. 企业究竟该不该承担社会责任，企业承担社会责任将对企业产生怎样的影响？

案例分析

IBM：电脑帝国的企业文化

IBM 是有明确原则和坚定信念的公司。这些原则和信念似乎很简单、很平常，但正是这些简单、平常的原则和信念构成了 IBM 特有的企业文化。

IBM 拥有 40 多万员工，年营业额超过 500 亿美元，几乎在全球各国都有分公司、其分布之广、成就之高，让人惊叹不已。许多人不能理解，为何像 IBM 这么庞大的公司会具有人性化的性格，但正是这些人性化的性格，才造成 IBM 不可思议的成就。

老托马斯·沃森在 1914 年创办 IBM 公司时设立过"行为准则"。正如每一位有野心的企业家一样，他希望他的公司财源滚滚，同时也希望他个人的价值观能得到员工的认同。因此，他把这些价值观标准写出来，作为公司的基石，让任何一个公司员工都明白公司要求的是什么。

老沃森的信条在其儿子时代更加发扬光大，小托马斯·沃森于 1956 年任 IBM 公司的总裁，老沃森所规定的"行为准则"，由总裁办公室至收发室，没有一个人不知晓。

"必须尊重个人，必须尽可能给予顾客最好的服务，必须追求优异的工作表现"这三条准则一直牢记在公司每位人员的心中，任何一个行动及政策都直接受到这三条准则的影响，"沃森哲学"对公司的成功所贡献的力量，比技术革新、市场销售技巧，或庞大财力所贡献的力量更大。IBM 公司在会议中、内部刊物中、备忘录中、集会中所规定的事项，或在私人谈话中都可以发现"公司哲学"贯彻在其中。全体员工都知道，不仅是公司的成功，即使是个人的成功，也一样都是取决于员工对沃森原则的遵循。

第3章 企业文化的核心要素

1. 第一条准则：尊重个人

任何人都不能违反这一准则，至少，没有人会承认他不尊重个人。

毕竟，在历史上许多文化与宗教戒律上也一再呼吁尊重个人的权利与尊严。虽然几乎每个人都同意这个观念，但列入公司信条中的却很少见，更难说遵循。当然IBM并不是唯一呼吁尊重个人权利与尊严的公司，但却没有几家公司能做得彻底。

沃森家族都知道，公司最重要的资产不是金钱或其他东西，而是员工，自从IBM公司创立以来，就一直推行这一原则。每一个人都可以使公司变成不同的样子，所以每位员工都认为自己是公司的一分子，公司也试着去创造小型企业的气氛。分公司永葆小型编制，公司一直很成功地把握一个主管管辖12个员工的效率。每位经理人员都了解工作成绩的尺度，也了解要不断地激励员工士气，有优异成绩的员工就能获得表扬、晋升、奖金。在IBM公司里没有自动晋升与调薪这回事，晋升、调薪靠工作成绩而定。一位新进入公司的市场代表有可能拿的薪水比一位在公司工作多年的员工还要高。以每位员工对公司所贡献的成绩来核定其薪水，绝非以资历而论。有特殊表现的员工，也将得到特别的报酬。

自从IBM公司创业以来，公司就有一套完备的人事运用传统，直到今天依然不变。拥有40多万员工的今日与只有数百员工的昔日完全一样，任何一位有能力的员工都有一份有意义的工作。在将近50年的时间里，没有任何一位正规聘用的员工因为裁员而失去工作。IBM如同其他公司一样也曾遭遇不景气的时候，但IBM都能很好地计划并安排所有员工而不致使他们失业。也许IBM成功的安排方式是先培训，而后调整新工作。例如，在1969—1972年经济大萧条时，有1.2万IBM的员工，由萧条的生产工厂、实验室、总部调整到需要他们的地方。有5 000名员工接受再培训后从事销售、设备维修、外勤行政与企划工作。大部分人反而因此调到了一个较满意的岗位。

IBM公司的管理人员对公司里的任何员工都必须尊重，同时也希望每一位员工尊重顾客，即使对待同行竞争对象也应同样地尊重。公司的行为准则规定，任何一位IBM的员工都不可以诽谤或贬抑竞争对手。销售是靠产品的品质、服务的态度推销自己产品的长处，不可攻击他人产品的弱点。

2. 第二条准则：为顾客服务

老托马斯所谓要使IBM的服务成为全球第一，不仅是在他自己的公司，而且要使每一个销售IBM产品的公司也遵循这一原则。他特别说明IBM将是一个"顾客至上"的公司，也就是IBM的一举一动都以顾客需要为前提，因此，IBM公司对员工所做的"工作说明"中特别提到对顾客、未来可能的顾客都要提供最佳的服务。

为了让顾客感觉自己是多么重要，无论顾客有任何问题，一定要在24小时之内解决，如果不能立即解决，也会给予一个圆满的答复，如果顾客打电话要求服务，IBM通常都会在一个小时之内就派人去服务。此外，IBM的专家们随时在电话旁等着提供服务或解决软件方面的问题，而且电话是由公司付账。此外还有邮寄或专人送零件等服务来增加服务范围。IBM公司还要求任何一个IBM新零件，一定要比原先换下来的好，而且也要比市场上同级产品好。服务的品质取决于公司训练及教育，在这方面，IBM已经在全球所属公司投入了大量的钱财，所提供的训练与教育是任何公司无法比拟的。相信在IBM公司受训所花费的时间超过任何一所大学的授课时间。每年，每一位IBM的经理要接受40个小时的训练课程，而后回到公司内教导员工，有时甚至定期邀请顾客前来一同上课。经营任何企业，一定要有老顾客的反复惠顾才能使企业成长，因而一定要设法抓住每一位顾客，最优异的顾客服务是能使他再来惠顾。

3. 第三条准则：追求卓越

对任何事物都以追求最理想的观念去做。无论是产品还是服务都要永远保持完美无缺，当然完美无缺是永远不可能达到的，但是目标不能放低，否则整个计划都会受到影响。公司设立一些满足工作要求的指数，定期抽样检查市场以设立服务的品质。从公司挑选员工计划开始就注重优异的准则，IBM公司认为从全国最好的大学挑选最优秀的学生，让他们接受公司的密集训练课程，必定可以收到良好的教育效果，他们日后定有优异的工作表现。为了达到优异的水准，他们必须接受优异的训练，使他们有一种使命感：一定要达到成功。IBM 是一个具有高度竞争环境的公司，它所创造出来的气氛可以培养出优异的人才。在 IBM 公司里，同辈竞相争取工作成绩，又不断地强调教育的重要，因此每个人都不可以自满，都努力争上游。每个人都认为任何有可能做到的事，都能做得到，这种态度令人振奋。

小托马斯·沃森说："对任何一个公司而言，若要生存并获得成功，必须有一套健全的原则，可供全体员工遵循，但最重要的是大家要对此原则产生信心。"

在企业经营中，公司的任何运营都有可能改变。有时地址变更，有时人事变更，有时产品变更，有时公司的名称也变更，世界上的事就是这样不断变迁。在任何公司里，一个人若要生存，一定要有应变的能力。在科技高度进步的今日，社会形态与环境变化很快，倘若营销计划不能随机应变，可能会毁灭整个公司。在任何一个发达的公司里，唯一不能改变的就是"原则"。不论此"原则"的内容是什么，它永远是指引公司航行的明灯。当然，公司在许多方面要保持弹性，随机应变，但对"原则"的信念不可变更，由于 IBM 有这三条基本原则作为基石，业务的成功是必然的。

公司内部必须不断地把其信念向员工灌输，在 IBM 的新进入人员训练课程中，就包含了如下课程：公司经营哲学、公司历史及传统。谈公司的信念与价值观不能仅是空谈，至于能否让其在公司里发生作用，那是另外一回事。在公司里空谈无益，最重要的是运用策略、采取行动、切实执行；衡量效果，重视奖赏，以示决心。

IBM 的新进销售人员无论在办公室还是外出接洽业务，都能遵守公司的准则。他们知道，IBM 准则"必须尊重个人"的真谛如何。他们一进公司就感受到别人对待他们的方式是基于尊重原则，只要有问题，别人再忙也来帮助他们。他们看到，公司人员是怎样对待顾客的，也亲耳听到顾客对市场代表、系统工程师及服务人员的赞美，他们周围环境的人都在那里努力寻求优异的成绩。有关 IBM 公司的信念常在所属公司中定期刊载，有关 IBM 优异服务的实例亦常在公司训练课程中讲授，在分公司会议中特别提出来，在邀请顾客参加的讨论会中亦提出介绍，主要目的是把公司的理想一再重复，以确保理想生存。

(资料来源：代凯军. 管理案例博士评点：中外企业管理案例比较分析[M]. 北京：中华工商联合出版社，2000.)

讨论题

1. IBM 企业文化的核心内容是什么？表现在什么地方？
2. IBM 的企业文化有哪些可取之处？

拓 展 阅 读

[1] 王超逸，李庆善. 企业文化学原理[M]. 北京：高等教育出版社，2009.
[2] 黎群. 企业文化[M]. 北京：清华大学出版社，北京交通大学出版社，2008.
[3] [美] 彼得·德鲁克. 管理：任务、责任与实践[M]. 王永贵，译. 北京：机械工业出版社，2004.
[4] [美] 彼得·德鲁克. 创新与企业家精神[M]. 蔡文燕，译. 北京：机械工业出版社，2007.
[5] [美] 吉姆·柯林斯，杰里·波勒斯. 基业长青[M]. 3 版. 真如，译. 北京：中信出版社，2009.
[6] 罗长海，林坚. 企业文化要义[M]. 北京：清华大学出版社，2003.
[7] 侯贵松. 企业文化怎样落地[M]. 北京：中国纺织出版社，2005.
[8] 周冬梅. 论企业家精神与企业文化建设[D]. 合肥：合肥工业大学，2006.
[9] 刘光明. 企业文化案例[M]. 3 版. 北京：经济管理出版社，2007.
[10] 栾永斌. 企业文化案例精选精析[M]. 北京：中国社会科学出版社，2008.
[11] 张德. 企业文化建设[M]. 2 版. 北京：清华大学出版社，2009.

第4章

企业文化的载体结构

本章学习目标

1. 企业文化的载体结构；
2. 企业文化的制度载体；
3. 企业文化的行为载体；
4. 企业文化的物质载体；
5. 企业文化与载体的互动关系。

导入案例

埃克森公司与麦迪公司的不同

美国的埃克森公司的价值观是高度尊重个人的创造性,绝对相信个人的责任感,但同时,默认在做出一项重要决定前要达成一致。这就决定了在制度层面具体的行为规范较少,在行为层面表现为随便的衣着和沟通方法,没有等级标志、相互之间争论等。而另一家总部设在欧洲的麦迪公司,它的价值观是尊重资历、学识和经验,注重通过服务时间的长短、整体工作情况和个人的教育背景来评价职工。因此在制度层和物质层就表现为:一切都是规范化和正式化,大楼中各办公室都有正式标志,大厅中是静默气氛,行为上往往通过人们在大厅中见面时周全的礼节得到体现。公司设有专门的高级经理人员餐厅,文件中使用正式学术用语,并注意计划、程序和正式的会议文件等。埃克森公司和麦迪公司精神层的不同,使他们的制度层、行为层和物质层表现为完全不同的内容。

本章着重探讨企业文化的载体结构,力求对作为企业文化载体的制度、行为和物质进行深入的剖析,这不仅有助于读者加深对企业文化的理解,同时也为下篇有关企业文化实务部分做了必要的铺垫。

4.1 企业文化结构观点概述

关于文化的结构,向翔在《哲学文化学》一书中曾指出:"在人们对世界的认识和描述中,文化是一个内容和含义极其宽泛复杂的概念,迄今为止尚没有哪位学者能确切地说清楚文化究竟是什么。在现实社会生活中,人们的视野所及绝大多数是文化事物,文化可以说是无所不在、交错纷呈的。然而,只要认真观察和分析就可以发现,无所不在、交错纷呈的文化,并不像某些人想象的那么杂乱无章,而是层次分明、互相调适、井然有序的,并且在长期的社会历史发展过程中形成了自己的结构,各结构要素之间既对立又统一,不断地互相适应、互相牵制、互相促进、共同发展。虽然不同时代、不同民族的文化各具特色,但其结构形式大体是一致的,即由各不相同的物质生活文化、制度管理文化、行为习俗文化、精神意识文化四个层级构成。"向翔把文化的结构解剖为四个层次,但必须指出的是,这里的文化,是从广义上来理解的。

企业文化是人类文化、社会文化的一个子系统。作为一个系统,企业文化同样具有自己的要素,形成了一定的结构,并发挥着独特的功能。企业文化结构是指企业文化系统内各要素之间的时空顺序、主次地位与结合方式。它表明了各个要素是如何联系起来的,从而形成企业—文化的整体模式。

企业文化的结构是早期企业文化理论研究的一个热点问题。学者提出很多划分方法,从而形成各种各样的观点,可谓众说纷纭。下面对九种主要观点进行概述。

1. 五要素结构

美国学者迪尔和肯尼迪认为,<u>企业文化是由企业环境、价值观、英雄人物、礼节和仪式、文化网络五个要素构成的</u>。这五个要素在企业文化整体中的功能和作用各不相同。

(1) 企业环境是指企业"经营所处的极为广阔的社会和业务环境",它是影响企业文化形成和变迁的最大因素。企业环境可分成微观环境和宏观环境。微观环境包括那些直接影响企业履行其使命的利益相关者,如供应商、各种市场中间商、消费者、竞争对手等。对于企业文化,它们具有显现的、直接的、持续的影响和作用,具有微观性。宏观环境包括那些影响企业微观环境中所有行动者的较广泛的社会力量或因素,包括人口的、经济的、自然的、技术的、政治的、法律的,以及社会文化方面的力量和因素。它们对企业文化产生了重大的影响,但这种影响和作用机制处于潜在和间接的状态,具有宏观性。

(2) 价值观是指企业的基本概念和信仰,是企业文化的核心。它是指企业内成员对某个事件或某种行为好坏、善恶、正误、是否值得仿效的态度和看法。企业价值观是艰苦努力的结果,是把所有员工联系在一起的纽带,是企业生存发展的内在动力,是企业行为规范制度的基础。

(3) 英雄人物是企业价值观的化身,是人们所公认的最佳行为和组织力量的集中体现,是企业文化的支柱和希望。英雄有两类,第一类是和企业一起诞生的"共生英雄",第二类是企业在特定的环境中精心塑造出来的,称为"情势英雄"。作为一种活的样板,英雄人物给企业中其他员工提供了可供效仿的榜样,对企业文化的形成和强化起了极为重要的作用。现实中很多优秀的企业都十分重视树立能够体现企业文化的英雄模范人物,通过这些榜样向组织其他成员宣传和提倡企业所倡导的东西。

(4) 礼节和仪式是在企业各种日常活动中经常反复出现、人人知晓而又没有明文规定的东西,它们是有形地表现出来的程式化了的文化要素。它使企业文化得以体现和强化。不同企业的文化仪式体现了不同企业文化的个性及传统。文化仪式主要包括以下三种:①交际礼仪。企业是一个从事经济活动的主体,作为社会组织,其内部人员之间、内部与外部人员之间都有大量的人际交往。在人际交往过程中,体现着企业文化和企业员工的素质和管理水平。因此,交际礼仪就成为传播企业文化、体现企业素质的重要形式。②文化礼仪。企业为了表达对某些事物的崇敬和重视,经常举办一种特殊的仪式,来表达企业的真实情感、如庆功仪式、团拜仪式、授奖仪式、老员工退休辞别仪式、技术、生产、销售合作签约仪式等,这些都属于仪式类企业文化形式。这些仪式一方面表现企业文化的内涵,另一方面通过仪式凝聚人心,提高人们对企业价值观的认同。③节日庆典。节日庆典主要包括公司的节日庆典和公共节日庆典。公司既可以通过这些庆典活动乘机宣传企业文化,又可以借此机会吸引员工对公司的关注,产生向心力。

(5) 文化网络是指企业内部以轶事、故事、机密、猜测等形式来传播消息的非正式渠道,是和正式组织机构相距甚远的隐蔽的分级联络体系。它使企业文化得以传递和强化。

2. 企业文化睡莲图

英国人爱伦·威廉、鲍·德布森和迈克·沃德斯把企业文化分为三个层次:可以观察的行为、可以描述的员工态度和价值观、信念。企业成员的信念是企业文化的核心因素,成员的行为、态度和价值观是由他们所拥有的信念决定的,如图4.1所示。

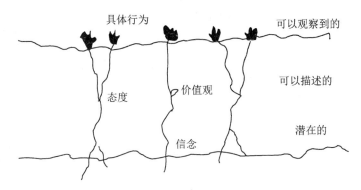

图4.1　企业文化睡莲图

3. 企业文化冰山图

美国人帕米拉·路易斯、斯蒂芬·古德曼和波特利西亚·范德特认为，企业文化由两种成分构成，可用冰山来表示：表面的看得见的是具体行为，而支持这些具体行为的是深层次的东西，即看不见的企业员工心灵深处的观念、行为标准、共有价值观和宗旨，如图4.2所示。

4. 企业文化同心圆结构

企业文化同心圆结构是指企业文化由三个同心圆构成，内圈是企业的价值观；中圈是企业的具体行为习惯；外圈是简单易见的企业标识、辞条等，如图4.3所示。

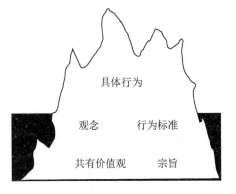

图4.2　企业文化冰山图

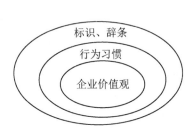

图4.3　企业文化同心圆

5. 内化结构和外化结构

内化结构是指企业成员的心理状态，包括企业的领导人管理心理状态和企业中被管理者的心理状态。心理状态也就是企业成员的价值取向，对经营目标、市场竞争、利润和技能等观念的基本看法。

外化结构是指企业管理行为习惯，包括企业管理方式和企业经营方式，也就是企业的组织结构、组织形式、管理、计划、指挥、组织、经营风格、规章制度、群体人际关系、公共关系、行为习惯等。

第4章 企业文化的载体结构

6. 隐性结构和显性结构

企业文化结构的隐性部分是企业文化的根本，它主要包括企业精神、企业哲学、企业价值观、企业道德规范等。这些部分是企业在长期的生产经营活动中形成的，存在于企业员工的观念中，对企业的生产经营活动产生直接的影响。企业文化结构的显性部分是指企业文化中以精神的物化产品和行为为表现形式的，能被人们直接感受到的内容，包括企业设施、企业形象、企业经营管理活动等。

7. 基础、主体、外在三层次结构[①]

基础部分主要由企业文化中的企业哲学、企业价值观、企业道德、企业精神等企业的意识形态组成。这是企业文化最核心的层次，是企业文化的源泉，是结构中的稳定因素，是企业文化整体的决定因素。有什么样的结构基础，就会有什么样的结构主体和结构的外在部分。

结构的主体部分主要包括企业文化中的战略文化、组织文化、制度文化、经营方式等，分别在企业发展战略、企业组织、企业制度和企业经营机制中体现并发挥其作用。企业文化的主体结构是企业文化的主要承载者，受基础层的影响，而又影响于外在的表面层次。它体现了企业文化的个性特征，形成企业的重要特色。

企业文化结构的外在部分主要包括企业标识、企业信誉、企业行为、企业物质环境、企业形象等。这是企业文化结构的表层部分，是人们可以直接感受到的，它以其外在形式体现基础层和主体层的水平、规模和特色。

8. 精神、制度、物质三层次结构[②]

精神层是指领导和员工共同信守的基本信念、价值标准、职业道德及精神风貌。精神层是企业文化的核心和灵魂，是形成物质层和制度层的思想基础和原因。其具体包括企业最高目标、企业哲学、企业精神、企业风气、企业道德、企业宗旨六个方面。

制度层是指对企业组织和企业员工的行为产生规范性、约束性影响的部分，它是企业文化的中间层次，集中体现了企业文化的物质层和精神层对员工和企业组织行为的要求。制度层规定了企业成员在共同的生产经营活动中应当遵守的行为准则，它主要包括以下三个方面：一般制度、特殊制度、企业风俗。

物质层是指企业创造的物质文化，是形成企业文化精神层和制度层的物质基础，是企业文化的外在表现和载体。

9. 精神、制度、物质、社会四层次结构[③]

沙因《企业文化生存指南》一书中文版的译者，是北京大学经济学院博士生的郝继涛和中国社会科学院研究生院博士生的赵卫星在《经济管理》2004年13期上发表了题为"企业需要社会性层次的文化结构"的文章，文章中提出了"引入社会层的四层次企业文化结构模型"。该模型保留了企业文化三层次结构中的精神层、制度层与物质层，并增加了一个新的层面——社会层。

---

① 华锐. 新世纪中国企业文化[M]. 北京：企业管理出版社，2000.
② 张德. 企业文化建设[M]. 北京：清华大学出版社，2003.
③ 郝继涛，赵卫星.企业需要社会性层次的文化结构[J]. 经济管理，2004, (13).

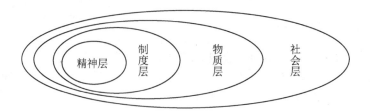

图 4.4　引入社会层的企业文化结构示意图

在该模型中，企业文化的社会层被看做企业文化的外溢，是企业与其社会环境互相反馈而形成的价值体现。社会层同物质层、制度层一样，需要服从精神层文化的制约，但并不规定这四个层次之间的关系，即它们相互之间不存在层层制约的"决定关系"。此模型考虑到了企业与外界的互动，可以说在一定程度上反映了企业这一"子系统"与其所处环境(社会大系统)的互动，体现了企业文化具有动态性与开放性的特征。同时，郝继涛与赵卫星对企业文化的社会层进行了界定——"广义的利益相关者"，这使得该模型更具有操作性。

上述这些不同的结构划分都有其各自的合理性，运用不同的结构划分对认识企业文化并无多大关系。编者将从广义和狭义两个角度，对企业文化的结构做出划分。从广义的角度讲，企业文化的结构层次可划分为四个：深层的精神层、中层的制度层、浅层的行为层、表层的物质层。从狭义的角度讲，企业文化仅指其中的精神层，而制度层、行为层、物质层则是企业文化的外在体现或者说载体，如图 4.5 所示。

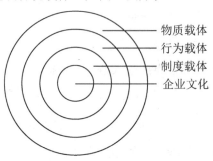

图 4.5　企业文化的载体结构示意图

4.2　企业文化的载体结构

本书对企业文化的界定主张采用狭义角度，因此本节将着重分析企业文化的载体结构。

4.2.1　企业文化的制度层

1. 制度层的内容及特点

1) 制度层的内容

制度层是指与企业价值观、企业精神等意识形态相适应的企业制度和企业组织结构。企业文化制度层的主要内容包括企业领导体制、企业组织结构、企业管理制度等。

(1) 企业领导体制是制度层的核心内容，它影响着企业组织结构的设置，制约着企业管理的各个方面。在现代企业中，企业的领导体制应相互统一、协调和顺畅。

第4章 企业文化的载体结构

(2) 企业组织结构是指企业为了有效实现企业目标，而筹划建立的企业内部各组成部分及其关系。如果把企业视为一个生物有机体，那么组织结构就是这个有机体的骨骼。组织结构是否适应企业生产经营管理的要求，不仅直接影响着企业管理的成效、企业目标的实现，还反映出企业文化的特点。建立精简、统一、协调、高效的组织结构，是企业优秀文化的体现，也是卓越企业的标志。

(3) 企业管理制度是企业为求得最大效益，在生产管理实践活动中制定的各种带有强制性义务，并能保障一定权利的各项规定或条例，包括企业的人事制度、生产管理制度、民主管理制度等一切规章制度。其中，人事制度包括用工制度和晋升制度，它关系到企业人力资源的配置、使用效率、员工的素质和企业内部的人际关系，是企业的重要制度之一。生产管理制度用于开展生产工作的指引，适用于公司生产系统包括原材料输入、生产转换过程、成品输出、反馈四个环节的计划、组织、指挥、协调和控制等方面的管理活动。企业管理制度是企业正常的生产经营管理得以进行的强有力的保证，是实现企业目标的有力措施和手段。企业的管理制度应科学、完善、实用。

2) 制度层的特点

企业文化制度层有以下两个特点：一是规范性。企业制度是企业为实现自身目标，给予企业成员的行为以一定的方向、方式和限制，因此，企业制度是员工必须遵守的行为准则，具有强制性和规范性。二是中介性。制度层处于企业文化四个层次的中间层次，连接内外的两个层次。首先，制度层由精神层决定，是一定精神文化的产物，同时又反作用于精神文化，是塑造精神文化的主要机制和载体。其次，制度规范着、约束着、鼓励着、调节着员工的行为，是行为层的重要影响因素。一个企业，其经营作风是否具有活力、是否严谨，精神风貌是否高尚，人际关系是否和谐，职工文明程度是否得到提高等，无不与制度层的规范和保障作用有关。最后，制度层是物质层的保证，没有严格的岗位责任制和科学的操作规程等一系列制度的约束，任何企业是不可能生产出优质的产品的。

 案例 4-1

从"13 条"到"OEC"

提到"13 条"，不少人的第一反应是："说错了吧？应该是'14 条'"。著名管理大师亨利·法约尔所提出的 14 条管理原则的确影响巨大，但这里介绍的不是他的理论，而是"国产"的海尔 13 条规章制度。

海尔的前身为青岛电冰箱总厂，"海尔"的名称启用于 1984 年 12 月。它最早始于 1955 年组建的一个手工业生产合作社。随着 20 世纪 50 年代国民经济的改组与调整，合作社于 1958 年过渡为合作工厂，并被命名为青岛电机厂。该厂曾一度改称为青岛东风电机厂，当时主要生产交流和直流电动机、"电葫芦"，并研制了民用吹风机、小台风扇，由此跨进家用电器工业领域。

为开发新产品，该厂于 1979 年 3 月研制出单缸洗衣机和滚筒洗衣机。随后，东风电机厂和工具四厂合并成立了青岛日用电器厂，为进一步发展家电产业奠定了基础。工厂在 1979—1983 年主要生产"白鹤"牌洗衣机，但终因产品外观粗糙、质量不高、更新换代缓慢等原因亏损了 140 多万元，面临被淘汰的命运。

张瑞敏回忆说："我是 1984 年 12 月去的这个厂。一年之内派去了四位领导，前三位都没能待住。我这第四位也不愿意去，当时我是青岛家电公司副经理，我不去就再没人去了。

欢迎我的是 53 份请调报告。上班 8 点来，9 点就走人，10 点时随便往大院里扔一个手榴弹也炸不死人。到厂里就只有一条烂泥路，下雨时必须要用绳子把鞋绑起来，不然就被烂泥拖走了。"

企业文化理论与实务(第2版)

海尔一位老员工回忆道：在四周一片荒野地里，有几座厂房，窗户上连玻璃都没有，用油纸钉着。仅有的几台陈旧的机器虽然每天都在轰轰地转，但管理非常松懈，工人们晚来早走，就是不走，也是在厂里干私活。天冷就围着炉子烤火，没有煤就烧机油或塑料块。有时听说什么好卖，赶紧生产一点，可质量差卖不出去，工人每月靠四十几块钱维持家庭生活。工厂两三年发一套工作服，连几块钱的福利都发不出来，工作时从没有手套戴。伙房每份菜5分钱，工人们都舍不得吃。后来连工资都发不出来了，就更别谈什么奖金了。对此，张瑞敏不无感慨地说：

"我想，资金没有，可以弄到；产品没有，也可以生产出来；但信心没有，创业就难，做事很难达到第一流。一听说要整顿，厂里人就搬出过去制定的一人多高的规章制度。我没让他们多制订条文，只制订了13条，最主要的一条就是：不准在车间随地大小便。这些最基本的没有，其他更是空的。"其他规定还有"不准迟到、早退"、"不准在工作时间喝酒"、"车间内不准吸烟，违者一个烟头罚500元"。另外一条大家印象深刻的就是"不准哄抢工厂物资"。这13条颁布后有一些效果，车间里大便没有了，但小便还是有，随意拿公物的现象还是很普遍。张瑞敏就问干部怎样才能防止"大家拿"现象，大家的回答是"锁起来"。可是门能锁，窗户却不能锁。张瑞敏就让厂里的干部将这13条制度以布告的形式贴在车间的大门上，并公布了违规后的处理办法，把门窗全部大开着并布置人手在周围观察是否有人再去拿东西。

没料到，第二天上午10点的时候，就有一人"大摇大摆"地走进车间并扛走一箱东西。所以张瑞敏就让厂里的干部在当天中午12点贴出布告，开除了这个人。此举给大家留下的印象是"新领导是较真儿的"。

在随后的几年里，张瑞敏先生就靠这"简单"的"13条"，再加上严格的执行和对员工亲切的关怀，使这个濒临破产的企业逐步走向正轨，并不断发展起来。

后来，在长期的管理实践中，海尔总结了一套管理方法，叫做"OEC"管理法。其中O为Overall的缩写，即全方位；E为Every的缩写，即每人、每事、每天；C为Control and Clear的缩写，即控制和清理。OEC合起来的含义是：全方位地对每个人每一天所做的每件事进行控制和清理，做到"日事日毕，日清日高"。海尔的每个员工每天都要填一张3E卡，记录每天工作的七个要素(产量、质量、物耗、工艺操作、安全、文明生产、劳动纪律等)的量化价值。每天由员工据此自我清理计算每天的薪水，然后交给班长，再由车间主任审核后返回给员工。

具体来说，"OEC"管理模式意味着企业每天所有的事都有人管，所有的人均有管理和控制的内容，并依据工作标准对各自控制的事项，按规定的计划执行，每日把实施结果与计划指标对照、总结、纠偏，达到对工作发展过程"日日"都有控制、"事事"都有控制的目的，确保了工作向预定目标发展。这一管理方法可以概括为五句话：总账不漏项，事事有人管，人人都管事，管事凭效果，管人凭考核。

在"OEC"体系的支撑和保障下，海尔创造了20世纪中国企业的一个奇迹。从一个亏损140多万元的小厂，经过20多年的发展，成为年销售额达400多亿元，令人刮目相看的国际知名企业。

(资料来源：颜建军，胡泳. 海尔中国造[M]. 海口：海南出版社，2001.)

点评：从"13条"到"OEC"，从海尔制度的变迁中，大家可以看到其背后的文化的演变。"13条"虽然简单，但令人从中看到了保证企业基本秩序、以打基础为主要目的的企业文化。"OEC"是一种对工作、对事物要求的高度概括，它反映了海尔管理的成熟性，充分体现了海尔追求卓越的核心价值观，体现了严格要求、精益求精的品质管理理念；反映了凭业绩拿报酬的"绩效文化"，体现了"事事有人管"的"责任文化"。

2. 制度与文化

在企业文化研究中，人们对"文化与制度"的认识经常陷入一种误区：或把两者对立起来，或把两者混为一谈，分不清两者在企业管理中的地位与作用。从广义角度界定的企业文化，无疑把制度包含在内，制度层只是企业文化四个层次之一。而从狭义角度研究的

第4章 企业文化的载体结构

企业文化，制度则是文化的载体。进一步说，把企业文化作为一种新的管理方式研究，制度与文化属于两个不同的管理层次和两种不同的管理方式。文化管理高于制度管理，制度更多地强调外在监督与控制，是企业倡导的"文化底限"，即要求员工必须做到的；文化更多地强调价值观、理想信念和道德的力量，强调内在的自觉与自律，是超越制度之上实现员工自觉管理的一种"文化高境界"。

1) 制度与文化的不同

制度与文化的不同，具体体现在以下三个方面。

(1) 演进方式不同。文化的演进是采取"渐进式"的，制度的演进是"跳跃式"的，但两者同处于一个过程之中，从制度到文化，再到建立新制度。在倡导新文化的过程中，两者交互上升。企业管理正是在这种交互上升的过程中不断优化、臻于完美的。

(2) 表现形态不同。制度是有形的，往往以责任制、规章、条例、标准、纪律、指标等形式表现出来；文化是无形的，存在于人的头脑中，是一种意识形态和精神状态，往往通过有形的事物、活动反映和折射出来。但两者却是一体两面，有形的制度中渗透着文化，无形的文化通过有形的制度载体得以表现。

(3) 对人的调节方式有差异。制度管理主要是外在的、硬性的调节；文化管理主要是内在的文化自律与软性的文化引导。文化管理强调心理"认同"，强调人的自主意识和主动性，也就是通过启发人的自觉意识达到自控和自律。对多数人来讲，由于认同了主流文化，因此，文化管理成为非强制性的管理；对于少数未认同主流文化的人来讲，主流文化一旦形成，也同样受这种主流文化氛围、风俗、习惯等非正式规则的约束，违背这种主流文化的言行是要受到舆论谴责或制度惩罚的，因此文化管理又具有一定的"强制性"。体力劳动者与脑力劳动者对制度和文化的感受度是不同的，体力劳动者因为其作业方式要求标准化的程度高，对制度管理的强制性敏感度较低，也就是说，遵守制度是顺理成章的事，制度管理对他们更适合；脑力劳动者因为创造性强，要求自由度较高，对较低层次的条条框框则比较反感，需要较多的文化管理。这是超Y理论的研究结果，值得人们注意。

2) 制度与文化的联系

制度与文化的联系主要体现在以下四个方面。

(1) 制度承载文化。当管理者认为某种文化需要倡导时，他可能通过培养典型的形式，也可能通过开展活动的形式来推动和传播。但要把倡导的新文化渗透到管理过程中，变成人们的自觉行动，制度则是最好的载体之一。员工对新观念的接受、认同是一个复杂、艰难的过程，在这些共同价值观和行为方式形成之前，企业必须以这些思想观念为核心制定相应的制度，要求、激励员工服从和遵守。在实践中，随着员工对制度及制度的内在精神的逐渐认同、理解，并且将其不断强化形成了习惯和信念，外在的制度约束就转化为内在的信念约束，因此，自觉的管理就出现了。可见，人们普遍认同一种新文化可能需要经过较长时间，而把文化"装进"制度，则会加速这种认同过程。在员工服从—认同—坚信的过程中，制度的作用非常关键。合理、科学的制度使员工向既定的目标发展，使正确的观念得以确立。相反，不合理的制度则使员工与倡导的观念淡漠甚至抵触。

(2) 制度向文化转变。制度与制度文化不是同一概念。当制度内涵未被员工心理认同时，制度只是管理者的"文化"，最多只反映管理规律和管理规范，对员工只是外在的约束；当制度内涵已被员工所认同和接受并自觉遵守时，制度已内化并转变成了一种文化。例如，企业要鼓励员工提出合理化建议,应先制定一项制度,时间长了,员工从心理上接受了这一制度的内涵,使制度变成空壳,留下的便是参与文化。

(3) 制度与文化互动。当企业中的先进文化或管理者倡导的新文化已经超越制度文化的水准,这种文化便催生了新的制度,即以新的文化理念为指导制定制度,然后在制度的执行中强化文化理念。

(4) 文化决定制度的成本。文化优劣或主流文化的认同度决定着制度的成本。当企业倡导的文化优秀且主流文化认同度较高时,企业制度成本就低;当企业倡导的文化适应性差且主流文化认同度较低时,企业的制度成本就高。由于制度是外在约束,当制度文化未形成时,没有监督,员工就可能"越轨"或不能按要求去做,其成本自然就高;而当制度文化形成以后,人们自觉从事工作,制度成本大为降低,尤其当超越制度的文化形成,制度成本会更低。例如,摩托罗拉公司取消"打卡"制度,是因为员工能够认识到工作的意义是什么。所以威廉·大内说,文化可以部分地代替发布命令和对工人进行严密监督,从而既能提高劳动生产率,又能发展工作中的支持关系,其制度成本就低。再如,交通是一面镜子,有警察监督时,司机能够按照交通规则办事,如果没有警察监督时,不能按照交通规则办事,说明制度对司机来讲没有变成一种文化,其制度成本就高。反之,如果没有警察监督时,司机也能按照交通规则办事,则表明制度已经内化在司机心目中,变成一种文化,制度成本会大幅度下降。

4.2.2 企业文化的行为层

企业行为既包括关系到企业何去何从的战略决策行为,也包括涉及员工个人的岗位操作活动;既包括企业全体人员参与的集体活动,也包括个别员工对待客户的言谈举止;既有企业对某一目标的长时间的执着追求,也有临时发生的应急行为。企业文化行为层就是指企业在日常运作、公共关系、人际关系、文娱体育、突发事件处理等各类活动中企业人员所实施的各种行为。它真实地反映和体现了企业的目标、作风、精神面貌、人际关系等,是企业价值观和企业精神的折射。

解读企业文化的行为层,必须从认识和理解人的行为入手。

1. 行为的生理学和心理学解释

生理学认为,人体是一种动物性机器,人的动作是对环境刺激的机械反应活动,它完全可以通过经验观察和发现科学规律的途径加以理解。

而心理学认为,人的行为受两个方面因素的影响。

第一是驱力(Drive)。驱力的概念是由心理学家赫尔(Clark Hull)提出来的,即人类或动物个体最重要的行为是由内驱力激发的。按照赫尔的观点,驱力是一种动物体内部的状态,它是对该个体的生理需要做出的反应。动物体就其本身条件来说(如体温和能量供应等),会寻求维持一种平衡状态,即所谓的"动态平衡"。当某种平衡被破坏,或产生了某种心理上的紧张,驱力就会被"唤醒"。这些驱力就会促使动物或人类个体采取消除紧张的行为;当生理需要得到满足和紧张被消除时——动态平衡又得到恢复——驱力消退,生物体就会停止这种行为。例如,当人感到饥饿(动态平衡被打破)时,他就会产生寻找食物的行为;而当他吃饱喝足之后,又会停止这种行为。

第4章　企业文化的载体结构

第二是诱因(Incentive)。实验证明，除了驱力之外，还有一种因素影响着人或动物的行为，那就是诱因，即外部的"刺激"和"奖赏"。人类的行为会受许多诱因的影响和控制，而与生理上的需要并无直接联系。有时，这些诱因甚至能克制生理的需要。例如，一个"网虫"即使已经非常困倦了，但他仍然坚持整夜泡在网上而不去好好睡一觉；常年漂泊在外的销售人员，即便很想念自己的家人，但在完成任务之前仍然选择坚守岗位。

2. 行为的传播学解释

传播学认为，行为作为一种非语言交流，在人类的交往中非常重要。例如，眼神变化、面部表情、肢体动作等都能表情达意，甚至"沉默不语"。这种"不作为"也在不同的场合代表着不同的信号和含义。例如，会议室里的沉默，可能表示与会者不同意正在讨论的观点；恋人之间的相互凝视、默默不语，则可能在表达一种无言的爱。

具体来说，行为在人类的交往中具有如下的功能和作用。

(1) 重复。在多数国家，人们经常使用非语言信号来重复所要阐述的观点。例如，想明确表达不同意、不赞同时，人们会一边说"不"，一边摇头。当人们在指明方向，如"天安门就在那里"时，会同时用手来指向那个方向。在这里，语言和手势、摇头的行为就是在重复和强调。

(2) 补充。与重复紧密联系的是补充。两者的主要区别是，重复的行为可以单独存在，而作为补充的行为则不能(否则，很可能会引起歧义)。例如，人们在表达不同意时，可以说"不"，可以摇头，也可以两者同时进行。而补充不能单独存在，它是对语言的进一步强化，并增加额外的信息。例如，你满脸沮丧地面对某人，他很难猜得出你的意思。如果你再加上一句"真对不起，我把您的书弄脏了"，他马上就知道你脸上的表情代表了什么意思和心情。在这里，沮丧的表情是对"抱歉"的补充，它表明你也许真的很抱歉。

(3) 替代。有时，人们做某些事情时不说话，而是用某种行为来更加真实或强烈地表达一种心情。例如，在突然看到多年不见的老同学时的热情拥抱；在嘈杂的人群中向远处的熟人微笑和做手势。

(4) 调控。当出现不希望看到的某种事情，或者希望某种事情继续进行时，人们也会用特定的行为来表示调控。例如，面对在客人家里吵闹的孩子，家长一般会用"严厉的目光"来阻止孩子这种不礼貌的行为；面对正在发言的同事，人们通常用"轻微点头"来表示赞许，并鼓励他继续发言。

(5) 冲突。有时非语言行为发出的信号会与人们口头表达的意思表现出截然不同的一面，从而形成冲突和矛盾。例如，在伸手不见五指的黑夜里，你告诉同伴"我不害怕"，但你的声音却在明显地"发抖"；虽然某些公司在极力宣扬"敬业报国"，却经常制造劣质商品和偷税漏税等。

通过上面的分析可以知道，人类个体的行为既有动物性行为，也有社会性行为。不论哪种行为，都在向外发出某种信号，成为人们判断或猜测此人心理的依据。由于人的社会属性，不少人会采取欺骗、花言巧语、言不由衷等方式来获取别人的信任。而且，有些人"耍把戏"的技巧还非常高，如果仅从语言来判断，人们很容易被他蒙骗。因此，人们对别人的判断，往往是看他的行为，看他长期以来是如何表现的，而不是他的语言。心理学研究也得出同样的结论，人们会不自觉地、有意无意地对别人的心理状态做出判断。这种判断往往不以语言为基础，而是以此人的行为为主要依据。

79

3. 行为与文化

行为不仅与个体心理密切相关，还与群体文化密切相关。非语言交流行为的含义对于同种文化中的人们而言是彼此理解、心照不宣的，它具有一定程度的普遍性，这种普遍性就是一定文化潜移默化的结果。例如，中国企业的员工会认为，"含蓄"是有教养的表现，因此，他们在表达"不同意"时，往往会选择沉默或顾左右而言他(尤其是在"正式"场合)。再如，英国的绅士在相互问候时要脱帽，阿拉伯人在相互问候时要相互亲吻双颊，日本人在相互问候时要鞠躬，美国人在相互问候时要握手。这些相同场合的不同行为都是由各国不同的文化决定的。由此可见，文化与行为存在着密切的联系：文化决定行为，行为体现文化。

当然，换个角度思考，文化是由人类创造的，任何文化最初都是在人类的各种活动中产生和积累的。例如，经过长期的狩猎活动，原始人部落里产生了与狩猎有关的文化——狩猎的知识、技巧和工具等；部落之间不断的冲突与战争，形成了原始的战争文化——瞭望哨与大部队的组合、制造简单武器的技术、战士之间的等级文化等。经过 100 多万年的进化与积累，人类的文化已发展得非常成熟。在 21 世纪的今天，人们仍然在创造文化，但与巨大的原有文化"宝库"相比，作为个人和单个企业创造文化的能力是非常有限的，他们更多的是受原有文化的影响。而且，即便是创造新文化的活动本身，也无不受原有文化的影响。

如上所述，文化决定行为，行为体现并且创造文化。因此，行为层是企业文化的一个重要载体和组成部分。人们对某一文化的认识，最重要的途径之一就是考察作为文化主体的人的行为及其行为方式。

剖析和塑造企业文化行为层关键是三类主体：企业领导者、企业模范人物、企业员工群体。

1) 企业领导者的行为

领导者的言行往往是以企业的名义出现的，代表企业的意志。因此，领导者行为是企业意志和价值观的直接体现，领导者在其行为中体现的精神和形象是企业文化的一面镜子。

企业领导者的行为在企业文化行为层中具有独特的地位和作用。首先，企业领导者是企业的决策者，他把自己的理想、价值观融入到企业决策中，然后随着决策的执行，逐渐被广大员工所认同、遵守，其决策行为影响企业的决策方式、决策结果，与企业命运密切相关。在决策中，企业领导者对事物的预见、判断、谋略，不仅反映了其个人风格，也体现了企业作风。其次，企业领导者是企业的统帅，他统领全体成员。所谓"上行下效"，领导者行为具有强烈的示范效应，他的态度和行为直接影响员工的态度和行为。"部下学习的是上级的行动，上级对工作全力以赴的实际行动，是对下级最好的教育。"优秀的领导具有非凡的影响力、号召力和感染力，能有效地影响和激励员工行为，实现企业目标。最后，企业领导者的身体力行和积极倡导也是企业文化确定、形成的重要推动力量。

2) 企业模范人物的行为

企业模范人物是企业的中坚力量，他们的行为在整个企业行为中占有重要的地位。企业模范人物的行为标准是：和企业的理想追求相一致，卓越地体现企业价值观和企业精神的某个方面，取得了比一般员工更多的实绩，具有先进性。他们的所作所为距离常人并不遥远，表现普通的人也能很好地完成工作，可以成为人们仿效的对象。

在具有优秀企业文化的企业中，最受人敬重的是那些集中体现了企业价值观的企业模范人物。这些模范人物使企业的价值观"人格化"，他们是企业员工学习的榜样，其行为常常被企业员工仿效。

要注意的是，企业模范的行为确实在某一方面或几个方面特别突出，但并非在所有方面都无可挑剔。也正因为如此，企业模范人物可分为领袖型、开拓型、民主型、实干型、智慧型、坚毅型和廉洁型等不同类型：①领袖型企业模范：具有极高的精神境界和理想追求，高瞻远瞩，有胆有识，而且还具有非凡的号召力和感染力，能统领全局；②开拓型企业模范：永不满足现状，勇于革新、锐意进取，不断开创新领域，敢于突破新水平；③民主型企业模范：善于处理人际关系，善于发挥大家的聪明才智、集思广益，能把许多小股力量凝聚成无坚不摧的巨大力量；④实干型企业模范：总是埋头苦干，默默无闻，数十年如一日，如老黄牛般贡献出自己的全部力量；⑤智慧型企业模范：知识渊博，思路开阔，崇尚巧干，常有锦囊妙计，好点子层出不穷；⑥坚毅型企业模范：越是遇到困难干劲越足，越是危险越能挺身而出，关键时刻能挑大梁，百折不挠；⑦廉洁型企业模范：一身正气，两袖清风，办事公正，深得民心，能为企业的文明做出表率。在现实生活中，不少企业模范既有某一方面的长处，又有另一方面的优点，常常是相互交融的。

3) 企业员工群体的行为

企业员工是企业的主体，也是企业文化的主体。只有当企业所提倡的价值观、行为准则普遍地被其成员所认同、接受，并自觉遵守、实践时，才能成为企业文化。企业成员的群体行为决定企业整体的精神风貌和企业的文明程度，是企业文化这种客观存在的真实体现。

4.2.3 企业文化的物质层

在企业文化的载体结构中，物质层是最外在的层次，也叫做表层。从物质层中往往能折射出企业的经营思想、管理哲学、工作作风和审美意识。外界公众对一个企业文化的了解，往往首先从它的物质层开始。

1. 物质层的定义

企业文化物质层是指由企业成员创造的物质成果和企业的各种物质设施所构成的器物文化，是一种以物质形态为主要研究对象的表层企业文化。

2. 物质层的内容

企业文化物质层的内容非常丰富，它主要包括以下九个方面。

(1) 企业名称、标识、标准字、标准色。这是企业文化最集中的外在体现。

(2) 企业外貌、自然环境、建筑风格、办公室和车间的设计及布置方式、绿化美化情况、污染的治理等。这些是人们对企业的第一印象，它们无一不是企业文化的反映。

(3) 产品的特色、式样、外观和包装。产品的这些要素是企业文化的具体反映。

(4) 技术工艺设备特性。

(5) 厂徽、厂旗、厂歌、厂服、厂花。这些因素中包含了很强烈的企业文化内容，是企业文化的一个较为形象化的反映。

(6) 企业的文化体育生活设施。

(7) 企业造型和纪念性建筑。包括厂区雕塑、纪念碑、纪念墙、纪念林、英模塑像等。
(8) 企业纪念品及企业文化用品。如名片、记事本。
(9) 企业的文化传播网络。包括企业自办的报纸、刊物、有线广播、闭路电视、企业网站、宣传栏(宣传册)、广告牌、招贴画等。

3. 物质与文化

物质层在企业文化中具有很重要的作用，特别是它与精神层之间存在着辩证统一的关系。一方面，物质层是企业文化的物质载体。正是由于物质层的物质基础作用，人们可以认识和了解企业文化的精神层、制度层和行为层。没有这种具体的、看得见、摸得着的物质载体，企业理念就成了虚无缥缈、无法把握的东西。另一方面，物质层是企业文化的物化形态，即指从物质形态中折射出来的经营哲学、企业精神、工作作风和审美意识等企业理念，而不是具体物质形态本身。企业理念通过企业物质形态向外折射，就是企业理念的外化过程，而企业理念外化的结果，就构成了企业文化的物质层——物质文化。如果没有企业文化精神层作为核心和灵魂，物质层就像没有生命的躯壳一样，毫无生气。

综上所述，企业文化与其三个层面的载体之间存在着相互的联系和作用，如图4.6所示。

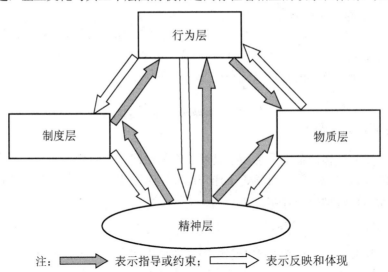

图4.6 企业文化载体结构示意图

首先，精神层决定行为层、制度层和物质层。精神层是企业文化的核心和灵魂，是形成制度层、行为层和物质层的思想基础。有什么样的精神层，就有什么样的制度层、行为层和物质层。正如本章引例所分析的埃克森公司和麦迪公司，精神层的不同使他们的制度层、行为层和物质层表现为完全不同的内容。

其次，制度层是精神层、物质层和行为层的中介。精神层直接影响制度层，并通过制度层影响物质层。基于领导者和员工的企业哲学、价值观念、道德规范等，使他们制定或形成一系列的规章制度、行为准则来实现他们的目的，体现他们特有的精神层内容，由此可见精神层对制度层的影响是最直接的。在推行或实施这些规章制度和行为准则的过程中，从而形成独特的物质层，并以特有的价值取向和精神反映在其行为中，可见精神层对物质层的影响一般是间接的。

最后，物质层、行为层和制度层是精神层的体现。精神层具有隐性的特征，需要通过一定的表现形式来体现。物质层是企业文化的外在表现，是行为层、制度层和精神层的物质基础；行为层是企业文化的动态表现；制度层则是企业文化的硬化表现。物质层、行为层和制度层体现着企业文化的水平和内涵。

本 章 小 结

企业文化结构是企业文化理论早期研究的一个重点，本章首先介绍了学术界较有影响力的九种观点，然后提出了本书的观点：从广义的角度理解企业文化，其结构层次有四个，深层的精神层、中层的制度层、浅层的行为层、表层的物质层；从狭义的角度理解企业文化，它仅指其中的精神层，而制度层、行为层、物质层则是其外在体现。因此，从狭义的角度讲，制度层、行为层和物质层是企业文化的载体结构。企业文化精神层在第3章做了详细探讨，本章重在探讨企业文化的载体结构。

制度层是指与企业文化精神层适应的企业制度和企业组织机构，其主要内容包括企业领导体制、企业组织机构、企业管理制度等。企业文化行为层就是指企业在日常运作、公共关系、人际关系、文娱体育、突发事件处理等各类活动中企业人员所实施的各种行为，最主要的是三类主体：企业领导者、企业模范人物、企业员工群体的行为。企业文化的物质层是指由企业成员创造的物质成果和企业的各种物质设施所构成的器物文化。

企业文化的精神层、制度层、行为层和物质层是密不可分的，它们相互影响、相互作用，共同构成广义企业文化的完整体系。其中，精神层是最根本的，它决定着企业文化的制度层、行为层和物质层，而制度层、行为层和物质层又反作用于精神层。

关键词

企业文化结构、企业文化五要素结构、企业文化睡莲图、企业文化冰山图、企业文化同心圆结构、企业文化内化结构、企业文化外化结构、企业文化显性结构、企业文化隐性结构、企业文化载体结构、企业文化精神层、企业文化制度层、企业文化行为层、企业文化物质层

复 习 题

1. 何谓企业文化结构？何谓企业文化载体结构？
2. 企业文化与企业制制是怎样相互作用、相互影响的？
3. 企业文化与企业行为、员工行为有何联系？
4. 企业文化的物质载体主要包括哪些？

思 考 题

1. 关于企业文化结构，学界提出了很多观点，你认为哪种观点较为合理？
2. 请结合某企业实际，分别从制度载体、行为载体、物质载体谈谈该企业文化的特点。

案例分析

3M 的创新文化与创新机制

明尼苏达矿业制造股份有限公司,简称 3M。1914 年,年仅二十几岁的麦克奈特担任 3M 的总经理。之后,麦克奈特几乎倾注了毕生的心血精心打造 3M 公司。

3M 崇尚渐进式的发展,公司有"制造一点,销售一点"和"采取小小的步骤"之类的座右铭。公司人员深知大东西是由小东西演进而来的,但是由于事前不知哪种小东西会变成大东西,因此必须尝试许多小东西,保留有用的,抛弃没用的。3M 有著名的"产品树"理念,即把公司产品系列画成一棵长了很多树枝的大树,把开发新产品形象地称为"发新枝",鼓励每个员工都去"发新枝",公司要做的就是根据市场需要进行修枝、剪枝,让有希望的新枝变成整枝树枝甚至大树。

麦克奈特不希望公司的演进和扩张只靠自己一个人,他希望创造一个能够从内部持续自我创新、由员工发挥个人首创精神推动公司前进的组织。因此,3M 制定了许多政策和制度(见表 4-1),鼓励员工面对问题时积极思考,发挥想象力去寻求解决办法,构创新产品。这些刺激进步和创新的机制,使得 3M 不管谁来当 CEO,都会生机勃勃,继续演进。

表 4-1 3M 公司的激励机制

序号	3M 刺激进步的机制	功能、作用
1	15%规定:鼓励科研人员最多把时间的 15%用于自选项目上,这已成为公司传统	鼓励未经规划、可能意外成为成功发明的实验和变化
2	25%规定:每个部门前 5 年推出的产品和服务的销售额应占整个年度的 25%(从 1993 年起,比率提高到 30%,期间缩短为 4 年)	鼓励持续的产品创新。1988 年,3M 106 亿美元的销售额中有 32%来自前 5 年的新产品
3	"金步奖":颁给负责在 3M 内部取得创新事业成功的人士	刺激内部创业精神和冒险精神
4	"创世纪奖金":内部创业投资基金分配给开发原型和市场试销的研究者,一笔最多会给 5 万美元	支持内部创业精神和试验新构想
5	科技共享奖:颁给开发出新科技并成功与其他部门分享的人	鼓励新技术、新构想的传播
6	卡尔顿学会:荣誉科技社团,其会员是在公司有杰出的、有创见的科技贡献的人	刺激内部科技与创新
7	自营事业机会:成功推出新产品后,开发者所在部门可得到经营的优先机会	刺激内部创新
8	"双梯并行"职业道路:科技和专业人员不必牺牲研究或专业兴趣、不必转向管理之途就能在公司内部升迁	通过升级鼓励顶尖科技人才专注于科技创新
9	新产品论坛:所有部门分享最新产品	鼓励跨部门合作创新
10	科技论坛:提交科技论文,交换新构想和新发现	鼓励跨部门孕育新构想
11	攻关小组:派出特遣小组到现场解决顾客的特殊问题	用顾客的需要刺激创造发明

第 4 章 企业文化的载体结构

续表

序号	3M 刺激进步的机制	功能、作用
12	优势项目：每部门选择 1～3 种优势产品在规定的短时间内推向市场	加速产品和上市的循环
13	设小型自主性部门：1990 年，公司有 42 个产品部门，平均销售额 2 亿，中等部门规模为 115 人，分布在全美 40 个州，大多在小镇上	提倡"大公司中有小公司"，以刺激首创精神
14	员工持股：很早就采用分红制度(1916 年起适用于主要职员，1937 年起普及所有员工)	刺激个人对公司经济成功投资的意识，从而刺激个人的努力和首创精神

(资料来源：[美]吉姆·柯林斯，杰里·波勒斯. 基业长青[M]. 真如，译. 2 版. 北京：中信出版社，2005.)

讨论题

1. 结合案例讨论 3M 创新机制的特点。
2. 3M 创新机制与创新理念之间的内在联系怎样？

拓 展 阅 读

[1] 刘光明. 企业文化[M]. 北京：经济管理出版社，2006.
[2] 刘光明. 企业文化案例[M]. 北京：经济管理出版社，2003.
[3] 郝振华. 企业文化论[M]. 太原：山西人民出版社，1989.
[4] 张铭远. 企业文化导论[M]. 沈阳：辽宁大学出版社，1990.
[5] 刘光明. 企业文化塑造：理论·实务·案例[M]. 北京：经济管理出版社，2007.
[6] 华锐. 新世纪中国企业文化[M]. 北京：企业管理出版社，2000.
[7] 张德. 企业文化建设[M]. 北京：清华大学出版社，2003.
[8] 郝继涛，赵卫星. 企业需要社会性层次的文化结构[J]. 经济管理，2004，(13).
[9] 颜建军，胡泳. 海尔中国造[M]. 海口：海南出版社、三环出版社，2001.
[10] [美]吉姆·柯林斯，杰里·波勒斯. 基业长青[M]. 3 版. 真如，译. 北京：中信出版社，2009.

第5章 企业文化的演变及规律

本章学习目标

1. 企业文化的演变过程；
2. 企业文化雏形的生成、内容及特征；
3. 企业文化的传承和积累；
4. 企业文化的冲突和变革。

第5章 企业文化的演变及规律

导入案例

联想的螺旋型企业文化

联想在企业文化建设过程中,对竞争性文化价值模型进行了改进和完善,总结形成了适合联想企业文化建设的方法论——企业文化螺旋式发展模型。

联想人认为企业管理的本质就是协调各种矛盾,管理的过程就是将企业的恶性问题变为良性问题,将主要矛盾变为次要矛盾。这首先是承认矛盾的存在,看清问题的两面性;其次想办法解决和改善。企业文化实质上是一套解决企业问题的原则,所以更需要分析企业的矛盾所在。"控制"与"自主"、"外在"与"内在"是对立统一、相辅相成的两对矛盾,只要对其合理利用,可以成为促进核心竞争力增强的企业文化。

美国学者奎因在1988年提出竞争性文化价值模型,把"内在—外在"和"控制—灵活"作为两个维度,将组织文化分为目标、规则、支持、创新四种导向,用于实证分析各种导向的文化对企业竞争力的影响。美国著名咨询专家爱迪思在1989年提出了企业生命周期理论,认为企业在不同的发展阶段要选择恰当的管理风格,进一步发展了竞争性文化价值模型。

联想以竞争性文化价值模型为基础,设计了自己的螺旋发展模型。以"对内—对外"和"控制—自主"为两个维度,这两个维度划分出四个象限,每一个象限代表一种文化导向,因而有了目标导向、规则导向、支持导向和创新导向四种文化导向,每种文化导向对应该时期为主的竞争力。导向虽然不同,但目的都是为了形成具有竞争力的企业文化。每个象限都对应着所倡导的文化,在企业发展的不同阶段和不同的历史条件下,这四种文化导向的强弱有所不同,因而表现为各时期企业竞争力的发展有主次之分。

企业文化的发展一般都有螺旋式上升的发展趋势:创新导向—目标导向—规则导向—支持导向—高层次创新导向,这是一个看似反复实则上升的过程,可以实现企业文化的不断发展。创新导向、目标导向都偏重向外部发展,规则导向和支持导向偏向内部运营。向外部的文化导向直接体现出企业的竞争力,而内部的文化导向是间接地反映企业的竞争力,无论是外部还是内部的文化导向,判断是否有效的根本标准是:能否促进企业的核心竞争力。

联想的企业文化有历史发展性,它的形成过程是符合企业文化螺旋发展模式的,即在每个发展阶段形成某种导向文化,该文化又引导企业发展竞争力。而这些导向文化有自己的发展模式,与企业的发展紧密相扣,有着明显的四种导向轨迹的螺旋上升趋势。联想的核心价值观是"服务客户、精准求实、诚信共享、创业创新",分别与目标导向、规则导向、支持导向和创新导向四种文化导向相对应,是在联想的不同发展时期中积累形成的。

国际上成熟且优秀企业的文化导向结构大多呈现为一种倒梯形,即支持导向和创新导向较强,规则导向和目标导向较弱。而联想则是目标导向较强,规则导向和创新导向较弱,即以亲情文化和服务文化见长。按照文化螺旋发展趋势的一般规律,联想正处于一个由支持导向文化向创新导向文化转变的阶段。

1. 目标导向——服务文化

创业早期,企业还处在求生存的阶段,但是联想就已经以服务客户为目标导向。把客户放在至上的位置,围绕为客户提供更高的价值经营,获得了很大的成功,企业的服务文化也得到了发展。

早期的联想还提出了"求实进取",这是最早进入联想文化的理念,在当时少有企业文化提法的情况下,这是不同寻常的事。同时,联想还提出"做公司就是做人"、"5%的希望变成100%的现实"等积极的观念,为促进企业的发展起到了很大的作用。

2. 规则导向——严格文化

1996—1998 年,联想的目标转移为"求发展、求规模、求效益",要加强打造核心竞争力的力度,因而急需要对内部进行规范化管理。

为了适应发展的需要,杨元庆在 1997 年提出了"认真、严格、主动、高效"的严格文化,这是对管理的进一步规范。

3. 支持导向——亲情文化

1999—2000 年,企业的规模又扩大了,需要引入与时代同步的新员工,新员工自然会需要具有时代气息的企业文化。联想高级副总裁王晓岩在推进 ERP(Enterprise Resource Planning,企业资源计划系统)建设的过程中,发现人与人之间、部门与部门之间存在沟通的障碍,缺乏理解和信任导致工作配合困难。杨元庆也看到了问题的严重性。因此在 2000 年 5 月,联想提出以"平等、信任、欣赏、亲情"为主题的亲情文化。在企业之中营造亲情的氛围,从意识上倡导,从实际中改变。

4. 创新导向——创新文化

服务文化、严格文化、亲情文化代表了联想过去和现在的文化主流,而创新文化是面向未来的文化。

推出创新文化有三个理由:一是老业务的危机,过去是靠创新获得了竞争优势,今天更需要创新来保住领先的位置;二是新业务的危机,联想战略转变,在过去产品业务的基础上又发展服务业务,没有做过的业务自然需要创新;三是人的需要,不断进入的新员工在思想上有所不同,企业文化要成为他们的共识就需要创新。

(资料来源:杨艳英、李柏松. 企业文化修炼案例[M]. 北京:蓝天出版社,2005.
黄河涛、田利民. 企业文化学概论. 北京:中国劳动社会保障出版社,2006.
宋联可. 联想的螺旋型企业文化. http://money.163.com/08/1124/11/4RGT3BT0002524TH.html [2008-11-24].)

通过前面几章对企业文化的静态分析和研究,对企业文化的要素和结构已经有了一个较为清晰的介绍。但仅仅作静态分析是远远不够的,因为在实践中,企业文化是处于持续而缓慢的动态演变之中的。本章将对企业文化进行动态分析,揭示企业文化的演变过程及其内在规律。这有助于人们在把握企业文化变化趋势的基础上,将企业文化管理、企业文化培育建立在更加科学有效的基础之上。

5.1 企业文化雏形的生成

5.1.1 企业文化雏形的生成过程

从文化学的角度理解,企业文化是企业经营管理实践的伴生物。企业自诞生之日起就开始了自己的文化生成,只是在企业的初创时期,企业文化正处于萌芽阶段。此时,企业创始人也属于"新官上任",对如何经营这家企业也没有十分的把握,但他的创业意识、经营思想、管理风格渗透到企业经营管理的各个方面,他的人品、胆识及为人处事的风格影响着每一件事、每一个人。新雇用的员工希望尽快适应环境、尽快了解和适应企业管理者的管理方式和风格,但他们也有自己相对独立的文化背景和工作方式。于是,各种想法、行为与制度等开始不断地"摩擦"和"碰撞"。

经过一段时间的相互交往,企业人员之间有了进一步的了解,每个人都对自己的角色有了更清晰的认识,对在企业里如何与人打交道、如何做事有了一个基本的把握。同时,如果在经营活动中获得了成功后,企业管理者能从中总结提取经验——成功解决问题的信念、方式与方法,并在以后的经营实践中反复使用、强化,这样企业文化的雏形就逐渐生成,如图 5.1 所示。

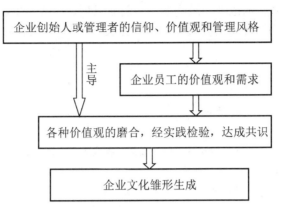

图 5.1　企业文化雏形生成模式示意图

企业文化雏形的生成模式表明,企业创始人的信仰、价值观和管理风格对企业文化雏形的生成起着主导作用,同时,对企业员工的价值观和需求也起着重要作用。正是在两者的相互交流、影响和磨合中,才形成了共享的价值观念。

(1) 企业文化雏形的生成以企业创始人的信仰和价值观为主导。在企业创建阶段,没有完整的制度,企业的灵活性很高,而控制力尚未建立,企业创始人必须紧紧守护自己的企业、严密掌控,必须有持续的自我激励才能使企业的发展由设想变为现实,安全度过脆弱的初创期而积聚企业起飞的能量。企业初创阶段,重要岗位常常由创业者或其家族成员掌握,企业领导人凡事亲历亲为,没有长远的战略,也没有严密的计划、明确的职责分工和合理的授权,管理注重短期效果。在企业的经营运作中,企业创始人以自己信奉的价值观影响、引导员工,并以身示范,要求企业员工明白在企业中应该做什么,不应该做什么;同时他们对符合其价值观的行为模式进行物质支持和精神鼓励,对符合其价值观的人予以选拔和提升,而对不符合其价值观的行为和观念进行纠正,对不符合其价值观的人予以淘汰和辞退。企业创始人的信念、价值观和设想在实践运作中,有些成功,有些不成功,如果经过实践检验被证明是正确的,就会普遍地被员工接受和认同,成为人人认同和遵守的行为模式。

在上述过程中,企业创始人主要通过以下机制将其价值观转变成为企业文化的源泉:①将其价值观作为组织关注、评估和控制的标准;②要求员工根据其价值观对关键事件与组织危机做出反应;③在组织报酬分配上体现其价值标准;④根据其价值标准进行组织人员招聘、选拔、晋升、辞退等,如图 5.2 所示。

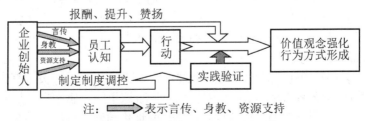

图 5.2　企业管理者对企业文化的作用机制示意图

企业文化源于企业创始人的价值观。一个富有特色的企业文化风格的形成，与企业创始人的杰出智慧和企业家精神分不开。企业创始人往往是企业文化的创造者、培育者、倡导者、组织者、指导者、示范者和激励者，其创业意识、经营思想、工作作风、管理风格，以及意志、胆识、魄力、品格等直接影响着企业文化的品质和内涵。

索尼创始人井深大的"说明书"

井深大于1945年在日本战败后的废墟中创立索尼。他在东京市区一栋遭到轰炸和火烧的旧百货公司空荡的楼房里租用了一间废弃的电话总机房，靠七名员工和1600美元的个人储蓄开始创业。在残破的废墟中，他最先应该做什么？怎样筹集周转用的资金？想从事什么业务？提供产品，还是服务顾客？

井深大的确致力于这些工作，不过，除了勉强应付日常的生存问题之外，他还做出罕见的事情——替自己新创立的公司确定了一种理念。1946年5月7日，离他迁到东京不到10个月，而且远未赚到多余的周转资金之时，他就替公司制定了一份公开"说明书"，其中包括以下文字(实际文件相当长，以下仅是摘译)。

如果能够创建一种环境，让员工能够靠坚强的团队合作精神团结在一起，并全心全意发挥他们的科技能力……那么，这种组织便可以带来说不尽的快乐和利益……志趣相投的人自然会结合起来，推动这些理想。

1. 公司目标

(1) 构建一个工作场所，让工程师们能够感受科技创新的快乐，了解他们对社会的使命，并心满意足地工作。

(2) 动力十足地追求科技活动，以及用生产来复兴日本和提升国家文化的行动。

(3) 把先进科技应用在公众生活中。

2. 管理方针

(1) 我们要消除任何不当追求利润的行为，始终强调实用与根本的工作，而不是只追求成长。

(2) 我们欢迎科技上的难题，并且专注高度精密、对社会有重大用处的技术产品，而不计较数量的多寡。

(3) 我们要把强调的重点放在能力、表现和个人品格上，以便使每个人在能力和技术上有最好的表现。

试想：有多少初创企业会把这种理想主义的情操放进创业文件中？有多少创始人在拼命设法赚取足够现金以支持下去时，就有这么宏大的价值观和使命感？有多少公司会在创立之初对应该制造什么产品都还说不太清楚的时候，就构想并宣示清晰的理念？纵观索尼的历史，井深大提出的公司理念在引导公司前进上起了重要的作用。

(2) 企业文化雏形的生成以员工群体的价值认同和内化为标志。企业文化虽然源于企业高层管理者或企业创始人，但只有当这些价值观念在企业经营运作实践中经过反复的磨合，被企业人员所感知、认知、体悟，并得到全体人员(至少也应该是绝大多数人)普遍认同、内化和实践时，才构成企业文化的内在要素。

员工的价值认同和内化又是怎样的一个过程？如图5.3所示，员工首先在企业的运作实践中接触信息(包括各种人和事)，从中感知价值观(这里的"感知"即以其特定的方式选择、解读管理者传递的价值观)，其次反复体悟和验证价值观，再次认同和接受价值观并进一步强化，内化为坚定不移的信念，最后在实践中自觉践行这一价值观。

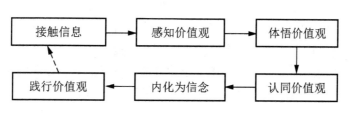

图 5.3　员工价值认同过程示意图

当企业管理者或创始人通过一定的要求、行为、制度、事件将其价值观传递给员工时，员工能否正确、充分地解读和感知呢？据研究证明，人们对文化的感知是有选择性的。正如美籍华人孙隆基认为："对任何外来的精神系统来说，本土文化的'感知系统'就像一个变压器，使这些因素必须像电流一般透过其中，才能发挥效用。"[①]企业组织中的员工有着不同的人生信念和价值取向，他们会不自觉地以自己的价值观念、知识背景与行为习惯来对遇到的事物进行评判，即使他们看到的是同一件事情，但认识到、感知到、体悟到的东西却会有很大差异。例如，对待企业中"加班加点"超时工作要求时，有的员工敢于说"不"，认为这侵犯了他们的合法休息权；有的员工也认为不合理，但迫于现实的就业竞争压力而选择屈从；而有的则认为这是机会，只要企业能给予合理的报酬，何乐而不为呢？

可见，"员工的价值观和需求"构成了他们感知和认同企业管理者价值观的不同背景。因此，企业文化雏形的生成过程就是企业初创时期企业内各种价值观的磨合过程，这一过程其实也是共同学习的过程。虽然以企业创始人的价值观为主导，但同时也在一定程度上吸收了普通员工的价值和经验，并调适创始人开始的价值设想(沙因, 1990)。

当然，这里还必须指出的是：每个企业都是存在于多样化环境中的一个开放系统，外部环境、系统内部环境共同影响着企业管理者和员工的价值观，企业文化雏形是在诸多因素的共同作用下最终生成的。

5.1.2　企业文化雏形的主要内容和特征

在企业文化雏形中，企业创始人的管理风格和企业的激励机制、工作氛围、同事关系、组织结构、企业所在行业的特殊要求等构成了其主要内容。企业文化雏形主要有以下三个特征。

(1) 老板文化即企业文化。企业创业者或领导人对企业文化雏形的生成起着至关重要的作用，可以说企业文化即老板文化。在企业初创期，没有完整的制度，没有长远的战略，也就没有严密的计划、明确的职责分工和合理的授权，一切都在企业创始人的掌控之中。此时，企业文化是一种人治文化，由创业者唱"独角戏"。"人治文化"在初创企业中非常普遍，往往也比较有效。

(2) 企业文化极不完善。企业文化虽然生成，但还是处于一种"无序"与"随机"的自然自发的状态中，结构和内容极不完善。因为此时，企业管理者没有文化自觉，企业文化还处于其管理视野之外，他们既没有给企业文化以明确的发展方向，也没有把企业文化作为一种有效的管理手段使用。但在初创期，创业者所建立的基本价值观念和经营理念往往成为以后企业文化的核心，是奠定未来企业文化个性、走向及变革的基础。

---

① [美] 孙隆基. 中国文化的深层结构[M]. 桂林：广西师范大学出版社，2004.

(3) 高执行力和"干、干、干"的信念和氛围。初创期企业的目的都是为生存而奋斗，员工最重要的角色是执行功能，在企业的上上下下弥漫着"干、干、干"的信念和氛围。此时，企业组织结构简单，员工直接接受企业老板的领导，具有很高的执行力，常常是老板指向哪儿，员工就迅速冲向哪儿。企业领导人拥有独断专行的权力，在实施权力方面高效迅捷。

虽然从企业文化体系上看，企业文化雏形极不完善，但却是一种客观的真实的存在，它体现在员工共同的认识和行动里，蕴涵在企业的物质环境里，反映在企业的管理制度与管理风格里，它"隐藏"在这家企业之中。

下面，从一家"年轻"企业里发生的几件"小事"来分析该企业文化雏形的几个侧面。

① 今年企业效益不错，年底，老板给每个员工发了一个大小不等的"红包"。

② 小李来这家企业一年多了，在此期间，他表现出很强的工作能力，也自认为业绩比较突出。在年底的庆功宴上，老板还主动和他喝了一杯酒。他虽然表面上不在乎，但在内心里迫切希望得到老板的肯定，哪怕是一次面对面的私下谈话。

③ 小张是一个颇有头脑的人，他对如何改进工作有了一些设想，也很想将自己的想法告诉老板。但是，他担心同事们的冷嘲热讽，也担心他的想法在老板看来很幼稚，更不愿"大出风头"，所以始终没说。

尽管上面所说的都是一些"小事"，但"小事"的背后却是文化。第一件"小事"：发红包。即便是红包里的内容——钱有较大的差别，但"每人都有"的事实在一定程度上反映了老板照顾所有员工"面子"的强调平衡的心态。"平衡"就是该企业文化的一个重要组成部分。第二件"小事"：庆功宴上老板主动和小李喝酒。老板委婉地表示了对小李的鼓励，反映了中国文化"含蓄"的一面。另外，员工自认为的"业绩比较突出"，在企业高层管理者看来也许并不突出，因为员工一般从自己的角度看问题，而老板则是从全局的角度看问题，个别部门个别员工的突出业绩在整个企业里"大排队"，也许只能属于中流水平。但是，不管小李的业绩是否真的突出，老板迟迟"不表态"的事实一方面更加印证了该企业"含蓄"的文化，另一方面也显示出老板在人才培养上不够主动，企业的激励机制也不够完善。第三件"小事"：小张改进工作的设想始终没说，反映出该企业缺乏民主管理，没有"发动群众"参与管理，没有做到"群策群力"，更缺少良好的氛围。同时，也可以看出中国传统文化中的"中庸之道"对企业文化的影响。

5.2 企业文化的传承与积累

任何一个企业的文化从雏形到成熟都有一个传承和积累的完善过程。这一完善过程是伴随着企业的成长发展而持续进行的。企业在生存和发展的过程中，不但会面临外部环境的变化，在企业内部也会面临着人员流动、高层管理者的更迭、组织结构的调整或组织规模的变化等状况。这些因素的变化会对企业文化雏形带来一定的冲击和影响，企业文化也因此面临着传承与积累的问题。

第5章 企业文化的演变及规律

5.2.1 企业文化的传承

1. 企业文化传承的概念及重要性

企业文化传承就是指企业文化的某些特质逐渐沉淀下来,凝聚成适合企业发展的文化传统,被企业人员一代又一代地传递和继承,使企业文化内容越来越丰富,特色越来越鲜明。

企业文化传承十分重要,是企业文化发展的基础。它既具有辅助企业文化生成的功能,又兼有使企业文化传统得以继承、发扬的功能。甚至,企业的生存和延续,其实就是其核心价值观的维系和传承。国际著名的兰德公司经过长期研究发现,世界上著名的"长寿"公司都有一个共同特征,那就是都有一套坚持不懈的核心价值观,有其独特的、不断丰富发展的优秀企业文化。

> **资料**
>
> 在《基业长青》一书中,詹姆斯·柯林斯和杰里·波勒斯的研究结论是:关键的问题不在于公司是否有"正确的"核心价值观,或者是否有"让人喜爱的"核心价值观,而在于是否有一种核心价值观在持续地指引和激励公司的人。
>
> 我们在研究 18 家高瞻远瞩公司的核心价值观时发现,虽然有一些理念同时出现在不少公司中,比如贡献、团结、尊重员工、服务顾客、走在创造或领导的前列、对社区负责等,却没有一条理念被所有公司所共同信奉。
>
> (1) 有些公司,像强生和沃尔玛,把顾客当作公司理念的核心;其他公司,如索尼和福特汽车却并非如此。
>
> (2) 有些公司,像惠普和马里奥特,把关心员工当作公司理念的核心;其他公司,如诺思通和迪斯尼却并非如此。
>
> (3) 有些公司,像福特汽车和迪斯尼,把产品或服务当作公司核心理念的重点;其他公司,如 IBM 和花旗银行却并非如此。
>
> (4) 有些公司,像索尼和波音,把大胆的冒险当作公司理念的核心;其他公司,如惠普和诺思通却并非如此。
>
> (5) 有些公司,像摩托罗拉和 3M,把创新当作公司理念的核心;其他公司,如宝洁和美国运通却并非如此。
>
> 总之,我们并未发现任何特别的理念内容与成为高瞻远瞩公司息息相关。我们的研究显示,理念的真实性和公司连续一贯符合理念的程度要比理念的内容重要。高瞻远瞩公司会彻底地对员工灌输他们的核心理念,创造出以这一理念为核心的强有力的文化;会谨慎地根据是否符合核心理念来培养和选择高层管理者;在诸如目标、策略、战术和组织设计等方面,能够始终如一地贯彻核心理念。①

2. 企业文化传承的途径

一般来说,企业文化传承的途径包含以下七条。

(1) 企业家及其管理者的意识、行为、作风、要求,换言之,他们的个人示范作用和对下属的要求,构成企业文化传承的重要途径。在一个成熟和著名的企业文化体系里面,

---

① 吉姆·柯林斯,杰里·波勒斯. 基业长青[M]. 2 版. 真如,译. 北京:中信出版社,2005:82—83.

企业创立者往往经过企业文化的种种有意和无意的加工而成为企业英雄人物。因此，一些企业家在企业文化传承过程中往往兼有双重角色，既以带有神话色彩的企业英雄的面目出现，又以现实世界里企业文化的号召者、示范者、传播者的面目出现，企业家还通过其选拔和培养的一批企业管理者来传承企业文化。

(2) 企业考核、晋升制度等各种企业制度功能作用的发挥过程，也是企业文化传承的重要途径之一。制度承载着文化，随着制度的执行，其所承载的价值观念付诸实践，并在企业人员中得以反复强化。正如案例 5-2 中所分析的：从企业内部提拔人才的制度，更是企业文化在员工中间渗透和传承的重要途径。

(3) 企业神话、企业英雄的种种神奇传说、奇闻异事等，往往成为企业文化传承的一条重要的无形通道。它在企业文化传统的继承过程中发挥着极为重要的作用。按照格式塔完形心理学的见解，人们内心都有将所见不完美、不完善的事物趋向于完善、完美的倾向。例如，人们见到有缺口的圆、对称破缺的东西，就会在内心世界凭想象将其闭合，将其对称。推而广之，人们对所崇拜的英雄、尊敬的先哲、热爱的人物，在内心世界里都有将其进行无保留地想象加工的倾向。企业文化经常会借助企业英雄的感召力和企业员工对企业英雄偶像崇拜的特殊心理，达到传播或扩散的目的。

(4) 通过以语录、标语、标记、口号、雕塑等价值符号为载体传承企业文化。企业文化是无形的，需要用语录、标语、标记、口号、雕塑等符号加以清晰地表达，并不断地提醒、鞭策、鼓励和强化人们对公司文化传统的继承。

(5) 企业通过一系列习俗、仪式来不断地在企业内部传承和强化企业文化。例如，美国大多数企业的鸡尾酒会，日本企业的忘年会及节假日野餐会，中国许多优秀企业的团拜会、唱厂歌、集体旅游、联欢会等，都是企业文化传承的重要通道。

(6) 通过各种宣传媒介传承企业文化，如内部刊物、板报等。在当今信息时代，尤其是网站等电子刊物，具有发布信息灵活、成本低、速度快、覆盖面积大等特点，不仅能保证信息的时效性和真实性，而且能增强员工的积极性，实现企业与员工的互动性，达到信息交流和传递文化的目的。

(7) 企业亚文化作为企业主流文化以外的各种非主流文化和小团体文化，也通过自己的组织体系在企业员工中得到传承。

5.2.2 企业文化的积累

1. 企业文化积累的概念

企业文化积累是指企业文化新特质的不断产生和沉淀的过程。企业文化新特质包括企业发展过程中生成的新文化，也包括通过文化交流吸收的异质文化中适合于企业自身发展需要的成分。这种积累往往是以原有文化为基础而进行的一种量的增加和质的深化。"量的增加"使企业文化内容体系逐渐丰富，臻于完善；"质的深化"使企业文化的个性和特色逐渐形成和显现。

据吉姆·柯林斯和杰里·波勒斯研究，在一些全球著名公司中，有些公司的创始人在创业之初就清晰地规定了公司的核心理念，为企业文化奠定了基石。例如，罗伯特·约翰逊在孕育强生时就对公司使命有了一种意识——"减轻病痛"。这些公司企业文化的积累一开始就有一个强有力的核心,积累过程侧重"量的增加"。但更多公司在早期只是设法起步,开始向前冲,一直到公司稳步走过初创阶段,逐步演变和发展成大公司时,富有个性和特色的核心理念才逐渐清晰起来。例如,惠普和摩托罗拉,这些企业文化积累更有意义的是"质的深化"。

企业文化积累的量和速度与企业发展和文化自觉相关。一般而言,企业发展越快或管理者文化自觉越高,企业文化积累的量越大,速度也越快。如果管理者没有文化自觉,那么企业文化积累是自发地、缓慢地进行;相反,当人们既能认识到企业文化积累的重要性,又能自觉进行企业文化积累的时候,企业文化积累的速度就可以加快。但企业文化积累毕竟与物质财富的积累不同,违背企业文化积累的规律性,不顾主观、客观条件,拔苗助长,是达不到好的效果的。

2. 企业文化积累的方向

从企业文化积累的方向看,它是在两个方向上进行的,即企业文化正向积累和负向积累。企业文化正向积累是健全的、优良的企业文化自我完善的过程,企业文化负向积累是病态企业文化不断恶化、累积的过程。

一般说来,正向的企业文化积累主要以下面几种方式进行。

(1) 作为企业文化的主要发端者,企业创始人依据其视野、认识、经验、知识与思想境界,靠他们的洞察力、想象力、创造力和崇高的威望,不断地推进企业文化的生成和积累,使企业文化体系不断丰富而臻于完善。

(2) 企业历代领导者的继承和发展。许多优秀的企业文化积累,均得益于企业历代领导者对企业文化传统的一脉相承和不断积累。例如,美国的福特、洛克菲勒等家族企业文化的不断丰富和发展,无疑得益于几代家族企业家的共同创造。

 案例 5-2

美国通用电气公司(GE)的 CEO 们

韦尔奇 25 岁研究生毕业就进入 GE,这是他的第一份全职工作。1981 年,韦尔奇在 GE 工作 20 年后走马上任,成为 CEO。10 年后,他成为这个时代的传奇人物,《财富》说:"他是当代公认的首屈一指的企业变革大师。"其实,GE 拥有一批像韦尔奇一样杰出的 CEO。韦尔奇的前任雷金纳德·琼斯也一样卓越,他曾于 1979 和 1980 两次调查(《美国新闻与世界报道》杂志所做)中成为"当前美国企业界最有影响力的人",戴着"美国最受崇敬的企业领袖"的美名退休。

从 1915 年起,GE 在不同的 CEO 领导下与韦尔奇领导下一样好。甚至,韦尔奇在 GE 7 个不同时期的 CEO 排名中,并不是第一的。GE 在过去的 100 年中,最高管理层一贯拥有卓越的表现。

拥有像韦尔奇一样的 CEO 令人赞叹,一个世纪里都有像韦尔奇一样的 CEO,而且全部都由公司内部培养,这的确是 GE 卓越的关键原因。GE 的 CEO 平均在位时间是 14 年,他们在领导 GE 过程中,精心传承公司的核心内核,又刺激健全的变革和进步。

美国学者吉姆·柯林斯和杰里·波勒斯从 1988—1994 年的 6 年时间中,一直坚持一种"漫长、费事、彻底而吃力的程序",采用严格的标准,从《财富》500 强工业企业和服务类企业两种排行榜中选出 18 家高瞻远瞩公司,并且系统地为每家公司精心挑选一家对照公司进行追根究底的研究,最终成果就是《基业长青》一书。该书的一个基本观点就是：这 18 家公司之所以高瞻远瞩、基业长青，是因为他们在漫长的发展中既能保存核心又能刺激进步。而从企业内部人才中培养、提升和慎重选择管理人才，是保存企业核心要素的关键步骤，如图 5.4 所示。这是一种核心价值观的传承及强化程序。缺少其中任何一环都会导致管理断层，迫使公司到外部寻找 CEO，从而使企业可能淡化、偏离甚至摧毁其核心价值观念。从 1860—1992 年，18 家高瞻远瞩公司中只有两家公司曾直接到公司外面聘请 CEO。换句话说，高瞻远瞩公司和对照公司的最大差别不是领导者的素质，而是优秀领导者的一贯性，也即保存核心的一贯性。[1]

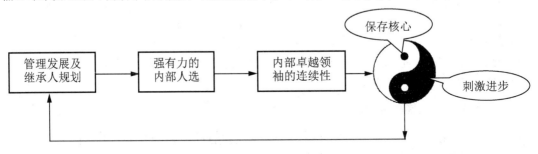

图 5.4　领袖连续性循环图

（3）子公司创始人完成的亚文化创新。在坚持母公司企业文化基本特征的前提下，大量吸收当地文化中符合企业发展的因子，剔除其不符合企业发展的方面，从而建立起与母公司企业文化既有联系、又有区别的子公司企业文化。这种亚文化创新是在继承母公司文化基础上的创新，其核心价值观是共享一致的。

（4）对内生和外生文化创新进行合理吸纳、积淀，融合成自己的文化传统。企业文化新特质来源于两个方面：一是学习、借鉴其他企业文化经验，即外生文化创新；二是企业自身的不断创新，即内生文化创新。当文化的引进借鉴、企业管理的变革创新，通过反复印证，融入企业文化体系中并具有文化功能，企业文化的积累也就实现了。例如，第二次世界大战后的日本企业吸收了西方质量管理文化，并将其发展成全面质量管理文化，就属于企业文化积累。

企业文化的传承和积累一般都会经历几代人的不断努力。第一代人在创业过程中形成共有观念，形成企业文化雏形；第二代人继承了前辈的文化传统，继续完善和实践，使企业逐渐显现出特有的文化气质、性格和风貌；第三代、第四代人沿着企业文化的传统轨迹，不断发展着企业文化，充实新的内容，使企业文化保持活力。企业文化积累是无止境的，只要企业存在，就在进行企业文化的积累。

5.3　企业文化的演化

5.3.1　企业文化的自然演化

企业文化的生成、传承、积累呈现了运动中的企业文化的基本面貌。沙因等一些学者认为企业文化具有动态性质，内外环境的变动使企业面临着压力，这也迫使企业进行学习

---

[1] 吉姆·柯林斯，杰里·波勒斯. 基业长青[M]. 2 版. 真如，译. 北京：中信出版社，2005：211—215

与适应。企业在各发展阶段会面临着不同的内外部矛盾,相应地,企业文化也面临着不同的阶段性任务。

5.3.2 企业文化的发展周期

由于企业发展与文化发展密切相关,因此可以借助企业生命周期的概念来认识企业文化的运行状态和规律。

许雄奇、赖景生(2001)提出"企业文化生命周期"的概念,将企业文化的发展分为建立期、成长期、成熟期、衰败期四个阶段(如图5.5所示)。

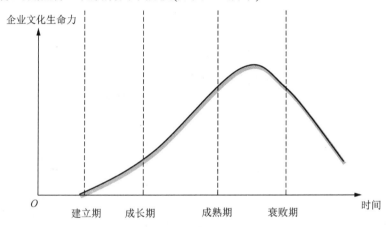

图 5.5 企业文化生命周期

王效俐、安宁(2003)认为,企业文化发展经历了变革、稳定、衰退三个状态,在此基础上把企业文化的生命周期分为行动、文化的凝聚与保持、偏离与惰性、危机、混乱、众望所归的领导、反省与创造、抉择等反复循环的八个阶段。

魏光兴(2005)把企业文化生命周期分为了孕育期、形成期、成长期、成熟期和衰退期五个阶段,并提出了企业文化在这五个阶段分别表现为物质文化、行为文化、制度文化、精神文化和刚性文化。

李海、郭必恒、李博(2005)提出了"企业文化发展曲线",将企业文化的发展细化为萌芽、觉醒、积累、体系化、成熟五个阶段。

事实上,在企业有意识的管理行为下,企业文化由最初的价值观、行为方式及其相关结果集合所处的蒙昧状态,经过发展最终演进至相对成熟的理想状态。这种企业文化演化的内容,再辅以企业文化发展曲线,便可以综合成企业文化动态演化曲线(如图5.6所示)。企业文化动态演化曲线由两部分组成,下半部分是企业文化演化发展的可能阶段,上半部分是企业文化从最初的萌芽状态演进到相对成熟的理想状态的示意。特定的企业文化在发展过程中,有可能会跨越其中几个阶段,并不一定都是循序渐进的。

需要补充的是,发展至成熟阶段并不意味着企业文化的动态演化就此停止。恰恰相反,成熟后的企业文化仍需要根据企业内外环境的变化而不断演化,它存在三种变化的可能:一是优化与创新,二是变革,三是衰败(如图5.7所示)。

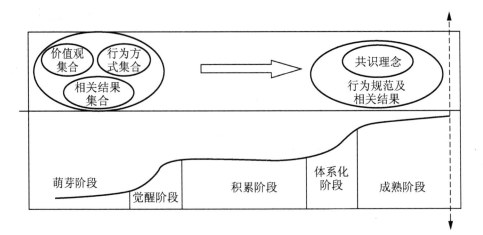

图 5.6 企业文化动态演化曲线

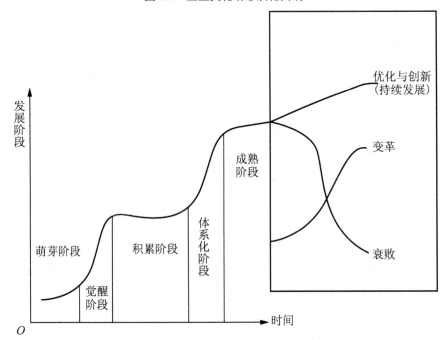

图 5.7 企业文化动态演化阶段

5.4 企业文化的冲突与变革

5.4.1 企业文化的冲突

1. 企业文化冲突的含义

企业文化冲突是在企业文化发展过程中,不同特质的文化在相互接触、交流时产生的撞击、对抗和竞争。企业文化冲突的产生主要是由不同类型、不同模式、不同行业、不同区域、不同历史阶段的企业文化的不同特质所构成的基本价值观之间的过分悬殊造成的。

第5章 企业文化的演变及规律

企业文化在发展过程中,冲突是不可避免的,而且正是由于企业文化冲突的存在,才推动了企业文化的进步;如果企业内部没有文化冲突,"静如死水",那么这样的企业文化多半已进入衰退期,企业文化没有生机,迟早会被淘汰。企业文化冲突的结果,或是融合不同质的企业文化,使自身的企业文化得到丰富和发展;或是变更企业文化的特质,使原有的企业文化完全被其他文化所取代。

2. 企业文化冲突的类型

企业文化冲突的类型可分为企业传统文化与现代文化的冲突、企业主文化与亚文化的冲突、群体文化与个体文化的冲突。

1) 企业传统文化与现代文化的冲突

企业传统文化与现代文化的冲突就是指企业的新思想、新观念与传统思想、传统观念的冲突。经过若干年的发展,企业内部已经形成了具有本企业特色的文化体系,创始人、老员工会沿袭已经习惯的工作方式和思维模式,不肯接受新的思想。而新的管理者、新员工则认为老的办法、过去的经验和传统的思维模式已经不适应新时代的发展要求,一味地因循守旧不利于企业的发展,因此双方在做事风格、考虑问题、管理思路、决策模式等方面产生了较大分歧。

2) 企业主文化与亚文化的冲突

企业主文化与亚文化的生成和发展可能是同步的,也可能是不同步的。一般来说,凡作为以企业主文化的对立文化、异端文化面目出现的企业亚文化,都必须先经历一段"地下文化"的发展阶段,相对于企业主文化这种企业的"规范体系",它们显然是一种非法定、非正统的文化。随着这种亚文化的成长和壮大,必然引发企业主文化与亚文化的冲突。这种由价值观差异引起的正统与异端、新与旧之间的冲突和对立,是企业主、亚文化冲突的一种,另一种冲突是整体和局部因利益、观念或其他原因所引起的文化冲突。

企业文化内部正统与异端、新与旧之间的冲突和对立,大致有以下三种情况。

(1) 由于决定企业文化的环境系统发生根本变化,企业主文化与企业环境已不相匹配,成为一种病态文化,但企业的主要领导者却固执己见、刚愎自用,极力忠诚和维护企业的主文化。在这种情况下,企业主文化就必然与企业自发出现或存在的代表着健全的、常态的甚至有可能是优良的企业亚文化发生冲突。企业主文化往往凭借企业主要领导者的权力和影响力拼命地压制企业亚文化,阻止企业亚文化对企业主文化的可能的替代。对于这种企业文化冲突,似乎很难依赖正常的文化沟通和说明来解决,只能借助企业高层管理者的人事调整来实现。例如,国有企业通过引进外资或战略合作伙伴、改变企业股权结构和治理结构的办法,来完成企业主文化与亚文化转换的目的。

(2) 企业主文化已达到健全的、优秀的、高度成熟的状态,处于抛物线的顶点,然后将慢慢地失去优势。同时,有可能代表企业未来价值观、未来文化范式的企业亚文化却在逐步地发展、壮大。这种新的企业亚文化的生长,不可避免地会受到仍旧具有强大统治力的企业主文化的压制、阻挠。这种文化上的冲突会通过主文化和亚文化代言人及其阶层的语言、思想、行为上的交锋而表现出来。这种冲突的具体解决方式,除采取上述第一种冲突的四种解决方式外,也可以采取并不剧烈的方式。例如,通过观念的矫正、心灵的沟通、领导层的和平调整、各种形式的对话等方式,使企业主文化让位于企业亚文化。那些继承了企业文化传统，又在企业成长的关键时期适时、大胆地发展了企业主文化，从而使企业文化一直保持着先进状态的企业，都发生过或多次发生过这种调整。

(3) 企业主文化已演变成为过时的、陈旧的、衰败的文化，但企业整个大权仍旧握在这种旧文化信奉者的手中，企业人员仍旧沿着原有文化惯性行事。另外，企业亚文化还没有足够的影响力替代主文化，即使在企业陷入深深危机的情况下仍旧没有适当的机会击败企业主文化。这种情况下的企业文化冲突往往直接通过企业运作的低效、衰败的加速进行而表现出来。事实上，通过加速一种文化共同体的衰败和解体，以促进企业文化的大转折是不得已而为之的、退而求其次的办法，但却是行之有效的。例如，克莱斯勒汽车公司作为美国第三大汽车企业，有过值得骄傲的光荣历史，尤其在生产与设计新车方面，有着走在市场前面的文化传统，但当雅科卡接管这家企业前，它不但丢掉了以往那些优良的传统，而且出现了全面衰败以至崩溃的迹象，从而造成了几乎置企业于死地的重大危机。雅科卡的到来，才推动企业文化的冲突向好的方向转化，从而挽救了濒于衰败的企业。

3) 群体文化与个体文化的冲突

良好的或健全的企业文化总是一种使企业群体行为与企业个体行为、企业群体意识与企业个体意识、企业群体道德与企业个体道德大体上保持和谐一致的企业文化。但这不等于说优势的企业文化从未有过企业群体与企业个体文化的冲突，也并不等于说它们总是能轻易解决这两者之间的矛盾。

企业群体文化与企业个体文化之间的冲突除了因社会文化传统、社会制度与体制文化等因素造成之外，还存在着许多其他原因导致的企业群体文化与企业个体文化的冲突，主要表现在以下六个方面。

(1) 外来的文化个体尚未熟悉企业群体文化，尚未被企业群体文化认同时产生的文化冲突。

(2) 在同一个企业文化共同体内，并非由于意识、观念所致，而是由于利益要求造成的企业个体文化与企业群体文化的文化冲突。

(3) 在同一个企业文化共同体内，并非由于利害关系、利益冲突，而是由于观念、认识原因造成的企业个体文化与企业群体文化的文化冲突。

(4) 企业群体文化落后、保守、陈旧、过时，从而使企业群体文化已远远不能适应活跃的、先进的企业个体文化需要。

(5) 企业个体文化完全基于个人意愿、偏好，无视企业整体利益、他人利益，从而形成企业群体文化的对立与冲突。

(6) 企业个体因对企业群体代表或企业群体象征的不满和反感，引起对企业群体文化的反感和不满，从而导致企业个体文化与企业群体文化的文化冲突。

3. 企业文化冲突的管理

企业文化冲突会给企业带来深远影响，只有有效管理企业文化冲突，才能避免其带来的不良效果，从而使企业因为文化冲突的存在而变得更有活力和效率。此处主要介绍莫瓦斯与马克斯提出的企业文化冲突管理和南希·爱德勒的观点。

莫瓦斯与马克斯建议按照以下三步骤来管理企业文化冲突：第一，重视双方文化。为了避免或缓解文化冲突，并购双方应对自己及对方企业的经营历史、管理风格、员工特征和企业形象等方面有一个清楚的认识。明智的领导者应该在并购之初就以敏锐的眼光观察到双方的文化差异，预见到潜在的文化冲突，并以谨慎的态度对待差异问题。第二，明晰双方文化。并购双方应建立有效的信息渠道、加强员工之间的沟通与交流。第三，促进相互适应。通过双方经历和普通员工传授关于对方文化的知识，建立起相互适应、相互尊重和理解的关系。

南希·爱德勒也提出了解决企业中文化冲突的三种方案①：第一，凌越。凌越是指组织内一种文化凌驾于其他文化之上，扮演统治者的角色，组织内的决策及行为均受这种文化支配，而持另一种文化的雇员或外部成员的影响力微乎其微。这种方式的好处是能够在短期内形成一种统一的组织文化，缺点是不利于博采众长，其他文化将遭到压抑，成员易产生反感情绪，容易加剧冲突。第二，妥协。妥协是指两种文化的折中与妥协。只有当彼此间的文化差异较小时，才适合采用此法。第三，融合。融合是指不同文化间在承认、尊重彼此间差异的基础上，相互尊重、相互补充、相互协调，从而形成一种全新的和谐的组织文化。

5.4.2 企业文化的变革

在前面内容中，我们已经知道企业文化的特征之一是相对稳定性。企业文化经过长期积累和沉淀逐渐形成，并作为全体成员的信念、传统、习惯和价值观念的结晶，成为成员深层心理结构中的基本部分而存在，因而它会在较长时间内对成员的思想、感情和行为发挥作用。但与此同时，企业文化的稳定性是相对的。随着企业自身的成长和外部经营环境的变化，企业文化会产生各种冲突，冲突激化而引发企业文化的变革。

1. 企业文化变革的内容及实质

企业文化变革是指企业文化整体结构的改变，表现为企业全体成员新旧价值观的冲撞、冲突和更替的过程，是企业成员从认知到行为两个层次改变的结果。

具体来讲，企业文化变革主要包括以下这些方面。

1) 企业价值观的变革

企业价值观的变革既涉及对企业整体的深层把握，也涉及对企业环境变化的重新认识。在企业价值观中，管理哲学与管理思想往往随着企业的成长和对外部环境的不断适应而发生变化。以海尔为例，在海尔全面推行其国际化战略后，其价值观中，创新或者说持续不断创新成为最主要的经营哲学，在海尔的宣传中也可以看到以"Haier and Higher"(海尔永创新高)代替了海尔发展早期的"真诚到永远"。

2) 企业制度和风俗变革

企业制度和风俗变革包括员工和管理者行为规范的调整、企业一些特殊制度和风俗的设立与取消。例如，有些企业在建立学习型组织的过程中，制定了从员工到管理层的学习制度。当然，制度变化都是为了体现核心价值观的变化，促使员工践行新的价值观。

3) 行为方式和工作作风的变化

这里的行为包括企业成员在工作中表现出来的种种行为。行为方式和工作作风的变化

---

① 陈刚，李林河. 对文化全球化与本土化关系的辩证思考[J]. 新华文摘，2001，17(2)：140—142.

是企业文化变革的必然结果和外在表现。例如，在第 2 章引例"'青蛙'变'王子'"中，原来的管理者主要采用的是行政命令、严格监督、惩罚和解雇的手法，管理者高高在上的领导作风造成劳资双方矛盾十分尖锐。而合营后，企业的管理者却反其道而行之，他们尊重工会、尊重工人，让工人们分组管理，各负其责，并且处处建立管理者与工人平等的气氛——经理人员与工人合用停车场、餐厅，穿同样的工作服，取消经理专用办公室，大家互相称作"同事"。结果，这种尊重员工、平等共事、分权管理的价值观，激发出员工的敬业精神、对管理者的信赖和对企业的忠诚。企业面貌焕然一新，"仿佛像一只青蛙一下子变成了王子"。

4) 企业标识等物质层的变化

企业标识等物质层的变化多数是为了建立企业文化的统一形象，并树立个性鲜明的企业形象和品牌形象而进行的。物质层的变化是为了配合核心价值观的调整，更好地彰显核心价值观。

企业文化变革涉及价值观念、制度规范、行为方式、物质环境等一系列的改变，但其实质是价值观的变化，即企业组织或全体企业成员放弃原有的评价标准、行为选择标准体系，创造或接受新型的评价标准、行为选择标准体系。企业组织、企业成员对价值观的选择，尤其是人们的行为选择标准体系方面的变化，是企业文化变革的根本标志。

由以上分析可见，企业文化变革与一般企业变革相比，具有一个显著特征：深刻性。企业文化变革不仅仅是人们行为习惯、工作作风、工作物质环境等表层的变化，更为根本的是企业文化深层结构的变化，它是企业所有变革中最深层次的变革。

2. 企业文化变革的动因及阻力

1) 企业文化变革的动因

虽然企业文化具有相对稳定性，变革发生的频率并不高，但却是企业文化运动的必然趋势。企业文化变革的动因是企业环境因素。迪尔与肯尼迪在《公司文化：企业生存的习俗和礼仪》中也指出：企业文化变迁的最大影响因素就是企业环境的变化。当企业生存、发展的内外部环境发生根本性变化，原有文化体系不再适合企业的使命，难以适应企业经营发展的需要时，文化变革的需求就应运而生了。

2) 企业文化变革的阻力

正如 1983 年 10 月 17 日美国《幸福》杂志所说："企业文化是一种真实而有力量的存在，也是一种难以改变的存在，改变文化的努力在企业内外很少得到支持。如果你在修正企业战略时碰到文化问题，最好是避开它，如果不得不直接干预，务必谨慎从事，不要对成功寄予厚望。"此话显得有点颓废，但也饱含了许多教训。由于企业文化稳定、持久、牢固而不易改变，企业文化变革往往遭遇到阻挠。在变革开始后，企业的进展可能缓慢，甚至有倒退回旧的、熟悉的做法和习惯的可能。

因此，有必要对企业文化变革阻力产生的原因加以分析和认识。

企业文化变革的阻力来自于人——企业成员，为什么企业成员会对企业文化变革加以抵制呢？原因主要有以下三个方面。

(1) 缺乏危机意识。员工没有真正意识到企业文化变革的必要性和迫切性，不能正确地意识到企业如果不进行变革会产生什么样的不良后果，尤其是在企业潜在的危机还没有

第5章 企业文化的演变及规律

暴露、企业运行良好时,企业员工对文化变革更可能因缺乏危机意识而认为没有必要。因此,在这种情况下,企业实施文化变革的彻底性与坚定性必然大打折扣。

企业管理实践证明,企业文化变革与企业危机像是一对孪生兄弟:彼此紧密联系。之所以如此,原因在于:①企业危机使得企业文化共同体处于最危险的境地,或者是解体、倒闭、完全失败,或者是设法起死回生,两者必居其一,这就要对企业危机根源进行深刻的剖析。②凡企业陷入重大危机之中的,除极个别的不可抗力或偶然的重大决策失误等原因以外,多半是有着深刻根源的。一般说来,其中都包含极为深刻的企业文化冲突,这是由过时的、僵化的企业文化传统造成的。企业危机无非是将企业文化冲突的最终结果暴露出来。③企业危机的结果使得企业全体成员的心灵受到震撼,危机把文化冲突的直接、可怕和灾难性结果呈现在他们面前,使他们深深地懂得,作为一个企业文化的主体,选择什么样的企业文化既不是无足轻重的,也不是事不关己的,它涉及企业群体和成员个体的命运和前途,从而为企业新文化传统的形成提供了心理训练的准备。

"穷则思变",抓住危机之机进行企业文化变革,确实能有效地减少文化变革的阻力。因此,掌握了企业文化变革与企业危机这一规律,其实在危机真正来临之前就可以启动文化变革。只要领导者善于发现、利用甚至创造危机状态,传递危机感,将危机意识灌输进每一个员工的头脑中,员工就会认识到企业潜在的危机,从而产生焦虑感和不安感,产生对原有文化的怀疑,文化变革的需求和动力也就在员工内心产生。

(2) 既得利益受到影响。企业文化变革的过程相当复杂,会使企业内部各种物质利益关系受到冲击,很多人反对文化变革是出于物质利益。变革必然会改变原有的企业状态,当人们从现有的组织体制中得到的回报越多时,他们就会担心现有的权利、地位、金钱等一些个人或小群体利益会随着变革而付诸东流,就越有可能反对打破现状的改革。在中国国有企业的改革中,这种现象就表现得尤为明显。例如,在打破大锅饭制度及建立现代企业制度,导入竞争意识、绩效观念的过程中,就遇到了包括来自各级管理人员和一部分企业员工的阻挠,他们之所以这样做,大部分恰恰是从自身利益角度来考虑问题的。

(3) 害怕不确定性。企业文化变革相当深刻,是企业所有变革中最深层次的变革。它不仅涉及表层文化的改变,而且涉及深层文化的改变,如企业成员的基本价值观念、思维习惯、行为方式、心理的转变。因此,企业文化变革打破了原有的人们熟知的规则和习惯,甚至要改变他们原本信奉的原则,去接受和认同一些新的、让人们觉得陌生的东西。正是因为陌生,才带来不确定性,同时也带来了风险。在很多人的意识里,总是对风险存在着一种恐惧感,所以他们对文化变革也就可能持反对和阻挠的态度。

值得一提的是,员工抵制变革不一定都是坏事,它可能会给企业带来好处。员工的抵制或阻力将迫使变革的倡导者认真考虑员工的意见,重新审视变革,找到问题的焦点并进行微调。当企业文化变革遇到阻力时,用强硬的态度压下去是不可能奏效的,因为企业文化的培育最终需要员工由衷地认同和自觉地遵守领导者倡导的价值观。因此,要通过反复沟通,消除管理者同下属之间的对立状态。应该让员工知道,企业文化变革的目标是什么,为了达到这一目标,员工们应该做些什么,并让员工尤其是持有反对意见的员工参与企业变革的决策过程,从而减少阻力,创造出一个有利于变革的良好环境。

3. 企业文化变革的过程

企业文化变革是一个复杂而艰难的系统工程，任何部门和个人都不能期望毕其功于一役。它必须通过一系列措施，并且在实践中不断体悟和强化，领导者倡导的价值理念才能深入人心、落地生根。有的文化变革也可能中途作废、前功尽弃。

对于企业文化变革过程，勒温提出的"三阶段模型"得到了学界普遍的认同。勒温认为企业文化变革包括三个步骤：解冻、改变、再冻结，如图5.8所示。

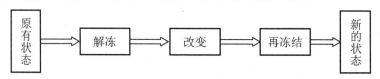

图 5.8　勒温的企业文化变革三阶段模型

(1) 解冻(Unfreezing)。首先，要审视和反思原有企业文化的符号和意义，挖掘出深层的基本假定，并与企业目前的内外环境加以比较，找出原有企业文化过时的内容，对它已经或者可能造成的企业经营上的危机进行充分的评估，从而促使企业成员感受到变革的迫切性。其次，按照企业发展的要求创立新的企业文化内容，确定新的企业文化的符号和意义，并刺激他们去改变态度，改变旧的习惯和传统。此阶段的核心是企业人员对旧文化中过时的成分进行确认和剔除。

(2) 改变(Changing)。改变在这里主要指企业人员的认知和行为方式的改变。通过企业的大量宣传和企业成员之间的广泛沟通、学习、实践等社会方式，使企业文化的新内容能为企业成员认可和接受，真正成为企业成员共享的价值观和行为准则。此阶段的核心是企业人员对新文化的认同和内化，通过认同和内化能高效地加速变革的进程。

(3) 再冻结(Refreezing)。再冻结是指利用必要的强化方法使新的态度和行为方式固定下来，使之持久化。为了确保变革效果的稳定性，要使企业成员有机会来检验新的态度和行为是否符合自身的具体情况，还要使企业成员有机会检验与他有重要关系的其他人是否接受和肯定其新的态度和行为。由于群体在强化一个人的态度和行为方面的作用是很大的，勒温认为变革计划也应包括那些企业成员所在的群体，群体成员彼此强化新的态度和行为可以使个人的新态度和新行为更持久。

企业文化通过长期的积淀而使力量变得强大，它将阻碍一切不符合自己特性的变化发生，而这一切都是在人们不知不觉中进行的。这种潜移默化会助长企业官僚化的发展，制度也会出现僵化，人们因为不愿触犯制度而因循守旧；个人和部门都极力维护各自的利益，而忽视企业共同的利益。因此，对于所有现代企业而言，企业文化的变革是不可避免的，而且伴随着科技进步加速，工业社会信息化程度逐步提高，企业文化变革的速度、频率也会越来越快，这就迫使企业必须正视现实，迎难而上，主动寻求时机，启动企业文化变革，并遵循文化变革的步骤，系统有序地实施企业文化变革。

第 5 章　企业文化的演变及规律

本 章 小 结

　　本章对企业文化进行了动态分析，揭示了企业文化生成、演变的基本过程，即企业文化雏形的生成——企业文化的传承与积累——企业文化的冲突与变革。企业文化雏形的形成是企业初创时期企业内各种价值观磨合的结果，它以企业创始人的价值观为主导，以员工群体的价值认同和内化为标志。企业文化雏形的主要内容包括企业创始人的管理风格和企业的激励机制、工作氛围、同事关系、组织机构、企业所在行业的特殊要求等。企业文化雏形虽然初具体系，但仍处于一种"无序"与"随机"的自然自发的状态中。

　　任何一个企业的文化从雏形到成熟都有一个传承和积累的完善过程。企业文化传承就是指企业文化的某些特质逐渐沉淀下来，凝聚成适合企业发展的文化传统，被企业人员一代又一代地传递和继承的过程。传承的途径主要有：企业家及其管理者的个人示范作用和对下属的要求；企业考核、晋升制度等的实施；企业神话、企业英雄的奇闻轶事的传说；语录、标语、标记、口号、雕塑、企业的习俗、仪式和宣传媒介等价值符号传播。企业文化积累是指企业文化新特质的不断生成和沉淀的过程。从企业文化积累的方向来看有正负之分。企业文化正向积累是健全的、优良的企业文化自我完善的过程，企业文化负向积累是病态企业文化不断恶化、累积的过程。

　　企业文化冲突是企业文化发展过程中不同特质的文化在相互接触、交流时产生的撞击、对抗和竞争。其表现形式就是主文化与亚文化的冲突。企业文化冲突激化引发企业文化的变革。企业文化变革是指企业文化整体结构的改变，表现为企业全体成员新旧价值观的冲撞、冲突和更替的过程。企业文化变革涉及价值观念、制度规范、行为方式、物质环境等一系列的改变，但其实质是价值观的变化。企业成员会因缺乏危机意识、既得利益受到影响或因害怕不确定性而抵制企业文化变革。企业管理实践证明，企业文化变革与企业危机存在着紧密联系。企业文化变革是一个复杂而艰难的系统工程，一般要经过解冻、改变、再冻结三个步骤。

 关键词

　　企业文化雏形、企业文化雏形生成模型、企业文化传承、企业文化积累、企业文化正向积累、企业文化负向积累、企业文化冲突、企业主文化、企业亚文化、企业文化变革、勒温企业文化变革模型

复 习 题

1. 企业文化雏形是怎样形成的？
2. 企业文化雏形的内容和特征是什么？
3. 何谓企业文化的传承，企业文化传承的具体途径有哪些？
4. 何谓企业文化积累，正向的企业文化积累通过哪些方式进行？
5. 企业主文化与亚文化冲突的原因有哪些？
6. 企业文化变革是一个怎样的过程？

思 考 题

1. 企业文化的演变有怎样的规律?
2. 你认为企业文化变革与企业组织变革有何异同?
3. 结合某一企业,分析其企业文化演变中存在的主要问题。

惠普公司的企业文化变革

20世纪70年代,惠普公司经历了自从创立以来最大的变革:公司进行了战略性转移,从原电子仪器设备生产转产计算机设备,计算机设备的销售额占到总销售额的2/3,公司的创始人也逐渐淡出,公司由一个中型企业成长为一家大型集团公司。公司发生的每一次变动都伴随着公司企业文化的某些变革。例如,进入计算机制造业,导致了一种新的部门文化的产生,这种部门文化更注重从较高层次来制定生产经营策略,富有西部开拓精神的牛仔式企业家的作用越来越小,创始人的纷纷退休使个人决断大为减少,但公司决策却更为集中统一。这些变化有时会受到很多抵触和非议,有的还会持续相当长的一段时间,但多数员工还是认同变革后的新型企业文化,它的确是对市场经营新环境的合理反馈。在这次变革中,可以看到,战略、结构变革、高管更迭及群体文化与部门文化冲突等原因在发挥作用。

到20世纪90年代末期,惠普高层再次意识到经营危机的严重性。在1998年夏天召开的总经理大会上,全球300多位总经理通过先进的电子技术,在每一议题汇报后,将自己的意见输入摆在眼前的笔记本计算机中,系统很快汇总意见给总裁。短暂休息后,一位高层经理就会回答大家的建议并答复问题,特别是用心倾听大家对改革的意见。1999年3月2日,惠普公司正式向外宣布分家,原惠普公司电子测量仪器部、化学分析仪器部、医疗仪器部及半导体事业部——销售额占惠普的17%,即惠普的创业领域,成立安捷伦科技有限公司。此举主要考虑到该四个部门所生产的产品与惠普其他IT类产品性质截然不同,导致市场营销策略差异过大的问题。这说明惠普公司决定专心致力于信息技术市场的开拓。新成立的安捷伦科技将专注于电子通信与生命科学两大领域。1999年11月18日,安捷伦科技公司在纽约证券交易所挂牌上市,21亿美元股票初始发行创下了硅谷的历史性记录,惠普公司股票也大幅攀升至每股120美元左右。独立后的安捷伦科技公司在其主要业务领域都占据领先的市场份额。它分布在40多个国家,拥有41 000名员工,客户遍及全球120多个国家。公司的全球总部设在惠普公司成立的地方——加州的Polo Alto市,是硅谷的中心。

这次拆分实际上也是一次复杂的战略变革,拆分后的安捷伦的英文名称为Agilent,其中包含Agile字根,其意思是敏捷、迅速。剥离后,安捷伦科技公司依然奉行惠普公司成功的价值观,包括致力于创新和贡献,信任、尊重和团队精神,以及正直诚实。直到今天,在安捷伦中国公司办公室入口处的标识下,还可以看见这样一句在拆分后被多次提起的话:INNOVATING HP WAY(创新惠普之道)。除此之外,还加上了速度、专注和勇于负责。"速度,因为我们想要以更快的速度做任何事情,对我们的客户更为敏感,在寻求商机上更有闯劲;专注,因为我们想在安捷伦内更专注于我们的客户及业务;勇于负责,因为你是一家独立的公司,我们想让每个人都要考虑给予承诺,兑现承诺,不管是对客户、股东还是自己。"按照安捷伦CEO纳德的说法,他的目标就是"做到三个方面的完美平衡:专注用户、提升工作效率和创造公司文化"。为了做到这些,纳德首先大谈安捷伦与惠普的不同之处,速度、专注和勇于负责很快在安捷伦传开,但几个月后,CEO得到的反馈却是,对传统价值谈得不够。人们说:"我不是因为速度、专注

第5章 企业文化的演变及规律

和勇于负责才加入惠普的,我是因为创新、人性管理、信任、尊重和协作等价值观而来到惠普的。"在惠普待了34年的纳德终于明白,"传统价值观是公司赖以建立的基础,我们必须向人们说明这个事实,使大家明白我们将仅仅在这些基础上去建造我们的新价值观。"所以在分家后很长一段时间内,都可以看到在安捷伦的标识下有一句话: Innovating HP Way(创新惠普之道)。虽然按照美国有关法律,拆分一年后就不可以再出现原来公司的名字,安捷伦也更改为"梦想成真",但在安捷伦中国的入口处,仍可以看到那句"创新惠普之道",显示着对传统的继承和执着。

在经历拆分后3年的发展黄金期后,受全球经济环境的影响,除化学分析仪器外,安捷伦科技公司的其他业务领域销售额持续下滑。其间,公司宣布在全世界范围内裁减4 000名员工,在职员工的薪金降低10%,并推迟一切奖励计划以降低成本。2000年11月,安捷伦科技公司还做出一项重要决策,即进一步剥离医疗仪器事业部。剥离后的医疗仪器部将与菲利浦公司相关部门合并。这主要是由于在美国医疗保健市场,规模大、产品种类多的厂商更受医疗部门青睐,而公司董事会在比较了所需投资和预计的回报后,认为剥离该业务部门对客户、股东、员工更有利。虽然经历了减薪裁员等一系列的冲击,安捷伦的员工却比较平静,在2002年3月,CEO纳德到上海时,一位因为全球重组而上了"黑名单"的中国员工写了一幅"梦想成真"的书法作品送给他,这位叫王为人的员工在老惠普和安捷伦工作了11年,很喜欢惠普的文化,舍不得离开,但即使离开也没有怨言。这个故事的美国版本,则是一位被裁掉的员工在离开公司的前一天,在电话里告诉他的妻子,他可能很晚才能回来。他默默工作到深夜,关灯后才消失在茫茫夜色中。这些故事的背后仍是惠普的价值观在发挥作用。

惠普的另一次战略变革则发生在2001年9月4日,惠普公司正式宣布将与康柏公司实施并购,并购涉及金额约250亿美元。根据协议,惠普股东将以0.632 5股换取康柏1股,康柏约溢价19%,惠普将持有新公司64%的股权,康柏只持有26%的股权。如果成功,惠普-康柏并购案交易金额超过200亿美元,堪称美国高科技史上最大的一次交易。合并后的公司将成为全球最大的计算机和打印机制造商,同时也是全球第三大技术服务供应商。两家公司合并之后的年营业收入将超过870亿美元,其规模仅次于IBM。因其巨大的行业影响力,欧盟和美国联邦贸易委员会对其进行了行业垄断和反托拉斯调查。全球并购研究中心等几家研究机构按并购规模、行业影响力、社会影响力、并购技术运用和并购竞争程度等方面综合评分,惠普-康柏并购案被评为2001年全球十大并购事件之首。

惠普的高级管理层在实现业务剥离后,努力将惠普人带回到惠普创业时的状态。菲奥里纳对惠普核心价值观和车库法则给予了高度评价和肯定,并且采取了几方面措施,力求把惠普从原来保守、内向、技术导向的文化,转变成行动导向、对市场需求反应敏捷的文化。

(1) 作为新上任的最高领导人,菲奥里纳成为文化转型的典范,她的言行和风格无时无刻不在影响着其他的惠普人。

(2) 公司选拔、提升、支持那些愿意学习新观点并以新的行为方式去工作的员工;而那些不能或不愿这样做的员工,则不得不自愿或非自愿地退出组织,或者在公司内扮演次要的角色。

(3) 对员工业绩测评标准和奖励办法的调整,使员工的收益与公司的市场业绩联系更加紧密。加上公司制定的增长目标都极富挑战性,从管理层到普通员工都能感受到巨大压力。财务指标衡量的周期从原来的每半年缩短至每季度,乃至每个月。

(4) 为重新占据世界IT舞台上的领先地位,惠普公司管理层不断强调要有强烈的取胜欲望。中国惠普有限公司总裁孙振耀就经常举骆驼与狮子的例子,以此说明由于市场竞争的加剧,企业需要的不只是像骆驼一样能够适应恶劣环境,而更需要像狮子一样具有强烈的取胜欲望。他还提出了新惠普的三大特色:开放、敏捷和规模。开放是指新公司继续保持产品的开放性,同时也体现在惠普与商业合作伙伴之间密切的合作关系,给客户提供更多选择,更多灵活性、自由度;敏捷则是指新的组织结构更敏捷,既保持大公司的规模优势,又具有小公司的灵活性。

古老的惠普之道能包容下康柏这个后起之秀吗?企业文化不兼容,在历史上的确是很多兼并失败的根源。在现实生活中,许多惠普的管理者讲,很不适应突然在办公室的对面进来了康柏的人,而且谁看谁都不顺眼。这种冲突是文化融合遇到的最大障碍。惠普与康柏组织文化比较如图 5.9 所示。

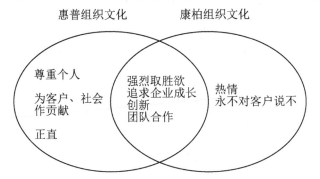

图 5.9 惠普与康柏组织文化比较

在这两次战略变革中，安捷伦为新的文化特征的建立和培养适合新文化特征的管理者投入了大量的资源，包括参加最佳雇主的评选等活动，结果是在较短的时间内赢得了各方对安捷伦核心价值观的认同；而新惠普在合并后对文化的差异是有认识的，不过在双方文化的融合和新文化特征的建立上，力度显得明显不够。用某些惠普员工的话讲，"已经不像原来的惠普了"，但新的是什么样，员工不清楚，常常流露出不喜欢的情绪。在对惠普(中国)员工的访谈中，一个有意思的现象是：在合并中幸存下的原康柏员工在新惠普的感觉很好，"这里的人很 Nice，与原来康柏的 Tough 不同"，而感觉别扭的恰恰是原来惠普的员工，他们有很强的失落感。这个现象也反映了文化融合的问题。世纪之交时惠普的变革是由经营危机、战略、结构、高管更迭所驱动的，而惠普并购后的文化冲突则反映出两种企业文化之间的冲突，以及在两种文化融合过程中，另类企业文化与个人文化之间的冲突。

(资料来源：张德. 企业文化建设[M]. 北京：清华大学出版社，2003.)

讨论题
1. 结合案例谈谈你对企业文化变革动因和核心的理解。
2. 结合案例分析惠普文化变革所涉及的各个方面，分析变革成功的决定因素。

拓 展 阅 读

[1] 吉姆·柯林斯，杰里·波勒斯. 基业长青[M]. 2 版. 真如，译. 北京：中信出版社，2005.
[2] 许雄奇，赖景生. 企业文化生命周期的理论探析[J]. 重庆工学院报，2001，(1).
[3] 斯蒂芬·罗宾斯. 组织行为学[M]. 10 版. 孙建敏，李原，译. 北京：中国人民大学出版社，2005.
[4] 李海，郭比恒，李博. 中国企业文化建设：传承与创新[M]. 北京：企业管理出版社，2005.
[5] 陈春花，等. 领先之道[M]. 北京：中信出版社，2004.
[6] 崔章国，赵冬云，谢嘉. 试析经济全球化进程下文化冲突的原因及特点[J]. 宁夏社会科学，2005，(2).
[7] 周有斌，齐卫国. 论中西企业文化的冲突与融合[J]. 企业家天地，2008，(7).
[8] 杨艳英，李柏松. 企业文化修炼案例[M]. 北京：蓝天出版社，2005.
[9] 黄河涛，田利民. 企业文化学概论[M]. 北京：中国劳动社会保障出版社，2006.
[10] 陈殿春. 论中国企业文化的冲突与再造[D]. 黑龙江：哈尔滨工程大学，2006.
[11] 李亮辉. 企业文化冲突背景下的客户关系管理[D]. 北京：北京交通大学，2008.
[12] 陈刚，李林河. 对文化全球化与本土化关系的辩证思考[J]. 新华文摘，2001，17(2).
[13] 娄兵役. 企业文化变革的阻力与克服[J]. 乡镇经济，2001，(2).
[14] 刘霖. 企业文化重塑的研究[D]. 苏州：苏州大学，2006.

第6章 企业文化的影响因素

本章学习目标

1. 企业文化的外部影响因素；
2. 企业文化的内部影响因素；
3. 企业领导者对企业文化的影响；
4. 企业员工素质对企业文化的影响；
5. 企业战略对企业文化的影响；
6. 企业制度对企业文化的影响。

导入案例

希望集团的企业文化寻源

希望集团是刘氏四兄弟——刘永言、刘永行、陈育新(刘永美)、刘永好创办的,是我国最早的私营企业之一。

1. 企业文化寻源之一:企业领导人自身

在一个对刘永行的专访录像里,他的那句"在最困难的时候一定要坚持下去"给人留下了深刻的印象。刘氏四兄弟创业与同期创业的多数个体户不同:在创业起点上,他们四兄弟都是大学生,都有铁饭碗,不是为了就业而是为了创业。因此,他们在财富上亿的时候,发出了"做大事不做大款"的倡议,提出了"争做世界饲料大王"的目标。对热血青年创业做忠告时,刘永好说:"要有激情,要敢于做,要有吃苦的准备。"

2. 企业文化寻源之二:推崇和执行的经营管理方式

刘永好领导的新希望集团在世界经济一体化的今天,始终强调:"跟国际的优秀企业比,我们还是小学生,既然是小学生我们就要练好基本功,小学生的基本功就是'加减乘除'。"新希望定义的企业推崇的经营管理方式是做好市场经济的"加减乘除"。刘永好对此给出了定义并领导企业具体执行和积极推广:"加"就是增加诚信和共赢的理念,"减"就是减去纯家族式管理的一些不足,"乘"就是要注意生产经营、品牌经营、资本运作的结合,"除"就是要除去一些短期化的行为。

3. 企业文化寻源之三:社会经济文化发展

2002年年底,在创业20周年之际,新希望对自己的企业宗旨进行了修改,确立了新的企业宗旨:与客户共享成功,与员工共求发展,与社会共同进步。刘永好认为:"随着市场经济的进程,随着买方市场的形成,随着人本管理意识的增强,我们的企业宗旨需要落实到我们的客户和员工。"

第5章对企业文化进行了动态分析,使大家对企业文化的生成、传承、积累、冲突和变革的基本演变过程有了一个较为清晰的认识。但是,一个企业的企业文化为什么会是这样演变,而不是那样演变的?它的形成和变迁究竟受哪些因素影响?本章将对此进行系统分析,在全面理解企业文化诸多影响因素的基础上,把握若干关键性因素,为进行企业文化建设和企业文化管理提供线索。

企业是一个开放系统,每个企业都需要从外界输入资金、原材料、劳动力、信息等资源,通过企业机体内部的优化组合和生产制作的转化过程,给社会提供产品或服务。企业文化就是在这个不断反复的经营循环过程中形成和发展的,它受到企业内外诸多因素的影响。

6.1 企业文化的外部影响因素

企业外部的政治、经济、文化、科学技术等都会对企业文化产生影响。影响企业文化的外部因素很丰富、很复杂,但概括地讲主要包括民族文化因素、社会制度因素、经济基础因素、行业文化因素、外来文化因素、地域文化因素等。

6.1.1 民族文化

民族文化是一个民族在长期的历史长河中形成的,是具有强大的渗透力和独特个性的文化,它主要包括价值观念和风俗习惯等,具有持续性,世代沿袭传承,并且不断得到丰富和发展。它制约着人们的思维方式和行为方式,对人们的工作、生活及社会交往产生直接影响。

企业的一切活动是人的活动,而人既是企业的成员,同时又是社会的成员。在他们创办或进入企业之前,已经长期受到传统民族文化的熏陶,并在这种文化氛围中成长,他们不仅会把自身所受到的民族文化影响带到企业中,而且由于其作为社会人的性质并未改变,他们将继续受到民族文化传统的影响。因此,在企业经营管理中,民族文化的影响根深蒂固。

企业文化是社会文化的一种亚文化形态,它植根于民族文化土壤中。民族文化对企业的经营思想、经营方针、经营战略及策略等都会产生深刻的影响。纵观世界各国的企业文化,无一不打上民族文化的烙印。例如,美国、德国、日本、韩国这四国由于民族文化各有特色,其企业文化精髓也各不相同,见表6-1。

表6-1 美国、德国、日本、韩国民族文化特点

国 别	企业文化特点
美国	①重视个人价值的实现;②提倡竞争;③奖励创新;④利益共享
德国	①以人为本,注重提高员工素质,开发人力资源;②强调员工的责任感,注重创造和谐、合作的文化氛围;③注重实效和企业形象
日本	①以"和魂洋才"为核心,"和魂"指日本的民族精神,"洋才"指西洋(欧美)的技术;②家族主义;③以人为中心
韩国	①员工富有积极性和挑战性;②企业成员工作认真、勤勉;③组织结构高度集权

民族文化对企业文化的影响不仅体现在民族文化对企业文化主体的潜移默化上,还体现在企业对民族文化的主动适应上。企业为了经营的成功和进一步的发展,要努力去适应民族文化环境,去迎合在一定民族文化环境下所形成的社会心理状态,否则企业将无法生存,从而使经营陷入困境和危机。

中国传统文化博大精深,它对我国企业文化的形成和发展有着深刻的影响。例如,儒家文化中的核心思想"仁"所蕴含的"人本"、"和谐"、"团体意识"等,对于企业克服盲目竞争、肆无忌惮地向大自然索取带来的弊端,建设和谐的、带有人情味的企业文化具有重要的指导意义;法家文化中的核心思想"法","不别亲疏,不殊贵贱"的执法观,为企业制度文化建设奠定了一个基本原则;道家文化中的核心思想"道","道法自然"、"无为而治"等为企业文化提供了一种境界。可以说,中国的民族文化是中国企业文化建设的精神源泉。建设有中国特色的企业文化,不仅是一个理论课题,也是企业管理所面临的实际问题。

6.1.2 社会制度

这里的制度包括政治制度、经济制度和法律制度。不同的政治制度、经济制度和法律制度决定了不同特色的企业文化。例如，中国和日本同属于东方民族，都有以儒家文化为特色的民族文化传统，但由于社会制度的差别，使得两个国家的企业文化有许多不同特点。

1. 政治制度对企业文化的影响

政府作为社会生活的管理者，其行政行为对社会成员起着导向、示范、监管等作用，政府体制的状况会影响到企业文化中的价值理念。魏杰认为，政府的廉洁程度、信用程度、效率程度、法治性、公正程度、干预经济的程度都对企业文化产生了较大的影响[①]。

(1) 政府的廉洁程度。如果政府很廉洁，为企业提供了一个规范、公平的市场竞争环境，那么企业就会注重自己的竞争实力，通过自己的实力在公开竞争的市场中赢利，而并不是试图通过利用政府权力赚钱；相反，如果政府很腐败，处处"权力设租"，那么企业就往往有很强的"搞定"政府的倾向，不注重公平竞争。

(2) 政府的信用程度。如果政府的信用程度比较差，那么企业文化中诚信理念的培育就很困难。同时做假账、销假货、虚假宣传等现象就会滋生、泛滥。

(3) 政府的效率程度。政府行政效率越高，那么企业的竞争性理念就越强；相反，如果政府的效率很低，那么企业就很难有极强的竞争性价值理念。

(4) 政府的法治性。如果政府非常强调法治，对企业行为依法监管，那么企业在经营运作中不得不重视和遵守法律，法治性的理念就会非常强；反之，如果政府本身就没有很强的法治理念，政府人员无视法律，领导的话大于法律，那么，企业也会无视法律，企业文化中的法律意识就会极差。可以说政府的非法治性，在一定程度上诱发了企业文化的非法治性。

(5) 政府的公正程度。政府不仅是社会经济活动(如政府采购和政府监管)的参与者，而且是社会经济活动的裁判，政府的公正和公平程度会对企业文化中的公正和公平理念产生直接的影响。

(6) 政府干预经济的程度。如果政府干预经济的程度过深，那么企业在经营运作中会强调向政府寻租，努力从政府那里取得"恩惠"，因而行政导向明显。相反，如果政府干预经济的程度很小，企业在经营运作中会更多地考虑市场发展状况和如何提高竞争力的问题，因而市场性的价值理念就很强。

2. 经济制度对企业文化的影响

不同的经济制度会产生不同的企业文化。例如，在传统的计划经济体制下，企业是政府的附属物，无生产经营自主权，产品统购统销，企业最多算得上是一个生产加工厂，因而形成了企业对国家的依附思想、经营中的求稳意识和官商意识、管理上的"三铁"(铁饭碗、铁工资、铁交椅)观念及家长制作风，以及政企不分造成的企业领导人追求仕途的思想等企业文化基因。

---

① 魏杰. 企业文化塑造：企业生命常青藤[M]. 北京：中国发展出版社，2002.

第6章 企业文化的影响因素

我国正在建立和完善社会主义市场经济体制,这是当前我国的基本经济制度。而在社会主义市场经济体制下,企业面临的环境发生了根本的变化,生存和发展空间得到了扩大,经营的机会增多,但也带来了经营风险,形成了激烈的竞争环境。这就不仅要求企业要有更加开阔的经营视野,更高的经营智慧及更加灵活高效的管理系统,同时要求企业实现企业文化的全面创新,即摒弃传统的计划经济体制环境中生成的阻碍企业发展的劣性文化基因,培植与社会主义市场经济体制环境相适应的新的先进文化基因。例如,面向市场,以市场为导向,自主经营,敢于承担经营风险,敢于竞争,强化质量、服务、效率意识,积极开拓创新,追求卓越;依法经营,讲求信用,主动承担社会责任;在管理上坚持以人为本,把建立在合同契约基础上的企业与员工的关系提升为利益共享、风险共担、价值共现的命运共同体关系;努力提高员工的素质,充分调动员工的积极性,广泛吸收员工参与管理等。也就是说,市场经济体制要求企业建设一种具有竞争机制的企业文化,变官本位观念为企业本位观念,变封闭经营为开放经营,树立与市场经济相适应的创新意识、竞争意识、质量意识、效率意识、服务意识、人本意识等。

3. 法律制度对企业文化的影响

法律制度为企业处理利益关系提供了基本依据和准则,因此,法律制度对企业文化系统的形成和运行产生了极大的约束力。这里的法律制度主要是指国家颁布的有关指导、规范企业经营行为的法规、政策。法律制度对企业的影响主要体现在三个方面:管制企业的立法增多、执法更严和公众利益团体的力量增强。

改革开放以来,中国的法制建设不断加强,与企业经营行为相关的法律日益完善,相继出台了《中华人民共和国公司法》、《中华人民共和国企业破产法》、《中华人民共和国证券法》、《中华人民共和国经济合同法》、《中华人民共和国反不正当竞争法》、《中华人民共和国消费者权益保护法》、《中华人民共和国商标法》、《中华人民共和国广告法》等。这些法律法规在中国经济转轨时期发挥了重要作用,正在不断地影响着企业的经营、管理与文化。随着法律体系的日益完善,政府执法力度的强化,以及各种消费者保护组织和环保组织力量的增强,中国的法律制度环境日益完善。这不仅要求企业有很强的法制观念,在法律许可的范围内从事经营活动,同时要求企业要善于应对消费者保护和环境保护力量的挑战,坚持以顾客为中心的经营理念,树立环保意识,建立在依法经营、维护社会整体利益条件下与顾客共同分享价值、共同成长的新型企业文化。

6.1.3 经济基础

作为观念形态范畴的企业文化,其内容无疑由经济基础决定。换句话讲,生产力、经济发展水平及经济发展的趋势决定了企业文化的内容和形式,并规定着企业文化未来的发展方向。

在知识经济时代,世界经济的动态性、竞争性、创新性、快速增长性日益强化,这使得企业文化面临深刻的变化。

传统经济靠的是劳动(体力)、资本和自然资源的投入,知识经济的发展靠的是知识创新和技术创新,而知识创新和技术创新的首要条件就是企业文化的创新和观念的创新。传统经济时代,企业一般靠自身的资源来建立竞争优势,靠产品经营、资本经营创造效益。

而随着知识经济时代的到来,信息网络化和经济全球化使企业面对一个全新的竞争环境和经营态势。知识经济时代,企业以内外软硬资源要素为基础,以创新文化和创新机制为动力,以实现社会责任为条件,以整体优化、优势互补和聚变放大为手段。这里的变化主要表现为以下四个方面:一是管理目标不受传统的资源概念的约束,强调可持续发展和目标的可延伸性;二是强调信息、知识,特别是人才、企业理念、企业内驱力、企业环境等软件要素的主导作用;三是管理系统和组织系统明显打破了传统的企业边界和等级制的金字塔结构,不管什么等级,互相之间没有谁大谁小的问题,都是平等的,是一种服务和支持,领导不是凌驾于员工之上的官僚,系统界限趋于模糊,组织结构趋向网络化;四是柔性管理、模糊控制、管理创新和机制创新将成为新企业文化的实质内容。

知识经济时代的企业文化之所以发生这样的变化,是因为生产方式发生了巨大的变革。在工业经济时代,由于产品竞争和垂直型组织分别成为市场竞争和企业组织中的主导形式,科层制度等级森严,企业管理的执行通常是上级向下级下达任务,除最高管理层外,企业中的大多数员工都处于被动完成上级指派任务的地位,考核个人业绩的好坏带有领导的主观色彩,并在此基础上决定下属的职位升迁。这样,企业内部人际关系很容易造成人为的亲疏、任人唯亲,个体竞争不是凭知识和能力,而是凭关系和奉承。在这种旧制度和旧文化中,由于有限的升迁,不少人为了获得个人的优先地位而不得不牺牲道德人格,集权制的泛滥和一些人打击、排斥另一部分人的情况经常发生,很难形成真正意义上的团队精神。在知识经济时代,新技术、新产品不断涌现,市场不断开放,企业竞争的范围也由地区与地区、国与国的市场拓展到全球市场,市场的同质性大大降低。这种新的竞争必然促进企业应变能力逐步提高和升级,企业组织机构势必由传统的金字塔集权制改变为分权的横向网络型组织结构。原来承担上下级层次间信息沟通联络的中间环节——中间管理层将日益减少;内部分工和由内部分工带来的控制和反控制、协调和反协调的内耗将被摒弃,从而创造最短的信息流。这种组织结构意味着员工素质大大提高,使他们逐步养成有独立处理问题的管理能力;也意味着组织的分权趋势,组织成员可以在自己的职责范围内直接处理事务。与此同时,为了适应快速变化的市场环境,企业的不同职能部门日益融合,企业内部的科层界限和职能、业务界限日益模糊,从而更强调企业内部各群体目标的协作与配合,团队精神成为企业活力的源泉。

知识经济时代,科技迅速发展和信息网络化使市场需求更加个性化,使产品更新更为快捷,这就使时间成本成为知识经济时代最重要的成本概念。

知识经济时代,人力资本的价值得以充分体现,"以人为本"的理念进一步得到强化,越来越多的人逐渐深刻地体会到人力资本是一种有潜在回报率的资本。例如,麦当劳的"勤奋的员工乃公司之宝";联想的"办公司就是育人";长虹的"尊重每一个人";格兰仕的"人气是企业最大的财富";海尔的"领导者的任务不是去发现人才,而是建立一个可以出人才的机制"等。过去那种粗暴的"胡萝卜+大棒"、完全无视人的能动作用的管理已经一去不复返了。

6.1.4 行业文化

由于各个行业在生产特点、管理方式和服务要求上存在着显著的差异,因而所属行业不同,其企业文化内容及特点也必然存在差异。从广义上来说,可以分为工业、农业、建筑业和服务业,每个行业还可以进行细分。例如,工业可以分为电子工业、化工工业、机械制造业等。下面通过对制造业的 A 公司与 IT 业的 B 公司的企业文化进行详细对比(见表 6-2),反映行业文化对企业文化的重大影响。

表6-2　A 公司与 B 公司企业文化对比

分　　类	A 公司	B 公司
公司背景	中日合资：中国的一家知名电子产品生产企业与一家世界 500 强的日本企业合资兴建。公司成立十多年,其企业文化、管理制度融合了日本传统企业文化和中国国有企业文化,形成了具有自身特色的企业文化	外国独资：一家 IT 百强企业。投资方为东南亚国家的企业,其文化汲取了广泛的外来文化,其中包括中国的传统文化,在管理体系中汲取了较多的西方管理方法,从而形成了中西合璧的企业文化
所属行业	制造业	IT 业
经营方式	以生产为主,销售基于现有代理及日本总部	自行研发、销售,可根据客户要求进行开发
人员数量	500 余人,以倒班为主	100 余人,部分人的工作时间采取弹性工作制
企业一般特点	培养和提升员工的效率意识,规范员工行为,实现有效的时间管理,改善现场管理和流程管理,提高产量和质量,降低生产成本,增强安全和环保意识	重在表现"市场促进科技开发,科技开发引导市场"的观念,培养和提升员工的科技领先意识,体现企业尊重知识、尊重人才的观念,建立以科技创新为主的团队
共同点	它们都属于高新技术企业范畴、已经形成了一定的规模和管理模式,是较为成功的企业范例。拥有自身的企业文化及其企业文化特质	
差异	外资方已在全球拥有许多分公司,有成熟的管理机制和明确的发展目标,属成熟型企业。公司以生产、制造为主,重视产品质量,属生产文化系的企业文化	投资方属东南亚区域性的企业,目前处于发展期,在管理机制和发展目标上还存在不健全、不完善的因素,属成长型企业。公司以系统集成、科技开发为主,重视产品科技含量,属科技文化系的企业文化
战略目标	利用现有技术和中国劳动力,生产高质量产品,取得利润最大化	利用现有技术和中国的高级人才,研究开发适合中国市场的产品,扩大在中国市场的份额,实现利润最大化
企业价值观(文化理念)	经济、高效、高质量,充分满足客户的要求,这是我们的目标;上下团结协作,认真、严格作业,这是我们的行动;使我们的产品与作业水平,永葆世界一流,这是我们不懈的追求	客户至上,精益求精,诚实可靠,专业精通,刻苦耐劳,创新应变,相互尊重,群策群力
招聘要求	中等文化水平,动手能力强,对相关工作经验要求不高	有较高文化水平,有专业经验,创新能力强
招聘方式	校园招聘为主,社会招聘辅助	社会招聘与猎头招聘相结合
晋升	以在本企业的工作为主,有严格的工作年限制,工作等级强	以业绩为主,有严格的业绩考核制度,同时对员工的长期服务给予鼓励

续表

分类	A公司	B公司
培训	入职培训以《员工手册》、各类岗前培训及相关技术知识培训为主。对员工岗位工作定期培训,对公司骨干人员培训,相关技术知识再培训。外部培训以操作和质量相关技术培训为主	入职培训以《员工手册》、各类岗前培训为主。再培训以专业技术培训为主,提高员工专业水平。外部培训以高水平的专业技术培训为主
绩效考核	以产品的不良率、产量及员工出勤情况为主要内容。考核周期:半年	以员工的创新、处理解决问题的能力为主要内容。考核周期:半年
激励方案	物质奖励:质量奖、产量奖、全勤奖,其他奖励:年度优秀员工(产量、质量的优胜者)	物质奖励:中标奖、销售完成奖,其他奖励:优秀员工及团队(授予专业技术创新、服务高效、销售业绩好的员工及团队)
员工沟通与反馈	公司年会,优秀表彰等活动;每月召开全体员工会	公司年会,优秀表彰等活动;定期召开员工座谈会

从表6-2不难看出,企业所处的行业不一样、背景不一样,企业文化及管理方式差异就很大。制造业企业一般建立以质量为中心的品牌文化体系,强调规模作战,强调技术和质量,强调严格控制,专业生产技术人才受重视。高科技企业一般建立以科技开发为核心的科技文化体系。这种模式的特点:突显以"市场促进科技开发,科技开发引导市场"的观念,培养和提升员工的科技领先的意识,体现企业尊重知识、重视人才的思想,集合人才资源,建立一种科研型和创新型的团队,强调创新,尊重个人,重自我激励,员工事业心、成就感强。服务业企业一般建立以客户为中心的服务文化体系。这种模式的主要特点:树立"客户至尊"、"超越客户期待"的服务观念,规范员工的服务礼仪,丰富服务手段,提升服务质量,完善服务系统,疏通服务渠道,提高企业在社会的亲和力和美誉度。

不同行业的企业文化特点是不一样的,因此,在培育企业文化时,必须对企业所处的行业环境进行分析,找准行业的特点。

6.1.5 外来文化

严格地说,从其他国家、民族、地区、行业、企业引进的文化,对于一个特定企业来说都是外来文化,这些外来文化都会对本企业文化产生一定的影响。

随着全球经济一体化的进程,各国经济关系日益密切,不同国家之间在文化上的交流和渗透也日益频繁。例如,第二次世界大战后,日本不仅从美国引进了先进的技术和设备,也接受了美国现代的经营管理思想、价值标准、市场意识、竞争观念等,特别是美国的个人主义观念对日本的年轻一代产生了非常大的影响,连日本企业长期以来行之有效的"终身雇佣制"和"年功序列工资制"也因此受到了严峻的挑战。可以这样认为,日本的企业文化中既有以中国儒家思想为中心的根,又有美国文化影响的叶。

中国实行改革开放以来,从西方发达国家引进了大量的技术和设备,在引进、消化、吸收外国先进技术的同时,也引进了国外的文化。从引入的国外文化形态来看,可以分为三个层次文化,即民族层次的文化、企业层次的文化及个体的个人文化(严格地说,是个人观念),它们都会对我国企业文化产生不同程度的影响。过去人们在引进中过多地关注技术、管理、人才等因素，而忽视文化因素对我国企业的影响和作用。首先，这是因为文化因素的作用是通过某种技术或设备"中介"间接产生的；其次，文化因素的重要作用在技术和设备引进的初期并不明显，而是在高层次深入的技术引进中才能得以充分体现；最后，由于国外文化因素的作用是错综复杂和潜移默化的，必须进行综合深入的研究才能够探清文化因素上的这种影响。应该看到，人们从国外引进先进技术的同时，也引入了许多先进的管理思想，增强了企业的竞争意识、环保意识、创新观念、效率观念、质量观念等，成为我国企业文化中的新鲜血液，但同时也受到拜金主义、享乐主义、个人主义等腐朽落后思想的冲击。西方资本主义企业文化中的糟粕对我国企业文化建设有相当大的破坏作用，应当引起警惕。

在国内其他民族、地区、行业或企业进行经济合作与技术交流的过程中，企业文化也会明显地受到外来文化的影响。例如，在建设大西部的号角声中，军工企业在转向民用生产的技术转移过程中，军工企业的严肃、严格、严密、高质量、高水平、高效率、团结、自强、艰苦创业等优良的企业文化因素，必然对民用企业的企业文化建设产生十分积极的作用。又如，新兴的信息技术产业重视技术、重视创新、重视人才等许多积极的观念已经对其他行业的企业文化产生了很大的影响。当然，即使同行业内企业与企业之间由于地区、环境及其他原因也会有相当大的差距，因此地区之间、行业之间、企业之间的合作与交流是非常必要的，在这种交流中自然会伴随着企业文化的渗透和变迁。

国内外企业文化新潮对企业文化的影响也可以划归为外来文化对企业文化的影响。企业文化理论在总结世界优秀企业的成功经验的基础上，与时俱进，不断提出现代企业管理的新理念，如以人为本、追求双赢、创新、学习型组织、企业社会责任等。这些理念将被越来越多的企业所理解、接受和实践，从而成为企业文化的新组成部分。

优秀的企业文化应该是开放型的，能够吸收、兼容一切外来文化的精华。但在借鉴外来文化过程中，必须根据企业自身的具体环境条件，坚持以我为主、博采众长、融合提炼、自成一家的方针，有选择地加以吸收、消化、融合外来文化中有利于本企业的文化因素，拒绝或抵制对本企业不利的文化因素。

6.1.6 地域文化

地域性差异是客观存在的，无论国家与国家之间，还是同一国家的不同地区之间，都存在很大差异。正是由于不同地域有着不同的地理、历史、政治、经济和人文环境，必然产生文化差异，正所谓"一方水土养一方人"。

中国古代逐渐形成了风格各异的地域文化：长江下游江、浙、沪地区的吴越文化，长江中游江汉平原的楚文化，山东半岛的齐鲁文化，四川盆地的巴蜀文化，华北平原的燕赵文化，珠江三角洲的闽粤文化等。地域文化各具特色。例如，齐鲁文化是华夏文化的重心，以孔子为代表人物，具有伦理文化的特点，风格严谨；楚文化以庄子和屈原为代表人物，具有政治文化的特点，风格浪漫；吴越文化以王阳明为代表人物，具有经济文化的特点，风格务实。

以吴越文化为深厚底蕴，改革开放以来，浙江在社会经济发展中逐渐形成了特色鲜明的"浙江精神"——开拓的个性精神、务实的实践精神、重利的事功精神、尚学的理性精神、外向的开放精神。有着悠久历史和强烈时代精神的浙江地域文化对浙江民营企业产生了强烈而鲜明的影响。与其他地域相比,浙江的民营企业显得更务实、更理性、更开放、更灵活、更精明、更崇尚学习、更敢于创新、更善于经营。

文化的地域差异,甚至在城市和郊区之间都会有所体现。许多企业在选址时,就会考虑这一差异。例如,丰田汽车把自己的总部从大城市迁移出来,把自己培养成"乡巴佬"的样子,因为它热衷于英国和美国的乡村俱乐部式的风格;世界上最大的轮胎制造商米其林公司,把它的总部设在家乡,而不是巴黎,因为公司领导要摒弃"浮于表面和趋于时尚"的巴黎,他们更喜欢以谦逊、简朴和实用著称的郊区爱瓦房地区;再如,尼桑等日本大公司在"进军"美国时,纷纷入驻田纳西州,因为他们认为,那里有着强烈的工作道德、和睦相处的氛围,这些对于日本企业来说至关重要。

6.2 企业文化的内部影响因素

企业文化的形成不仅受企业所处的外部因素的影响,而且还深受其自身内部因素的影响。影响企业文化的内部因素概括地讲,主要包括企业历史、企业领导者、企业员工、企业发展阶段、企业战略和企业制度等。

6.2.1 企业历史

一个企业从它成立的那天起,就开始形成自己的文化。在企业长期发展的历史过程中,企业所经历的过程及形成的传统,会产生长远而持久的作用,影响到企业的生产、经营、管理等各个方面。企业文化的形成过程也就是企业传统的发育过程,企业文化的发展过程在很大程度上就是企业传统去粗取精、扬善抑恶的过程。因此企业的历史和传统是影响企业文化的重要因素。

正如葛雷纳(1972)曾指出:"组织的历史比外界力量更能决定组织的未来。"企业的历史不仅影响着企业的未来,而且决定了企业的今天。正如一个社会历史对于社会发展的重要影响和作用一样,企业历史对于企业的发展与变革所产生的影响也是深远的、全方位的,在企业文化上可能更为重要。因为企业文化从某种程度上说也是企业历史的沉淀与积累,历史越悠久的企业,其文化越厚重,正是企业与众不同的发展史,赋予了企业文化以特色和分量。

企业历史与企业文化存在着密切的关系。在企业生命周期的初创期和成长期,企业文化成长速度很快,企业各种价值观念不断形成和积累,内容日益丰富,其作用和效能默默地体现于企业运作中。到了企业成熟期,企业文化的惰性日益体现,与不断变化的企业环境不相匹配,此时,文化越来越成为企业发展的障碍。要改变这一状态,就必须进行企业文化变革。

对企业历史与企业文化的关系研究常常采用关键事件法,即通过调查和分析某一企业历史上发生过的对企业文化影响较大的关键事件,来剖析该企业文化形成的历史原因。需要说明的是,这里的关键事件不仅仅是指一般意义上的企业大纪事,还包括许多小故事。这些小故事可能鲜为人知,但却铭刻于当事人的意识深处,更能代表和体现一个企业的企业文化的精髓。

第6章 企业文化的影响因素

康恩贝企业文化的历史背景

康恩贝总裁曾讲过三个令他本人难以忘怀的企业故事。

第一个故事是他刚进厂时听到的。1980年,国务院整顿药厂,规定县以下不准办药厂。当时的云山制药厂(康恩贝集团前身)是街道工厂,没有生存的资格,这就意味着关门和解散职工。企业的管理层面对这样的环境,凭着拼搏和自强精神,千方百计把企业提升为县办大集体企业,文件还是在农民田头、在县委书记的膝盖上签下的。云山制药厂终于躲过一劫,活了下来。

第二个故事发生在他成为当时的云山制药厂的副厂长的时候。当时国家开始打破计划包销体系,可厂里只有半个销售人员和一个客户——当地医药公司打交道。工厂面临一个不能选择的选择:包销死路一条,自销尚存一线生机。企业管理层经过商量,下定决心面向市场。从那时起,工厂开始自己建设销售队伍和销售网络,开始自主销售。这又使企业走出了计划经济体制的陷阱,重获生机。

第三个故事发生在20世纪80年代末,企业在有了一定的发展后,开始考虑要不要迁厂,搬出原厂所在地桃花坞。当时企业只有几百万的净资产、100万的利润,搞搬迁发展能有多大空间?当时在企业内部出现保守发展与超前发展的分歧,最后还是超前发展的思维主导了整个企业。迁厂的困难和风险是肯定存在的,但是在桃花坞那个弄堂里肯定没有发展空间。最后大家同意迁厂,而且起点很高,达到20世纪90年代的先进水平……现在看来,这样的超前是有必要的,至少能保证企业在15~20年内不落后。

这三个故事发生的时间、地点、人物、内容都不一样,如果单就故事本身而言没有任何关系,但是在企业文化形成的层面上,它们是有联系的。从历史上看,该企业先天不是国家投资兴办的,是集体所有制企业,没有等待、依赖政府的习惯,所以企业在历史上每一次转折都贯穿着一种不断超前、自强不息、追求卓越的精神。正如康恩贝老总所说,康恩贝之所以能生存发展到现在的规模,就是依托于从管理团队到普通员工所具有的这些共同理念、精神。这就是康恩贝宝贵的历史传统,是康恩贝企业文化中的精髓。

同样,在康恩贝的历史中也可以找到反面的教训。例如,1992年前后的"康凤重组"事件,讲的是康恩贝集团与上市公司浙江凤凰资产重组及分离的过程,康恩贝欲并购凤凰,实行多元化经营,但由于各种条件限制,并未成功。这件事虽然失败了,但却让康恩贝得到了宝贵的经验教训,公司从此调整了方向,实行"一心一意制药,一心一意卖药"的经营原则。这件事从某种程度上讲,引发了企业思维方式的理性化和决策方法的科学化。

6.2.2 企业领导者

这里的领导者包括企业的创始人、主要股东、董事、董事长、总经理等。大量的理论研究证明了领导者与企业文化的关系。Schein(1985)和Sergiovanni(1984)的研究证明,许多因素都影响着企业文化的创建、传播和变革,其中领导是最重要的影响因素。Sashkin在其《幻想型领导》一文中认为,领导者的本职工作就是定义和构造一套共同的价值观、信念、变革的规范、目标,并获得下属的认同。约翰·科特在《企业文化与经营业绩》中对领导在企业文化变革与塑造中的作用进行了充分的阐述,并在《变革的力量》一书中指出:"建立一种有用的企业文化需要强有力的领导。"

在企业文化的形成和变迁中,企业领导者的思想素质、政策水平、思想方法、价值观

119

念、经营思想、经营哲学、科学知识、实际经验等因素产生了深刻的、显著的影响。企业的目标和宗旨、企业价值观、企业作风和传统习惯、行为规范和规章制度,在某种意义上都是企业领导者价值观的反映。也正基于此,有些学者提出了企业文化就是企业家精神的论断;在企业管理实践中,也有一种说法:企业文化就是"老板文化"。

企业领导的确在企业文化的形成、根植与创新中具有重要的影响。沙因认为企业领导对企业文化具有能动作用,其影响作用主要发生在以下环节。

第一,重视、调节、控制企业文化。企业领导传递信仰的最好方法是一贯重视。这里指的重视是指注意和评论事物,经常对这些事情进行调节、控制和奖励,即使是那些只适合某一方面的偶然建议和问题也能像正式的控制方法和措施那样有效。如果领导者意识到这种过程,那么一贯重视某些事物就是传递某种信息的一种强有力的影响。另外,如果领导者没有意识到这一过程的力量,或者他们所重视的事物不一致,那么员工就要花费大量时间和精力来理解领导者行为的真正含义。按照这一思路,企业领导通过他们倾向性的选择、情绪、关注、评论来传递他们的价值观,就会产生强烈的效果,这些信息往往反映在会议上,也反映在制订计划的活动中。当员工违反了自己的价值观时,他们要及时做出调节和控制,保证员工正确地理解和执行自身的价值。

第二,对重大事件和危机做出反应。在企业面临危机时,企业领导处理危机的行为方式创造了新的规范、价值观和工作程序,并显露了一些重要的潜在价值观。例如,当企业面临销售额急剧下降、库存增加、技术老化,以及随之产生的为削减成本而需要解雇职工等方面的危机时,企业领导怎样处理这种危机显示了他自身的价值观。如果企业领导面对这种危机不是去解雇员工,而是通过缩短工作时间或减少所有员工和管理人员的工资,在不减少人员的情况下降低成本。这就表示了企业领导对员工的关心,他们希望员工对企业保持长期的忠诚。

第三,角色示范、教育和培训。企业领导的公开行为对于向员工传播价值观有着非常重要的作用,所以每个企业领导者都应该争取成为企业的英雄。领导者只有在员工中树立起高大的形象,才能为广大员工衷心敬爱、拥戴和崇拜,他们所倡导的价值观才会真正被广大员工接受和认同。

第四,制定分配薪酬和提升员工的标准。如果企业员工都从自己的提升、工作绩效评价,以及与上级领导讨论问题的经历中认识到企业重视和惩罚什么样的行为和形象,从而也就能理解他们的倾向、价值观。如果企业领导分配薪酬时把多劳多得、员工对企业的贡献作为依据,员工就会努力工作,以获得较高的薪酬;如果企业领导分配薪酬时没有具体的标准,让全体员工"吃大锅饭",这样就会挫伤他们的积极性。企业领导提升员工时如果论亲疏远近,就会使一些有发展潜力的员工流失;如果辛勤工作、做出贡献的人能得到提升,员工努力为企业工作的积极性就会调动起来,企业的向心力、凝聚力就会得到增强。

第五,招聘、挑选、提升、退休和解雇员工。企业挑选新成员是内化和渗透企业文化最好的时机,实践证明也是最有效的。一般情况下,企业总是根据应聘人员的价值观念和行为方式是否与自己企业的文化相吻合来决定是否聘用。如果拟雇佣员工在风格、价值观方面与企业格格不入,他是不会被雇佣的。通过谁是否被提升、谁提前退休和谁被解雇等标准进一步增强了基本的文化假设。例如,在一个"硬汉胆识型"文化的企业中,企业员工必须保持一种不屈不挠的英雄姿态。一位新雇员打听为了成功需要学什么,一名老员工回答道:"学会不要在公共场合哭泣。无论怎么伤心,回到你的办公室自己哭去。"要在这种文化中生存,必须要求他们有拼搏精神,能忍受全胜或全输的风险,否则他们将会被淘汰出局。

另外,企业领导还可以通过企业的组织结构设计、企业的制度和程序;物体的空间、外表和建筑物的设计;对重大事件和重要任务的故事、传说、神话和寓言;企业宗旨、纲领和章程的正式说明等辅导方法来塑造企业文化。这些方法只有在与前面所提及的五种方法保持一致时才能产生作用,在两类方法保持一致时,企业的思想体系才开始产生,企业文化才能最终形成。

华泰财产保险公司的 CEO 王梓木认为,CEO 主要应当做好三件事情:一是制定公司的发展战略;二是选择公司的领导成员,即建立一个有效的管理团队;三是培育和传播公司的文化。如果说企业文化是现代企业的灵魂,那么企业领袖就是灵魂的塑造者。因此,从一定意义上说,只有那些担当创建优秀企业文化重任的人,才能成为卓越的企业家。

松下幸之助认为,"企业的素质很大程度上取决于企业家的素质",不可能指望一个知识浅陋、观念陈旧、暮气沉沉的领导者创造出优秀的企业文化。在当今世界,企业家的一个主要工作就是创造、管理、改进和完善企业文化。企业文化是企业家德、才、创新精神、事业心和责任感的综合反映。

纵观世界上许许多多优秀的知名企业,IBM、微软、戴尔、联想、丰田、沃尔玛、华为、松下、柯达、海尔等,它们的成功无不与它们的企业文化有关。这些企业的领导者也都把企业文化视为构成企业核心竞争力的重要因素,他们对文化的重视绝不亚于对产品、技术的重视,他们把"企业文化建设"当成"一把手"工程。确实,从某种意义上讲,是文化造就了品牌,造就了企业的成功。

6.2.3 企业员工

美国兰德等公司的专家通过对全球 500 强企业 30 多年的跟踪考察后,发现其中长盛不衰的 100 家企业的价值观中都有重要的一条,即人的价值高于物的价值。企业文化主要通过其核心价值观影响员工,推动员工行为向着企业期望的方向发展,确保实现企业的目标。同时,员工对企业文化的理解、领会会影响到他们对企业文化的接受程度,从而影响到企业文化发挥重要作用的程度。而员工的理解、领会企业文化的程度受员工素质的影响,因此在建立企业文化时需要考虑员工素质水平的高低,主要包括以下四个方面。

1. 员工的受教育水平

员工的受教育水平决定了员工的知识水平。接受过良好教育的员工,一般具有较好的分析和解决问题的能力,领悟性也相对较高。在企业的经营管理过程中,受过良好教育的员工能够快速地理解并正确执行上级下达的任务,以较好的水准完成企业目标。如果组织中大多数员工都受过良好教育,企业文化的任务就不是以指导员工正确接受指令、完成任务为中心,而是以如何更有效地完成任务为重心。

2. 员工的工作技能水平

员工技能是指企业员工所掌握的工作技术和能力,这种技术和能力使员工能胜任其所在的岗位。员工工作技能水平的高低和其工作经验有很大的联系,一般而言,技能水平高的员工能更有效地完成工作。如果组织中大多数员工掌握了相当高的工作技能,那么组织中管理者的工作就不是以培训员工工作技能为中心,而是激发员工高层次需要,以发掘潜能为中心。

3. 员工的需要层次

需要是指人们由于缺乏某种东西而产生的一种心理状态,而企业文化的发展同时也是一种心理过程,它与生存(生存与安全感)、关系(归属与共享)、成长(自我发展和自我实现)这三种类型的需要是密不可分的。员工生存和安全感的需要是企业文化形成与发展的基础,员工归属和共享的需要从精神层面造就了一个具有共同利益的联合体——企业。在企业中,基本的信仰和价值观被作为"正道"灌输给员工,给他们以延续感、稳定感和工作上的指导,同时这些感受又因为拥有和遵循同样价值观的人的存在而得到增强。员工自我发展和自我实现的需要促使这些基本信仰和价值观进一步沉淀,形成企业文化,优秀的企业文化又常常主张给员工提供发展机会,鼓励员工自我实现,通过实现企业目标促进员工实现个人目标。

4. 员工的态度倾向

企业员工具有不同的社会背景,他们所在的社会阶层、家庭状况对其态度形成有很大的关联。因此,企业内部员工的态度倾向可能同组织的价值取向一致,也可能不一致。如果一致,员工更容易接受企业文化对他们的影响;如果不一致,员工可能对企业文化有抵触的心理,从而导致企业文化不能如期发挥作用。另外还需注意的是:员工的态度形成后并不是固定不变的,随着新的经验和知识的累积及环境的变化,员工的态度倾向也会发生变化。当员工的态度倾向发生变化时,企业文化也应做出适时的调整,以顺应变化。

6.2.4 企业发展阶段

企业的发展主要表现为企业规模的扩大和经营范围的扩大。企业规模的扩大导致人员增多、企业组织结构变化。新人员的进入会带来新的观念,导致文化的多元化和变异的可能性;企业组织结构的变化,使得人与人的关系(责权关系、互动关系、团队精神等)及做事方式发生改变,因此引发企业行为变化。经营范围的扩大(包括企业经营地域和企业经营行业的扩大)会带来新的经营要求,从而导致原有文化的不适应。例如,当一个企业从国内市场走向国际市场时,其经营思路、经营准则和品牌塑造都会发生相应的改变。企业的发展是一个长期渐变的过程,时间跨度较长,短期内看不出企业文化的明显变化,因而其对企业文化的影响常常表现为企业文化在企业不同发展阶段的自然演化。

处于不同发展阶段的企业,由于各个阶段企业的任务和特点不同,其企业文化也是各不相同的。

1) 创业期

企业规模较小,这时更多的是关注生存和市场情况,而内部规范管理顾及较少;利润导向、短期行为倾向明显。此阶段的企业文化具有自发性和不成熟的特点,企业创始人和他的企业目标定位是促进企业文化建设的主要力量,主要任务是使企业文化明显化,并把这种文化规范传授给企业中的每一位员工。

2) 成长期

此阶段的企业运作有序，企业的文化规范已随企业的发展而渐渐成形，这个阶段是企业文化建设的关键时期，其主要任务是塑造可传承的合适的企业文化。

3) 成熟期

此阶段的企业文化已规范化，文化中最重要的要素已经渗透或内化到企业的组织结构和主要的过程中，因此，此阶段应特别注意惰性习惯和保守思想的产生，注重企业文化的创新和变革。

案例 6-2

杜邦公司企业文化的变迁

美国杜邦公司无疑在国际化学市场上是一个赫赫有名的企业，在其发展中曾经历过几次企业文化革命。家族企业的杜邦公司在创业之初采用的是中央集权的组织结构，直至 19 世纪末，掌管大权的杜邦二世仍不放心分散和移交权力，其专制独裁式的管理近于"凯撒模式"。但是，到了 20 世纪初，杜邦公司开始进行管理文化模式的变革，率先独立地应用许多独创性的管理方法和管理技术，不仅把工长一级的技术问题、管理问题进行规范化，而且把高层管理业务加以系统化，创造了一整套颇具特色的杜邦管理文化模式，完成了由纯家族企业管理向现代企业管理的转化。

6.2.5 企业战略

企业战略与企业文化之间有着千丝万缕的联系，它们相互影响、相互作用，共同推进企业的发展。企业战略往往涉及产品的定位、企业的发展方向和经营策略问题。选择和实施不同的战略，企业文化也就形成不同的特色。

首先，不同的产品定位决定了企业进入不同的细分行业，从而形成不同的企业文化。其次，在经营策略上采取的是领先者战略、跟随者战略，还是后进者战略？是低成本战略、差异化战略，还是专一化战略？是区域化战略还是国际化战略？从公司层面来讲，采取的是纵向一体化战略还是多元化战略？不同的经营策略，决定了企业采取不同的经营手段和方式，从而使企业在经营运作实践中能培育和强化不同的企业文化。领先者战略强调的是独创和首创性，而跟随者战略强调的是跟进和改良；领先者战略需要冒险精神和开拓精神，而跟随者战略需要的是稳健、务实精神。低成本战略是用扩大规模降低成本的办法，规模生产是它的主要特点，生产型的企业文化就成为必然；而差异化战略追求的是差异、创新、与众不同，因此，开发型的文化就成了企业的主流。国际化战略更是强调开放，善于运用国际资源，在业务层面更多地采用竞合战略，因此采用国际化战略的公司，其对应的文化更强调开放、合作、资源共享。采取纵向一体化战略的公司比较强调专业化分工，在业务层面上更多地倾向于低成本战略，专、细、精是其特点，对应的主流文化是追求严谨、效率和质量；采取多元化战略的公司则强调的是开放的思维，需要各个方面的人才，它涉及多个行业，但在每个行业并非都处于领先地位，对应的主流文化是追求灵活、多变、开放。

这里强调战略对文化的影响，并不表示战略对文化起决定作用。文化与战略是相互作用的，它们的关系是：文化决定战略，战略反过来又影响文化，是一种相生相克的关系。一方面，企业文化对企业战略的制定具有导航作用，对企业战略的实施起着精神支撑作用，很难想象一个保守、稳健的企业会制定极具扩张性的战略并能执行到位；另一方面，选择怎样的企业战略能使企业经营理念得以充分地体现，同时，企业战略的调整也必然引起企业文化的变革，随着企业新战略的实施，相应的企业文化会逐渐培育起来。

6.2.6 企业制度

企业制度是任何企业正常运转必不可少的因素之一，它是企业为了达到特定目的所制定的行为规范，亦即一种人为制定的程序化、标准化的行为模式和运行方式。它规定哪些行为应受到肯定和赞扬，哪些行为应被禁止和批评，从而带有鲜明的强制性。

企业制度是企业及其成员共同的行为规范，是企业协调员工的力量，是实现企业目标的基本手段。制度作为企业生产经营实践经验的总结，是企业的价值观、道德规范、经营哲学的反映，是企业文化的重要载体之一。同时，当制度在企业中被严格有效地执行时，它不仅在行动上约束人们，也在精神上影响人们。随着制度的实施和执行，制度规定的要求被员工认同、遵循，其精神内涵转化为员工的内心信念和行为准则，相应的文化也就形成了。因此，制度是培育和塑造企业文化的一个重要手段。

例如，在企业制度中，由企业领导体制和企业组织结构构成的企业组织制度，就与企业文化密切相关，不同的组织制度，塑造和强化着不同的企业文化。在"企业文化建设的五大类型"一文中[①]，作者把企业文化分成五大类型：军事刚强型企业文化、家庭融洽型企业文化、大学教育型企业文化、中庸与进取混合型企业文化和可持续发展型企业文化。这五种类型分别对应不同的组织结构。军事刚强型企业文化对应的组织结构一般是直线职能制结构，实施集权式管理，如初创时期的 IBM、韩国现代集团、三九集团等，其文化特点是：员工工作作风严谨求实、行动迅速、反馈及时、落实到位，整个企业紧张而有秩序，员工严格按照自己的工作职能干好工作，流动性较强；企业的价值理念或服务意识主要通过会议和规章制度作为载体公之于众，要求员工严格遵守而不能有所变通；企业与员工之间是契约式关系，强调个人奋斗、鼓励个人出成绩；企业管理上采取"强硬"的态度，处罚员工严格按制度行事，毫不留情；在企业个性风格上，突出开拓、创新、向上、竞争的精神；内部沟通不太顺畅。家庭融洽型企业文化对应的组织结构一般是事业部制，一种部门化结构和分权组织，很多日本企业属于这种类型，其文化特点是：企业管理以人为本，人力资源管理推行员工职业生涯管理，能够充分调动员工积极性；员工之间团结和睦、亲如一家，整个企业气氛融洽；员工富有同情心，对企业忠心耿耿，爱厂如家。大学教育型企业文化对应的组织结构一般是矩阵式结构，企业学习气氛浓厚，如美国贝尔研究所、3M 公司等。中庸与进取混合型企业文化对应的组织结构一般是直线职能制和矩阵式结构，我国有不少企业属于这种类型。可持续发展型企业文化对应的组织结构一般是扁平化的，属于学习型企业，如 GE、海尔、华为等。

---

① 企业文化建设的五大类型[J]. 企业文化与管理，2006，(2).

第 6 章 企业文化的影响因素

案例 6-3

电信公司"首问责任制"塑造强烈责任心

2001年的某一天傍晚,已过了下班时间,两位先生直奔闸北区电信营业室,着急地要找负责人,营业室班长陈夏接待了他们。细听原委,原来他们是中威区用氧快递中心的两位经理,因快递中心的"送氧热线"电话突然断线了,而这"热线"联系着上海无数急需氧气的病人,被称为"生命之源"。因此,两位经理心急如焚地赶到营业室,要求马上恢复"热线"电话。陈夏听完两位经理的叙述,立即拨通了"112",获悉"112"已受理了此故障报修,并做出了派修处理。

情况已经摸清,可线务员什么时候能修复,陈夏还是有点不放心,因为"送氧热线"的畅通与否,关系到许多病人的生命安危,其重要程度非同一般。于是,他还是通过"112"查到了线务员的联系号码并联系上线务员,请他务必当夜查出故障的线路段,并保持随时联系。

线务员火速赶到速递中心后,却发现线路不知何故被人为切断了,而且该设备属于速递中心自行维护,并不属于电信公司"112"维修的范围。然而,陈夏考虑到该单位的特殊性,还是让线务员马上恢复线路,次日凌晨2:00,"热线"电话终于恢复了。

根据"用户至上,用心服务"经营理念制定的"首问责任制",把企业文化渗透到了每个员工的言行中,使员工行为准则优化为一种为顾客、用户和社会服务的群体意识,同时也形成了一种群体思维定势。

本章对企业文化影响因素进行了系统分析,使人们对企业文化诸多影响因素有了全面的认识。这对于企业文化实务有两点启发:其一,在剖析某一具体企业的企业文化时,只有考察企业文化的各种影响因素,才能更清晰地梳理其发展脉络;其二,在企业文化诸多影响因素中,绝大多数因素是企业自身无法控制和改变的,只有内部因素中的领导者因素、员工因素和企业制度因素,是企业可以有所作为的。因此,在企业文化培育过程中,必须重点把握这三个关键性因素,即完善领导者素质、进行培训提高员工素质和强化企业制度建设。

本 章 小 结

本章对企业文化诸多影响因素进行了系统分析,观点如图6.1所示。

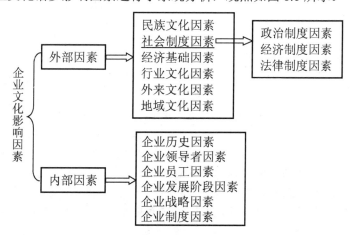

图6.1 企业文化影响因素

关键词

民族文化、外来文化、行业文化、地域文化、企业发展阶段、企业战略

复 习 题

1. 影响企业文化的外部因素有哪些？
2. 影响企业文化的内部因素有哪些？
3. 企业领导者是怎样影响企业文化的？
4. 企业员工素质对企业文化有着怎样的影响？
5. 企业战略和企业文化是怎样一种关系？
6. 企业制度对企业文化有何影响？

思 考 题

1. 以中国、日本、美国为例，分析不同民族文化对企业文化的影响。
2. 以自己熟悉的企业为例，分析其企业文化的特征并剖析其成因。

案例分析

修身、齐家、立业、助天下
——郭广昌和复星集团文化

复星集团是一家民营科技企业，1992 年 11 月创立于上海，复星发展的轨迹非常清晰。复星的第一个 100 万元是靠咨询赚到的，靠知识的直接市场化赚钱；第一个 1 000 万元是靠房地产营销做到的；第一个亿元是靠生物制药赚来的；而第一个 10 亿元是通过资本和产业相结合达到的。在郭广昌的带领下，在短短十几年时间里，复星的资产由 10 万元演变成了 198 亿元(2001 年复星集团的资产额)，创造了一个财富神话，郭广昌被誉为"上海的比尔·盖茨"。

一、企业成败在于人

"人是企业管理的核心，也是企业成败的关键。"郭广昌用带着东阳乡音的普通话如是说。毕业于复旦大学哲学系的郭广昌，言谈中充满"书卷气"，更有哲学家的理性思考。他认为企业就是经营资源的组织，通过企业家的杰出组织，产生"1＋1＞2"的效益。

经过多年的实践，郭广昌深刻认识到，企业竞争就是人才竞争。他强调："年轻人最需要的不是个人英雄主义，而是集体英雄主义。我们这些人在能力上可能每人只能打七八十分，但我们要做能力的加法和乘法。在复星，我们最大的愿望是培养一批志同道合的青年企业家群体和一个朝气蓬勃的青年创业团队。"据此，复星构建了一整套"以发展吸引人，以事业凝聚人，以工作培养人，以业绩考核人"的用人制度。正是这样一种企业精神和团队创业氛围，吸引了来自全国乃至海外学成归来的硕士、博士，并印证了郭广昌常说的那句话："企业的发展就像一条河，每个人正像河中的一点水，无论处在上游、中游、还是下游，都能找到自己汇入大海的位置。"

第6章 企业文化的影响因素

二、以事业为载体回报社会

走进郭广昌的办公室,"修身、齐家、立业、助天下"九个大字格外醒目,这正是复星的企业理念。郭广昌解释说:"复星这个群体以事业为载体来实现创造财富、回报社会的理想,来获得个人价值的实现。"郭广昌用哲学家的思维,将先贤的名言改成了复星的"座右铭",成了复星企业文化的核心。

对此,他进一步解释说,今天社会的经济细胞不再是家,而是企业。在实现中华民族伟大复兴的新世纪,知识分子实现价值的选择是立业助天下,即产业报国。

三、学习创新无止境

为了适应飞速发展的形势需要,更好地规划和发展知识经济型企业,郭广昌立足高起点,致力于建立和完善企业制度、培养创业型群体。他说:"企业家经营的过程,其实就是一个不断找老师的过程,复星集团这些年能够快速发展,在于老师找得多、找得准。""带泥土移植"的"借脑增力"已成为复星超速发展的"妙方"之一。

郭广昌成功了,但他依然谦逊、执着,"我最大的敌人是我已经取得的成绩,我最大的障碍是没法超越自己,事业无止境,学习创新无止境。"

(资料来源:罗长海,等. 企业文化建设个案评析[M]. 北京:清华大学出版社,2006.)

讨论题

1. 在复星集团企业文化的形成过程中,郭广昌起了怎样的作用?
2. 复星集团企业文化有哪些值得借鉴,你从复星集团文化中感触最深的是什么?

拓 展 阅 读

[1] 刘光明. 企业文化[M]. 北京:经济管理出版社,2006.
[2] 刘光明. 企业文化塑造:理论·实务·案例[M]. 北京:经济管理出版社,2007.
[3] 罗长海,林坚. 企业文化要义[M]. 北京:清华大学出版社,2003.
[4] 陈燕,邓旭. 浅论环境对组织文化的影响[J]. 经济体制改革,2005,(3).
[5] 王成荣. 企业文化建设[M]. 2版. 北京:清华大学出版社,2009.
[6] 马步真. 论企业领导与企业文化建设[J]. 管理者说. 2007,(5).
[7] 江繁锦. 领导行为与企业文化的适配性研究[D]. 长沙:湖南大学,2008.
[8] 王超逸,李庆善. 企业文化学原理[M]. 北京:高等教育出版社,2009.
[9] 洪向华. 论企业文化与企业领导的辩证关系[J]. 理论探讨,2003,(3).
[10] 刘宝宏. 企业战略管理[M]. 大连:东北财经大学出版社,2009.

下篇
企业文化实务

本篇探讨的主题是如何进行企业文化建设，也即如何有效地培育和优化企业文化，目的在于寻求培育企业文化的具体途径，为企业文化建设提供富有成效的建议性方法和技巧。显然，本篇建立在上篇所学理论的基础上，是企业文化基本原理和基本规律在企业文化建设实践中的运用。建设企业文化是一项自觉的活动，由相应的主体选择合适的时机，确立明确的目标，遵循一定的原则，按照一定的程序，运用一定的方法去组织和实施。因此，下篇首先讨论了企业文化建设的基础问题，如第7章从企业文化的地位与功能阐明了企业文化是核心竞争力的核心元素；而第8章论述了企业文化建设的目标、主体、时机、基本原则和一般步骤：企业文化建设过程实质是培育和塑造企业主导文化的过程，同时也是这一主导文化"化人"。这一非常复杂、漫长而艰辛的过程，要经历企业文化的测评与诊断、挖掘与提炼、培育与塑造、巩固与传播四个阶段；第9章将重点探讨企业文化测量的内容、特点、维度、方法和步骤；第10章将探讨企业文化的挖掘与提炼、培育与塑造的内容与方法；第11章将探讨企业文化培育的艺术，即让企业文化"落地生根"、化虚为实的艺术；第12章将探讨企业文化的传播，包括企业文化传播的构成要素、类型及规律。

学习目标：

(1) 正确理解企业文化建设的目标、主体、时机、基本原则、一般步骤。
(2) 掌握企业文化测量的内容、特点、维度、方法和步骤。
(3) 理解企业文化挖掘与提炼的内容和要求。
(4) 掌握企业文化培育塑造的基本流程、基本原则、路径和方法。
(5) 领悟企业文化落地生根、化虚为实的艺术。

第 7 章

企业文化的地位与功能

本章学习目标

1. 企业文化的地位;
2. 企业核心竞争力及层次;
3. 企业文化的基本功能。

导入案例

谷歌企业文化故事

作为全球最大的搜索引擎领军人物——Google(谷歌)，现在也只有十二三年历史，公司究竟有怎样的魅力吸引了大批世界顶级计算机人才，并迅速成长为全球最具成长力的公司，又有着怎样的企业文化呢？

被 Google 公司排在最前面的企业文化是平等互敬。在老员工沈先生看来，似乎没有比 Google 更重视"平等"这个字眼的公司了，因为，这家公司没有一个人有自己专门的办公室，就连 CEO 也是这样。沈先生说，当时公司新聘了 CEO，高层还就要不要给新 CEO 专门的办公室有过讨论。有人认为，要是给他专门的办公室就破坏了公司的规矩，但也有人认为 CEO 怎么能没有自己的办公室。讨论的结果是给 CEO 布置一间小得不能再小的房间，尽量不要让别人注意到。结果，还是有"好事者"跑到 CEO 那里说，希望和他共用那间小得不能再小的办公室。CEO 的态度是"没有问题"，于是，CEO 就和一名普通员工共用了一间办公室，这让所有参观者大跌眼镜。

说到公司的透明度，赵明可说，他感受最深的是，每个员工都可以看到老板或是其他同事的工作计划，这样员工既能知道公司既定的发展方向和目标，可以提出建设性的意见，又能监督老板是否完成了目标。这种透明不仅有利于员工明确公司的方向，更是年终大家相互考评的重要依据。Google 公司年终的考核与是否升职、是否加薪有关，而这个考核结果不是由某个上级领导决定的，而是要同事间相互打分。Google 公司员工的解释是，你干得好不好其实合作者最清楚。

Google 公司可以不给老板专门的办公室，但却有给钢琴爱好者专门设立的钢琴房。更不可思议的是，有人曾提出公司应该提供游泳的环境，但实际上公司的地盘不大，怎么解决呢？终于有人发现有一种健身仪器叫游泳机，有洗澡盆那么大，人可以趴在里面，水动但人不动。

员工认为，在短短的十二三年的时间里，Google 公司就从一个在线搜索引擎公司成长为一个在所有领域都插上一脚的技术"巨鳄"，其企业文化起着至关重要的作用。

不同的企业具有不同性质的企业文化。先进的文化构成企业的核心竞争力，成为企业持续发展的内驱力，而落后、病态的文化则阻碍着企业的创新和发展。企业文化是一把"双刃剑"，既有正向功能和作用，也有负向功能和作用。本章主要回答了两个问题：企业文化在企业中居于怎样的地位，具有哪些基本功能？认识、把握、实现企业文化的功能正是研究企业文化的根本目的。

7.1 企业文化的地位

对于任何一个企业来说，基于它特殊的环境条件和历史传统，都形成了自己独特的哲学、信仰、意识形态、价值取向和行为方式，因此每个企业也都具有自己特定的企业文化。正如美国哈佛大学教授迪尔和肯尼迪指出的那样："每个企业都有一种文化。不管企业的力量是强还是弱，文化在整个企业中都有着深刻的影响，它实际上影响着企业中的每一件事：从某个人的提升到采用什么样的决策，甚至职工的穿着和他们所喜爱的活动。"企业文化具有极强的渗透性，它无处不在、无时不有，深刻地影响着企业运行的每个层面、每个环节。在企业中，企业文化居于非常特殊、非常重要的地位。

7.1.1 企业文化是企业组织的灵魂

企业文化的核心是企业价值观，它制约和支配着企业的宗旨、信念、行为规范和追求目的，它影响着企业中的每一件事，大到企业的战略选择和制度安排，小到企业成员的一言一行。企业文化是无形的，但在整个企业中有着深刻的影响，它是企业组织深层的特质，根植于企业一切活动之中，是企业的灵魂。这在著名的麦肯锡"7S框架"中得到了充分的体现和印证。

据著名的美国管理咨询组织麦肯锡公司研究，决定企业经营管理成败的主要有相互关联的七个要素(如图7.1所示)：战略是指企业获取和分配有限资源的行动计划；结构是指企业的组织方式；制度是指信息和决策在企业内部的传递程序和系统；人员是指企业人员的构成和素质；技能是指企业和它的关键人物的特长，以及竞争对手所没有的卓越能力；作风是指企业管理风格和人员的行为方式；共同价值观是指能够将员工个人与企业目标真正结合在一起的信念和目标。在"7S框架"中，前三个要素(战略、结构和制度)是企业经营管理成败的"硬件"；后四个要素(技能、人员、风格和共同价值观)是企业成功的"软件"，其中，作为企业文化核心的共同价值观处于中心地位，把其他六个要素黏合成一个整体，是决定企业命运的关键性要素。

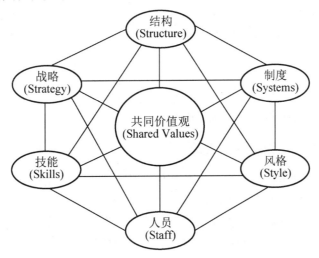

图7.1 麦肯锡的"7S"框架

企业文化对于一个企业的成长发展来说，不是最直接的影响因素，但却是最根本、最持久的决定因素。企业文化全面、深刻、持久地影响着企业。先进的文化成为企业持续发展的内驱力，而落后、病态的文化则阻碍着企业的成长和发展。

7.1.2 企业文化是实现企业战略的思想保障

战略是以全局为对象，综合考虑供应、生产、技术、销售、服务、财务、人事等各方面因素，根据总体发展的需要而制定的企业经营活动的行动纲领。企业战略最重要的是要解决走正确的路及如何走的问题，文化则是要为找对方向及实现"上下同欲一起走"提供哲学之道和精神激励，两者密切相关。

首先，企业文化引领企业战略的制定。在企业外部环境复杂多变的条件下，企业战略选择必须以高明的战略远见和观念为指导，确立高明的企业哲学。换句话说，也就是企业战略选择只能在企业文化导航下进行和产生。因此，企业战略管理是在文化管理模式下实现的。许多成功的企业，之所以能在市场经济的海洋中乘风破浪，正是因为它们具有高明的企业哲学、优良的企业文化。例如，日本松下公司靠大量生产的"自来水哲学"和以仿制为主的"后发制人策略"，长期保持了优质低价的竞争优势，成为家电行业里的"超级大国"。而日本的另一家太阳企业集团奉行"大则死，小则活"的哲学，用"见缝即扎根"的"蒲公英精神"和化整为零的灵活经营方式，在激烈的市场竞争中发展壮大。

企业战略打上了深刻的企业文化烙印。企业战略是企业文化的一种反映。有什么样的企业文化，便会产生什么样的企业战略。企业通过战略管理实现使命和达成愿景，企业战略反映着企业宗旨和核心价值观，有着深刻的企业文化烙印。优秀的企业文化往往会指导企业形成有效的企业战略，并且是实现企业战略的驱动力和重要支柱。

其次，企业文化决定企业战略的执行。企业战略的制定是企业战略管理的第一步，企业战略需要企业全体员工共同自觉地去贯彻执行，否则再完美的战略也只是纸上谈兵。企业战略目标的成功实现，30%依赖于正确的战略选择，70%依赖于战略的正确执行，而企业战略的正确执行需要适宜的企业文化氛围。正如美国《财富》杂志指出的那样：没有强大的企业文化，没有卓越的企业价值观、企业精神和企业哲学信仰，再高明的企业经营战略也无法成功。企业文化以其所营造的企业整体价值取向、经营观念和行为方式潜移默化地引导企业全体成员去贯彻、执行企业既定的战略，保证战略目标的实现。

因此，有效的战略和优秀的文化是企业成功的基础和保证。企业文化引领企业战略，企业文化的战略导向就是使企业的一切行动必须在企业文化的约束和指导下进行，一切企业行为和个人行为都必须与企业文化保持一致。

7.1.3　企业文化是企业活力的内在源泉

首先，从组织成员个人层面看，企业文化是员工活力的内在根源。企业活力最终来自于人，只有人的积极性被激发和调动起来，才能使企业充满活力。而人的积极性的激发和调动，往往又要受到人的观念的支配。也就是说，只有当人在观念上愿意去做事的时候，才会有内在的积极性，否则，即使是强迫他去干，最终也不一定会干好，因为他没有内在的积极性，只是在被动地应付。所以，要让企业中的每一个人能够积极主动地参与企业活动，首先就要让他们在观念上取得认同。因此，企业文化作为成员所信奉的价值观，必然会直接涉及企业每个员工的内在动力，作为企业活力的内在源泉而存在。

其次，从组织整体层面看，企业文化是企业创新的思想基础。人的选择及行为是受人的思想观念支配的，行为变化首先源于思想和观念的改变。纵观历史，人类思想理论上的解放和创新往往成为社会进步和社会变革的先驱，这是因为思想观念上的解放和创新不仅扫除了阻碍现实发展和创新的思想障碍，而且为创新实践提供了有力的理论指导和精神支撑。在企业的运行中也是如此，企业的各个方面创新，包括制度创新、技术创新、产品创新、市场创新等，都首先起源于企业成员观念和思想的创新，即企业文化层面的创新。企业文化的创新是企业创新的先导，它为企业其他方面的创新奠定了思想基础。

如果一个企业形成了"倡导创新意识，运用创新思维，学习创新之道，敢于创新竞争，

第 7 章 企业文化的地位与功能

鼓励尝试风险"的企业文化氛围,那么,这种良好的企业文化氛围不仅有助于新思想的产生,而且也能使这些新思想迅速而有效地转变成实际运用。知识经济时代的创新特征是团队创新。倡导创新的企业文化不仅会激发企业成员个体的创新潜能,而且还会把企业内富有创新精神的个体力量凝聚、整合为团队创新合力。从这个意义上讲,企业文化是企业创新能力的原动力,是企业活力的源泉。

7.1.4 企业文化是企业行为规范的内在约束

在企业运作过程中,为了保证运作的效率,所有成员的行为都应该得到规范和约束。对企业员工的行为约束往往有两种:一种是外在的约束,如正规制度等;另一种是内在的约束,如社会道德及企业文化等。这两种约束存在显著的不同。

(1) 从性质看,企业文化属于"软约束",而制度则是"硬约束"。企业文化是无形的,它对人的约束是建立在文化主体自觉基础上的自我约束,因此是一种"软约束"。这种约束产生于企业文化氛围、群体行为准则和道德规范中。群体意识、社会舆论、共同的习俗和风尚等精神文化内容,会造成强大的使个体行为从众化的群体心理压力和动力,使企业成员产生一致看法和心理共鸣,继而达到行为的自我控制。

(2) 从规范操作看,企业文化是"自操作",而制度是"他操作"。"自操作"又叫做"自控","他操作"又叫做"他控"。也就是说,企业文化对人们行为的规范,是赋予人们以规范,使人们自己操作,达到行为自我调节和自我控制的目的,而不需要他人的督促、指导和干预。

(3) 从行为情境看,以企业文化规范人们的行为,其情境可以是模糊的、弹性的、允许人们根据基本价值观权变;而以制度规范人们的行为,其情境则必须是明确的、清晰的,制度要求人们"在什么情境下应该怎么做,人们就应该怎么做",不允许权变,权变行为被视为"犯规"或"失范"行为。

(4) 从行为方式看,企业文化诱发的行为是自动、自觉、自愿的行为,而制度规定的行为是强制的,甚至是被逼迫、不情愿的。前者是"我想或我要这样做",而后者则是"我不想,但要我这样做。"

(5) 从行为者的感受看,企业文化赋予人们一定的价值观、作风、习俗和礼仪,使人们自然而然做出符合这些规范的行为选择,人们在行为中会感受到自由、满足、轻松、自豪、自尊和自我价值;而按制度规定去行动,人们往往体验到压力、不安、压抑、不自主和无价值状态。前者有益于人们的身心健康,后者有损于人们的心理健康。

制度约束作为一种强制性、被动的、外在的硬性约束,所起的作用往往是很有限的,它会因为企业成员的抵触而大打折扣,而当人在价值观上对正规制度能够认可时,正规制度就作为一种价值观而在人的思想中存在,从而对人的行为进行有效的自我约束。企业文化作为正规制度在人的价值观上的反映,必然会从内在性上约束企业成员的行为,从而成为规范企业行为的内在约束力。企业文化就是一种内在的约束,它像一只"看不见的手",使成员自觉主动地执行企业制度。

7.1.5 企业文化是核心竞争力的核心元素

企业核心竞争力是指能使企业保持长期竞争优势的核心资源和核心能力,其最根本的特征是价值性、难以模仿性和不易替代性。

第一，价值性。核心竞争力具有经济价值，能为企业带来垄断的超额利润，同时，也能为顾客提供更多的价值，即为企业产品进入多个市场提供潜在的途径。

第二，难以模仿性。核心竞争力是竞争对手难以模仿的，它是长期积累的多种技术、知识的有机综合体，具有路径依赖性。

第三，不易替代性。核心竞争力在较长的时间内不易被其他能力所代替，否则，其价值性就会降低，无法再继续保持企业的竞争优势。

优秀的企业文化作为企业中的软性要素具备上述核心竞争力的三大特征。首先，企业文化具有价值性。优秀的企业文化成为企业的精神动力，能激发企业员工的积极性和创造性，使企业能具有强大的内驱力和凝聚力，同时，优秀的企业文化具有强烈的使命感，注重客户利益和社会效益，使企业能更好地适应外部环境，在市场竞争中形成长期优势。其次，企业文化具有难以模仿性。企业文化作为企业长期发展过程中形成的企业价值观和经营哲学，是企业所独有的，具有较强的稳定性，很难被竞争对手和其他企业所模仿。再次，企业文化具有不易替代性。企业文化是企业组织的灵魂，是企业诸多要素的基石，它直接或间接地影响着企业的任何要素，决定着企业的发展方向和命运，是无法被其他要素或能力所代替的。由此可见，企业文化构成企业核心竞争力。

国际著名的兰德公司的研究结果也同样证明了上述观点——企业文化构成企业核心竞争力，而且他们还认为企业文化是构成核心竞争力的核心要素。他们把企业竞争力分为三个层面：产品层、制度层和核心层：第一层面是产品层，主要包括企业产品生产及质量控制能力、企业的服务、成本控制、营销、研发能力，这是表层的竞争力；第二层面是制度层，包括各经营管理要素组成的结构平台、企业内外环境、资源关系、企业运行机制、企业规模、品牌、企业产权制度，这是支持平台的竞争力；第三层面是核心层，包括企业文化及由企业文化决定的企业形象、企业核心专长和创新能力，这是最核心的竞争力。在第三层面的诸多内容中，企业文化是最深层次的、最根本的决定性因素。

企业要做到最优秀、最具竞争力，必须在企业文化上下工夫。技术可以引进，制度可以制定，但企业全体员工共同认同的价值理念、彼此共鸣的内心态度、众志成城的士气却是很难移植、很难模仿的。从这个意义上说，企业文化才是最终意义上的第一核心竞争力。因此，约翰•科特认为："企业文化在下一个10年内很可能成为决定企业兴衰的关键因素。"沙因在《企业文化生存指南》一书中也指出："在企业发展的不同阶段，企业文化再造是推动企业前进的原动力，企业文化是核心竞争力。"

总之，从上述五个方面可清楚地看出，企业文化是企业管理中一个极为关键的要素，它深刻、全面、持久地影响着企业。因此，应该摆正企业文化在企业管理中的位置，绝不能忽视企业文化。

7.2 企业文化的基本功能

企业文化是企业的灵魂，它深刻、全面、持久地影响着企业的发展，而这种深刻、全面和持续的影响作用又是通过企业文化对人的潜移默化的影响实现的。这里的人，最主要

第 7 章　企业文化的地位与功能

的是指企业全体员工。因为员工是企业中唯一能动的要素，是企业活动的主体，企业中任何目标、任何任务都只有通过人的活动才能完成。企业文化就是通过影响企业中的每一个成员，进而影响每一个人所做的每一件事，从而对企业发展产生深刻、全面和持续的影响。因此，对企业文化基本功能的分析，主要就从企业文化对员工思想行为的影响角度入手。

7.2.1 企业文化的积极功能

1. 导向功能

企业文化的导向功能是指它对企业整体及企业成员个体思想行为的方向所起的显示、诱导和坚定的作用。企业文化反映了企业整体的共同追求、共同价值观和共同利益。这种强有力的文化，能够对企业整体和企业每个成员的价值取向和行为取向起导向的作用。由于企业文化是一种集体无意识，因此这种导向功能建立在自觉基础上，具体体现在两个方面：第一，企业文化能对企业整体的价值取向及行为取向起引导作用，企业文化规定着企业发展的战略方向，企业做什么，不做什么，以及怎么做，最根本的是由企业文化决定的；第二，企业文化对企业成员个体的价值取向及行为取向起引导作用，这是因为一个企业的企业文化一旦形成，它就建立起了自身系统的价值和规范标准，如果企业成员在价值和行为取向上与企业文化的系统标准产生悖逆现象，企业文化会将其纠正并引导到企业的价值观和规范标准上。正如迪尔和肯尼迪在《企业文化》一书中反复强调："我们认为人员是公司最伟大的资源，管理的方法不是直接用电脑报表，而是经由文化暗示，强有力的文化是引导行为的有力工具，它能帮助员工做到最好。"

国内外许多优秀企业都有明确而坚定的企业方向。它们不论在企业顺利、成功的情势下，还是在企业处境恶劣、遭遇重大挫折的情势下，都不曾发生过迷茫，失去前进方向的情况。它们之所以能够这样做，是因为有强大的企业文化导向。IBM 的目标是："我们要为顾客提供世界上最优秀的服务。"经过长期的努力，"优良的服务几乎成了 IBM 的象征。"它们不仅向客户提供各种机器租赁，而且提供各种机械服务；不仅提供设备本身，还提供公司人员随叫随到的咨询服务。它们以实际行动"保证在 24 小时内对任何一个顾客的意见和要求做出答复。"在长期服务过程中，它们也遇到过某些挑剔、刁难、攻击，但它们"始终设身处地考虑客户的立场"，因为，它们的目标是"优秀服务"，"在任何时刻都不能忘记服务这个目标。"

2. 约束功能

约束功能是指企业文化对企业员工的思想、心理和行为具有约束和规范作用。企业成员的个人目标与企业目标不可能完全相同，个人的价值观与企业的整体价值观也不可能绝对一致，这就决定了员工的实际行为与企业要求的行为之间必然存在着一定的差距，企业对其成员要进行约束。约束往往有两种：一种是外在的企业制度约束；另一种是内在的企业文化约束。制度约束作为一种强制性的、被动的、外在的硬性约束，所起的作用往往是有限的，它的效果会因为企业成员的抵触而大打折扣，而企业文化则因为将企业的目标、价值观和行为方式最大限度地内化为员工自己的目标、价值观和行为方式，使外在约束变成了员工的自我约束，从而达到管理的最高境界——无为而治。因此，企业文化的约束功能可以有效弥补制度约束的不足。

137

3. 激励功能

激励功能是指企业文化能激发员工动机与潜在能力，具有使企业成员从内心产生一种高昂情绪和奋发进取精神的效应。

首先，优良的企业文化能够为员工提供一个良好的组织环境。传统激励理论认为，在诸多的激励因素中，组织环境的好坏与激励的强弱密切相关。优秀的企业文化强调以人为本，在管理中尊重每一个人、相信每一个人。员工备受重视，参与的愿望能够得到充分满足，从而能最大限度地激发积极性和首创精神，以主人翁的姿态，关心企业的发展，贡献自己的聪明才智。如果一个组织拥有良好的企业文化，那么它内部的小环境就比较和谐，员工的人际关系就比较好。员工身处其中会受到感染，具有执着的事业追求和高尚的道德情操，能把企业的发展与自己的成就密切联系在一起，从而能够以良好的心态工作。那种彼此之间互不服气，为权力、奖金、工资争斗的现象就比较少，工作绩效自然提高。同时，在良好的企业文化氛围内，员工的贡献能够得到及时的肯定、赞赏和奖励，从而使员工产生极大的满足感、荣誉感和责任心，以极大的热情投入工作中，激励效果显著。

其次，优良的企业文化能够满足员工的精神需求，起到自我激励的作用。美国心理学家赫茨伯格认为，改善外部条件的激励方法(如工作条件、金钱地位、安全等)，虽然可以提高员工的工作满意度，但未必能激发人的积极行为。只有从人的内部进行激励，才能真正调动人的积极性，恰当的精神激励比许多物质激励更有效、更持久。优秀的企业文化为员工提供了满足其目标激励的条件和环境，员工将个人目标与组织目标很好地结合起来，并进行自我监督、自我鞭策、自我评价和自我控制，不断地激励自己，努力实现自己的理想追求。在企业文化的激励下，员工积极工作，将自己的工作融入集体事业中，共同创造，共享企业的荣誉和成果，员工本身又会得到自我实现及其他高层次精神需要的满足，从中受到激励。可见，对员工来说，优良的企业文化实质上是一种内在激励，是一种"自我激励"的高境界，它能够发挥其他激励手段所起不到的激励作用。

企业文化的激励从性质上可以划分为正激励与负激励。前者是通过奖励、表扬来鼓励某种行为，以达到持续这种行为的目的；后者是通过限制某种行为，以达到消除这种行为的目的。从激励形式上可以划分为内激励与外激励。前者是源于职工的内心，由内酬即工作任务本身的刺激而引发的，即所谓的"乐在其中"；后者是由外酬即外界的原因所引发的，如员工的贡献得到及时的肯定、赞赏和奖励，从而使员工产生极大的满足感、荣誉感，备受激励。优秀的企业文化具有良好的激励功能，它使企业产生一种取之不尽的精神力量，不断推动着企业成长，不断创造着企业的活力。

4. 凝聚功能

企业文化的凝聚功能是指当企业的价值观被企业员工共同认同后，它就会成为一种精神黏合力，从各个方面把其成员聚合起来，从而产生一种巨大的向心力和凝聚力。

组织凝聚力的强弱受多种因素影响，行为科学认为，下列八种因素是最主要的。

(1) 成员的共同性。共同性(特别是共同目标和共同利益)越多，凝聚力就越大。

(2) 群体规模的大小。群体的大小与凝聚力成反比。

(3) 群体与外部的关系。群体与外界越隔离，外部压力越大，则群体的凝聚力越大。

第7章 企业文化的地位与功能

(4) 成员对群体的依赖性。群体越能满足个体需要，即个体处处依赖群体，则群体凝聚力越大。

(5) 群体的地位。有光荣称号、或有较高技术水平、或有富于挑战性的工作、或有较多经济报酬、或有较多晋升机会、或有较多自由而不受太严厉监督的群体，其凝聚力一般较大。

(6) 目标的达成。凡能达成目标的群体，其凝聚力较大。

(7) 信息的沟通。信息越畅通的群体，凝聚力越大；而噪声很大的工厂、肃静沉闷的大办公室、分散在一条长装配线上工作的小组，由于信息不易沟通会降低凝聚力。

(8) 领导的要求和压力。领导越强调成员应遵守组织规定，群体的凝聚力也就越大。

行为科学的这一结论，对理解企业文化的凝聚功能有较大启示。企业文化与上述因素中的诸多因素直接相关，因此对企业凝聚力有较大的决定作用。

一个企业的凝聚力可以分为三个层次：第一层次是人际关系的情感联系层次，表现为情感关系，属于较低层次；第二层次是人际关系的价值取向层次，它使企业成员的互动关系建立在情感层次上，而且以价值取向为共同活动纽带，价值取向的一致性能强化企业内部的人际联系，增强凝聚力；第三层次是目标内化层次，企业的目标被内化为个人目标，内部凝聚力达到极强的状态。从情感的相互适应，到价值观的一致认同，再到企业目标内化为个人目标，这是一个建立共识的过程，也是企业凝聚力由弱变强的过程。优秀的企业文化强调人本管理，注重企业内部人际关系的协调、企业成员共同价值观的塑造，以及企业共同愿景的构建，从而使企业成员从情感的相互适应到价值观的一致认同，再到企业目标的内化，使企业凝聚力逐渐增强。企业文化就是通过这三个关键因素——亲密感情、价值共识与目标认同来强化企业的凝聚力。它使企业成员个人的行为、目标、思想、感情、信念、习惯与整个企业有机地统一起来，从而形成相对稳固的文化氛围，凝聚成一种无形的合力与整体趋向。

1) 企业文化为企业凝聚提供了坚实的精神基础

没有坚实的精神基础，就要把全部团体和广大员工长期凝聚在企业组织内，是根本不可能的。物质利益的结合可能会暂时把人们笼络在一起，但它经不住时间的考验，随着时间的推移，利益的冲突会使人们分道扬镳。唯有以精神为基础的结合，才能使人们长期凝聚在一起，形成一个坚强的命运共同体。而企业文化正是企业团结的精神基础，它不仅赋予人们以共同目标、理想、志向和期望，使人们心往一处想，劲往一处使，而且赋予人们以共识和同感。所谓共识，是指人们对事物的共同认识；同感是指人们对事物的共同感受体验。共识和同感是人们一致行为的前提。在企业生活中，人们只有达成共识并形成同感，才能顺利沟通，相互理解。在企业凝聚问题上，干群关系起着关键作用，有些企业干群关系不和谐，甚至经常处于冲突状态。究其原因，最主要、最直接的就是干部与群众之间缺乏共识和同感，干部的决策得不到员工的正确理解，员工的感受得不到干部的共鸣，从而使干群之间产生矛盾，并由此引发整个组织的涣散。过去，克服企业涣散状态，人们一般采取调换干部、整顿纪律等措施，而忽视了企业文化建设，因此效果都不理想。现在看来，治"散"的根本方针应该抓住企业文化这个主题。只有把企业文化建设好，人们有了共同目标，有了共识和同感，才能紧密地团结起来，使企业从根本上摆脱涣散状态。

2) 企业文化为有效解决企业内部的矛盾和冲突提供了正确的准则

无论哪种结构的企业内部都会出现这样那样的矛盾和冲突,如团体与组织间的矛盾和冲突、团体与团体间的矛盾和冲突、团体与个人及个人与个人间的矛盾和冲突。对于一个企业组织来说,矛盾和冲突是不可避免的,及时而正确地解决这些矛盾和冲突,促使其向有利方向转化,使之成为组织进步和团结的契机。但是,及时正确地解决企业内部矛盾和冲突并不是一件容易的事。困难的关键在于缺乏正确判断与评价是非、善恶、美丑和爱憎的准则,归根结底在于缺乏一种强大的企业文化。有了企业文化,人们普遍地掌握了一套价值标准,知道怎样做是正确的,怎样做是错误的,这不仅能避免某些矛盾发生,防止冲突,而且即使出现矛盾和冲突,也会主动、积极地寻求解决办法,而不是使矛盾和冲突经过积累,变得复杂、尖锐,致使关系紧张,损害团结。许多具有强文化传统的优秀企业,矛盾和冲突一般都解决在萌芽状态,解决在基层,控制在极小范围内,很少需要高层领导人出面正式直接地协调和仲裁。即使有些矛盾和冲突出现在组织负责人面前,他们也一般以非正式方式处理,而不轻易诉诸权力的影响,以损害矛盾和冲突双方的感情,削弱组织的凝聚力。

3) 企业文化提供给员工多方面的心理满足,从而增强企业吸引力

吸引力和向心力问题,归根结底是一个需要的满足问题。企业给员工的满足越多,员工对企业越满意,则企业对员工的吸引力就越大,员工对企业的向心力就越强。企业给员工的满足与企业对员工的吸引力,即员工对企业的向心力,是正比关系。而要给员工以更多的满足,单纯的物质刺激和奖励是不够的。特别是像我国这样一个正在发展中的国家,一方面,国家和企业都不富裕,各方面还摆脱不了紧张短缺状态;另一方面,国民和员工中又存在物质期望过高和消费早熟现象,就更不能单纯地从物质方面去满足员工。其实,员工对企业的期望不仅仅寄托在物质方面,还有寻求精神和心理上的满足。员工寻求安全感,期望组织和团体能够承认、接受和悦纳他,使他感到"企业是我的,我是企业的";员工寻求安全感,期望企业和团体能够保障他的权利,使他能够安全、安定地工作;员工寻求友谊和亲密感,期望与周围的人和睦相处,亲密相待,互相关心,互相帮助;员工寻求荣誉感和自豪感,不仅期望自己能够获得组织和同事的尊重、好评,而且期望所在的企业蒸蒸日上,社会声誉高,值得自己为它自豪和骄傲。显而易见,要满足员工需要,需要企业有强大的企业文化做支撑。只有强文化的企业,才能给予员工多方面的满足,从而使员工在精神上寄托于企业,在情感上依恋于企业,在行动上忠实于企业。如果一个企业没有优秀而强大的企业文化,不能满足员工多方面的心理需求,即使给了员工优厚的物质待遇,也不能把员工紧紧固定在企业组织里。

日本索尼集团董事长盛田昭夫曾说过:"对于日本最成功的企业来说,根本就不存在什么诀窍和保密的公式。没有一个理论或者政府的政策会使一个企业成功,但是,人本身却可以做到这一点。一个日本公司最重要的使命,是培养公司和雇员之间的良好关系,在公司中创造一种家庭式的情感,即经理人员同所有雇员同甘苦、共命运的情感。在日本,最成功的公司是那些通过努力与所有雇员建立一种共命运的情感的公司。"把每名员工视为企业不可替代的存在,理解人、尊重人、同心同德、齐心协力,这才是企业成功之道。企业内部的这种凝聚力是由企业文化的氛围所营造的。在许多日本公司,当新员工入厂时,公司就对他们灌输他们必须与企业同存在的观念;当员工过生日时,公司都会有生日卡和生日蛋糕及总经理的亲笔祝福:公司为能有你这样的员工而自豪,祝你生日快乐;当员工家

第 7 章 企业文化的地位与功能

庭遇到困难时，公司会送上关怀和帮助。日本企业这种以本民族团队精神教育的文化来影响员工，大大增强了企业的凝聚力。

5. 辐射功能

优秀的企业文化有自己独特的个性，这种个性在企业与外界的交流过程中得以体现、传播和扩散，从而对其他企业文化和社会文化起着改变、影响和同化作用，这就是企业文化的辐射功能。企业文化的辐射功能其实就是通过企业文化对企业外部人员的思想行为的影响来实现的。

辐射功能是任何有生命力的文化都具有的功能，这一点从人类历史中的文化传播现象可以找到佐证。无论是六世纪印度的佛教文化传入中国，还是八世纪中国的儒家文化东渡日本，抑或当代西方文化的全球扩散，都无一例外地说明了文化的辐射功能。企业文化也是如此，企业文化一旦形成较为固定的模式，不仅会在企业内部发挥作用，对本企业成员产生影响，而且也会通过各种渠道对社会产生影响，对社会文化起着改变、影响和同化作用。这一点，只要看看人们如何津津乐道松下幸之助的经营哲学、GE 的成功秘诀、海尔的中国制造等就明白了。优秀的企业就是在自身文化的辐射过程中完成了与外界的有效沟通，树立了良好的企业形象。

企业文化的辐射有多种渠道，主要有：第一，理念辐射，即通过企业精神、企业价值观、企业伦理等的发散与传播传递企业文化；第二，产品辐射，即企业以产品为载体对外传播企业文化；第三，人员辐射，通过广大员工的语言和行为传播企业文化；第四，媒体辐射，通过各种媒体宣传企业文化，达到辐射的目的。

7.2.2 企业文化的消极功能

企业文化的消极功能，是指企业文化在其发展的成熟阶段，所表现出来的文化惯性、习惯和习俗。当这些企业文化要素不能适应外界生存环境的变化时，它们就会对企业发展起到阻碍和拖累的作用。这个阻碍过程主要表现在以下三个方面。

1. 变革创新的障碍

在现代经济激烈的竞争环境下，企业战略环境的变化在不断地调整，企业也处于一个不断发展、变化的过程中，企业内部自然而然地产生一种进一步提高企业效率的客观要求。当企业文化核心价值观与这种不断提高企业效率的客观要求不相符，产生矛盾时，企业文化就成了这个企业进一步发展的障碍，企业文化的力量越强，相应地，这种文化对企业发展的障碍也就越大。

企业文化作为一种与制度相对的软约束，更加深入人心，极容易形成一种思维和行为的定式和惯性，这种惯性的束缚对企业变革的阻碍，在企业环境急剧变化时表现得更为明显。

企业文化往往是企业精神经过多年的沉淀，经过多年的建设缓慢地形成的，一旦形成，企业文化便具有长期的稳定性，当企业面对的环境比较稳定时，企业文化所强调的行为的一致性对企业而言很有价值；但当企业所处的环境不断进行动态变化时，企业内部根深蒂固的企业文化就变成一种可怕的惯性，它可能会束缚企业的发展，束缚企业成员的思想，使其不敢或不愿进行创新，不敢对企业进行变革。

2. 多样化的障碍

随着世界经济全球化的加深和加剧，随着跨国公司的大举扩张，跨国公司的人才本土化战略，种族、国别、性别等方面的差异也显得尤为突出。不仅来自不同国度的人往往具有不同的文化价值观念，而且一个国家不同地域或者同一地域的人也会因个性、观念方面的不同产生差异。这些差异的存在往往导致企业中新聘员工与企业中原有的大多数成员存在很多不同的地方，这就产生了一种矛盾。

企业文化具有一种强制性，为了形成强有力的文化，企业文化要求全体成员具有一致性，因此，企业领导层往往希望有时甚至是强迫新进员工能适应、接受企业的核心价值观，以企业中原先大部分成员的行为准则来要求新员工，因而，新员工感觉对公司难以适应，企业也难以接受新员工。但是，当企业环境发生变化，进而要求企业文化发生变化时，企业往往将变化的力量寄托在新进员工身上。他们希望，这种新人员带来的差异可以激活整个企业，为企业注入新鲜的血液，促进企业的创新能力，所以企业又想公开地认可、支持员工的这种差异。这样，矛盾就不可避免地出现了。企业文化的力量越强，它对员工施加的压力也就越大，也就越要求新进员工服从公司原有的企业文化，企业文化甚至限定了企业对员工的价值观和生活方式所能接受的范围。

企业聘用各具特色、存在差异的不同员工，是希望这些各有特色的个体可以为整个企业带来多种的选择、组合的优势，但由于企业文化强调服从、适应，处于这种环境下的员工，往往只能尽力去适应企业原有文化的要求，参照大多数成员的标准调整自己的行为，以缩短企业与自己的距离。这时，失去的不仅仅是差异，那种不同特色个体所带来的多样化优势也往往随之丧失。

所以，一旦强有力的企业文化抹杀了不同背景、不同特色的员工所带给企业的独特优势，企业文化也就成了文化多样化的一个巨大障碍。在企业中，往往需要存在多样的文化。一旦环境改变，旧的文化不能适应变化时，又不能马上建立新的文化，如果企业中已经存在多样化的文化，就可以从中寻找适合新环境的文化，并将之发展起来，作为新的企业文化。这样，企业成员也不会很难适应。

3. 兼并和收购的障碍

现代环境下的激烈竞争呼吁一种合作，需要强强联手，以利于资源的优化配置。与此相应，兼并和收购也就成了许多企业的迫切要求。

以前，在企业兼并或收购的时候，兼并和收购方所考虑的首要问题是速效的优势或者是双方产品的协调性，对双方融合考虑的很少。而这几年，随着企业内部卓有成效的企业文化建设，各大企业大都形成了各具特色的企业文化，这些文化有些可以互补，有些则是相互排斥的。这时企业间相互收购或兼并时，虽然公司必须考虑融资优势和产品的协同性，但同时，双方文化的兼容性也成了兼并或收购成功与否的一个十分重要的影响因素，兼容性极差的企业文化有可能对合并后的企业造成灾难性的影响，正如彼得·德鲁克所言，兼并必须"意气相投"。

第 7 章　企业文化的地位与功能

本 章 小 结

摆正企业文化的位置、实现企业文化的功能是研究企业文化的根本目的。本章分析了企业文化在企业管理中的重要地位，认为企业文化是企业组织的灵魂、是实现企业战略的思想保障、是企业活力的内在源泉、是企业行为规范的内在约束、是企业核心竞争力的核心元素。企业文化深刻、全面、持久地影响着企业的发展。这种影响作用是通过企业文化对人的潜移默化而实现的。企业文化对员工的思想行为具有导向功能、约束功能、激励功能、凝聚功能，同时，企业文化作为社会文化的亚文化，还对社会文化产生辐射功能。落后、僵化的企业文化也会产生消极功能，主要表现为变革创新的障碍、多样化的障碍、兼并和收购的障碍。

 关键词

麦肯锡的"7S框架"、企业核心竞争力、导向功能、约束功能、制度约束、企业文化约束、激励功能、内激励、外激励、凝聚功能、辐射功能

复 习 题

1．企业文化在企业中居于怎样的地位？
2．为什么说企业文化是企业的灵魂？
3．企业文化与企业战略的关系如何？
4．企业文化何以构成企业的核心竞争力？
5．企业文化与企业活力的关系如何？
6．企业文化具有哪些基本功能？

思 考 题

1．你认为企业文化在企业管理中应置于怎样的地位？
2．企业文化对企业战略管理、人力资源管理、市场营销管理会产生怎样的影响？
3．结合你所熟悉的某一企业，谈谈如何发挥企业文化的功能。

 **案例分析**

阿里巴巴的核心竞争力——阿里巴巴文化

从刚开始的艰苦创业，无人理会，到环游演讲，宣传企业文化，从原来的"谎言、骗子"到被称为"信息高速公路之父"，从几十个人挤在一个房间起早贪黑，到阿里巴巴在香港上市，马云让"一个帝国平地而起"。他大声地向世界诉说自己的理想。西湖论剑，进军C2C市场，收购中国雅虎，阿里巴巴正向着"让天下没有难做的生意"这个目标挺进。

1. 阿里巴巴的企业文化

(1) 远景目标：成为一家持续发展102年的企业；成为全球十大网站之一；只要是商人就一定要用阿里巴巴。

(2) 使命：让天下没有难做的生意。

(3) 阿里巴巴"六脉神剑"的价值体系。

客户第一：关注客户的关注点，为客户提供建议和咨询，帮助客户成长。

团队合作：共享共担，以小我完成大我。

拥抱变化：突破自我，迎接变化。

诚信：诚实正直，信守承诺。

激情：永不言弃，乐观向上。

敬业：以专业的态度和平常的心态做非凡的事情。

2. 企业文化的贯彻自上到下、由里到外

作为中国的本土企业，企业家们想打开国际市场的心理是迫切的，而获得这种效果最直接和简单的方法就是跨国并购。几年前联想合并 IBM 到前段时间的吉利收购沃尔沃，然而跨国的并购案例，整合的实现实际上困难重重，但是马云做到了。在2000年，互联网"泡沫"到来的时候，马云从 GM 挖回了 COO 关明生，开始了整顿，重新重视企业文化，并进行了三件大事："延安整风运动"、"抗日军政大学"、"南泥湾开荒"，这就是为什么在碰上"非典"的时候，被隔离的全公司成员依然能保持热情，积极地在家通过线上联络进行正常的办公。也许，SOHO 一族就是这样开始流行的。而这样坚定在所有员工心中的企业文化，就是后来"雅巴联姻"进行企业整合时的基础。"如果文化有冲突，如果意见不一致，即使能力再强，都请离开。"这是马云说的话。一种文化整合另一种文化，同质性再强，也不是一件容易的事情，但是，只经过一两个星期，原雅虎的员工就开始了新的工作。

3. 极具"江湖情怀"的西方运作管理模式

阿里巴巴有一个流传很广的管理理念，就是"东方智慧，西方运作"。马云认为东方人有深厚的智慧积淀，但在商业运作能力上有所欠缺。西方很多东西用制度来保证，而中国用人来保证。因此，在公司的管理、资本的运作、全球化的操作上，马云均毫不含糊地"全盘细化"。阿里巴巴有一个规定，要想担任主管职位以上的人，必须是在海外受过3~5年教育，或工作过5~10年的。除 CEO 马云自己以外，CTO 吴炯、CFO 蔡崇信都是有海外工作经验的高级人才，而就在2005年12月，阿里巴巴高层发生了人事变动，马云的妻子张瑛也宣布退任。

"我始终认为企业最值钱的是人才。但为了保持企业的竞争力和一支优秀的员工队伍，我们会坚持实行'末位淘汰'制，将最后10%的员工淘汰，因为我们不淘汰他们，市场和股东就会淘汰我们。"马云始终坚持着这种简单而有趣的管理机制，促进企业的所有员工积极努力地工作。阿里巴巴需要高超的技术人员，但同样需要有能力的管理人才，分两条线进行提升，并将所有的提升等级划分清楚，而这也是"东方智慧，西方运作"的精髓之处。

4. 进攻就是最好的防守

当电子商务领域一定要建立诚信体系时，他们推出了诚信通服务；需要交易市场，他们就建立了阿里巴巴和淘宝网；要能安全支付，他们就打造了支付宝；要能方便找到信息，他们就收购了中国雅虎；而在他们看来，很多中小型企业生意越做越大，需要软件来管理自己的企业时，他们同样开始了阿里巴巴的软件征程。这就是马云坚持的"进攻就是最好的防守"。

但曾经，当王峻涛说："未来的中国很有可能是 C2C 发展的市场。"马云极力反对，坚持自己的 B2B 模式才是中国的未来。而在几年之后，马云也潜入 B2C、C2C 的领域中。世界在发展，不能以原有的计划束缚自己，以变应变。当 eBay 坚持着付费上架，严格控制买卖双方的联系时，阿里巴巴却开发出了阿里旺旺，打着"上班用旺旺，下班用QQ"的旗号。他们从不想着怎么把顾客口袋里的5块钱赚到手，而是

第 7 章 企业文化的地位与功能

想怎么才可以让顾客赚到钱,同时获得自己应得的。敢于最先,勇于突破,以顾客第一为指导自己前进的价值观。阿里巴巴战胜了世界 C2C 巨头 eBay,成功地扩张了自己的"版图"。

阿里巴巴的"六脉神剑"着实像一条绳子,将企业的所有成员捆绑在一起。正因为如此,和马云一起创办阿里巴巴的十八罗汉一直到现在也没有一个人离开。他们共担风险,共负盈亏,共同努力,造就了阿里巴巴辉煌的今天。

讨论题

1. 结合案例谈谈阿里巴巴企业文化的独到之处。
2. 结合案例分析阿里巴巴文化是如何转化为核心竞争力的。

拓 展 阅 读

[1] 石伟. 组织文化[M]. 上海:复旦大学出版社,2004.
[2] 郭淑琴. 普通心理学[M]. 北京:中国科学技术出版社,1999.
[3] 高贤峰. 企业管理制度与文化理念对员工行为作用的机理及应用研究[OL]. 国研网,http://www.decnet.com.cn,2004.
[4] 张德,刘翼生. 中国企业文化:现在与未来[M]. 北京:中国商业出版社,1991.
[5] 齐善鸿,等. 道本管理:中国企业文化纲领[M]. 北京:中国经济出版社,2007.
[6] [美] 彼得•德鲁克. 管理前沿[M]. 闾佳,译. 北京:机械工业出版社,2009.
[7] 刘光明. 企业文化[M]. 北京:经济管理出版社,2006.
[8] 杨月坤. 企业文化[M]. 北京:清华大学出版社,2011.
[9] 刘光明. 企业文化案例[M]. 3 版. 北京:经济管理出版社,2007.
[10] 张国梁. 企业文化管理[M]. 北京:清华大学出版社,2010.

第 8 章

企业文化建设

本章学习目标

1. 企业文化建设的定义；
2. 企业文化建设的基本目标；
3. 企业文化建设的主体及角色；
4. 启动企业文化建设的时机；
5. 企业文化建设的基本原则；
6. 企业文化建设的一般步骤。

第8章 企业文化建设

导入案例

推行"儒家"企业文化的方太

宁波方太厨具有限公司(以下简称方太)成立于1996年1月18日,专注于高端嵌入式厨房电器和集成厨房产品的研发和制造,其始终坚持"专业化,高档化,精品化"的战略性定位,品牌实力不断提升。

自1996年成立以来,方太领导团队一直致力于培育卓越文化,不断引进、整合、创新来自东西方的管理智慧,并结合自身特点进行梳理、总结、提炼、提升,构建了包括理念层文化、原则层文化、制度层文化、行为层文化和物质层文化等五个层次的企业文化体系。可以说,在方太的发展过程中,重视与加强企业文化建设发挥了至关重要的作用。

自2008年开始,公司核心领导团队将公司企业文化与儒家思想及儒家传统文化有机结合,赋予企业文化新的内涵,并在公司内全面系统地传播和践行,以更好地推进企业文化建设。方太董事长茅忠群说道:"道之以德,齐之以礼,有耻且格",希望员工不仅守纪而且知廉耻。在员工的每天晨会上,每月的中层干部会加入诵读《弟子规》和《三字经》的内容,以形成潜移默化的效应。更重要的是,茅忠群发动干部员工群策群力,建立起以仁义为本的制度体系,何者为仁、何者为义,则需要通过协商讨论,这协商者包括高层、中层经理和职工代表。

方太——一个具有东方儒学价值观和西式现代化管理的"中西合璧"企业,"中学明道,西学优术",最终,在慈溪、在浙江,在中国这片土地上,在厨房电器领域,诞生出一家受人尊敬的世界一流企业。

所有企业都有企业文化,但并非所有的企业都有企业文化建设。企业文化建设是企业在对企业文化的一定认知的基础上,为丰富、改善和强化企业文化而进行的一种自觉行为。作为一种自觉行为,塑造和培育企业文化必须选择合适的时机、确定相应的职能机构、遵循一定的原则、按照一定的程序并综合运用各种方法。这一切构成了企业文化建设的基础,也是本章所要讨论的主题。下面将从这些基础出发,走上建设企业文化的漫漫长途。

8.1 企业文化建设的定义和目标

8.1.1 企业文化建设的定义

所谓企业文化建设,即企业所进行的一种有目的、有计划地培育具有自己特色的企业文化的活动和过程。具体地说,就是挖掘、提炼一套符合企业实际,有利于企业生存和发展的价值观系统,并在企业内部采用各种行之有效的途径和方法,使这一系统得到全体人员或大多数员工的认同和接受,形成企业共有的价值观,乃至逐渐沉淀为全体或大多数员工的心理习惯和整个企业共同的价值判断标准、行为准则,即形成全体员工共同的积极向上的做人做事的原则和方式,充分发挥每个员工工作的主动性、积极性和创造性,形成团队精神。

通常情况下,人们常常将企业文化建设与企业文化塑造、企业文化培育等几个概念等同起来使用。为了准确把握企业文化建设概念,必须注意下列三组概念的区别,即企业文化与企业文化建设、企业文化建设与企业文化积淀、企业文化建设与企业文化变革(或称企业文化创新)的区别。

1) 企业文化与企业文化建设的区别

企业文化是一种客观现象,而企业文化建设则是一种自觉行为。企业文化是企业全体人员所共同认同的价值观念和自觉遵循的行为准则的总和。它是无形的,看不见摸不着的,但它却是企业中客观存在的一种软性要素,如企业人员的心理习惯、思维方式、行为方式及企业传统等,它体现于企业人员的言行中,体现于企业的氛围中。企业文化作为企业组织中存在的一种客观现象,是任何企业都有的,但企业文化建设作为一种自觉行为,不是任何企业都有的。企业文化建设的目的是要塑造和培育企业文化,这种自觉的行为决策往往是建立在对企业文化的功能有比较充分的认识和理解的基础之上的。没有文化自觉的企业,不可能进行企业文化建设活动。

2) 企业文化建设与企业文化积淀的区别

企业文化积淀是一种内生式的文化形成和发展过程。先是实践活动——成功经验,然后才有理性认识和精神升华。这是价值观形成的自然过程。

而企业文化建设则往往主要是从愿望出发创建价值观念系统,然后导入和宣传这套价值观系统,使之内化于心、固化于制、外化于形。与企业文化积淀的内生式特点不同,企业文化建设的特点是导入式的,它更侧重于从理想状态中总结出的价值系统,为企业员工提供一个理想境界和规范框架。当然这种导入也是以挖掘和提炼企业原有的文化基因为基础的。

3) 企业文化建设与企业文化变革的区别

一般情况下,人们常把这两个概念等同起来使用,不会刻意地区别两者的不同。但严格地说,这两者是有区别的。企业文化建设着重强调企业文化的"立",而企业文化变革则强调企业文化的"先破后立"。企业文化建设的目的在于使企业文化由模糊到清晰、由分散到统一、由自发到自觉、由弱势到强势的发展。其实质就是培育企业的主导文化,并促进这一主导文化的"化人"功能——教育与塑造员工。而企业文化变革则是打破原有的企业文化结构并建立新文化的过程,是一个更复杂、更艰难的先破后立的过程,包括解冻、改变、再冻结三个步骤(具体分析见第5章5.4节)。

企业文化建设和企业文化变革的内涵各有侧重,但限于篇幅,本章对此不做区分。

8.1.2 企业文化建设的目标

企业文化建设是一项系统工程,在进行企业文化建设时,必须着眼于未来,立足于企业战略,顺应企业的发展趋势。同时,必须把企业文化作为整合企业资源、全面提高企业整体素质的重要手段。

企业文化建设的目标必须根据企业的历史、企业面临的现实环境、发展战略等确定,保证企业文化建设的目标与企业的战略目标相一致,并通过实现企业文化建设的目标来促进企业的发展。企业文化建设的总体目标是:培育先进文化,提升员工素质,内强企业灵魂、外塑企业形象。详细来说,即以下四点。

(1) 构建一个有个性的、积极向上的企业文化体系。

(2) 实现企业成员对企业价值理念的认同,提升员工素质,促进人的全面发展。

(3) 内强企业灵魂,持续增强企业凝聚力、竞争力和创新力。

(4) 外塑企业形象,塑造企业良好的形象和品牌,整合企业无形资产。

企业文化建设不仅要有总体目标,而且在相应阶段还应有阶段性的具体目标。这样在开展企业文化建设时,就可以目标明确、稳步推进、层层深入、收效斐然。

8.2 企业文化建设的主体

人是企业的主体,企业的一切存在都是由人创造的。无疑,在企业文化建设中,主体同样是人。但这里所要讨论的关键问题是:企业文化建设主要依赖于谁,是企业内部人员还是外聘专家?企业中不同层面的人在这一过程中究竟该扮演怎样的角色,起什么作用?

先来看下面的案例。

企业文化究竟由谁来建设

甲公司准备开展企业文化建设的消息传出后,多家咨询公司参与了项目竞争。经过竞标,甲公司的企业文化部聘请了知名度较高的一家咨询公司,该公司在项目建议书中开列了一份名单,包括该公司老板 A、多名知名专家和一名据称有 10 年咨询经验的 B。

甲公司付了首付款后,项目组一行七人进驻了甲公司,七人中包括了名单中的老板 A、一名专家和 B,余下四人都是年轻人。项目组进驻当天,老板 A、专家、B 和两名助手对甲公司的董事长、总经理分别进行了 90 分钟的访谈。次日,按计划召开了"甲公司企业文化项目启动誓师会",由专家进行了两个小时的专题报告,老板 A 进行了"企业文化建设"的讲座。据甲公司企业文化部部长讲,两位的报告内容,他已经在不同场合听过多次。午餐过后,因有其他要务,老板 A 和专家启程奔赴机场,B 和其他四个年轻人继续访谈。

接下来,企业文化部不断听到对咨询人员水平的质疑,部长开始坐不住了,经过一番打听后得知,留下的五人中 B 的年龄是 32 岁,在大学本科毕业设计时,参与了一个小公司的人力资源管理软件实施,工作 5 年后考取 MBA,毕业后进入咨询行业,主要从事人力资源咨询,所谓 10 年咨询经验是从毕业设计开始计算。其他四人,有两人是 MBA 应届毕业生,一人是人力资源专业在读研究生(那位专家的研究生),另一人是新闻专业本科毕业生。

部长开始着急了,频繁地和老板 A 联系,希望调整咨询人员,但老板 A 说,一线人员只是收集资料、进行初步分析,结论还是专家和他自己把关,让部长放心,配合好项目组工作。

一个月后,诊断报告出来了,将公司的问题点说得很清楚,得到董事长的肯定,部长开始有些欣慰,特意请咨询组去当地的名胜旅游了两天。

又一个月过去了,项目组提交了一份企业文化体系报告,看着这份文字华丽、引论古今中外的企业文化体系报告,部长感觉怎么也和自己的企业挂不上钩。

体系在讨论、修改、提交、再讨论、再修改、再提交中反复了多次,部长感觉项目组的每一次修改其实只是按照意见在动文字,对于一个新的价值观能够在企业中带来什么反映,和企业的生产实际是否联系得上似乎没有考虑。项目开始 3 个月后,企业文化理念体系还没有确定,甲公司董事长在和 B 进行了一次交流后决定终止项目。

乙公司在决定开展企业文化建设后,成立了由公司党群工作部、宣传部、市场部组成的企业文化建设小组,开始独立自主地建设企业文化。

企业文化建设小组首先在全公司开展了大规模的企业文化问卷调查,并派出了多批人员参加各类企业文化培训和论坛。在经过了半年的工作后,小组向公司高层提交了企业文化体系草案。

公司高层都很认真地研究了草案,书记、总经理等八位公司班子成员提出了非常具体的修改建议。拿到这些建议,党群部部长开始头痛了,意见都提得很具体,特别是书记和总经理在一些关键理念上理解还不一致,很难统一。

第一次修改历经了3个月,修改稿提交后,有五位班子成员向党群部要自己上次的修改意见来对照,总经理还专门找党群部部长谈了一次,最后汇集的意见不但没有减少,反而使矛盾更加尖锐。部长向书记建议,是否在班子开会时研究一下,书记当即表示:"意见没有统一,怎么研究?"

时间一天天过去,第三稿还是没有出来,企业文化小组已经不再开会了。

试结合案例分析:甲公司聘请了企业咨询公司专家进行企业文化建设失败了;乙公司专门设立企业文化建设小组,开始独立自主地建设企业文化也失败了。两公司失败的原因何在?企业文化该由谁来建设?

在企业文化建设中,一般涉及企业领导者、企业文化建设领导小组、企业文化处或企业文化部、企业中层管理者、企业员工和外聘专家等六类重要主体。下面分类探讨。

8.2.1 企业领导者

企业文化建设是自上而下进行的,要建设强有力的企业文化,首要的因素是企业领导者。企业领导者应把企业文化建设放在重要的战略地位,予以高度重视,并在企业文化建设的不同阶段扮演好不同的角色。美国管理学家沙因甚至说:"领导者所要做的唯一重要的事情就是创造和管理文化,领导者最重要的才能就是影响文化的能力。"企业领导者在企业文化建设过程中发挥着核心作用,扮演着以下三种角色。

1) 企业价值观的缔造者

企业价值观是企业在经营管理、追求成功的过程中逐步建立起来,并为员工所推崇、奉行的一种共同的价值取向、心理势向和文化定势。作为企业核心的企业领导,他的价值判断和事业追求必然通过企业的市场定位和发展战略等体现出来,这些价值观通过经营管理过程影响员工的思想观念,最终形成具有特色的企业价值观。例如,惠普公司的比尔·休利特和戴维·帕卡德,他们的一整套企业经营管理思想后来被称为"惠普之道",由此催生出一种强力型企业文化。这种企业文化之所以形成,一方面是因为休利特和帕卡德在公司创立之初就怀有一些共同的核心价值观;另一方面,惠普拥有今天的文化,还因为两位创始人聘用、选拔了具有共同价值观的员工,为其经营策略、经营思想建立了坚实的基础。

2) 企业观念转变的带头者

随着经济的全球化,企业面临的环境迅速地发生变化,企业领导者必须克服惯性思维,把观念调整、转变到适应市场经济和时代发展的高度上。企业观念的转变带来企业机制的更新,企业领导者带领全体员工不断打破僵化的和固有的旧机制,在动态中追求开放的和富有生机的新机制。同时,企业文化必然随之做出调整和更新。在韦尔奇执掌GE期间,带领他的公司"一路飞奔",并因此连续3年在美国《财富》杂志"全美最受推崇公司"评选中名列榜首。他的最成功之处在于从根本上改变了GE的经营观念:一是将GE从一家制造商变为服务商;二是定位企业"生产"的是人才,韦尔奇自身也认为他一生中最大的成就莫过于培育人才。GE正是凭借观念的转变,改变了整个公司的企业文化,使得这个最大、最复杂的公司具有持久的生命力。

第 8 章 企业文化建设

3) 企业文化的实践者

企业领导是企业的龙头,领导的行为是一种无声的号召,对员工起着重要的示范作用。企业领导只有在自觉地实践企业文化的过程中,将这份集体智慧的结晶与员工一起分享,号召大家共同学习和探讨,才能让员工感到企业的亲和力、向心力和凝聚力。只有领导和员工共同融入企业文化的实践中,企业文化才会逐步完善、定型和深入。日本企业管理大师土光敏夫说:"没有沉不了的船,没有跨不了的企业,一切取决于自己的努力,员工要三倍地努力,干部要十倍地努力。"在玛氏公司有这样一则故事,公司领导人弗雷斯特·马尔斯在仲夏到一个巧克力工厂去视察。他走上三楼,最大的巧克力机就在那里,所以楼内闷热难当。他问工厂的总经理:"你们怎么不在这里装上空调呢?"经理说他没做预算。马尔斯并未多说,而是走到附近的一架电话机前,给楼下的维修人员拨了个电话,请他们马上到楼上。他说:"我们就站在这里,请你们到楼下把经理办公室里所有的东西,包括桌椅等都搬到这里来好吗?请你们把那些东西放在这台巧克力机旁。"然后他对经理说:"空调什么时候装好,你就什么时候搬到自己的办公室。"玛氏公司的领导人的种种行为,深刻地向员工展示了公司重视员工的文化内涵。

8.2.2 企业文化建设领导小组

企业文化建设领导小组是企业文化建设的最高决策机构。它能决定企业文化发展方向,使企业选择企业文化类型,控制企业文化建设进程。因此,在决定进行企业文化建设以后,组建企业文化建设领导小组显得尤为重要。

企业文化建设领导小组的职责为:决策,计划,指挥,组织和协调人、财、物、时间、信息等资源,对企业文化的实施进行全员、全方位、全过程的领导和管理。其作用主要是从思想、组织、氛围上为企业文化的建设进行充分的铺垫。具体来说就是在思想上吹响文化建设的冲锋号,在组织上建立文化建设的团队,同时在企业中营造一个适合文化建设的氛围。建立强有力的领导体制,通过广泛宣传和有效培训,让企业内部的所有成员认识到企业文化建设的来临,引发组织成员的思考,才能使企业文化建设顺利进行。

企业文化建设领导小组的构成人员往往地位较高。一般来说,组长由总经理或书记担任,副组长由副书记、副总或企业文化职能部门负责人担任。这样配置人员可以确保企业决策层中有专人负责企业文化建设工作,确保党委把企业文化建设的任务列入重要议事日程。领导小组成员的数量可视企业的具体情况而定。在企业文化建设初期可能只有几个人,随着建设工作的展开,领导者要有意识地对其进行充实,除了最高领导群体外,还应包括企业各管理层级的人员和非正式管理者,以形成科特所说的领导联盟。

需要提醒的是,企业文化建设是一个长期渐进、不断完善的动态过程,领导小组作为一个决策和协调机构,不承担具体实施的职能。

8.2.3 企业文化处或企业文化部

企业文化处是企业文化建设的常设执行机构,承担着企业文化建设的具体实施职能,即按计划组织落实企业文化建设各阶段的具体工作,如建立企业文化的传播网络、组织企业文化培训、策划组织各种活动、组织企业文化建设绩效评估等。

在企业文化建设实践中,对于这一机构如何设置、如何运作,不同企业有不同的特点。一些大中型企业力争设置专门的企业文化管理机构——企业文化处或企业文化部,或改组和加强党委宣传处的作用。这样既能承担思想政治宣传工作，同时又能组织与实施企业文化建设。而小型企业应由专职或兼职人员负责企业文化建设的管理工作，可采取"一套人马，两块牌子"的做法。例如，由人力资源部或企业策划部等部门的相应人员兼顾。这样可避免重复设立机构，导致组织臃肿。

在企业文化处的人员配置上，除了宣传人才外，还应该增加一些熟悉企业生产经营和工作流程的人才。因为企业文化建设不仅仅要促使人们思想意识的转变，更要引发企业在经营理念、管理模式、管理制度和行为规范等方面的变革和贯彻。

8.2.4 企业中层管理者

企业组织的中层结构比较繁杂，包括子公司、分部、事业部及总部的职能机构。社会角色有子公司经理、分部经理、事业部长及职能部、处、室、科的负责人等。他们在企业中起着承上启下的作用，他们对待企业文化的态度不仅关系到中层管理者本身的文化认同，而且还影响到高层人员对企业文化建设的信心，以及基层员工建设企业文化的积极性。因此，在企业文化建设中，企业中层是很重要的一类主体。企业中层管理者是企业文化处的配合者，同时又是各部门亚文化建设的领导者，没有他们的配合和参与，企业文化建设也就无法实施。他们的认同与执行是整个企业文化实施成败的关键因素之一。

因此，要通过强有力的培训来取得他们的支持，使他们承担起各部门企业亚文化建设的领导责任，并在企业文化领导小组的指挥下，由企业文化处(部)牵头，各部门密切配合、分工合作，才能将倡导的价值理念渗透到企业运作的每个环节，使企业文化建设得以切实推进。

经验表明，在企业文化建设中涉及中层的最突出的问题是落实。为此，应从以下两个方面下工夫解决这个实际问题。

1. 具体化

只有具体细化的目标、要求和行为，才是可操作的、可落实的。企业中层要密切联系实际，将实际与本部门职能、业务流程、员工岗位职责相结合，把企业文化的要素渗透到员工的工作中，落实到日常的具体工作行为上。努力把企业理想化为员工的具体工作目标，把一般口号化为员工的行为指南，切实贯彻执行规章制度和员工行为规范。

2. 和谐化

企业组织中层结构处于纵横交叉点上。纵向的有上司和下属；横向的有各职能业务部门。由于地位、角色及责任压力不同，不同层次的人员之间经常因工作意见、主张不同而发生矛盾冲突，特别是由于部门利益导致的小团体主义，使部门之间经常发生矛盾冲突。矛盾冲突常常使简单的关系复杂化，容易的工作任务困难化，使本来顺理成章应当落实的事情长期束之高阁、无人问津，严重地妨碍了企业文化建设。因此，只有协调关系、化解矛盾、消除冲突，做到各个方面和谐化，才能从根本上把企业文化建设的每一步都落到实处，扎扎实实地把企业文化大厦建立在夯实的基础之上。

要做到和谐化，首先要明确各部门的职责、权限，用规章制度形式加以固定；其次要批判小团体主义，限制小团体利益膨胀；最后要培植协作、合作、协商的组织氛围，发扬以集体为本的团队精神。

8.2.5 企业员工

企业员工在企业文化建设中扮演着双重角色：他们既是企业文化建设的主体，是推动者和参与者，也是企业文化建设的客体，是接受者和被改变者。离开了全体员工，就失去了推行企业文化建设的根本意义。因此，企业员工是企业文化建设的基本力量。

企业文化建设是自上而下进行的，越到后期，企业员工的重要性也就越发突显出来。在企业文化建设的前期，员工更多的是作为"被改变的客体"，对企业文化建设的参与并不广泛和深入。而到了后期企业文化建设的核心阶段——企业文化的实施阶段，员工则应该是"变革的主体"，要主动地改变自己的思想认识、思维方式和行为习惯。没有员工主动参与的企业文化建设是没有生命力的，也是不可能的。

员工的这种转变不可能轻易实现，因为员工受到惯性思维、传统情结和既得利益的影响，不会主动去认同和接纳企业文化理念。因此，需要由企业文化处在领导小组的统一部署下，会同有关部门对员工进行系统的宣讲培训、充分的互动沟通，得到员工的理解与支持，激发员工的主动性与积极性，由"要我改"变成"我要改"，真正发挥其主体作用，成为企业文化变革的支持者与实践者。只有这样上下同欲，才能使企业文化建设落到实处，取得良好的效果。

8.2.6 外聘专家

企业文化建设可借助专家力量。专家掌握着丰富的专业知识并富有经验，有专家指导，会使企业文化建设更加顺利，使企业少走弯路。如果聘请了专家指导，那么这种指导应贯穿于企业文化建设的全过程。在企业文化建设的不同阶段，专家承担着不同的工作任务。一般来说，在企业文化测评阶段，要求专家对企业文化进行深入的考察调研后完成《企业文化诊断报告》；在企业文化设计阶段，要求专家和企业文化领导小组反复研究后完成《企业文化设计方案》；在企业文化实施阶段，要求专家提供切实可行的《企业文化实施方案》，给企业文化建设提供全方位的指导；在企业文化实施的导入阶段，要求专家制作《企业文化培训方案》，指导企业文化的培育；在企业文化建设实施了一段时间并取得了阶段性成效时，专家要提供《企业文化建设考核、评估方案》，对企业文化建设工作进行系统的考核、评估和总结。

外聘专家作为企业文化建设的顾问和指导，其作用是显而易见的。但必须强调的是，企业文化建设的真正主体不是外聘专家，而是企业内部人员。因为企业内部人员是最了解企业历史、现状和未来发展的人，而且企业文化建设是一个漫长的过程，其具体实施必须要靠企业人员的长期实践。

综上所述，企业文化建设涉及企业领导人、企业文化职能部门、企业中层干部、企业员工和外聘专家等重要主体。这些主体分别扮演着不同的角色，只有充分调动各主体的力量和积极性，明确彼此的分工与合作，才能真正实现企业文化建设的目标，达到"随风潜入夜，润物细无声"的境界。

8.3 企业文化建设的时机

1983年10月17日,美国《幸福》杂志的一段话,表达了对企业文化建设的态度:"企业文化是一种真实而有力量的存在,也是一种难以改变的存在,改变文化的努力在企业内外很少能得到支持。如果你在修正企业战略时碰到文化问题,最好是避开它,如果不得不直接干预文化,务必谨慎从事,不要对成功寄予过高的期望。"此话虽然显得有点颓废,但也饱含了许多企业在文化建设中的教训。确实,企业文化建设过程是一个"漫长、费事、彻底而吃力的程序",往往历时几年才初有成效。那么,这个程序在什么时候,在怎样的情况下启动才比较合适呢?这是在研究企业文化建设时值得深思和探索的问题。本节的主要内容就是探讨企业文化建设的时机选择。

系统科学理论认为,系统内部具有稳定性要求,它会对外来"干扰"产生自觉的抵抗。只有系统处于临界点时,各种涨落都很活跃,系统原有的结构才会丧失稳定性。而企业文化事实上就是不断与内外环境发生作用的系统,因此,企业文化建设可认为是系统的演化。系统论观点给人们一个启示:企业文化建设不能蛮干,要学会辨别系统演变的临界点,在该点上"发力"可以事半功倍。否则,在临界点前"使劲",就会受到系统本身的阻碍。

从许多成功企业的经验分析,下列时机往往是企业文化演变的临界点,是启动企业文化建设的最佳选择。

8.3.1 企业超常规发展时

对于一个具体企业而言,总有发展迅速时期、平稳时期,甚至停滞时期。企业迅速发展时期是企业超常规发展时期,也就是企业文化建设的最有利时机。

企业在超常规发展时期的主要表现有下列三个方面。

(1) 企业人员快速增加,分支机构扩展较快。由于企业业务量的增加,或是上新项目,或是增加服务项目、提高服务标准等,企业新增人员或分支机构迅速增加。企业新成员作为企业的新鲜血液,需要接受企业传统文化的熏陶、融合,才能与老成员、老机构协调工作,形成新的合力。同时,企业的新成员、新机构也可能成为改变企业传统文化模式的动力。在企业新设立内部机构、大量招收新成员的过程中,企业组织正好借"磨合"之机对原有的传统文化进行改革。

(2) 兼并、联合其他企业经营。企业超常规发展时期,经常会遇到兼并其他企业、联合合作伙伴扩大生产规模等机会。企业文化的差异甚至冲突能否妥善处理往往是影响兼并、联合能否成功的决定性因素,因此,企业必须在兼并、联合时进行企业文化建设,重点解决兼并、联合双方企业文化的融合问题。

(3) 产品生产规模扩大、市场覆盖面扩大、经营额直线上升,就会孕育企业传统文化模式的危机。企业文化模式的理想境界,就是组织价值观、成员共同拥有价值观与社会公众(顾客、消费者)价值观的一致、协调、和谐。企业的市场覆盖面迅速扩大时,必然造成企业组织与消费者群体的价值观等方面的沟通相对滞后,也可能蕴藏或潜伏着价值观方面的不和谐、不协调，甚至蕴藏着文化冲突的危机。此时，正是企业按照消费者需要转变原有企业文化模式的较好时机。如果此时放弃文化模式的建设，企业的产品或服务的价值观倾向一旦脱离消费者的需求，企业就无法有效地规避经营风险。

8.3.2 业绩平平或陷入困境时

一般情况下，企业取得成功、胜利的喜悦远没有遇到困境、挫折的机会多。资金周转不灵、原材料供应渠道变化、半数职工没有完成工作定额等，企业几乎每天都会遇到困境。这里讲的困境并非指这些日常琐事，而主要是指企业的经营亏损和经营规模的萎缩。

(1) 企业的经营亏损。企业不能保证正常效益，甚至长期亏损经营是不正常的表现。企业经营亏损的原因是多方面的。我国的国有企业亏损经营是普遍现象，亏损原因多种多样。但是，无论有多少原因，归根结底都可以在企业文化中找到基本线索和基本根源。通过寻求切实原因，并借机进行企业传统文化模式的改造，不仅对解决眼前的企业亏损经营化有直接效果，而且对于企业持续保持旺盛的生命力会产生积极作用。

(2) 经营规模的萎缩。当企业出现经营规模停滞、萎缩时，企业组织往往都是在加强企业的销售部门方面下工夫，寻求"药方"。实际上，企业业绩平平的根本原因，基本上都在于企业传统文化模式对现实的消费者需要的某种"不适应症"。此时，企业组织如果能够通过审视传统文化模式来寻找原因，并以此为契机发动对企业传统文化模式的建设攻势，往往能够收到事半功倍的效果。

8.3.3 企业制度转型时

企业的组织结构、管理制度、管理体制等发生变化是市场经济中经常发生的现象。一般来说，重大的管理制度变迁主要发生在以下四方面。

(1) 企业产权制度的变化。企业产权制度直接影响着企业的经营机制、分配制度等，因此，产权制度的改造、变化是企业文化建设的较好时机。

(2) 企业领导体制的变化。企业领导体制是领导制度、领导结构、领导方式的总称。对于一家具体公司而言，企业的管理层是由董事会任命、职工民主选举、主管企业的政府部门任命，还是由相当级别的党的组织管理部门任命，标志着企业领导体制的差别。企业领导体制影响着企业组织机构的设置，制约着企业管理的各个方面。企业领导体制的变化往往是变革传统企业文化的好时机。

(3) 企业组织结构的变化。企业的内设部门、正式群体是按照市场需要原则设立的，还是模仿政府或执政党的机构设置的原则设立的；企业组织结构是直线职能式的、矩阵式的，还是扁平花瓣式的，都是不同的制度模式的表现。企业组织结构的调整对企业的影响相当大，此时是企业推行传统文化全面变革的较好时机。

(4) 企业管理制度的重大调整。例如，企业的岗位责任制度、绩效考核制度、薪酬制度等重要制度调整时，势必引起企业人员观念、心态和行为的变化，因此，要趁企业管理制度重大调整时，不失时机地启动企业文化的变革和创新。

8.3.4 企业领导班子发生重大变化时

企业领导者是企业文化的核心人物。当企业领导班子的人事更替、发生重大变化时，往往是企业文化建设的良机。有所作为的企业领导人会把握机会，适时地推进企业文化建设，把充满生气的新观念注入企业文化之中。

韦尔奇和 GE 的企业文化

1981 年，韦尔奇正式接替琼斯，成为近百年历史中最为年轻的董事长兼首席执行官。他上任后最为重要的一大贡献就是重塑了 GE 的企业文化，他引入了"群策群力"、"没有界限"等价值观。他指出："毫无保留地发表意见"是通用电气公司企业文化的重要内容，每年有数万名职工在"大家出主意"会议上坦陈己见。

韦尔奇还在 GE 实行"全员决策"制度，平时很少有彼此交流机会的同事，坐在一起讨论工作。总公司鼓励各分部管理人员在集体讨论中做决策，不必事事上报，把问题推给上级。随着"全员决策"制度的实施，公司的官僚主义作风遭到了重创。更为重要的是，由此对员工产生了良好的心理影响，增强了他们对公司经营的参与意识，打破了旧有的观念和办事风格，促进了不同层次之间的交流。韦尔奇自己也经常深入一线了解情况，在公司中，所有人都直呼其名，亲切地叫他"杰克"。

在 GE，认同企业价值观被看成头等大事，甚至新员工参加培训后是否被录用，主要就是看其能否接受公司的价值观。对此，韦尔奇的观点就是："如果你不能认同该价值观，那么你就不属于通用电气。"

8.3.5 外部环境发生重大变化时

一般来说，企业的外部环境发生重大变化，都是企业转变企业成员传统的行为选择标准、行为选择模式、行为选择习惯的有利时机。外部环境的重大变化包括企业遇到重大自然灾害、某种生产资料的枯竭、社会技术的重大进步、消费者群体和用户等对企业的产品及服务提出了合理化的意见或新的需求等。企业如果不及时调整自己的行为选择标准，就会失去生存、发展的机会。在这种背景下，企业应该创新企业文化，通过企业文化变革主动适应环境。

可见，企业文化建设不能凑热闹、赶时髦，必须把握时机。这种时机往往出现在企业内外部现实环境改变、企业内部对现有文化产生怀疑，从而产生了强烈的危机感和改变需求时。因此，企业文化建设领导团队要善于发现、利用甚至创造危机状态，传递危机感，激发文化建设的需求，使企业趋近系统演变的临界点，并在该点上把握契机，启动企业文化建设，取得"四两拨千斤"的效果。

8.4 企业文化建设的基本原则

在企业文化建设中，必须遵循下列基本原则：以人为本，铸造和谐；诚信为基，创新为魂；打造特色，彰显个性；积极引导，逐步推进。

第 8 章　企业文化建设

8.4.1 以人为本，铸造和谐

企业的经营活动是一个与消费者、内部员工、竞争者、政府机构、社会组织发生互动作用的过程，企业的发展要借助这些企业内外利益相关者的力量。因而，以人为本，铸造和谐是企业持续健康发展的必要前提。企业文化建设既必须依靠人，又是为了人。只有坚持"以人为本"的理念，吸引企业全体员工都参与企业文化建设，将企业文化体现在每个员工的意识和行动中，才能真正形成有自己特色的企业文化。只有通过企业文化建设促使全体员工的素质提高，才能保证企业不断发展、持续前进。同时，也只有坚持实践"以人为本、顾客至上"的理念，才能得到顾客乃至社会公众的信任、支持、青睐和忠诚，才能实现可持续发展。

目前，党和国家提出要建设社会主义和谐社会的目标，这是关系到全局的重大历史任务。企业作为社会的一个基层组织，是构建和谐社会的微观基础。企业应该通过企业文化建设，倡导"爱国守法、明礼诚信、团结友善、勤俭自强、敬业奉献"的基本道德规范，正确处理企业与内外各种利益相关者之间的关系，使企业真正成为一个公共关系良好的和谐组织，积极支撑社会主义和谐社会的建设。

8.4.2 诚信为基，创新为魂

诚信是我国优秀传统文化的重要组成部分，也是企业在经营与发展中赢得供应者和需求者及整个社会的基本因素，失去了诚信也就失去了社会的信任，企业就会随之衰落。所以必须坚守诚信，以诚信为基。

创新是一个民族的灵魂，也是企业生产经营的不竭动力。只有持续创新，企业才能不断攀升，一步步地做强、做大、做优、做精。创新不仅要持续，而且要全面；不仅要包括技术创新，还要包括理论创新、体制创新、管理创新、组织创新、文化创新；不仅要进行改进性的创新，还要把原始创新、集成创新和消化吸收再创新结合起来，努力掌握拥有自主知识产权的核心技术和关键技术。不能创新，企业就没有活力，就不能发展。所以，企业文化必须有利于全面增强企业的自主创新能力，以创新为魂。

8.4.3 打造特色，彰显个性

任何企业都是在特定的社会历史文化背景下成长和发展起来的，它们具有共性。例如，当代企业都应该有一个共同任务，就是把自己建设成为一个资源节约型、环境友好型、和谐发展的企业，但同时又必须有其自身的个性特色。个性来源于企业特定的历史环境、特定的人员组成、特定的发展经历。企业文化理念的重要特性之一，就在于其个性化，这也是形成企业品牌和无形资产价值的基础。企业文化贵在有特色，有特色才有个性。有特色、有个性的企业文化才是真正来源于本企业广大员工及其生产经营实践的文化。只有这种企业文化才能为广大员工所认同，从而才具有导向作用和不竭的活力；也只有这种企业文化，才能形成企业的竞争力，企业才会有持续的生命力。

当前，不少企业对企业文化的表述存在相互雷同的现象，这是一些企业在企业文化建设中不注重潜移默化、日积月累的培育而急于求成的结果。它们企图通过照搬现成模式和

157

简单模仿的办法一蹴而就，在短期内就"打造"出企业文化体系，并以此来"装扮"自己企业的形象，而这正是今后企业文化建设中必须坚决纠正和力求避免的。

8.4.4 积极引导，逐步推进

企业文化建设首先要构建一个企业文化目标体系，作为一个方向来积极引导，要把企业文化引导到正确的、健康的、积极向上的方向上。同时，企业文化建设是一个系统的过程，企业所期望的目标文化不会轻易迅速地形成，必须经历一个漫长的积累和沉淀的过程。在这一过程中，应系统有序，以理念层为中心，从制度层、行为层到物质层，从决策层、管理层到操作层逐步推进，尤其是制度层的建设，包括制度的修订完善和贯彻执行。人们思想观念的树立与相关制度的调整是相辅相成的。其中，用人制度和薪酬考核制度是最能直接反映企业价值导向的制度，因此必须做出调整。如果一面强调创新，一面又不愿提拔任用勇于开拓的干部，不愿改变原来强调资历的工资制度，而且决策原则仍然是强调规避风险，那么这种价值观的改变是不可能成功的。所以，在企业文化建设中一定要对整个企业管理和经营的系统进行重新的审视，并积极引导、逐步推进，最终使新的价值观渗透于企业运作的每个层面、每个环节，体现于每个成员的言行中。

总之，"以人为本，铸造和谐；诚信为基，创新为魂；打造特色，彰显个性；积极引导，逐步推进。"是企业文化建设中应当贯彻实施的一条正确的指导方针。

8.5 企业文化建设的一般步骤

企业文化建设一般要经历企业文化的测评诊断、设计提炼、培育塑造、巩固传播四个步骤。企业文化建设的步骤及各阶段的目标、任务和程序是本书下篇最重要的内容，因此，由接下来的第9章～第12章分别予以讨论，在此仅点到为止。

本 章 小 结

企业文化建设就是指企业所进行的一种有目的、有计划地培育具有自己特色的企业文化的活动和过程。本章主要讨论了企业文化建设的目标、主体、时机、指导方针和一般步骤。

企业文化建设的总体目标是：培育先进文化，提升员工素质，内强灵魂，外塑形象。在企业文化建设中主要涉及企业领导者、企业文化建设领导小组、企业文化处或企业文化部、企业中层管理者、企业员工和外聘专家等六类重要主体，他们分别扮演不同的角色，履行不同的职能。企业领导者是领袖、核心人物；企业文化建设领导小组是决策机构；企业文化处是执行机构；企业中层管理者是企业文化处的配合者，同时又是本部门亚文化建设的领导者；企业员工是文化建设的终端，最终决定了企业文化建设的成败；外聘专家是指导和顾问，不能越俎代庖。

企业文化建设是一个漫长而艰辛的过程。文化建设不能凑热闹、赶时髦，必须把握时机。总结成功企业的经验，企业超常规发展时、业绩平平或陷入困境时、企业制度转型时、企业领导班子发生重大变化时、外部环境发生重大变化时往往是企业文化演变的临界点，是启动企业文化建设的最佳时机。

企业文化建设必须遵循"以人为本,铸造和谐;诚信为基,创新为魂;打造特色,彰显个性;积极引导,逐步推进。"的基本原则。

企业文化建设一般要经历企业文化的测评诊断、设计提炼、培育塑造和巩固传播四个步骤。

关键词

企业文化建设、企业文化变革、企业文化建设目标、企业文化建设主体、企业文化建设时机、企业文化建设指导方针、企业文化建设的一般步骤

复 习 题

1. 何谓企业文化建设?
2. 企业文化建设的基本目标有哪些?
3. 企业文化建设涉及哪些主体,他们分别应该担当怎样的角色?
4. 在什么时候启动企业文化建设比较有利?
5. 企业文化建设应遵循哪些指导方针?
6. 企业文化建设过程包括哪几个步骤?

思 考 题

1. 企业文化建设是怎样的一个过程?
2. 结合某一企业,分析其企业文化建设的时机把握得如何。
3. 对照企业文化建设指导方针,结合某一企业,分析其企业文化建设存在的主要问题。

中视传媒的文化自觉

中视传媒股份有限公司是中国国际电视总公司控股的上市公司,其影视基地诞生过享誉海外的影视精品,如《三国演义》《水浒传》《太平天国》《大宅门》《橘子红了》《天下粮仓》等。

中视传媒公司企业文化塑造工程历时8个月,是我国传媒行业第一次与中国企业文化研究会策划部联手。工程分4个阶段进行,即经营文化明确化、企业文化深植化、精神文化共识化、企业文化推广化。达成5项目标:①明确公司总体的经营目标;②形成特色的企业文化;③寻找新的优势点;④加强人力资源开发,吸引人才确保企业发展;⑤凝聚共识,激励士气,提高全员素质。

企业文化策略研讨营由中国企业文化研究会策划部和中视传媒企业文化塑造工程推委会组织实施,这个集各分公司及各部门50名中高层负责人及多名策划设计师的策略研讨营,在无锡马山桃源山庄举行。此次策略研讨营打破常规,以全新的概念活动方式,着力营造平等自由、活泼轻松的氛围,使划部与营员在文化的激荡中,进行深层次的交流、沟通与研讨,进而达成共识,为中视传媒企业文化塑造工程的顺

利推展打下坚实的思想基础,这个过程实际也是文化主体自觉的过程。它给予人们深刻的启迪:企业文化是意识的革新、观念的创建,更是文化的自觉。

1. 挑战中视传媒

正如巨变的气候曾经威胁恐龙的生存一样,今日变动迅速的市场环境也带给企业巨大的竞争演化压力。

自然演化法则——适者生存,不适者淘汰的"优胜劣汰"法也是企业竞争法则。企业应该如何来应对?如何认识自己,超越自己?这些已经成为企业经营最大的挑战。"请说出中视传媒的五大优势、五大劣势。"这是策略研讨营开始不久,主持人提出的要求。问题看似简单,却引起"中视人"的深思,且看大家如何作答。优势:①依托CCTV得天独厚的优势;②拥有上市公司的体制和机制;③领导班子敬业,思路开阔,有超前意识;④具备行业优势;⑤资金雄厚,负债率低……见仁见智,众说不一。主持人提问的用意即在于启发"中视人"对自身定位及文化概念的思考,由此引发策略研讨营主题——"创新思维,凝聚共识,提炼企业文化要素,实现企业文化策略定位。"

"挑战中视传媒"是对中视传媒内涵及配制的捕捉与挖掘,是对企业的反思,也是展望,是对未来愿景的构想。"挑战"贯穿策略研讨营活动的始终。主持人发放问卷,要求大家在新的起点上,以新的视角对以往的发展步骤、经营思想、文化品格进行再认识。这番自我反省与重新审视,使"中视人"逐步摸清中视传媒现实的文化家底,也为下一步文化的构建与整合提供依据。

随着活动的开展,挑战由起初的主持人策划、引导,逐步成为"中视人"意识深层对自身文化定位、精神理念的自觉思考。"中视人"的主体意识已被触发,他们开始自觉关注自我在公众心目中的形象与价值。策略研讨期间,思考、寻找、挑战与追索的痕迹随处可见。

挑战自我,就是认识自我,超越自我。人类的创新使人类免于毁灭,得以生存和延续;人类的自我挑战使人类面向未来,不断进化和超越。一个团队如果没有挑战自我、创新、兼容、开放的精神理念,就失去了文化的根基与活力,就苍白无力,就会在历史与社会的进程中隐没。

"挑战"其实就是对企业本质、内涵、精神气质的探求与确认,其意义在于激发每一位"中视人"的思考。我是谁?我到哪里去?这是人类哲学的命题,也是企业文化的本质与核心,这一意识深层的上下求索必将促进企业文化主体的自觉。

2. 习惯悖反中的触动

"习惯"推动历史发展,同时也束缚社会进步。企业文化作为对陈规与积累的挑战,很重要的一条就是走出"习惯"的框框,与时俱进、更新观念。

策略营主持者不是简单的说教,而是通过轻松诙谐、包含哲理的博弈活动,通过对"习惯"的悖反,改变其成长过程中形成的思维定式,促进思维方式的转变。

悖反之一:队名、标志、标语。策略营活动一开始,主持人便要求事先编好的四个组,在10分钟内选队长、起队名、设计队标志、拟订队标语。经过一阵紧张热烈的讨论,各队争先恐后地将讨论结果写上投影片,又按主持人要求推举执行队长依次上台讲解。一队起名"一鸣惊人",将自己的荣誉队长的名字镶嵌在里边,同时表达了本队的凌云壮志。二队队长宣布其队名是"少年先锋队",其标志是帆船,精神标语:超越自我,实现梦想。三队的队名是"突击队",将标志拟订成翱翔的海燕,标语为"海纳百川,创造无限"。四队起名"旭日队",标语是"乘风破浪,勇往直前"。

以往,人们一般用序号区分组别、队别,策略营让大家自己取队名、制定标志与标语,通过想象力、创造力的调动,使个性得以充分体现,而个性化的识别体系正是企业文化所追求的。

悖反之二:"赢跑"。企业文化的实施需要观念的重建,重建要靠对"习惯"的悖反。旧的"习惯"能不能改变?如何着手?联欢晚会的一项游戏比赛给人们许多启迪。"赢跑"游戏的规则是:两人对垒,猜拳定输赢,赢了拳的转身逃跑,输了拳要发足追赶。这一悖反习惯的游戏刚开始时,许多人会出错,经过几个回合的比试,多数人渐渐适应并能做出正确的反应。这一游戏告诉人们:行为习惯的改变有赖于思维

第8章 企业文化建设

是启动企业文化建设的最佳时机。

企业文化建设必须遵循"以人为本,铸造和谐;诚信为基,创新为魂;打造特色,彰显个性;积极引导,逐步推进。"的基本原则。

企业文化建设一般要经历企业文化的测评诊断、设计提炼、培育塑造和巩固传播四个步骤。

 关 键 词

企业文化建设、企业文化变革、企业文化建设目标、企业文化建设主体、企业文化建设时机、企业文化建设指导方针、企业文化建设的一般步骤

复 习 题

1. 何谓企业文化建设?
2. 企业文化建设的基本目标有哪些?
3. 企业文化建设涉及哪些主体,他们分别应该担当怎样的角色?
4. 在什么时候启动企业文化建设比较有利?
5. 企业文化建设应遵循哪些指导方针?
6. 企业文化建设过程包括哪几个步骤?

思 考 题

1. 企业文化建设是怎样的一个过程?
2. 结合某一企业,分析其企业文化建设的时机把握得如何。
3. 对照企业文化建设指导方针,结合某一企业,分析其企业文化建设存在的主要问题。

 案例分析

中视传媒的文化自觉

中视传媒股份有限公司是中国国际电视总公司控股的上市公司,其影视基地诞生过享誉海外的影视精品,如《三国演义》《水浒传》《太平天国》《大宅门》《橘子红了》《天下粮仓》等。

中视传媒公司企业文化塑造工程历时 8 个月,是我国传媒行业第一次与中国企业文化研究会策划部联手。工程分 4 个阶段进行,即经营文化明确化、企业文化深植化、精神文化共识化、企业文化推广化。达成 5 项目标:①明确公司总体的经营目标;②形成特色的企业文化;③寻找新的优势点;④加强人力资源开发,吸引人才确保企业发展;⑤凝聚共识,激励士气,提高全员素质。

企业文化策略研讨营由中国企业文化研究会策划部和中视传媒企业文化塑造工程推委会组织实施,这个集各分公司及各部门 50 名中高层负责人及多名策划设计师的策略研讨营,在无锡马山桃源山庄举行。此次策略研讨营打破常规,以全新的概念活动方式,着力营造平等自由、活泼轻松的氛围,使划部与营员在文化的激荡中,进行深层次的交流、沟通与研讨,进而达成共识,为中视传媒企业文化塑造工程的顺

利推展打下坚实的思想基础,这个过程实际也是文化主体自觉的过程。它给予人们深刻的启迪:企业文化是意识的革新、观念的创建,更是文化的自觉。

1. 挑战中视传媒

正如巨变的气候曾经威胁恐龙的生存一样,今日变动迅速的市场环境也带给企业巨大的竞争演化压力。

自然演化法则——适者生存,不适者淘汰的"优胜劣汰"法也是企业竞争法则。企业应该如何来应对?如何认识自己,超越自己?这些已经成为企业经营最大的挑战。"请说出中视传媒的五大优势、五大劣势。"这是策略研讨营开始不久,主持人提出的要求。问题看似简单,却引起"中视人"的深思,且看大家如何作答。优势:①依托CCTV得天独厚的优势;②拥有上市公司的体制和机制;③领导班子敬业,思路开阔,有超前意识;④具备行业优势;⑤资金雄厚,负债率低……见仁见智,众说不一。主持人提问的用意即在于启发"中视人"对自身定位及文化概念的思考,由此引发策略研讨营主题——"创新思维,凝聚共识,提炼企业文化要素,实现企业文化策略定位。"

"挑战中视传媒"是对中视传媒内涵及配制的捕捉与挖掘,是对企业的反思,也是展望,是对未来愿景的构想。"挑战"贯穿策略研讨营活动的始终。主持人发放问卷,要求大家在新的起点上,以新的视角对以往的发展步骤、经营思想、文化品格进行再认识。这番自我反省与重新审视,使"中视人"逐步摸清中视传媒现实的文化家底,也为下一步文化的构建与整合提供依据。

随着活动的开展,挑战由起初的主持人策划、引导,逐步成为"中视人"意识深层对自身文化定位、精神理念的自觉思考。"中视人"的主体意识已被触发,他们开始自觉关注自我在公众心目中的形象与价值。策略研讨期间,思考、寻找、挑战与追索的痕迹随处可见。

挑战自我,就是认识自我,超越自我。人类的创新使人类免于毁灭,得以生存和延续;人类的自我挑战使人类面向未来,不断进化和超越。一个团队如果没有挑战自我、创新、兼容、开放的精神理念,就失去了文化的根基与活力,就苍白无力,就会在历史与社会的进程中隐没。

"挑战"其实就是对企业本质、内涵、精神气质的探求与确认,其意义在于激发每一位"中视人"的思考。我是谁?我到哪里去?这是人类哲学的命题,也是企业文化的本质与核心,这一意识深层的上下求索必将促进企业文化主体的自觉。

2. 习惯悖反中的触动

"习惯"推动历史发展,同时也束缚社会进步。企业文化作为对陈规与积累的挑战,很重要的一条就是走出"习惯"的框框,与时俱进、更新观念。

策略营主持者不是简单的说教,而是通过轻松诙谐、包含哲理的博弈活动,通过对"习惯"的悖反,改变其成长过程中形成的思维定式,促进思维方式的转变。

悖反之一:队名、标志、标语。策略营活动一开始,主持人便要求事先编好的四个组,在10分钟内选队长、起队名、设计队标志、拟订队标语。经过一阵紧张热烈的讨论,各队争先恐后地将讨论结果写上投影片,又按主持人要求推举执行队长依次上台讲解。一队起名"一鸣惊人",将自己的荣誉队长的名字镶嵌在里边,同时表达了本队的凌云壮志。二队队长宣布其队名是"少年先锋队",其标志是帆船,精神标语:超越自我,实现梦想。三队的队名是"突击队",将标志拟订成翱翔的海燕,标语为"海纳百川,创造无限"。四队起名"旭日队",标语是"乘风破浪,勇往直前"。

以往,人们一般用序号区分组别、队别,策略营让大家自己取队名、制定标志与标语,通过想象力、创造力的调动,使个性得以充分体现,而个性化的识别体系正是企业文化所追求的。

悖反之二:"赢跑"。企业文化的实施需要观念的重建,重建要靠对"习惯"的悖反。旧的"习惯"能不能改变?如何着手?联欢晚会的一项游戏比赛给人们许多启迪。"赢跑"游戏的规则是:两人对垒,猜拳定输赢,赢了拳的转身逃跑,输了拳要发足追赶。这一悖反习惯的游戏刚开始时,许多人会出错,经过几个回合的比试,多数人渐渐适应并能做出正确的反应。这一游戏告诉人们:行为习惯的改变有赖于思维

第8章 企业文化建设

方式的改变。

悖反之三:"传密码"。博弈活动有一项内容是传密码。4个队各自排成一个纵列,要求每队由后向前传3次数字,分别是2位数、3位数、4位数,传递过程中各队队员不允许说话,不允许回头,完全靠肢体来感觉后边传递过来的数字究竟是多少。以往人们都习惯了在传递信息时使用听、说、看的方法,突然不让用这些常规方法了,4个队都不知所措。后来,在主持人的提示下,4个队分别商量了几套方案,有敲背的,有捏耳朵的,方式各异,花样百出。游戏结束后大家都说:原来信息的传递方法这么多!

由于一系列悖反活动的触动,研讨中流露出许多逆向思维的痕迹,比如,"中视人"引以为豪的优势,大家都以新的视觉对其重新思考认识。提出问题远比解决问题重要。

3. 策划主体的觉醒

中视传媒企业文化塑造工程的真正策划师、设计师是"中视人"自己。纵观近几年国内的企业文化建设,企业身为策划主体,其作用往往被忽视。尽管在企业文化规划与实施中,企业也有参与,但仅仅是响应与配合,往往很被动。策划公司对企业的了解与认识程度是有限的,势必造成企业文化与企业实际的脱节,与员工心态的格格不入,主客体的分离使中国企业文化产生本意与方向的偏离。

根据多年的经验,人们认为成功的企业文化塑造应是一分策略、三分策划、六分执行。

企业文化策略研讨营,最关注的问题就是如何才能最大限度地调动策划主体——"中视人"全心投入企业文化塑造工程中。为此,人们使主题先行,有意设计文化强力磁场,以充分调动主体参与意识。

激荡头脑,一点突破。为更深层次地调动策划主体参与,策略营组织者设计了一整套方案,内容包括基本信念、行为信念、组织管理信念、形象策略、企业道德、组织温度调查等。要求各队根据本队制定的总体战略,提出一点突破策略行动方案,方案环环相扣,大家在竞争与应激的心态下热烈讨论,思想在碰撞中爆出火花,短短的40分钟,4个队都拟订了一整套的方案。其中,"少年先锋队"的组织温度测试以"理顺架构,提高效率"方案进行消除控制不当阻碍因素的一点突破,"突击队"提出的行动方案名为"制度+文化团队精神"。

幕后到台前,体现了主体参与的跃升。策略营有两个重要活动项目:其一,分组做报告,内容包括"理想标志拟订""中视五大优劣势""企业文化理念架构""一点突破战略"等,要求每个队对每项内容在20分钟内做完报告;其二,看图说故事,这是每个人的启蒙课程,此次策略营中的看图说故事,4个队都别出心裁、屡有创新。

两天的企业文化研讨,已初步培养了大家的文化自觉意识。

策划主体的觉醒不仅仅表现在热心参与,而且表现在意识的革新。在活动最后的心得感受发布会上,大家深有感触地说:"最大的收获是在这里学到了全新的思维方式。"

4. 共识在沟通中达成

有人说企业文化是沟通艺术,没有沟通就无法"凝其心,励其志"。在策略营的种种沟通活动中,人们感受最深的莫过于"玫瑰心情故事"。这种沟通是在心与心的对话、情与情的交融中悄悄进行的。"玫瑰心情故事"是策略营晚会当中的一个特别节目,即在晚会即将结束时,主持人燃起烛火,要求每人讲一个感性的故事。本次策略营的营长、中视传媒公司的总经理崔屹平先生也讲了他的一个真实故事:"有一年我们摄制组到陕甘宁老区去拍专题片,有一位老大娘把自己珍藏多年的冰糖拿出来招待我们,冰糖是用塑料袋封存好,又藏在瓷罐里面。临走时这位老大娘去送我们,我们都走出很远了,回头还看见老大娘在山上眺望。十几年后,当我们再次来到小山村,想要去看望这位老大娘时,老大娘已经去世了。"崔总到现在都记得老区人民的纯朴、善良和厚道。公司副总高小平先生讲了一个惊心动魄的故事:"那年我们广电部的工作组去西藏,途经一座雪山,公路一边是悬崖、一边是峭壁,公路上已完全结冰了,情况万分危险,随时都会有生命危险。当时我们连司机一共4个人,司机要求我们三人下车走过去,他自己把车开过去,这样我们的危险就最小了,而汽车就会因为只有一个人的重量更容易打滑出事。可是我们都没有下车,最终4人一起涉过了这段危险的历程。""一花一世界,一树一菩提。"这是一个动人的场面,几十个人围在一起，含苞欲放的玫瑰花静若处子，烛火在饱含深情的讲述中跳动，心与心在彼此交融，无论是对一件小事、一次经历的记忆，还是仅仅一句话、一个字表达的心得感受，一样感人至深，因为其间凝聚了中视人的精神，蕴藏了大家对这块热土的眷恋与赤诚之心。

为了营造交流与沟通的氛围，在策略营一开始的欢迎会上，主持人就规定，中视的每个人无论职务大小、年龄高低，一律以同学相称，以此拉近心与心的距离。在两天全封闭的营地生活中，无论是重大战略问题的讨论，还是轻松活泼的游戏，都是在无拘无束的气氛中进行的。这种气氛使大家心与心得以充分交流、沟通，而对企业文化塑造工程的共识则在沟通中一点一滴地达成。

崔屹平总经理对策略研讨营总结说："两天的企业文化研讨营，大家共同学习了理论，参与了游戏，沟通了情感，探讨了问题，丰富了见解。收获程度虽然各不相同，但解放思想、快乐心情的收获一定是相同的。我们要感谢中国企业文化研究会策划部的各位同志，他们为摸清我们企业文化的现状和问题做了大量细致艰苦的工作，给这次研讨营准备了最重要的方案……我真诚地谢谢大家！"

台湾大学校长许士军教授给企业文化定义，企业文化就是在一个组织里，为大家认可的做人做事的准则。许校长主要强调了两点，一是对企业文化科学定位（"准则"）；二是宣传推广（"为大家认可"）。由此可知，此次策略研讨营达到了预期目的。

(资料来源：王超逸. 文化在自觉：中视传媒企业文化塑造工程策略研讨营实证研究[J].
企业文化：2002，(10).)

讨论题

1. 结合案例，总结中视传媒的企业文化建设的可取之处。
2. 研讨营这种形式对企业文化建设有什么作用？应该怎样举办？

拓 展 阅 读

[1] 王成荣，周建波. 企业文化学[M]. 2版. 北京：经济管理出版社，2007.
[2] 刘光明. 企业文化[M]. 北京：经济管理出版社，2006.
[3] 刘光明. 企业文化案例[M]. 北京：经济管理出版社，2003.
[4] 刘光明. 企业文化塑造：理论·实务·案例[M]. 北京：经济管理出版社，2007.
[5] 郝振华. 企业文化论[M]. 太原：山西人民出版社，1989.
[6] 张铭远. 企业文化导论[M]. 沈阳：辽宁大学出版社，1990.
[7] 张德. 企业文化建设[M]. 北京：清华大学出版社，2009.
[8] 罗长海，林坚. 企业文化要义[M]. 北京：清华大学出版社，2003.
[9] 王吉鹏. 企业文化建设[M]. 北京：中国发展出版社，2005.
[10] 刘宝宏. 企业战略管理[M]. 大连：东北财经大学出版社，2009.

第9章

企业文化测量

本章学习目标

1. 企业文化测量的意义;
2. 企业文化测量的内容;
3. 企业文化测量的特点;
4. 企业文化测量的维度;
5. 企业文化测量的方法和步骤;
6. 企业文化测量量表的设计。

导入案例

上海移动企业文化测评

作为"全国企业文化建设示范基地"的中国移动通信集团上海公司(以下简称上海移动),进入新的发展时期,一方面新的战略对文化提出新的要求,另一方面,需要对过去的文化积淀进行科学的认识和分析,进一步有效提升公司文化管理水平和效率,上海移动决策层决定对公司的企业文化建设情况进行全面的审视和梳理。为此,2005年年底,上海移动聘请中企联会、中国企业文化测评中心等专业机构,系统地展开对本公司企业文化建设现状评估工作,主要采用北京长青基业管理咨询公司研发的CVSM定性和CSM定量相结合的科学方法。

(1) 定性的分析方法:主要通过与绝大部分企业高层领导、部分中层干部、少数基层员工的深入访谈、座谈探讨、文献梳理等方法,了解企业的发展历程及它们对企业文化和企业经营战略等方面的具体看法。

(2) 定量的分析方法:主要通过企业文化理念体系导向分布、文化战略、核心价值观、文化领导力、文化环境及个性文化等六个模块的定量测评,科学分析企业文化的现状、发展方向、基本规律、主要资源的优劣性及其相互之间的适应性、冲突性等特征。

从2005年至今,上海移动通过深入扎实的工作,逐步建立完善了具有自身特色的"企业文化建设量化评估体系",并在公司和二级单位全面推行,成绩卓有成效。

在企业文化建设测评常规化、动态化方面,上海移动是先知先觉者和开拓实践者,这项工作就像一面镜子,能够使管理者对成绩和不足保持清醒的认识,保证了企业文化建设的健康发展和持续优化改进。

定量化研究是在企业文化理论研究的基础上,提出用于企业文化测量、诊断和评估的模型,进而开发出一系列量表,对企业文化进行可操作化的、定量化的深入研究。企业文化测量一直是企业文化理论和实践发展亟待深入研究的前沿课题。在西方,经过二十多年的发展,测量研究已成为企业文化理论的主流研究方向,形成了多视角和多路径的测量研究态势,一批研究成果也被广泛应用于实践。和国外相比,我国在这方面的研究还显得比较滞后,在国内甚至很少看到有关企业文化测量的专著和论文。随着全球经济一体化进程的加速,我国各领域,特别是企业文化咨询界开始注重企业文化测量在企业文化建设中的重要作用,并借鉴国外比较成熟的企业文化测量模型开发了一系列企业文化测评量表,取得了较好效果。本章将介绍企业文化测量的意义、企业文化测量的内容和特点、企业文化测量的维度、企业文化测量的方法及实施步骤、企业文化测量量表的设计。

9.1 企业文化测量的意义

有效地对企业文化进行测量是进行一切与企业文化相关的实践与研究的基础。它的意义体现在以下三个方面。

9.1.1 为企业文化诊断提供工具

企业文化的核心是企业价值观。企业价值观是企业在生产、管理、经营活动中所体现的判断标准和价值取向,它是一种主观性的状态。基于此,一些学者认为,对某个企业进行文化诊断的最佳方法是实地考察,采用观察、访谈甚至参与企业活动等方式来了解和分析该企业的文化内涵和文化状态。不过,这种"质"的诊断方法也存在着周期长、调查面窄(尤其对大企业而言)、不便于比较分析等不足。进入20世纪90年代,"量"的诊断方法,即采用企业文化量表进行大规模施测的诊断方法逐渐兴起,它与"质"的诊断方法结合使用,既能保证文化诊断的全面性和深刻性,又能反映出特定企业环境下的文化个异性,因此受到人们的普遍认可。

事实上,从企业文化研究的发展过程来看,它走的是一条理论研究与应用研究相结合、定性研究与定量研究相结合的道路。20世纪80年代中期,在对企业文化概念和结构进行探讨之后,人们很快便提出了用于企业文化测量、诊断和评估的模型,进而开发出一系列量表,从而实现了对企业文化进行可操作化的、定量化的深入诊断,并迅速应用于世界各地的企业。

9.1.2 为企业文化变革提供依据

文化变革可分为两部分:首先,分析现有企业文化,弄清需要改变的方面,然后制定并实施文化变革策略。也就是说,先要找出主要的,特别是那些隐蔽的观念、信念、价值观和行为规则,以及由其所造成的那些限制企业的行为模式,其次,了解其之所以存在的理由,分析改变现状的成本或期望收益,最后进行企业文化变革。

企业文化的变革是一个漫长而艰苦的过程,其间会遇到公司传统文化及某些利益团体的抵制。企业文化变革成功的关键是企业领导人及中高层管理人员自身观念更新的转变,能自觉自动接受新的企业文化,同时能够有意识地通过自己的行为将企业的核心价值观及原则渗透到企业中。

要实现这种自觉性,新的企业文化必须既能对原有文化中的优秀因子继承发扬,又能够针对企业面临的新环境突破创新,才能被人们接受。所以,对企业现有文化进行测量、全面调查企业成员的价值观和行为、为企业文化变革提供事实依据,是进行企业文化变革不可或缺的环节。

9.1.3 为企业文化实证研究提供科学基础

企业文化测量的研究一直在试图解决一个问题:"企业文化到底是什么?"在二十多年的研究过程中,人们围绕这一问题的争论从来没有停止过。例如,当人们在讨论企业文化时,往往指的是企业内人们所共享的价值观,在西方心理学传统中,过去都习惯于使用"风气"的概念来描述团体或组织成员所共享的信念,并且形成了相应的测量工具,以至于20世纪80年代企业文化盛行之时,很多研究者也把组织风气与组织文化概念混合使用。尽管两个概念从问题的提出到内涵都不相同,但是由于组织文化测量研究的基础不够完善,使得很多人至今认为企业风气的测量可以替代企业文化的测量。所以,从学术角度来看,企业文化测量的研究实质上是为"企业文化"这一属于心理学范畴的概念寻找科学的管理学范畴的解释。

9.2 企业文化测量的内容、特点

9.2.1 企业文化测量的内容

企业文化测量到底测什么？测量的对象该如何选择？这是现阶段企业文化测量研究所面临的一个瓶颈问题。之所以存在这一问题，是因为在"企业文化到底是什么"这个根本问题上，学界一直存在争论和分歧，至今相关的研究进展和成果尚难以被实践所接受。

从测量的角度来看，目前许多企业文化的定义不容易进行操作，因此，测量研究首先必须建构一个可操作化的"企业文化"概念。目前应用中比较常见的定义为沙因在 1985 年提出的："企业文化应该被视为一个独立而稳定的社会单位的一种特质。如果能够证明人们在解决企业内外部问题的过程中共享许多重要的经验，则可以假设：长久以来，这类共同经验已经使企业成员对周围的世界，以及对他们所处的地位有了共同的看法。大量的共同经验将导致一个共同的价值观，而这个共同价值观必须经过足够的时间，才能被视为理所当然而不知不觉地被企业成员所接纳。"

沙因的定义揭示了企业文化的本质就是企业的共同价值观与基本假设，由此企业文化测量的内容也就界定在企业的精神层。企业文化测量，就是要在搜集大量的企业文化表象信息的基础上，通过整体分析来评价、判断企业文化最根本的实质性的东西——企业价值观与基本假设。目前国际常用的测量量表也都以企业价值观与基本假设为测量对象。

9.2.2 企业文化测量的特点

企业文化测量具有以下四个特点。

1. 客观性

测量的目的在于发现并精确地描述出客观存在的"真实"的企业文化。很多企业有明确的企业文化提法。例如，文化理念"更精简、更迅捷、更自信"反映了韦尔奇对现代企业的诠释，但这一理念是否真正融入每个员工的行为取向中，是否客观地存在于企业中，则需要通过企业文化测量来得到验证。总之，企业文化测量是从员工认同实践的程度来衡量企业文化特征，而不只是简单地描述某种文化理念的内容。

2. 相对性

企业文化的测量，一方面是要探询某一企业现有企业文化的特征；另一方面是要将这一企业的企业文化特征与行业平均水平进行比较，以发现企业文化的优势与劣势。在企业文化的测量中，往往需要建立行业企业文化数据库，并以此提供一个准确的行业常模，作为评价某一企业文化的依据。测量的结果一般以类别、等级或分数来表示。

3. 间接性

企业文化是一种内化的企业特性，但它可以通过企业生产活动中的各种行为表现出来。所以，企业文化测量是通过测量企业成员的行为特点来间接地得到企业的内在价值观。

4. 个异性

每个企业都有自己特定的历史与外部环境，因此，企业文化具有个异性。测量中对文化个异性的反映深度取决于量表的设计，一个量表的测量维度划分得越细致，就越能够反映出企业与众不同的文化细节。

9.3 企业文化测量的维度

企业文化如何测量？要求给出一个测量的维度框架，即解决从哪几个维度来测量评价企业文化的问题。

影响企业文化特征的因素很多。例如，民族文化传统因素，以及企业所在的地域，甚至企业的类型、规模、生命周期都将对其产生重要影响。在设计企业文化量表时需要选择能够反映不同企业之间文化差异的关键因素，也就是如何来设计企业文化的测量维度。

测量维度的设计是企业文化量表的精髓所在，需要分析从哪些方面来测量、描述和评价企业文化特征。维度的选择一般有三个要求：①能够反映企业文化特征，这是最基本的要求；②能够反映出不同企业之间的文化差别，具有代表性；③维度相互独立，能够满足统计检验的要求。

从企业文化测量维度的研究过程来看，西方国家的起步较早，许多模型都非常稳定。例如，Denison 的企业文化测量模型，至今约 20 年没有进行大的改动，仍然在实践中发挥着重要的作用。而国内的研究近 10 年来处于刚起步的阶段，至今还没有一个企业文化测量模型比较稳定，也没有一个企业文化测量模型具有普遍应用推广价值。下面分别介绍西方国家企业常用的企业文化测量维度和国内的一些企业文化测量维度。

9.3.1 西方国家的企业常用的企业文化测量维度

1. 德尼森(Denison)的企业文化测量维度

德尼森企业文化测量模型是由瑞士洛桑国际管理学院的著名教授德尼森(Daniel Denison)创建的。它是在对一千多家企业、4 万多名员工长达 15 年研究的基础上建立起来的。它是衡量组织文化最有效、最实用的模型之一。

德尼森企业文化测量模型(如图 9.1 所示)建立在 4 个文化特性基础之上。这 4 个文化特性分别是相容性(或参与性，involvement)、一致性(consistency)、适应性(adaptability)及使命感(mission)，它们与企业的经营业绩有着必然的联系，如资产收益率、投资收益率、产品开发、销售增长额、市场占有率、产品质量、顾客满意度等。

德尼森对 4 个文化特性做了明确的界定和初步的分解，分别用三方面的指标对每一个特性进行衡量。相容性是指培养员工的能力、主人翁精神和责任心，这一特性是通过授权、团队导向和能力发展 3 个指标衡量的；一致性是指确定价值观和构建强势文化体系，这一特性是通过核心价值观、内部共识和协调一致三方面来衡量的；适应性是指把商业环境的需求转化为企业的行动,这一特性是通过推动改革、关注顾客和组织学习三方面衡量的;使命感是指为企业确定有积极意义的长期的发展方向,这一特性是通过愿景、战略方向、战略目标三方面反映出来的。这样,4个文化特性就分解为企业经营管理的12个方面的指标。

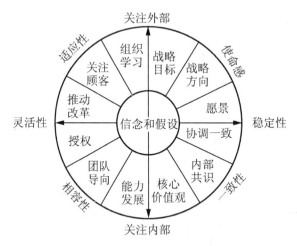

图9.1 德尼森企业文化测量模型

1) 相容性

① 授权:企业成员进行自主工作的授权状况,它是责任感的源泉。

② 团队导向:依靠团队的力量来实现共同目标的意识。

③ 能力发展:企业用于员工技能成长、素质开发上的投入状况。

2) 一致性

① 核心价值观:企业成员共享的、特有的价值观和信念体系。

② 内部共识:企业成员达成一致观念的难易程度,尤其指在遇到冲突时。

③ 协调一致:企业不同部门之间为共同目标而相互协作的状况。

3) 适应性

① 推动改革:企业对环境变化能够迅速采取变革措施并顺利实现。

② 关注顾客:企业了解客户并做出反应,而且能预测客户未来的需求。

③ 组织学习:企业从内外部环境中接收、内化、传播知识与经验,并迅速进行创新,创造新知识的能力。

4) 使命感

① 愿景:企业所有成员共享的对企业未来发展的看法,它是核心价值观的外化,是企业凝聚人心的重要因素。

② 战略方向:对如何实现企业愿景所进行的战略规划,包括明确的企业战略,以及每个成员为实现目标所采取的行动步骤。

③ 战略目标:为实现企业愿景、战略而设定的一系列阶段性目标。

2. 莱恩与蒂斯特芬诺的六文化维度系统

莱恩和蒂斯特芬诺经过对亚洲、非洲、拉丁美洲许多发展中国家进行观察与调研,开发出六维度模型。这六个文化维度是:人与自然的关系、人的时间导向、管理人性观、活动导向、人际关系导向、空间导向。

下面采用表格形式来陈述六文化维度系统。首先表明每一维度方面的三种典型价值观(或价值导向),即两种相互对立的极端形态和一种中间状态的形态;在这部分之下,还有另一部分,说明这些不同的价值对实践中的若干重要管理活动的对应的影响。

1) 人与自然的关系

人与自然关系的典型价值形态及其对几种重要管理活动的对应影响见表9-1。

表9-1 人与自然关系的典型价值形态及其对几种重要管理活动的对应影响

文化维度	典型的价值观的表现形态		
人与自然的关系	臣服型	和谐相处型	主宰型
对管理活动的影响			
重要的管理活动	对应的具体特点		
目标设置	定性手段、迟疑不定、含糊不清	权变的、按外界条件调整的	具体、充满信心、明确、高水准
预算编制	无效的、结果是事先定妥的	练习、只有实际成果才是真的	真实、有关、有用的

2) 时间导向

时间导向性的典型价值形态及其对若干管理活动的影响见表9-2。

表9-2 时间导向性的典型价值形态及其对若干管理活动的影响

文化维度	典型的价值观的表现形态		
时间导向	面向过去	面向现在	面向未来
对管理活动的影响			
重要的管理活动	对应的具体特点		
计划制订	过去做法的延伸	短期	长期
决策标准 重点的选择	按过去的情况决定	考虑目前的影响	考虑希望取得的结果
奖酬制度的设置	照老规矩办	按现有合同规定办	取决于工作绩效

3) 管理人性观

管理人性观的表现形态及其对一些重要管理活动的影响见表9-3。

表9-3 管理人性观的表现形态及其对一些重要管理活动的影响

文化维度	典型的不同的观点		
管理人性观	可改变的		不可改变的
	性恶	中性或混合性	性善
对管理活动的影响			
重要的管理活动	对应的具体特征		
监控制度	严密的、以怀疑为基础	适度的以经验为依据	松弛的以信息为基础
管理风格	紧密监督专断型	中性程度监督协商型	放任参与型
组织氛围	对立性的、按章行事的	中间型、混合型	合作性的、非正式性的

4) 活动导向

活动导向的不同典型方式及对一些重要管理活动的影响见表9-4。

表9-4 活动导向的不同典型方式及对一些重要管理活动的影响

文化维度	典型的不同的观点		
活动导向	自在型	自制与自控型	自为型
对管理活动的影响			
重要管理活动	对应的具体特点		
决策标准	感性的	理性的	务实性的
奖酬制度	以感情为基础	以逻辑为基础	以结果为基础
对结果的关心	自发的	目的均衡的	强制性的
信息测评制度	含糊的，以感情为基础的，直觉的	复杂的、定性的、广阔的	简单的、操作性的、指标甚少的

5) 人际关系导向

人际关系导向的不同模式及对一些重要管理活动的影响见表9-5。

表9-5 人际关系导向的不同模式及对一些重要管理活动的影响

文化维度	不同的典型模式		
人际关系导向	等级型	群体型	个人型
对管理活动的影响			
重要的管理活动	对应的具体特征		
组织结构	重视纵向差别	重视横向差别	非正规行为灵活可变、不大受组织结构制约
沟通与影响模式	以权威为基础	重点在群体内部	多层次、多方向的，按照需要进行的，开放的
奖酬制度	以地位为基础	以群体为基础	以个人为基础
群体内合作关系	有规定制度约束的、正规的	规范化的、例行的	自愿的、非正规的

6) 空间导向

空间导向的不同典型模式及其对一些重要管理活动的影响见表9-6。

表9-6 空间导向的不同典型模式及其对一些重要管理活动的影响

文化维度	不同的典型模式		
空间导向	私有型	混合型	公有型
对管理活动的影响			
重要的管理活动	典型模式的具体特征		
沟通与影响模式	一个对一个,秘密性	有选择半私下的	广阔、公开的
办公室布局	强调设障碍(关门、大办公桌等)	专业区域(非正规家具与正规办公桌相邻)	按分开性、概念性布置
交往模式	相隔较远,一对一,逐个地	相距中等,人数适度,有组织地	靠的较紧,频繁接触多方面关系(有时是同时的)

六种文化因素不同形态的完整矩阵见表9-7。

表9-7 六种文化因素不同形态的完整矩阵

文化维度	对待问题的不同形态		
人与自然的关系	臣服型	和谐共处型	主宰型
时间导向	面向过去	面向现在	面向未来
管理人性观	不可改变的	可以改变的	
	性恶论	混合中性论	性善论
活动导向	自在型	自制自控型	自为型
人际关系	等级型	群体型	个人型
空间导向	私有型	混合型	公有型

9.3.2 中国企业常用的企业文化测量维度

台湾大学心理学郑伯埙教授开创性地设计了完全本土化的量表——组织文化价值观量表(Value in Organizational Culture Scale,VOCS),是中国组织文化测量的奠基之作。他认为,组织文化可用来引导组织成员的个体行为,而以往个体层面上的组织文化测量研究缺乏相应的理论框架。他在沙因(1985)研究的基础上设计了 VOCS 量表,包含科学求真、顾客取向、卓越创新、甘苦与共、团队精神、正直诚信、表现绩效、社会责任和敦亲睦邻九个维度。郑伯埙(1993)对这 9 个维度进行因子分析后,发现可以得到两个高阶维度:外部适应价值(包括科学求真、顾客取向、社会责任、敦亲睦邻)和内部整合价值(包括卓越创新、甘苦与共、团队精神、正直诚信、表现绩效)。他还应用 VOCS 量表,通过不同的契合度计算方式,考察组织价值观和个体结果变量之间的关系。

此外,中国内地学者也在尝试开发组织文化测量工具,使其更符合具体的国情背景。清华大学经管学院较早地开展了相关研究,其企业文化测量项目组对中外企业文化的量化管理做了较系统深入的研究。在前期研究的基础上，他们提出了由八个维度(客户导向、长期导向、结果导向、行动导向、控制导向、创新导向、和谐导向和员工导向)，40多道测试题组成的测量量表。北京大学光华管理学院因循国外组织文化量化研究的思路，在案例实证分析的基础上，开发了一个由7个维度(人际和谐、公平奖惩、规范整合、社会责任、顾客导向、勇于创新和关心员工成长)，34道测试题组成的测量量表，后又简化为6个维度。

可以说，目前，中国不同的企业文化测量模型还停留在探索和验证阶段，这个阶段可能还有很长的路要走。原因有两个：一是中国民族文化太深厚，可能难以用一个模型准确概括；二是中国现有不同的企业文化测量模型的应用时间不长，还没有充分的实证材料来证实模型的稳定性，即企业文化测量模型的信度和效度都还没有得到充分的证实。

分析当前中国不同的企业文化测量模型，常用的维度包括以下14个。

1. 领导风格

领导风格指企业中上级指挥、监督、协调、管理下属的方式。在儒家文化中，领导代表着权威，命令、控制与协调是领导的主要特征，其内涵与西方的领导理论有着很大的差异。是"领导者"还是"管理者"，这一基本假设将对企业文化产生重要影响。

2. 能力绩效导向

能力绩效导向就是能者得其职，通过职位向内外开放和职位竞争，使有能力的人走向关键职位和核心职位。当然，有能力的人并不意味着他的潜在的工作能力会自动转化为工作业绩。工作业绩导向，即薪酬制度的设计、激励制度的构建，要和个人的工作业绩考核挂钩。只有建立一个以能力和工作绩效为导向的激励制度，才可能真正形成强大的工作动力，推动组织整体发展战略目标的实现。

3. 人际和谐

讲究和谐的人际关系是东方国家企业文化的一个重要特征。"家和万事兴"，这句话道出了人际关系在人们工作中的重要作用。个人与个人、个人与群体、群体与群体都需要传递和交流情感、思想、信息，和谐的人际关系是成功的关键。但在现实生活中，人与人之间的沟通往往会有障碍，而一旦逾越这条鸿沟，人们的工作效率和竞争力都会大大提高。

4. 科学求真

讲求科学求真精神指不做表面文章，实事求是。在工作中尽量相信统计数据，运用科学方法，强调数据与量化分析，通过系统实证的方式来达到一种客观的标准，而不仅仅依靠直觉来进行判断。

5. 凝聚力

企业的凝聚力是衡量企业成员为实现企业目标而相互合作的程度，它是企业成员对企业表现出来的向心力。企业凝聚力的大小反映了企业成员相互作用力的大小。凝聚力越强，企业成员之间的关系越融洽，企业的整体目标和成员的个体目标越容易实现。加强企业成员的沟通、树立共同的理想及恰当的激励机制对增强企业凝聚力来讲至关重要。企业凝聚力是企业文化建设成功与否的一个重要标志。

第 9 章　企业文化测量

6. 正直诚信

正直诚信是企业中一项重要的品质。不徇私舞弊，不靠关系走后门，任人唯贤，重视培养正直诚信的风气。在这种文化中，强调服务与奉献，人们相互尊重，信守诺言，"言必信，行必果"。在这种价值观影响下，企业会具有诚实纳税、不拿回扣、不送礼、不搞小团体等行为特点，也会有严密的组织检查机构。

7. 顾客导向

顾客导向是重要的营销理念，但它贯穿整个企业的生产、运营、管理等各个方面。这种企业非常强调顾客的兴趣和观点，企业的环境分析、市场研究、经营决策、战略战术、生产制造、销售和服务等都以顾客为出发点，从而建立围绕顾客的业务体系。

8. 卓越创新

追求卓越、开拓创新的精神日益得到社会的倡导，在企业中具有首创精神的员工也越来越受到重用。在这种价值观影响下，员工有强烈的自我超越意识和求胜意识，在工作中积极负责、自我要求严格，以期望达到一流的业绩标准。而企业则扮演着为员工提供相互竞争、不断成长的舞台的角色，坚持优胜劣汰，不断改善、精益求精，从而使得产品技术不断创新，始终领先。这种价值观在高科技企业中尤为常见。

9. 组织学习

组织学习是一个持续的过程，是组织通过各种途径和方式，不断地获取知识、在组织内传递知识并创造出新知识，以增强组织自身能力，带来行为或绩效的改善的过程。学习能力的强弱决定了企业在经营活动中所增值的知识的多少。创建学习型企业是一项系统工程，它至少由四部分构成：观念、组织学习机制、组织学习促进和保障机制及行动。学习型文化对于保持企业活力和可持续发展来讲是必不可少的。

10. 使命与战略

企业使命，或者说企业宗旨，指企业现在与将来从事哪些企业活动，以及应该成为什么性质和类型的企业。而企业战略指对如何实现企业愿景所进行的战略规划，包括明确的企业战略及每个成员为实现目标所需付出的努力。企业使命奠定了企业文化的基调，而企业战略目标的制定则必须充分考虑企业文化的支持性。

11. 团队精神

一个好的企业，首先应是一个团队。一个团队要有鲜明的团队精神。企业的发展及个人自我价值的实现，都有赖于人们之间的相互协作。一群人同心协力，集合团队的智慧，共同创造一项事业，其产生的群体智慧将远远高于个人智慧。如果没有人们在企业运行过程中的相互协作，没有团队精神，企业就不可能高效益地发展，从而也就不会有企业中每个人的自我价值的实现，所以协作与团队精神是企业文化的重要基本点。

12. 发展意识

发展意识指人们对企业未来发展前景的认识和态度。员工的发展意识是企业前进的原动力，而与发展意识紧密相连的是危机感。在市场竞争中，必须让员工清楚企业所面临的机遇和挑战、企业自身的优势和不足，从而激发员工的危机感和紧迫感，使他们自动自觉地思考企业未来的发展问题，永远前进，永不满足。

    13．社会责任

企业的社会责任，是指企业在谋求自身利益的同时，必须采取保护和增加社会利益的行为。企业作为社会物质生产的主要部门和物质文化的创造者，担负着为社会公众提供物质产品和服务的责任，它通过赢利来繁荣社会的物质生活，这是企业不可推卸的责任。企业对社会责任的负责与否，直接影响到企业声誉和企业形象。为了利润最大化而放弃自己的社会责任或损害社会利益的行为，都只会导致企业失去公众的信任和支持。履行企业的社会责任，协调企业的社会责任与经济责任之间的关系，是企业文化的一条重要内容。

    14．文化认同

文化认同指企业文化所提倡的价值观、行为规范、标识在员工中得到认同的程度。员工一旦认同了企业文化，将自觉地通过自己的行为来维系这种文化，从而使管理由一种强制性的制度约束变成非强制性的文化导向。所以，企业文化建设强调的是"认同"，只有形成了企业所有员工的共同价值观，才能形成企业文化。从这一意义上讲，企业文化的核心就在于"认同"。

9.4 企业文化测量的方法及实施步骤

9.4.1 企业文化测量的方法

自企业文化理论产生以来的20多年中，对企业文化测量的研究基本沿着定性和定量两条路径发展，最终形成两大研究阵营。

以沙因为代表的学者主张定性测评。他们认为，组织文化是多层次的、感性的、潜在的，不能进行量化，难以定量测评。原因在于：不知道问卷中该问什么，也不能确定回答的可信性和有效性；同时，面对问卷，人们说不出深层的价值观和基本假设；另外，泛泛而谈没有价值。沙因认为，要从文化的层次和要素出发，通过个人、小组针对具体问题面谈或实地观察等方法进行定性测评。

以奎因为代表的学者主张定量测评。他们认为，组织文化可以通过一定的特征和不同的维度进行研究和测量，并且认为用逻辑的、数理的方法，通过量表和问卷进行客观的测量和评估，才是真正的测评。

定性测评方法有案头分析、现场考察、深度访谈、沟通对话等，其中最重要的方法是访谈。定性测评的特点是嵌入具体情境中，需要精心的解释。其优点是：获取的信息丰富和深刻、特别适合个案研究或小规模的测评。其缺点是：费时费力、主观性强。企业文化评价和诊断的有效性取决于测评者的洞察能力。

定量测评方法的特点是通过量表和问卷收集数据、与标准比较而量化测评。其优点是：省时省力、能较好地反映员工的认同度、适合于大规模的测试和比较研究。其缺点是：量表设计要求比较严格、测试对象的态度难以把握和适当地控制、沟通程度不够深入。

企业文化的定性测评和定量测评各有千秋，在企业文化实践中，应把两种方法有机地结合起来。

9.4.2 企业文化测量的实施步骤

结合定性研究和定量研究的理论观点进行企业文化测量。首先，要通过现场观察、现场访谈、调查问卷和查阅文献资料等定性研究的方法，了解目前的企业文化状况和员工对企业文化的感知状况，借此构造出企业文化测量的整体框架，形成企业文化测量模型。其次，运用量表等定量分析的方法，具体分析企业现有文化的状态、员工的价值观，并对企业文化进行诊断，进而提出改进建议。

具体而言，企业文化测量分为以下四个步骤。

1. 测量模型设计阶段

通过查阅大量的文献资料，对已有的测量成果进行深入研究，结合现场观察、现场访谈等方式，总结提炼出适合某企业特点的企业文化测量维度。然后，根据测量维度设计和编制企业文化量表。

2. 测量模型检验阶段

为了保证最终研究成果的针对性和有效性，在进行正式的企业文化测量之前，可以安排一次预测量。预测量采用一个相对较小的样本量对之前形成的量表进行填写，回收后只进行简单的描述性统计，不用形成文化测量的结论，目的主要在于通过对预测量结果的因子分析，检验前期形成的文化测量模型是否有效，并及时做出适当的调整。

3. 正式测量阶段

经过预测量得到修正的测量模型之后，扩大样本量进行正式的企业文化测量。这一阶段是企业文化测评最关键的环节，其实施质量如何直接影响到样本分析的可信度。根据企业的实际情况，最好的方式是确定全部样本名单后，统一时间和地点进行一次性统一测评；但很多企业由于实际情况难以做到，则可采取分批方式进行测评，不过各批次也应当统一时间和地点。并且，测评现场必须有两三人进行纪律监督，以保证测评的有效性。

4. 统计分析阶段

正式测量的问卷回收以后，首先，经过认真地筛选将不符合统计要求的问卷剔除，否则将严重影响整体数据的一致性，导致无法获得结论或得到错误的结论；其次，运用 SPSS 等专业统计分析软件对调查结果进行统计，得出结论并进行解释，完成定量测评报告、诊断报告等；最后，为建设有特色的企业文化提出针对性的对策建议。

9.5 企业文化测量量表的设计

量表是一种简单快捷的获取信息的方法。量表设计是企业文化定量测评中难度较大的一个环节。有效的量表，能较充分地反映员工在工作环境中的价值观、基本假设、行为方式、组织承诺等方面的信息。

当前，企业文化量表一般采取标准化里克量表形式，针对各个维度设计价值观及管理行为特点方面的条目，让测试对象按企业实际情况的符合程度进行打分评价。在这种量表的设计中，题目的编制要注意以下四点。

(1) 编制题目时，既要参考管理专家现有的资料，又要听取企业相关工作者的建议，以便编写出最能反映企业文化本质特征的题目。

(2) 每个维度的测量题目在4～6个，数量太少难以反映该维度的特征，而数量太多则使区分度不高，容易发生内涵重叠的情况，难以通过统计检验。

(3) 题目的表达务求准确、直白，避免使用容易引起思考混乱和理解歧义的词语及句型，也应该尽量避免使用生僻的专业词汇。当调查对象的文化水平不高时，应该力求使用最简单的表达方式。

(4) 开放式问题不宜太多，要选取最具有代表性的问题。

以下是一份企业文化评价量表，仅供参考。

(一) 基本情况

表9-8是有关您的个人基本信息，请在相应的方格内打"√"。

表9-8 个人基本信息

问　　题	备选答案	您的选择	备选备案	您的选择
1. 您的性别	A. 男		B. 女	
2. 您的年龄	A. 20岁(含)以下			
	B. 21～25岁		F. 41～45岁	
	C. 26～30岁		G. 46～50岁	
	D. 31～35岁		H. 50岁以上	
	E. 36～40岁			
3. 您的最高学历	A. 中专及中专以下		D. 硕士	
	B. 大专		E. 博士	
	C. 本科			
4. 您在公司的工作年限	A. 1年以内(含1年)		D. 6～8年(含8年)	
	B. 1～2年(含2年)		E. 8～10年(含10年)	
	C. 2～6年(含6年)		F. 10年以上	
5. 您所在的工作部门	A. 生产		D. 管理(含人事、资讯、财务)	
	B. 业务(含销售、营销企划)		E. 后勤(含物料、采购、进出口、出货)	
	C. 工程(含研究开发、品质管理)		F. 其他	
6. 您的职务	A. 普通员工		C. 基层主管	
	B. 中层主管		D. 高层主管	

第9章　企业文化测量

续表

问题	备选答案	您的选择	备选备案	您的选择
7.您公司所在行业	A. 农、林、牧、渔业		B. 采矿业	
	C. 制造业		D. 电力、燃气及水的生产和供应业	
	E. 建筑业		F. 交通运输、仓储和邮政业	
	G. 信息传输、计算机服务和软件业		H. 批发和零售业	
	I. 住宿和餐饮业		J. 金融业	
	K. 房地产业		L. 租赁和商务服务业	
	M. 科学研究、技术服务和地质勘查业		N. 水利、环境和公共设施管理业	
	O. 居民服务和其他服务业		P. 教育	
	Q. 卫生、社会保障和社会福利业		R. 文化、体育和娱乐业	
	S. 公共管理与社会组织		T. 国际组织	
8.您公司哪个部门负责企业文化管理	A. 人力资源部(人事部)		B. 办公室	
	C. 企划部		D. 综合科	
	E. 其他		F. 没有部门负责	
9.您公司所在地区(请填写市、县)				

(二) 完成表 9-9

表 9-9 是关于贵公司的企业文化的 60 个陈述，请您根据您在贵公司工作生活的感受，判断是否同意下列说法，并在相应的说法栏打"√"。

表 9-9　企业文化

序号	判断标准 企业文化现状	非常不同意	不同意	说不好	同意	非常同意
1	您的绝大多数同事都高度投入他们的工作中					
2	公司的决策通常是在能最好地处理信息的层面上做出的					
3	公司信息广泛共享，员工可方便地得到自己所需的信息					
4	公司里每个人都相信他们能产生积极的影响					
5	公司每个人都在一定程度上投入公司商业计划的运行					
6	公司积极鼓励不同职能单元之间的合作					
7	每个人都把自己作为团队成员而工作					

续表

序号	企业文化现状 / 判断标准	非常不同意	不同意	说不好	同意	非常同意
8	公司基于横向控制和协调来完成工作，而不是基于纵向层级体系					
9	团队是我们基本的工作单元					
10	公司的工作组织得不错，每个人都知道自己的工作和公司目标之间的关系					
11	公司赋予员工权限，使得大家能够自主行事					
12	公司员工的能力正不断得以提升					
13	公司为培养提升员工的技能持续进行投资					
14	公司视员工的能力为竞争优势的重要源泉					
15	我们常因为没有掌握必需的工作技能而出问题					
16	公司领导及管理层如同他们倡导的那样做事					
17	公司的管理风格富有特色，管理实践也与众不同					
18	公司有一套明确一致的价值观体系以指导我们从事商业活动					
19	忽视公司的核心价值观将使我们陷入困境					
20	公司有一系列行为准则，告诉我们如何分辨是非					
21	当内部发生分歧时，我们努力寻求双赢的解决方案					
22	公司有很强势的文化					
23	即使在困难问题上，我们也容易达成一致意见					
24	在关键问题上，我们经常难以达成共识					
25	公司内部对于什么样的做事方法是正确的或是错误的有明确共识					
26	我们做事情的方式非常一致和可预见					
27	公司不同部门的人有共同的看待问题的方式					
28	对公司不同职能单元之间进行协调很容易					
29	和公司其他部门的人一起工作感觉就像在和其他公司的人一起工作一样					
30	公司不同层级的目标是协调一致的					
31	公司有良好的应变性					
32	公司对竞争对手及商业环境的其他变化有很好的应变能力					
33	公司持续采用新的、更好的工作方式					
34	公司变化、变革的努力通常遭遇阻力					
35	公司的不同部门经常联合进行变革					
36	客户的意见和建议常会导致公司进行变革					
37	客户对我们的决策有直接影响					
38	公司所有成员对客户的需要有深入理解					

续表

序号	企业文化现状 / 判断标准	非常不同意	不同意	说不好	同意	非常同意
39	公司的决策常常忽略最终客户的利益					
40	公司鼓励员工直接接触客户					
41	我们把失败看成学习和成长的机会					
42	公司鼓励创新，并对承担风险的人给予回报					
43	公司很多事情是经过失败做成的					
44	学习是日常工作的重要目标和任务					
45	我们明确知道我们要学习什么					
46	公司有长远的目标和方向					
47	我们公司的战略正引导其他竞争对手做出变革					
48	公司明确的使命为我们的工作赋予意义和方向					
49	公司对于将来有清晰的战略					
50	公司的战略方向对我来说是不清晰的					
51	我们对于工作目标有广泛的共识					
52	公司领导设定的目标是高标准的，也是现实的					
53	公司领导阶层公开表达了我们要追求的目标					
54	我们根据既定的目标不断地检查工作进程					
55	大家知道为了完成工作目标应该做什么					
56	我们对于公司未来有共同的愿景					
57	公司领导眼光长远、立足长远					
58	公司里的短期想法通常服从于公司的远景					
59	公司远景激励着我们员工					
60	在不与公司远景冲突的情况下，我们能够满足短期的需要					

（三）完成表 9-10

表 9-10 是企业业绩的一些指标，请您根据您在贵公司工作生活的感受进行判断，并在相应的说法栏打"√"。

表 9-10 企业业绩指标

序号	业绩指标	不知道	业绩差	业绩一般	业绩较好	业绩好
1	收入增长					
2	市场份额					
3	利润					
4	产品或服务质量					
5	新产品开发					
6	员工满意度					
7	公司整体业绩					

本 章 小 结

　　企业文化的测量与诊断，是了解、控制、管理甚至改变企业文化的基础工作，也是企业文化建设的一个关键环节，是进行一切与企业文化相关的实践与研究的基础。本章着重介绍了企业文化测量的意义、内容、方法、维度及企业文化量表的设计。

　　企业文化测量的重点是企业共同价值观与基本假设，此外也包括企业的管理行为和制度特征，它具有客观性、相对性、间接性、个异性等特点。企业文化测量的核心是编制企业文化量表。为此，先要构建企业文化测量的理论框架，在此基础上设计适合企业特色的测量维度，然后再针对各个维度编制测量题目。量表的表达力求准确、简单、直白，避免采用生僻词汇和复杂句型。

关键词

　　企业文化测量、企业文化评价、企业文化诊断、企业文化测量维度、企业文化量表、德尼森企业文化测量模型

复 习 题

1．企业文化测量有何意义？
2．企业文化测量究竟测什么？
3．企业文化测量有哪些特点？
4．企业文化测量的维度是指什么？
5．比较企业文化定性测评和定量测评的优劣。
6．企业文化测量的基本步骤有哪些？
7．企业文化测量量表应该如何设计？

思 考 题

1．比较东西方企业文化测量维度的不同。
2．评价德尼森企业文化测量模型。

案例分析

东方能源公司企业文化测量

　　东方能源公司是一家大型的集能源、化工、贸易、工程技术为一体的综合性工业集团公司。自1998年起，集团公司内部进行了大规模的资产重组和改制上市，经过分立、分离、分流，2000年成立了股份有限公司，并于年底实现股票在香港上市。由于集团公司生存条件发生了巨大的变化，企业内外部环境日趋复杂，竞争日益激烈，不确定性因素增多，企业领导层决定实施一系列变革措施，其中一项重要内容为企业文化变革。为此，公司责成企业文化部在近期内提交一份企业文化变革实施建议书。

第9章 企业文化测量

部长杨卓在东方能源公司工作已二十余年,对公司几十年来的发展了如指掌,他深信此次的企业文化变革是适应集团公司发展战略的必须步骤。"我们首先要对集团公司现有的文化材料进行盘点,其次再决定需要干什么。"杨卓的脑海里渐渐形成了一个计划。

一、东方能源公司企业文化的宏观描述

东方能源公司在建国伊始,白手起家,克服一个个困难,几乎"手拉肩扛",为新中国实现能源自给做出了贡献,形成了光荣的企业传统和丰富的文化内涵,主要有以下五个。

(1) 形成了"艰苦奋斗,爱国创业"的八字企业精神。

(2) 涌现出许多在全国产生巨大影响的英雄人物和先进集体。

(3) 形成了独特的"五过硬"企业作风和"有红旗就扛,有排头就站"的进取意识。

(4) 形成了"一切为了祖国富强"的共同理想和人生价值观。

(5) 拥有良好的业绩形象和实力形象,曾经荣获权威杂志"年度最佳交易股票"、"中国最佳新上市公司"等荣誉。

二、所处行业的文化特征描述

能源行业几十年的文化底蕴对东方能源公司产生了深刻影响。首先,能源行业所体现出的民族文化特征明显:"以仁化人,以道教人,以德立人",重视思想教育,重人伦;"天人合一",讲伦理道德,强调整体意识和大局观;"重义轻利",社会责任感强,有强烈的为国争光、为民族争气、自立自强的进取意识。其次,受到能源行业中的准军事化作风影响:使命感强,纪律严明,崇尚艰苦奋斗、集体主义的精神。最后,整个能源行业也受到改革体制、转换机制的大环境影响,带有深刻的时代精神烙印,商品经济意识灵活,经营意识、市场竞争意识和效益意识正在复苏,呈现出价值观多元化的倾向。总而言之,整个行业中民主意识与家长制观念并存、个性发展与大一统观念并存、创新和竞争意识与中庸保守之道并存、改革开放意识与封闭保守意识并存、法制观念与人治现象并存、效率观念与平均主义思想并存、现代经济利益与重仕轻商观念并存。

三、东方能源公司的企业文化测量

为了更全面深入地了解集团公司的企业文化状况,杨卓专门组织了一次企业文化问卷调查,共发出问卷1 000份,回收有效问卷961份,样本覆盖了集团公司所属的能源生产、加工、运输、销售、科研、事业等各类企业71家,调查对象包括工人(占35%),各级管理干部(占35%),科研人员(占20%),后勤、事业、服务人员(占10%)。问卷采用标准化问题与开放式问题相结合的形式,设计单选题33道、多选题9道、开放式问答题3道。整个调查问卷的结构如下:

①员工对企业文化更新的需求;②员工对企业形象的认同;③企业理念需要更新的内容;④企业理念的宣传;⑤员工对企业理念的认可;⑥员工对企业的忠诚度;⑦员工对企业改进的期望;⑧企业制度的制定与执行状况;⑨员工对企业的信心;⑩员工积极主动性的发挥状况;⑪员工培训与素质提高状况;⑫企业民主管理与民主参与状况;⑬决策与协调状况;⑭企业创新意识;⑮组织风气状况;⑯企业文化建设状况。

以下为调查问卷当中的一些题目。

(1) 您认为本单位的企业民主作风、民主管理工作:①很好;②良好;③一般;④较差。

(2) 您认同下面哪些观点? (多选题)

① 成本控制是企业成功的关键;

② 培养国际化视野是走向世界的前提;

③ 诚实守信是企业经营之本;

④ 学习与创新是应对入世后国际竞争环境的根本手段。

(3) 您认为现有的企业精神哪些需要继承下来并进一步发扬? (开放式问题)

四、东方能源公司的企业文化测量结果分析

所有的问卷结果都采用百分数的方式进行分析。例如,"您认为当前制约东方能源公司经济效益提高的主要原因是:①管理理念落后;②体制机制僵化;③发展战略不明确;④人才流失严重。"结果显示列于表9-11。

表9-11 企业文化测量结果

管理理念落后	体制机制僵化	发展战略不明	人才流失严重
48.6%	19.5%	11.8%	20.1%

经过分析,杨卓认为,他已经初步得到了东方能源公司企业文化的大致特征。

1. 文化变革优势
(1) 有着优良的文化传统,企业精神至今影响深刻。
(2) 员工对企业的忠诚度高,士气高昂,凝聚力强,关注企业发展。
(3) 组织风气正,先锋模范作用明显,民主作风、民主管理状况较好。
(4) 制度执行比较彻底。
(5) 员工思想素质高,自律意识强,积极上进。
(6) 员工愿意从事创造性工作。
(7) 员工有更新理念的意识和需要。
(8) 企业正在处于转型期,有利于人们建立文化变革的心理准备。

2. 文化变革劣势
(1) 企业形象、标识的认同感差。
(2) 员工对企业以人为本、规范管理方面并不满意,对福利待遇不满。
(3) 企业理念较落后,时代感不足,市场意识、效率意识、质量意识、创新意识不足。
(4) 存在粗放管理、成本过高的现象。
(5) 员工积极主动性没有得到充分发挥。
(6) 企业战略和经营理念的沟通不够。
(7) 存在企业文化与企业管理机制的冲突。

有了这些,杨卓长长地吐了口气,明天终于可以动手写集团公司企业文化变革建议书了。

(资料来源:张德.企业文化建设[M].北京:清华大学出版社,2003.)

讨论题

1. 作为一家传统大型国有企业,你认为应该从哪些维度来分析东方能源公司的企业文化?你认为杨卓的测量维度和测量题目的设计合理吗?

2. 如果你是东方能源公司企业文化部的成员,你会就企业文化测量这项工作向部长杨卓提出哪些建议?

拓 展 阅 读

[1] Kim S C, Robert E Q. Diagnosing and Changing Organizational Culture:Based on the Competing Values Framework[M]. New York: Addison-Wesley,1999.

[2] Geert H, Bram N, Denise D Ohayx, Geert Sanders. Measuring Organizational Cultures:A Qualitative and Quantitative Study Across Twenty Cases[J]. Administrative Science Quarterly,1990,35,(2).

[3] O'Reilly C A. Chatman J, Caldwell D. Peaple and Organization Culture：A Prfile Comparison Approach to Assessing Person-organization Fit [J]. Academy of Academy of Management Journal,1991, 34,(3).

[4] 张勉，李海，闫举刚. 组织文化度量模型的构建与实证研究[J]. 科学学与科学技术管理，2007，(12).

[5] 张勉，张德. 组织文化测量研究述评[J]. 外国经济与管理 2004，(8).

[6] 陈春花. 企业文化管理[M]. 广州：华南理工大学出版社，2006.

[7] 王超逸，李庆善. 企业文化学原理[M]. 北京：高等教育出版社，2009.

[8] 栾永斌. 企业文化案例精选精析[M]. 北京：中国社会科学出版社，2008.

[9] 刘光明. 企业文化教程[M]. 北京：经济经济管理出版社，2008.

第10章

企业文化的培育

本章学习目标

1. 企业文化挖掘、提炼的内容与方法；
2. 企业文化挖掘、提炼应遵循的原则；
3. 企业文化培育塑造的基本流程；
4. 企业文化培育塑造的基本原则；
5. 目标文化的认同过程；
6. 企业文化培育塑造的一般方法。

第10章 企业文化的培育

导入案例

方太的企业文化建设实践

方太集团创建于1996年,18年来,方太始终专注于高端厨电领域,坚持"专业、高端、负责"的战略性定位,向着成为一家受人尊敬的世界一流企业的愿景迈进。公司不断致力于为追求高品质生活的人们,提供领先设计和卓越品质的高端嵌入式厨电、集成厨房产品,提供高品质的厨房及家用产品,倡导健康环保和有品位的生活方式,让千万家庭享受更加幸福的居家生活,业已成为中国高端厨电专家与领导者。

在方太公司企业文化培育过程中,努力做到如下"四个坚持"。

1. 坚持在实践中不断总结和丰富企业文化内涵

方太的企业文化建设是不断完善、与时俱进的。在企业文化建设过程中,企业需要经常深入思考"我是谁?我要到哪里去?我认同什么、反对什么?"等企业存在的根本性问题,然后运用头脑风暴等方法,反复提炼,达成共识(可引入外部咨询进行综合诊断),在此基础上,明确公司的使命、愿景和核心价值观,确立了方太企业文化的核心。

(1) 使命。让家的感觉更好。方太通过不断地开发健康、舒适、环保、节能、安全、方便的厨房等家用产品,不断为人类提供更新更好的厨房和家居文化与生活方式,让千万家庭享受更加幸福的生活,让"顾客"家的感觉更好。

(2) 愿景。成为受人尊敬的世界一流企业。具体地说,方太要致力于成为高端品牌的典范、卓越管理的典范、优秀雇主的典范、承担责任的典范。

(3) 核心价值观。人品、企品、产品,三品合一。

人品
    传统美德:仁 义 礼 智 信
    职业道德:遵守规则 廉洁自律 秉公办事
    职业精神:认真 负责 创新 极致

企品
    社会责任:法律责任 发展责任 道义责任
    卓越管理:战略 人员 运营
    一流业绩:利润率 满意率 成长性

产品
    领先设计:外观 功能 品味
    卓越品质:安全 可靠 精致
    超值服务:及时 专业 持续关怀

以下是每年企业文化建设的重点工作,从中也可以看出公司的企业文化发展脉络:

- 03年发布《方太愿景与文化手册》、《聚焦方太文化》等,统一全体员工对公司文化的认识;
- 04年制定了25条《方太管理原则》;
- 05年开始,组建企业文化培训讲师团,对销售实地员工进行企业文化培训,统一员工思想,保证企业文化的落地;
- 06年制定《企业文化建设管理制度》,《公司商业行为准则和员工商业行为规范管理制度》;
- 07年在试行版的基础上,修订发布《员工手册》(第一版);
- 08年制订新的《方太价值观》;创作方太企业歌《心在飞翔》;
- 09年发布红头文件《关于在全公司开展儒家传统文化教育的通知》,在公司内(含全国各办事处)全面、深入地掀起了儒家传统文化学习的热潮;

➢ 10年制定形成《2010—2012年企业文化推进战略及主导策略》，明确了10～12年的重点为"塑文化形象"、"创文化品牌"和"争最佳雇主"；修订了《方太管理原则2010版》、《员工手册2010版》(第二版)。

2. 坚持加强道德行为教育

高层领导高度重视道德规范，将人品列为核心价值观"人品、企品、产品，三品合一"之首，结合《员工手册》、《方太价值观》的发布，通过发布会、论坛等形式对广大员工进行教育。2008年开始倡导"慈悲做人，智慧做事"，开展对员工传统美德"仁义礼智信"教育，实施学习《三字经》、《弟子规》、《论语》等活动，强化日常行为规范、商业准则实施情况的检查。2009年成立儒家管理模式推进小组，由总裁(组长)、工会主席、人力资源总监、企管总监、文化中心主任等13人组成，每月定期举行会议和交流，就推进中的问题及举措进行回顾，同时制订下一阶段的工作计划。在开展儒家文化教育的过程中，尽可能地去发现和唤起员工良善的本性，减少强迫或强制的因素，激发员工的主动学习和参与的意识，达到"润物细无声"的效果。

在《员工手册》中，明确规定了"公司商业行为准则和员工商业行为规范"，对于违反道德规范的事例严格处理；向供应商和渠道商发送反腐公函并要求反馈，在合作协议中增加了诚信廉洁交易条款；与采购、品质、营销等岗位员工签订廉洁承诺书；建立了月度员工违纪统计、内部审计发现问题等监测方法和指标。

3. 坚持加强企业文化的沟通与传播

为了更好地对企业文化进行诠释、系统解读和宣传，提升员工对企业文化的认知、认同和践行，使方太文化"看得见、摸得着、说得清、记得牢、信得过、用得上"(董事长茅理翔语)；同时，进一步提升企业形象，为与关键顾客、供应商和合作伙伴的长期合作奠定文化基础，公司在企业文化的沟通与传播方面也采取了很多的措施，具体见表10-1。

表10-1　企业文化的双向沟通和传播

方　式		传播途径
双向沟通	内部沟通	《方太人》报、方太内网、企业文化手册、企业文化论坛、厂区宣传栏等详细介绍方太的企业文化；总裁每年亲自为营销实地经理等进行方太企业文化解读；总裁在公司年度总结表彰大会上重点宣读方太的企业文化；组建方太企业文化讲师团对全公司员工进行培训；将企业文化作为新员工入职培训、员工晋升的考试内容之一，强化员工的理解等
		在评选年度十大功勋人物、模范员工、优秀员工、优秀团队、文明班组及季度明星员工等过程中，注重核心价值观的行为表现；及时公布员工违反方太价值观的行为
		厂区竖立"捍卫"三品合一雕像，建立首家企业"孔子堂"，方太展厅开辟"企业文化"区
	外部沟通	重要客户、重要供应商、政府及其他相关方参观方太展厅、"捍卫"雕像及孔子堂；高层接受媒体的高端访谈；高层在高校、论坛的演讲；出版方太管理经验书籍；年度供应商大会、海外商务会等介绍方太的企业文化；加强儒家文化、公司文化及品牌在高校的传播(方太"青竹简"国学推广计划)

4. 坚持抓好企业文化"落地"五要素

文化的形成不是一朝一夕可以实现的，而是需要认真做好"教育强化，制度固化，领导垂范，奖惩有力，坚持到底"(见表10-2)等五项工作，以促进企业文化更好地"落地"。

第10章 企业文化的培育

表10-2 企业文化"落地"五要素

五要素	主要思考	案例操作
教育强化	①区分教育课时(文化与价值观等)与培训课时(技能、专业类); ②关键是要正确地引导,深入人心,取得效果; ③学会讲故事,形成自身的案例教学; ④各级主管的参与(包括违纪处理时); ⑤开展各种健康有益的文化娱乐活动,寓教于乐	①2010年教育类课时不低于30课时; ②开展晨读《弟子规》、《三字经》、《论语》等诵经活动; ③定期举办"企业文化论坛"; ④把《和谐拯救危机》作为全体员工必看的内容; ⑤《方太价值观》中以公司的实际案例来对"仁义礼智信"等进行说明; ⑥成立了篮球协会、足球协会、书画协会、摄影协会等近十个员工兴趣协会并定期开展活动
制度固化	①要制定一份好制度是不容易的; ②关键是要认真地、不折不扣地执行制度; ③制定制度时讲究仁义,制度执行时讲究严格; ④制定制度时充分听取员工意见	①《员工手册》(162页)中涵盖员工管理的大部分制度; ②企业文化考试不合格者不能升职; ③2009年6月下发红头文件——《关于在全公司开展儒家传统文化教育的通知》([2009]34号); ④每年根据形势变化不断修订、优化制度
领导垂范	①从一定程度上说,企业文化就是老板/老总的文化; ②管理者要做领导者,以身作则、谦逊是根本; ③培养"诚实正直、高瞻远瞩、充满激情和能力高强"的领导者	①茅总利用一切机会、多种场合进行传统文化和方太价值观的宣传; ②建立《方太中高层领导力内涵》模型并定期开展360°评估,提升各级主管尤其是中高层管理者的领导力(其中价值观是首要因素)
奖惩有力	①奖罚要落到点上; ②加强奖励的力度,形成良好的正面激励; ③罚是为了不罚,无关痛痒的罚是纵容	①C类错误罚款的取消; ②设立各种奖项(季度明星员工、年度优秀员工、总部/分支机构十大模范员工、功勋人物等); ③设立重大技术创新和突破奖,肯定员工在技术创新方面的成绩
坚持到底	①凡事贵在坚持; ②持续转动PDCA循环; ③关键是要有耐心,持之以恒; ④没有近十年的沉淀和积累,很难形成	①自公司成立起,每年举办一次"方太杯"文艺晚会、党日活动; ②2001年起,每年进行一次卓越绩效模式自评; ③2001年起,每年组织实地促销员回公司总部开展"回家看看"活动; ④2004年开始,每年开展一次员工满意度调查并持续改进

在企业文化测量诊断的基础上,挖掘、总结、提炼企业文化的核心要素,构建企业的目标文化,并使之得到自上而下的认同和全面实践,这是企业文化建设的核心环节。本章着重探讨企业文化建设的实施,也即企业文化的挖掘提炼和培育塑造。

10.1 企业文化的挖掘与提炼

10.1.1 企业文化挖掘、提炼的内容与方法

在企业文化挖掘与提炼阶段，企业领导人要带领企业的中高层管理人员一起，深入思考下列有关企业存在的根本性问题：

(1) 我们是谁？我们企业为什么存在？
(2) 我们要到哪里去？我们期望我们公司未来是怎样的？
(3) 我们关键的成功因素何在？我们秉承什么？反对什么？
(4) 我们存在哪些问题，我们实现理想还缺什么？
(5) 怎样的人才是成功的？我们的成功标准是什么？

一起探讨，反复提炼，达成共识。必要时，可引入外部咨询帮助企业进行挖掘和提炼。但外部专家只是外因，起辅助作用，最终起决定作用的还是企业高管自己的思路。外聘专家往往只是帮助高管坚定其已有的想法、唤醒其潜在的意识、理清其烦乱的思维。在达成共识的基础上，用简明扼要的独具特色的文字和方式，明确表达企业的使命、愿景、核心价值观、企业精神等，构成企业文化的理念体系，作为今后企业文化建设的方向和目标。在目标文化挖掘、提炼时，切忌为体系而体系。过于庞杂、繁多的理念，反而造成认知的困惑。

10.1.2 企业文化挖掘、提炼应遵循的原则

企业文化的形成和变迁受诸多因素影响，在挖掘、提炼时必然要考虑企业文化的一些关键影响因素，如企业的经营领域、领导者的特质、员工素质及需求特点、企业的优良传统等。企业文化的挖掘、提炼应遵循以下的基本原则。

1. 历史性原则

企业文化没有沉淀就没有厚度。企业文化必须符合企业的发展规律，企业文化离不开文化传统，无法与企业的历史相割裂。企业文化的挖掘、提炼过程，就是不断地对企业历史进行回顾的过程，从企业的历史中寻找员工和企业的优秀精神，并在新的环境下予以继承和发扬，形成企业特有的醇厚的文化底蕴。

每个企业都有其特定的发展历程，会形成企业自身的许多优良传统，这些无形的理念已经在员工的心目中沉淀下来，影响着他们平时的各项工作。应该看到，一些优秀的文化传统对企业现在和未来的发展都具有积极的作用。因此，在提炼企业文化时必须尊重企业历史，尊重企业传统。

2. 社会性原则

企业生存在社会环境之中，企业与社会的关系是"鱼水关系"，坚持企业文化的社会性原则，对企业生存和发展都是有利的。但这不等于说企业要放弃"以我为主"的思想，去迎合公众。企业的经营活动要围绕"顾客第一"的思想，同时，还要体现服务社会的理念，

树立良好的公众形象,顺应社会历史潮流,才能使企业持续发展。

企业存在的社会价值,就在于它能够为社会提供产品和服务,满足人们对物质生活和精神生活的需要。松下幸之助提出"自来水哲学",即要生产像自来水一样物美价廉的产品,充分体现出企业家对社会责任的认识。从根本意义上说,企业文化是一种经营管理文化,优秀的企业文化具有导向性,可以指导员工的行为。把社会性原则放入企业文化建设原则之中,就是使一切经营围绕顾客来展开,完成企业的社会使命。

3. 个异性原则

企业文化挖掘、提炼要突出本企业的特色,体现企业的行业特点、地域特点、历史特点、人员特点,要让员工感到本企业的文化具有独特魅力,既与众不同又倍感亲切。在挖掘、提炼过程中,可借鉴、吸收他人之长,但绝对不能简单地复制,必须有所突破,表达理念的文字必须独具个性。

4. 一致性原则

企业文化是一个庞大、完整的体系,企业文化的一致性表现在企业目标、思想、观念的统一上,只有在一致的企业文化指导下,才能产生强大的凝聚力。文化的统一是企业灵魂的统一,是企业成为一个整体的根本。其中,最为核心的问题是挖掘提炼的理念要内在统一,相互呼应,并与企业战略保持一致。如果挖掘提炼的理念过于烦琐分散,或者与企业战略相违背,那么,势必会造成认知的困难与混乱,影响企业战略的实现。

5. 前瞻性原则

企业文化的挖掘、提炼必须站得高、看得远,着眼于企业的发展方向,提出先进的、具有时代性的文化建设方向,而不仅只盯着眼前的利益。只有这样,才能使企业有更深远的目光、更长远的考虑,并挖掘提炼出具有前瞻性的文化理念。然后在先进的文化理念指导下,制订和执行新的战略,确保企业的持续发展,并回应企业在更深层次上的文化竞争的挑战。

6. 可操作性原则

企业文化不是给外人看的,而是重在解决企业存在的问题。企业文化挖掘、提炼的过程,就是企业发现自身问题、探究深层原因的过程。新的文化理念要引导员工的行为方向、约束员工的工作行为,实现企业的战略目标。不切实际、不可操作的文化理念往往是一个空中楼阁,不能与企业的业务运营与管理实践结合,反而会掩盖企业的目标,阻碍企业的发展。

企业文化建设必须为企业的经营目标、经营活动服务,为企业提升核心竞争力服务。因而在提炼企业文化时,必须强调文化的实用性和可操作性,确保从实际出发,又略高于实际,对各种业务工作有实际的指导和促进作用,从而使企业文化建设成为日常管理工作的基础工作,而不能搞"花架子"和空洞口号,使其成为无法实施的标语。

10.2 企业文化的培育与塑造

无论一个企业提炼的目标文化看起来多么优秀、多么先进，它本身并不会自然地起作用。从目标文化到员工自觉的行为、企业自然的气氛，往往需要经历一个漫长的过程。企业文化培育塑造阶段的主要任务就是完成这个过程，使目标文化得到自上而下的认同和全面实践。这是企业文化建设的核心阶段，一般来说，企业文化培育塑造的流程包括文化导入、文化变革、制度化、评估反思等关键环节，如图10.1所示。

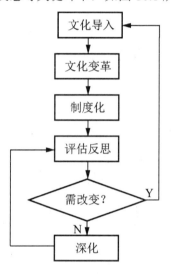

图10.1 企业文化培育流程

10.2.1 文化导入

严格地说，经过挖掘、提炼的"企业文化"并非真正意义上的企业文化，而是企业的目标文化，是企业所倡导的文化。企业人员由于受到惯性思维、传统情结和既得利益的影响，往往不会主动地去认同和接纳目标文化。因此，需要一个文化理念导入的过程。文化导入就是要通过一定的形式和载体将目标文化传递给企业内部人员，让员工形成相应的认知和感知。导入期的主要任务是从思想上、组织上、氛围上做好企业文化变革的充分准备。具体说要做好以下工作。

(1) 思想动员。通过宣传、动员、讲话等途径在思想上吹响文化建设的冲锋号，让企业内部的所有成员认识到企业文化建设的来临，理解企业文化建设的重要性和迫切性，了解企业文化建设的内容和步骤，号召员工积极主动地参与企业文化建设。这一环节主要由企业文化领导小组来实施。

(2) 组织保证。根据企业文化培育塑造的实际需要，充实和壮大企业文化领导小组，吸收一些熟悉企业生产经营和工作流程的中层干部加入。在企业文化领导小组的指挥下，由企业文化处(部)牵头，取得各部门中层干部的密切配合，建立企业文化培育的执行机制。中层干部在企业中起着承上启下的作用，他们的认同与执行是整个企业文化培育成败的关键,所以要通过强有力的培训来取得他们的支持。对于拒绝新文化的人,在必要的时候可以进行相应的人员调整。中层干部的认同、支持是导入阶段工作的重点。

(3) 网络传播。建立全方位的传播网络,包括正式传播网络和非正式传播网络,保证自上而下、自下而上和横向的信息畅通。构成传播网络的渠道包括黑板报、闭路电视、局域网、企业报刊、员工座谈会、总经理信箱等多种形式,企业可根据具体情况和条件选择使用。通过网络把企业目标文化传达给企业的全体员工,辐射到整个企业,从而全方位地引导、潜移默化地影响员工。

(4) 全员培训。在培训对象上要分高层领导、中层管理者和基层员工三个层次,时间安排上要先领导层,再中层,最后是基层员工,确保目标文化自上而下、层层推动。在培训前要编制培训手册,包括企业文化主要理念(企业使命和愿景、核心价值观、经营理念、企业精神)、员工行为规范、企业重要制度等,这是培训和自学的主要教材。可采取多种培训方式,如教师授课、中层宣讲、员工自学、小组讨论等。通过有效的培训,不仅要将目标文化传达给员工,而且要调动员工的积极性,吸引员工主动参与到企业文化建设中。

案例 10-1

A 公司企业文化培训教材的基本框架

一、A 公司的发展历程介绍
二、企业文化基本知识
1. 企业文化的内涵、特征
2. 企业文化的功能、作用
3. 文化管理的内涵及意义
三、A 公司企业文化综述
1. A 公司企业文化建设的目标和任务
2. A 公司企业文化的体系结构介绍

四、A 公司价值理念
1. 企业使命
2. 企业愿景
3. 核心价值观
4. 企业精神
5. 职业道德与员工行为准则

10.2.2 文化变革

文化变革主要是指企业人员认知和行为方式的改变。这是整个企业文化培育过程中最为重要、最为艰难的一个环节。此环节的核心是通过系统有序的组织实施,强化企业人员对目标文化的认同和内化,进而改变认知和行为方式。对目标文化的认同和内化是文化变革的前提和催化剂。变革阶段是一个完整的企业形象由内而外的塑造工程,历时较长。

为了实现文化变革,企业要在理念层、制度层、行为层、物质层四个层面进行全面的建设。理念层经过宣传培训,企业人员之间深度沟通、互动,实现自上而下的观念更新;行为层经过领导垂范、榜样带动、制度规范、活动参与和岗位实践,员工自觉地践行新文化,创新行为方式;制度层经过修订完善,确立新的行为标准,对员工行为加以调控和激励;物质层经过精心的设计和应用,彰显目标文化,营造良好的企业文化氛围。在企业文化建设的立体推进中，企业员工发自内心地认同、拥护和实践新文化。于是，企业所期望的文化变革就实现了。

10.2.3 制度化

要想改变人们的价值观、思维方式及行为模式，不是一朝一夕可以解决的，它需要一个相当长的时间，中间还不免要有反复。为了确保文化变革效果的稳定性，必须用制度来调控和强化企业成员的观念、态度和行为。具体地说，就是用一种带有某种强制性的手段来保证企业价值观在全体员工中得到贯彻，并逐步养成按照企业价值观进行思考和行为的习惯。这种带有外在强制性的贯彻方式是一种比较低级，但又不可缺少的方式，特别是对于素质不高的企业员工来说，还是一种最为有效的手段。企业文化的制度化是指利用必要的强化方法使新的态度和行为方式固定下来，使之持久化。

需要制定的制度主要包括企业管理制度及针对企业文化的各项制度，如企业文化考核制度、企业文化先进单位和个人的表彰制度、企业文化传播制度、企业文化建设预算制度等。在具体的企业文化建设实践中，制定和出台制度需要根据企业的实际情况来通盘考虑。但其中企业文化的考核和奖惩制度必不可少。制定企业文化考核和奖惩制度就是要提醒和督促员工遵循企业文化，让企业文化建设进入考核指标，进入奖惩条例，使"软管理"硬化，使各级管理者把企业文化建设看成本职工作的一部分，其工作绩效同样会影响考核成绩，影响薪酬和奖罚，从而使员工重视企业文化建设工作。

管理制度的确立和执行对价值观有着极大的强化作用：一方面，通过对制度的执行加深了员工对价值观的理解；另一方面，价值观在制度化之后就自然地上升为企业的主流"意识形态"，从而结束了在价值观问题上的分歧和争议。

10.2.4 评估反思

企业文化是否由抽象的口号转变为现实的行为，落实得怎么样；在企业文化"上墙"的同时，是否也深入了人心；当初提炼的文化理念是否还需要调整；企业文化建设对企业发展究竟产生了怎样的影响和效果；这一切都是企业文化的评估反思所涉及的主要问题。企业文化的评估反思就是在基本完成企业文化建设的主要工作之后所进行的阶段性总结，主要对企业文化培育塑造的绩效进行评估，总结得失，并进一步反思文化建设的本质和方向。

具体来说，企业文化评估包括以下两个方面。

1. 落实评估

落实评估主要考量的是目标文化落实得如何，这是一种硬性的评估，有一个明确的评估指标。评估的重点是企业文化培育塑造行为及其效率和结果。落实评估尤其需要注意以下几个问题：目标文化的落实是否受环境因素影响；培育塑造过程中，组合资源的供应是否充分、是否及时有效；目标文化的提炼和培育是否基于一种因果关系的逻辑；这种因果关系是清晰和明确的吗；是单一机构实施还是机构协作实施；实施机构和个人责任明确吗；

第 10 章 企业文化的培育

相关机构能否进行充分的沟通和协调;企业主管和机构的权威是否受到充分尊重;目标文化是否需要微调。

2. 作用评估

作用评估主要考量的是企业文化建设对推进企业发展的作用。由于企业文化的作用体现在企业文化观念和精神指向上,难以用有形的或物质上的状态和效果进行评估,同时,企业发展又受各种因素的影响,因此,这种评估只能是一种柔性的评估。但作用评估却是企业文化建设的根本落脚点和最终意义。

那么,究竟什么是企业文化作用评估的根本标准呢?在第 7 章探讨企业文化的地位与功能时,曾阐明了这样一个观点——"企业文化是核心竞争力的核心元素"。优秀的企业文化为企业提供了正确的指导思想和经营哲学,以优秀的价值观和强大的精神动力来增强企业内部凝聚力,并形成企业独特的竞争优势,即企业核心竞争力。可以说,企业核心竞争力不仅是企业文化建设的目的,还是企业文化成功与否的标志。因此,一般认为企业核心竞争力就是企业文化建设作用评估的根本标准。

在企业文化评估过程中,企业文化建设相关主体应对评估中反映出来的问题进行深刻的反思,剖析其中的原因,积极探讨改进的对策。

案例 10-2

万通的"回头看"和"前瞻式反省"

对企业文化建设进行反思,可以学习万通的做法。北京万通地产股份有限公司(以下简称万通)将每年 9 月 13 日定为企业的反思日。这一天,全公司所有人都有一个工作任务——对万通的价值、战略、业务与管理进行反省。2000 年以前,公司采用的是"回头看"的反省方式,对上年度的公司业务发展与管理等进行反省和自我检讨,同时进行行业内的横向比较,以资改进。2000 年以后,公司顺应网络时代的发展特点,改进为"前瞻式反省",即站在未来反省现在,以审视万通的战略、业务、价值与管理。经过这样的深刻反思,万通企业文化得以强化和升华,更加固化于员工的思维之中,也更有效地推动了企业的发展。

10.3 企业文化建设的实施原则

10.3.1 系统有序原则

企业文化建设是一项事关企业发展大局的战略工程和系统工程,因此,一定要把企业文化建设列入企业发展的总体规划,与企业战略、组织结构、人力资源、管理过程等诸多方面共同配合和相互协调。同时,企业文化建设的组织实施本身也是一个系统的、立体的工程,它涉及企业内部自上而下各层面的人员,涉及企业运作的各个部门和各个环节,涉及企业文化由内而外的各个层次——精神层、制度层、行为层和物质层等。因此，企业文化培育塑造需要在系统思考下，有序推进，全面贯彻(如图10.2 所示)。只有这样，才能使企业文化渗透到整个组织之中，融入整个管理之中。

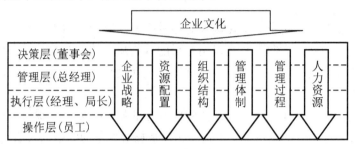

图10.2　企业文化的全面贯彻

10.3.2　团队领导原则

彼得·圣吉在《变革之舞》中提出，领导是指塑造未来的能力，特别是持续不断地进行必要变革的能力。他还指出，我们应该更关注领导者群体而非单个英雄式的领导人。企业的任何重大变革，开始时总是由一两个主要领导者操作，但要取得成功就必须成立一个领导联盟，并随着时间而不断壮大。企业文化的建设更是这样，它需要全体员工共同参与。因此，在企业文化培育塑造过程中，应积极寻找合作伙伴，尽可能扩大文化变革的领导团队，不断吸收和配置文化变革所需的核心人才，形成领导联盟，为企业文化培育塑造造势。

10.3.3　全员参与原则

员工在企业文化培育塑造过程中，既是被改变的客体，也是变革的主体。领导团队要激发员工的主动性，变"要我改"为"我要改"，才能取得变革的成功。这是企业文化建设的核心部分，也是重要的指导原则。在企业文化培育塑造的每一步工作中，一定要强调这条原则，并且时刻加以运用。这是企业文化建设不同于其他改革措施的地方，没有员工主动参与的企业文化建设是没有生命力的，也是不可能实现的。

10.3.4　持之以恒原则

企业文化建设是一个长期、渐进、艰苦的过程，一种优秀的企业文化的形成往往需要几年，甚至十几年的积累与沉淀，需要企业上下几代人的共同努力。纵览世界各大公司企业文化变革的所用时间(见表10-3)，可以看出，即使是中型企业也需要 4 年的时间。在企业文化建设中，目标文化的实施一定会在原有组织内部兴起一场变革，有时甚至是革命性的，它必然会影响到现有人员的既得利益，遭到一定的阻碍，甚至反抗。因此，在企业文化培育塑造中，管理者不要期望企业文化的变革可以很快完成；相反，应该树立长期渐进的观点，并且要有克服各种阻力和困难的心理准备，持之以恒，有计划、分阶段地完成企业文化的建设。

表 10-3 部分大企业文化变革所用时间

公司名称	企业规模	重大变革经历时间
通用电气公司	超大型	10 年,目前仍继续
帝国化学工业公司	超大型	6 年
日产汽车公司	超大型	6 年,目前仍继续
施乐公司	超大型	7 年
银行信托投资公司	大型	8 年
芝加哥第一银行	大型	10 年
英国航空公司	大型	4 年
斯堪的纳维亚航空公司	中型	4 年
康纳格拉公司	中型	4 年

10.4 企业文化培育的基本路径

企业文化培育的实质就是目标文化得到自上而下的认同和全面实践的过程,如图 10.3 所示。这一过程的基本路径是,在企业文化理念层通过宣传培训、讨论沟通来实现对目标文化的基本认知;在行为层通过领导垂范、榜样示范、活动参与和岗位实践,实现对目标文化的真切感悟和深入理解,并在此基础上改变认知方式和行为方式;在制度层通过修订完善制度,确立新的行为标准,对员工行为加以规范、引导、调控、强化,使新的认知方式和行为方式固定下来,成为一种习惯和风俗;同时,在物质层进行精心的设计和应用,处处彰显目标文化,烘托良好的企业文化建设氛围。

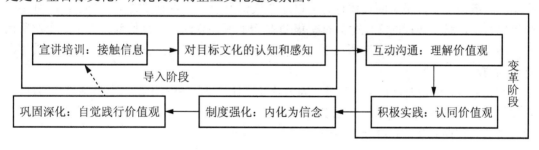

图 10.3 目标文化认同过程示意图

10.4.1 理念层:宣传培训,讨论沟通

通过宣传培训、讨论沟通,使员工对目标文化形成基本的认知是企业文化导入阶段的重要任务。

1. 宣传培训

建立全方位的传播网络,采取教师授课、中层宣讲等多种培训方式,大张旗鼓地宣传目标文化,系统有序地灌输目标文化,在企业内部形成良好的学习氛围和变革态势。经过宣传培训，员工对企业目标文化有了基本的认知和初步的感知，但是由于以下原因，远没有达到"理解、认同和接受"的程度。

(1) 受培训质量的影响。其主要表现在：目标文化中有些内容并没有在培训中很好地体现出来，而员工并没有认识到，形成了所谓的"空白"；在员工认知的文化中，有些内容并不是企业所倡导的，而是由于员工理解的偏差和企业培训的不当，使员工认识产生了一些误区。

(2) 受员工个人因素的影响。由于在动机、态度、接受能力和"文化适应能力"上的不同，员工对目标文化相关信息的加工具有某种选择性，他们更愿意听自己想听的信息，以至于他们对企业目标文化的认知也存在较大的差异。即便是在同一地点、同一时间接受了相同的培训，不同员工对"本企业文化的核心是什么"、"怎样在行动中体现本企业文化"、"怎样才能在产品和服务上体现本企业的文化"等问题的理解和回答依然是多种多样的。

正是由于上述因素，员工认知的文化、感知的文化与企业所倡导的目标文化三者之间并不完全重合，如图 10.4 所示。

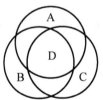

注：圆 A 表示企业倡导的目标文化；圆 B 表示员工认知的文化；
圆 C 表示员工感知的文化；交集 D 表示 A、B、C 的交集

图 10.4 企业目标文化与员工认知和感知的文化之间的关系

员工认知与感知的有机结合，形成了员工对本企业文化的综合认识，即圆 B 与圆 C 的交集。一般情况下，员工的具体行为会以综合认识为指导，即形成文化的践行。从图 10.4 中可以看出，员工践行的文化中只有交集 D 是企业所倡导的，而其他部分则不是企业所倡导但被企业内部的"潜规则"所接受的。对于企业倡导的文化，有相当大一部分是员工没有做到的。

客观地说，这是非常正常的现象。因为企业文化的认同和内化是一个艰难复杂的过程，它往往需要通过企业成员来广泛地参与、深入地沟通、自觉地学习、反复地实践，需要企业人员之间长期的互动和磨合来实现。

2. 讨论沟通

经过宣传培训之后，企业要精心组织研讨会、辩论会、民主管理活动等活动，营造公开、坦诚的民主氛围，引导和发动员工积极主动地思考和探讨企业文化，鼓励员工结合他们的业务和岗位职责，与企业领导层、管理者积极地沟通和探讨，对文化建设的具体问题提出意见和建议。领导层虚心听取员工的意见，广纳良言、诤言，对员工提出的问题要及时处理、及时反馈。深度沟通和互动可以弥补单向宣讲和灌输的不足，有助于缩小员工对目标文化的认知误区，提高企业文化的认同度，扩大交集 D 的范围，促进文化变革。

10.4.2 行为层：榜样示范，岗位实践

行为层面的文化建设主要是把目标文化体现于企业的领导风格、管理方法的改变之中，体现于企业英雄人物的塑造之中，渗透于各种活动的精心设计之中，贯彻于日常的管理活动、经营活动之中，让企业人员在日常工作和生活中就能感受和体会到其中的文化内涵，并形成感知的文化。特别需要注意以下四种方式。

1. 领导身先士卒，积极垂范

企业领导者要树立文化建设的信心和决心。一方面，加强自身修养，以身作则、积极倡导，在工作实践中要积极宣传、示范，身体力行，让员工看到企业提倡什么、反对什么，以及应以什么样的准则和规范从事工作；另一方面，推动领导作风和工作作风的改进，有效约束和改进领导的不良行为，对违反企业价值观与行为规范的不良行为给予坚决的制止和处罚，在全体员工面前展示领导者对企业文化建设的决心。

2. 树立英雄人物

人的行为改变主要来自模仿，因此，榜样的力量是无穷的。企业文化建设更是如此，典型榜样和英雄人物是企业精神和企业文化的人格化身与形象缩影，能够以其特有的感染力、影响力和号召力为企业成员提供具体榜样，他们的行为具有很强的示范作用。企业可以按照企业文化的要求进行先进人物的评选，并在企业内部和相关媒体进行广泛宣传，让全体员工都知道为什么他们是先进的人物，他们做的哪些事是符合企业文化的。这样的榜样为其他员工树立了一面旗帜，同时也使企业文化的推广变得具体而生动。

3. 开展丰富多彩的文化活动

常见的文体活动形式有：演讲比赛、知识竞赛、歌咏比赛、文艺汇演、交谊舞会、书画、摄影比赛(或者展览)、游园活动、运动会、登山比赛、球类比赛、棋牌比赛等。娱乐性的活动重在参与，寓教于乐；竞赛性的活动则往往以集体为单位，突出团队精神和集体荣誉感。有组织地开展群众性文化体育活动，不仅是促进员工身心健康、丰富员工业余生活的主要手段，更重要的是通过集体活动有利于增强员工对群体的认同，使企业精神、企业作风在喜闻乐见的形式中得到传承和弘扬，增强员工对企业的认同感和归宿感。因此，业余文体活动是企业文化观念层的重要载体，也是进行企业文化建设的重要途径。

由于业余文体活动具有比较高的显示度，以至于有些企业片面地认为企业文化建设就是开展一些文体活动，反而忽视了企业价值观、企业精神等更为重要的企业文化要素，这种认识舍本逐末，显然是不对的。因此，需要对企业文化体育活动的作用有比较全面的认识。

4. 付诸岗位实践

很多企业在进行企业文化塑造时，喜欢大张旗鼓地开展一些活动、培训和研讨。这样做能营造一种氛围。但是，企业文化的精髓更集中体现于企业日常运作的细节上。"百闻不如一见"，员工在行为层所感知的文化要比认知的文化来得更实在，从而更有影响力。

作为企业管理者，不管是高层还是中层，都应该从自己的工作出发，首先改变自己的

观念和作风，从小事做起，从身边做起，让企业文化体现于细节中。例如，思科广泛流传着这样一个故事。一位思科总部的员工看到他们的总裁钱珀斯先生大老远地从街对面跑过来。这位员工后来才知道，原来钱珀斯先生看到公司门口的停车位已满，就把车停到街对面，但又有几位重要的客人在等着他，所以他只好跑着回公司了。因为在思科，最好的停车位是留给员工的，管理人员，哪怕是全球总裁也不享有特权。

同时，要求每个员工讨论工作中的问题，包括工作的流程和方法，然后结合企业文化，提出如何进行改善和提高，最后积极地把这些付诸于岗位实践。通过这样的研讨和实践，每个员工的观念改变了，认知方式和行为方式也改变了，新文化也就渗透于员工的工作中了。

10.4.3 制度层：承载文化，严格执行

不少企业的文化建设只停留在理念宣传层面，不能深入地进行塑造，这一方面在于领导者缺乏系统建设企业文化的决心和勇气，另一方面是对企业文化塑造有误解，把文化与制度的关系对立起来，认为企业文化是以理念塑造为主的，如果把它变成制度，就会走向强制性的制度管理，从而削弱企业文化的凝聚作用。

制度承载文化，把文化"装进"制度并严格执行，能加速员工对目标文化的认同过程。合理、科学的制度给员工以正确的导向，使正确的观念得以确立；相反，不合理的制度，则使员工对倡导的观念淡漠甚至抵触。制度是目标文化在实践中加以贯彻和实施的保证。

1. 制度的制定

在企业文化建设中，制度层建设的内容覆盖全面，包括企业的制度体系、企业风俗和员工行为规范。具体来说，企业管理制度主要包括业务流程的规范、岗位职能的规范、薪酬制度、绩效考核制度、奖惩及激励制度、财务制度等，其中，涉及人力资源管理的薪酬、考核、奖惩尤为重要。

为保证制度的科学、完善和实用，在制订时必须坚持以下五个原则。

(1) 承载文化，即制度要充分传达和体现企业理念。企业必须以目标文化为核心来制定相应的制度，寓无形于有形之中，把目标文化渗透到企业的每一项规章制度、政策及工作规范、标准和要求当中，使员工从事每一项工作、参与每一项活动都既有制度保障，又能够感受到企业文化在其中的引导和控制作用。

(2) 立足企业实际需要。根据企业需要来决定制度体系的构成，根据本企业员工的具体情况来拟订各项制度的内容，把企业实践作为检验制度有效与否的唯一标准，注意要充分反映本企业的管理特色。

(3) 由主及次分类制定。这样使得企业制度体系做到系统性强、结构清晰、主次得当。

(4) 相互兼顾、整体协调。充分体现唯一性(每件事只能有一项制度来规范)、一致性(所有制度应该以目标文化为核心，保持一致，不能互相矛盾)、顺向性(次要制度服从主要制度)、封闭性(所有制度要尽量闭合，力求对每项工作都能予以约束)。

(5) 刚柔相济，宽严有度，条理清楚，简明实用。

第10章 企业文化的培育

2. 制度的执行

制度制定后并不等于达到了管理的目的，关键是制度的执行，即通过制度的执行实现有序管理，使管理有法可依，并在管理过程中不断塑造和强化所倡导的价值理念。只有严格地执行制度，对违规的处理毫不手软，才可能树立制度的威严，使员工对制度逐渐适应，对制度的内在精神逐渐认同、理解，并且不断强化形成习惯和信念。这样，外在的制度约束就转化为内在的信念约束，自觉的管理也就出现了。可见，制度的执行是塑造和强化目标文化的有效途径。

 案例 10-3

惠普的人本管理理念和制度

惠普文化非常强调以人为本，并且有完善的培训制度来体现人本理念，保障对人才的培养。员工从入职开始，就一步步地接受各种有针对性的培训。此外，作为制度的一部分，惠普把培训列入每个经理人的职责，公司 90% 的培训课程是内部经理们讲授的。在惠普公司的理念中，认为这是投入产出比最高的投资。惠普之所以能成为行业内的楷模，就在于它不仅树立了一种优秀的"以人为本"的文化，而且制订了科学的制度，以保障这种文化的生根发芽。

10.4.4 物质层：精心布置，彰显文化

企业文化物质层的内容非常丰富(具体见第 4 章 4.2 的相关内容)。下面从企业文化塑造的角度，按照企业标识、企业环境、企业文化传播网络三个方面，做概括性的介绍。

1. 企业标识的设计和应用

广义的企业标识通常指企业名称、企业标识、企业标准字、企业标准色四个基本要素及各种辅助设计。企业标识的重要功能是传达企业信息，即通过企业标识让社会公众(包括员工、用户、供应商、合作者、传播媒介等)产生对企业的印象和认知。换句话说，当人们听到某企业名称、见到某企业的企业标识时，就应该能够联想到该企业及其产品、服务、规模等有关的内容。

1) 企业名称

企业名称不仅包括用于工商注册的正式名称，还包括汉语简称、英文名称及缩写和国际互联网域名等，是一家企业区别于其他企业的根本标识。在企业识别要素中，企业名称很重要，它不仅是一个称呼、一个符号，而且是企业外观形象的重要组成部分。在现代市场经济中，企业名称是构成企业的基本元素，是企业重要的无形资产，好名称有利于企业的宣传和推广，有利于树立企业形象，开拓市场。因此，现代企业都很注重企业名称的选择和设计。

好名称具有以下特征。

(1) 内涵丰富、易于联想。好的企业名称蕴含深刻、丰富的寓意，具有高度的概括力和强大的吸引力，对大众心理产生各种影响，令人产生美好的联想，给人留下深刻的印象。

例如,"海尔",1996年张瑞敏著文阐述,"海尔"的寓意,就是要"像海一样以博大的胸怀纳百川而不嫌弃细流,容污浊且能净化为碧水;像海一样的团结,迸发海一样的力量;像海一样永恒的存在。"再如,一些外国汽车企业的名称——奔驰、宝马等,翻译得非常传神。

(2) 贴切、易读、易记、与众不同。企业名称所体现的内容要与企业实际相吻合,不但要与企业规模、经营范围等相一致,而且必须与企业目标、企业宗旨、企业精神、企业道德、企业风气等相协调。企业名称还应简短、朗朗上口、与众不同、易读、易记。例如,索尼公司原名为"东京通信工业株式会社",一个大众化的日式企业名称,公司创始人盛田昭夫发现这个名称翻译成英文后,很难发音,将给国际市场上传播造成障碍。于是在1958年,盛田昭夫趁推广半导体收音机之机,将企业更名为"Sony"。由"Sony"联想到英语中的"Sonny"(小宝宝),亲切可爱、小巧迷人,这一名称很贴切,与其品牌的精髓"数字世界、梦幻儿童"相吻合,极具亲和力,并且与众不同。

 案例 10-4

张瑞敏的《海尔是海》

这篇文章刊登在1994年2月10日的《海尔人》上。针对当时海尔内部人员的观念和素质与企业多元化、国际化战略目标的差距,张瑞敏提出了思路和要求。以下为《海尔是海》的部分内容。

海尔是海

海尔应像海。唯有海能以博大的胸怀纳百川而不嫌弃细流;容污浊且能净化为碧水。正因此,才有滚滚长江、浊浊黄河、涓涓细流,不惜百折千回,争先恐后,投奔而来。汇成碧波浩渺、万世不竭、无与伦比的壮观!

一旦汇入海的大家庭中,每一分子便紧紧地凝聚在一起,不分彼此地形成一个团结的整体,随着海的号令执着而又坚定不移地冲向同一个目标,即使粉身碎骨也在所不辞。因此,才有了大海摧枯拉朽的神奇。

而大海最被人类称道的是年复一年默默地作着无尽的奉献,袒露无私的胸怀。正因其"生而不有,为而不恃",不求索取,其自身也得到了永恒的存在。这种存在又为海中的一切提供了生生不息赖以生存的环境和条件。

海尔应像海,因为海尔确立了海一样宏伟的目标,就应敞开海一样的胸怀。不仅要广揽五湖四海有用之才,而且应具备海那样的自净能力,使这种氛围里的每一个人的素质都得到提高和升华。海尔人都应是能者,而不应有冗者、庸者。因为海尔的发展需要各种各样的人才来支撑和保证。

要把所有的海尔人凝聚在一起,才能迸发出海一样的力量。这就是靠一种精神,一种我们一贯倡导的"敬业报国,追求卓越"的企业精神。同心干,不论你我;比贡献,不唯文凭。把许许多多的不可思议和不可能都在我们手中变为现实和可能,那么海尔巨浪就能冲过一切障碍,滚滚向前!

我们还应像大海,为社会、为人类作出应有的奉献。只要我们对社会和人类的爱"真诚到永远",社会也会承认我们到永远。海尔将像海一样得到永恒的存在,而生活于其间的每一个人都将在为企业创一流效益、为社会作卓越贡献的同时得到丰厚的回报。海尔将和整个社会融为一个整体。

海尔是海。

2) 企业标识

狭义的企业标识仅仅指企业的文字名称、图案或文字图案相结合的一种平面设计。企业标识通过造型简单、意义明确、统一标准的视觉符号,将企业目标、企业哲学、企业精神、经营理念、经营内容、产品特性等要素,传递给社会公众,使之识别和认同企业的图案和文字。标识是企业整体形象的浓缩和集中表现。

一般来说,企业标识的设计基本上都遵循下列步骤。

第一步,明确设计目的,提出设计预案。在企业文化建设中,涉及企业标识,一般都是为了适应企业价值观的调整,为了建立统一而个性鲜明的企业形象和品牌形象,因而要启用一个新标识代替业已存在的旧标识。例如,2003年,联想公司对沿用多年的标识"Legend"进行了调整,改为"Lenovo",以强调创新的内涵。

是推出一个全新的企业标识,还是对原标识做适当修改,甚至继续使用原标识,这需要对原有标识进行客观的估价,然后慎重决定。因为任何企业标识都有其一定的价值,如果轻易放弃,有时反而会带来无形资产的流失,导致经营业绩受损。变更企业标识无疑是企业的一件大事,首先必须进行设计论证,明确目的和意义。

第二步,拟订设计要求,落实设计任务。企业决策层或有关负责人必须具有鲜明的设计思想,或是能够提出具体的设计要求,否则设计出来的标识很难体现企业的形象、浓缩企业的理念。设计要求可以从内涵、构图等方面来考虑,有时还需指明应采用的标识形式或必须包含的具体文字、字母或基本图形。一般而言,越是具体的要求,设计出的标识越容易传达企业信息,但容易束缚思维,因此,提出设计要求时应抓住关键,不必追求细枝末节。拟订出设计要求后,就应选择由谁来设计。例如,很多企业是委托广告公司或专业美术人员来做,也有的在社会上公开征集,还有些企业发动内部员工参与。广告公司或美术人员擅长于构图和表现手法,思维也比较活跃,但多数对委托方企业缺乏深入了解,其设计不易准确地表达企业理念;公开征集活动实际上就是企业形象的一次宣传活动,有时能收集到神形俱佳的好方案,但投入较大;发动内部员工参与,能够增强企业凝聚力,而且可以发挥员工熟悉企业的长处,但限于员工不一定擅长美术,方案创意常常需要请专业人员进行再创作。

北京市通信管理局的企业标识

北京市通信管理局发动职工设计企业标识,最后从大家的来稿中精选出一个创意深刻、特色鲜明、线条明快的图案标识,如图12.5所示。这个企业标识由一条不间断的曲线构成,两个圆形象征地球的东西半球,两圆交汇处是象征电信的电话听筒,体现了北京市通信管理局作为一个现代化大型通信企业,时刻联系着整个世界,并在两个文明建设的推动下不断发展壮大的企业宗旨。标准色定为蓝色,它是现代、科学、智慧的象征。

图10.5 北京市通信管理局标识

第三步，进行方案评价，确定中选标识。不论由谁来设计，都应该有多种候选的标识方案，这就需要进行方案评价。有的企业是由企业最高决策层直接决定，有的则由企业管理人员、员工代表、专业美术师共同组成评审小组来集体决定，有时甚至还征求部分用户和企业的其他关系者的意见。在一般情况下，多听取意见总是有益的，但由于企业标识带有更多的美学色彩，因此人们的评价也更多出于感觉，甚至感情，有时也并非多多益善。当收集到的评价反差很大时，最好不要匆忙做出选择，不妨再请人将赞同较多的两三种方案进行一些综合，或者干脆再拿出另外的方案，因为企业标识一旦选用，是不能随意改变的。

第四步，企业标识定稿，进行辅助设计。确定企业标识的中选方案以后，一般还要请专业人员完成定稿设计，提交最终的标识效果图。这时一般要求选定标准色及辅助色，标定尺寸比例，以便在不同场合、以不同大小反复使用。如果是企业 CI 策划中的标识设计，按惯例还应该做出辅助标识，并依据此标识来完成剩余的工作。

企业标识设计应遵循简易性、艺术性、独特性、持久性和适应性等原则。独特性原则要求企业标识有个性的图案符号，表达独特的企业目标、企业核心价值观、企业精神；持久性原则要求企业标识不应单纯地追逐时髦或流行，而应具有超越时代的品质，具有长期使用的价值，因为企业标识一经确定，就会相对固定，不会经常改变；由于企业标识在各种场合被反复使用，因此适应性原则要求标识无论是形式还是内涵都应该适合于它经常出现的环境，既能协调配合，又能相对突出。

企业标识一般被运用在企业广告、产品，以及其包装、旗帜、服装及各种公共关系用品中。企业标识出现的次数和频率影响了社会公众的接受程度，因此，应该尽可能多地使用企业标识。

2．企业环境的设计和改造

这里的企业环境仅指企业的硬环境，即物质环境，主要指与企业生产相关的各种物质设施、厂房建筑、员工生活娱乐设施及其空间布局。

企业环境的优劣直接影响员工的工作效率和情绪、影响员工的职业生活品质。良好的企业物质环境，不但能够给置身其中的员工以美的享受，使他们心情舒畅地投入工作，而且能够充分反映企业的文化品位。因此，对企业物质环境的设计和改造，是企业文化物质层设计中不可忽视的内容。物质环境的设计主要是指企业所处的自然环境、建筑布局和建筑风格、厂房(车间、办公楼、商店)的装修和布置、建筑雕塑等。限于篇幅，在此不做详细介绍。

3．企业文化传播网络的设计和建设

企业文化物质层中，文化传播网络与企业文化的其他载体相比，具有更突出的传播功能。企业价值观、目标、精神、道德等精神层要素主要是通过这一渠道传达给企业的全体员工，并辐射到企业范围以外的。

在通常情况下，企业文化传播网络存在两种形式：一种是正式网络，如企业创办的刊物、报纸、闭路电视、有线广播、宣传栏、内部局域网等；另一种是非正式网络，如企业内部非正式团体的交流、小道消息。全面的企业文化传播网络建设，包括对前者的建立和维护，以及对后者的调控和引导。下面主要介绍正式网络的建设要点。

第10章 企业文化的培育

(1) 加强公司报刊宣传，其内容可以包括：①企业生产经营管理方面的重大事件和重要政策、方针、决定，以及企业主要领导的讲话；②企业各方面、各部门工作的报道和介绍；③企业人物专访和报道；④来自市场和用户的各种信息；⑤企业员工的工作体会、心得及作品；⑥企业的公共关系活动消息；⑦不同观点的争鸣；⑧典型案例的剖析等。

(2) 企业和车间宣传栏、广告牌，这是一种传统而有效的传播媒介，应发挥其制作容易、成本低、时效性强、员工参与度高等优点，在员工日常工作环境中营造良好的企业文化氛围。

(3) 集中企业文化的精髓，编制《员工手册》，分发给每一位员工，作为员工日常学习和实施企业文化的依据。

(4) 有些公司建立了局域网，可充分利用其信息传播速度快、不受时空限制、信息容量和传输量大、交互式、节省纸张等优点，加强企业文化的传播力度。

(5) 利用企业文化用品向外宣传企业文化。企业文化用品主要指对外公务活动中经常使用的办公用品。例如，企业名片、信签、信封、画册、纪念品等，都是常见的文化用品。它们是企业文化向外界辐射的渠道，是物质层中非常重要的一部分。

(6) 利用一些特殊节日或庆典，汇总出版有关企业文化的书籍和画册，举办企业文化展览，进行系统的宣传。

企业非正式传播渠道，也有助于建设优良的企业文化，通过全方位的引导，潜移默化地影响员工，改变他们的思维和行为习惯。在实施阶段，尤其要充分利用企业文化传播网络，大张旗鼓地宣传新文化，对内形成良好的学习氛围和变革态势，对外发出企业进行新文化建设的信号。

在企业文化培育塑造过程中，上述四条路径有时先后继起，有时立体交错。只有通过这些路径，才能实现企业目标文化自上而下的认同和全面实践。许多企业在企业文化建设中，特别重视文化导入时期在理念层面的宣讲与培训，往往通过邀请上级领导来提高活动的"规格"及"严肃性"，重金聘请知名专家来提高创建活动的"学术水平"，通过各种大规模培训与宣传来制造"轰动效应"等。但令人遗憾的是，他们忽视了制度层、行为层和物质层的立体建设，忽视了后续互动、调控和强化的重要性，对企业倡导的目标文化、员工认知的文化、员工感知的文化与员工践行的文化之间的差异没有给予应有的重视，更没有及时地采取相应措施来消除这种差异，导致了在文化与实践之间"两张皮"的现象。

10.5 企业文化培育塑造的一般方法

借鉴企业文化建设的成功经验，下面简要介绍一些可操作的企业文化培育塑造的基本方法。

10.5.1 舆论导向法

在企业文化导入阶段，新旧文化的冲突和摩擦非常激烈，企业员工所信奉的价值观不一致。这时企业应充分利用企业文化传播网络，有目的地组织系列的宣传活动，大张旗鼓地宣传目标文化。一方面让员工知道，什么是好的，什么是不好的，什么行为是正确的，什么行为是错误的,从而为员工提供正确的价值导向和行为导向;另一方面,进行有效的企业文化变革动员,在企业内部形成良好的学习氛围和变革态势。

10.5.2 领导垂范法

领导者(或领导群体)在企业文化建设中的作用举足轻重,不仅要在发起和设计时起领导作用,而且要在实施过程中积极地组织和推动,起倡导示范作用。企业文化建设是一个自上而下的过程,需要高级和中级管理层的带动、推动和示范。特别是企业领导者的亲自参与、身体力行、积极垂范至关重要。领导者需要做好下列工作:成为目标文化的角色模范;选拔任用与目标企业文化相适应的人到关键岗位上;对旧价值观进行深入批判和彻底粉碎;引导员工采取符合目标文化的行为;对认同目标文化的行为予以奖励,反之则给予惩罚;创造符合目标文化的管理体系。

10.5.3 事件启示法

积极利用企业发展或对外交往中的重大事件,如重大技术发明事件,生产、经营、管理成功事例或责任事故,质量评比获奖或消费者投诉事件,新闻报道中的表彰或批评事件,参与社会公益活动等,大力渲染,强调某一事件的积极意义或给企业带来的重大损失,借以给员工带来心理震撼,使员工产生强烈的印象,无形之中受到教育和启发,从而接受正确的价值观和行为方式。同时,采用企业运作中鲜活的案例来挖掘其深刻的内涵,进行广泛的讨论,甚至辩论,让员工深入理解事件背后的价值观。

10.5.4 行为激励法

人的心理和行为是可以通过激励来塑造和强化的。当企业员工的某些需要长期无法实现时,其意识和行为就会出现惰性,以至于对企业倡导的价值体系持淡漠或反感态度。因此,在企业文化培育中,对于符合企业目标文化的行为,就应采用各种激励方法进行正强化,如物质激励、目标激励、反馈激励、成就激励、参与激励、信息激励、情感激励等。通过激励满足员工物质上或精神上的迫切需要,激发员工的积极性,并且使员工看到并体验到企业倡导的价值观并不是空洞无物、脱离实际的,促使员工调整自己的心理和行为。

10.5.5 礼仪规范法

企业文化礼仪是指企业人员在长期的职业活动中所形成的交往行为模式、交往规范性礼节和固定的仪式,包括工作惯例礼仪、生活惯例礼仪、纪念性礼仪、服务性礼仪、交往性礼仪等。它规定了在特定场合企业人员所必须遵守的行为规范、语言规范、着装规范。礼仪是企业价值观的具体外显形式,也是企业文化传播最现实的形式。不同的礼仪体现了不同企业文化的个性及传统。在企业文化实施过程中,要以目标文化为指导,吸收员工参与,创立具有自身特色的企业文化礼仪体系,并认真组织、精心设计文化礼仪的场景,营造良好的气氛,使员工通过参加礼仪受到目标文化的感染和教育。需要注意的是,文化礼仪要有自己的特点,若不注意,则易流于形式,浮于表层,不但起不到对企业文化的促进作用,还可能压抑企业的活力。

10.5.6 活动感染法

活动感染法即通过举办各种形式的政治、文化、娱乐活动，如英模报告会、革命传统报告会、读书会、经验交流会、运动会、文艺晚会、智力竞赛、技术比赛、合理化建议，以及各种主题营销和服务活动等，来突出体现企业价值观的主题，创造良好的活动氛围，使员工在其中潜移默化地受到企业目标文化的感染，思想得到升华，士气得到提高，尤其是使价值取向、追求、行为准则等渐渐得到调整，并向企业倡导的文化方向发展。

10.5.7 氛围渲染法

氛围一般是指特定环境中的气氛和情调，能够形成氛围，必定会使人产生一种强烈的感觉。企业文化氛围是无形的，以其潜在的运动形态使企业全体成员受到感染，体验到企业的整体精神追求，因而产生思想升华和自觉意愿。企业文化氛围由物质氛围、制度氛围、感情氛围三部分构成。物质氛围是基础，制度氛围是保证，感情氛围是核心。感情氛围主要是企业成员在相互交往及工作中所表现出来的气氛和态度。良好的感情氛围表现为企业成员之间的相互尊重与信任，工作配合默契，心情舒畅，相互之间的摩擦、冲突减少，员工对企业的归属感强，工作中追求成就，追求创新，人人不甘落后。在企业文化培育塑造中，企业要积极营造良好的感情氛围，要利用各种场合进行感情投资，关心员工的工作和生活，建立企业领导与员工群众之间相互信任、相互支持的新型关系；要利用各种文化活动促进人员之间的沟通理解，增进情谊；要创造良好的学习环境，鼓励企业成员求知上进，使企业内形成浓厚的学习氛围；要通过开展民主管理、进行物质和精神激励等办法来加强对企业内各类非正式组织的引导，使之在思想感情上与企业保持一致。

10.5.8 榜样示范法

榜样的力量是无穷的。榜样是企业目标文化的化身，他们把抽象的价值观转化为具体生动的英雄事迹和常人难以企及的业绩。所谓榜样示范法，即企业通过树立榜样并号召全体员工向榜样学习来贯彻目标价值观。在企业文化培育塑造过程中，企业文化处要善于观察、善于提炼，树立榜样。用榜样人物的英雄事迹来教育员工，激发员工内在的崇高精神，引导员工向英雄学习，向榜样看齐。

10.5.9 民主驱动法

企业民主既是企业文化的目的，也是搞好企业文化的手段。企业文化建设需要全体员工的主动参与和支持。所谓民主驱动法，就是指企业依据一定的企业文化模式，把每个员工都看成企业共同体中不可缺少的一员，真正确立员工的主人翁地位，从制度上保障员工的合法权益，密切领导与员工的关系，让员工在企业的经营管理等一系列重大问题上真正有发言权、参与权和监督权，畅通民主渠道，健全民主机制，注意发挥职代会、工会等群众组织的作用，将员工的积极性充分调动起来，有力地促进企业文化的发展。

10.5.10 形象重塑法

企业形象是企业文化的外化,是企业文化在传播媒介上的映射;企业文化则是企业形象的核心和灵魂。企业形象和企业文化密切相关,两者是一种标本关系。企业文化建设过程实际上也就是由内而外地从理念识别到行为识别,再到视觉识别的重塑企业形象的过程。因此,在企业文化建设的始终,都要通过文化传播网络积极向外界宣传企业文化建设的意义、目的和动态,有计划、有体系地开展公关活动,获得社会和公众的理解及认同,提升企业形象,增强企业整体的竞争力。

上述方法在使用中不是孤立的,根据企业文化建设的实际情况,可以以一种方法为主、其他方法为辅,也可以把几种方法结合在一起使用,使之相互渗透、相互补充,综合发挥作用。

本 章 小 结

在企业文化测量诊断的基础上,挖掘提炼企业文化的核心要素,构建企业的目标文化,并使之得到自上而下的认同和全面实践,这是企业文化建设的核心环节。

在挖掘提炼时要深入思考"我们是谁?我们企业为什么存在?";"我们要到哪里去?";"我们关键的成功因素何在,我们秉承什么,反对什么?";"我们存在哪些问题,我们实现理想还缺什么?";"我们的成功标准是什么?"等有关企业存在的根本性问题,一起探讨,反复提炼,达成共识,并用简明扼要的独具特色的文字和方式,明确表达企业的使命、愿景、核心价值观、企业精神等,构成企业文化的理念体系。

企业文化培育塑造,简单地说就是"令民与上同意",其实施的流程包括文化导入、文化变革、制度化、评估反思等关键环节,其中,文化变革是最为重要、最为艰难的一个环节。企业文化培育塑造应遵循系统有序、团队领导、全员参与和持之以恒四条基本原则。企业文化培育塑造有四条基本路径,即在理念层通过宣传培训、讨论沟通来实现对目标文化的基本认知;在行为层通过领导垂范、榜样示范、活动参与和岗位实践来实现对目标文化的真切感悟和深入理解,并在此基础上改变认知方式和行为方式;在制度层通过修订完善制度,确立新的行为标准,对员工行为加以规范、引导、调控、强化,使新的认知方式和行为方式固定下来,成为一种习惯和风俗;在物质层进行精心的设计和应用,处处彰显目标文化,烘托良好的企业文化建设氛围。这四条路径有时先后继起,有时立体交错。只有通过这些路径,才能实现企业目标文化自上而下的全面认同和实践。企业文化培育塑造的基本方法有舆论导向法、领导垂范法、事件启示法、行为激励法、礼仪规范法、活动感染法、氛围渲染法、榜样示范法、民主驱动法和形象重塑法等,在企业文化实施中,企业应根据具体情况来综合运用。

 关键词

企业文化挖掘提炼、企业文化培育塑造、文化导入、文化变革、制度化、企业文化落实评估、企业文化作用评估、系统有序原则、团队领导原则、全员参与原则、持之以恒原则、企业文化认知、企业文化感知、领导垂范、榜样示范、礼仪规范

第10章 企业文化的培育

复 习 题

1. 在企业文化挖掘与提炼过程中,需要深入思考哪些有关企业生存的根本性问题?
2. 企业文化挖掘与提炼的主要内容是什么?应遵循哪些基本原则?
3. 企业文化培育塑造应遵循哪些原则?企业文化培育塑造的基本路径有哪些?
4. 如何从理念层、制度层、行为层和物质层立体地推进企业文化"落地"?
5. 企业文化培育塑造有哪些有效方法?

思 考 题

1. 企业目标文化怎样才能做到"内化于心、固化于制、外化于形"?
2. 以某一熟悉的企业为例,分析其企业文化建设中存在的问题及可借鉴的经验。

 案例分析

化蛹成蝶——苹果的创新蜕变

2005年7月24日,《商业周刊》杂志公布了2005年度全球创新企业20强名单。其中,苹果计算机以绝对优势排在第一位,其支持率高达25%,比第二名的3M高出13个百分点。这个结果是波士顿咨询服务公司在调查了全球各行业940名高管后得出的。

苹果对"全球最具创新精神的企业"这一称号可谓当之无愧。苹果的发展史,本身就是一部不断锐意进取的创新史,但在苹果30年的创新史上,也曾走过一段长长的弯路。近10年来,经过痛苦的摸索与蜕变,以创新为使命的苹果终于化蛹成蝶,开始在市场的天空迎风飞舞。

1. 特立独行,为创新而生

苹果之所以为苹果,在于它的特立独行。在其创办初期,苹果公司曾在楼顶悬挂海盗旗,向世人宣称"我就是与众不同"。苹果公司企业文化的核心是一种鼓励创新、勇于冒险的价值观。事实上,苹果一直是我行我素,冒高风险,甚至反主潮流。公司的信条是进行自己的发明创造,不要在乎别人怎么说,一个人也可以改变世界。苹果也一直以这种独创精神为骄傲。

2. 新品开发,引领时尚

基于以上信念,苹果总是勇于否定自己,超越自己,不断推出更时尚、更具魅力的新产品。今天,被广泛使用的鼠标、图形消费者界面、USB接口、激光打印机、DVD刻录机、彩色显示器……都与苹果有着千丝万缕的关系。自白手起家,苹果计算机便在技术领域内引发两次变革,它一次次地推出革命性的外观设计,让所有追求完美的人为之倾倒,也使得从IBM到微软所有的电脑厂商,无不跟着苹果的设计亦步亦趋。可以这么说,在IT界,没有谁能比苹果更具创新能力。

1977年推出的"苹果Ⅱ"计算机,将苹果公司带入了第一次辉煌时期。这款产品一反过去个人计算机沉重粗笨、设计复杂、难以操作的形象,设计新颖、功能齐全、价格便宜、使用方便,看上去就像一部漂亮的打字机。这也是当时全球第一台有彩色图形界面的微计算机,因此被公认为是个人计算机发展史上的里程碑。在当年的美国西海岸计算机展览会上,"苹果Ⅱ"一鸣惊人。人们都不敢相信这部小机器竟能在大荧光屏上连续显示出壮观的、如同万花筒般的各种色彩。几千名消费者拥展台观看、试用,企业订单纷纷而来。几年时间里,苹果计算机的旋风便席卷大半个美国,苹果几乎成为个人计算机的代名词,一

207

场"个人计算机革命"也随之在美国轰轰烈烈地展开。当时,苹果甚至有志于把自己的计算机打造成"21世纪人类的自行车"。

1989年,苹果公司开发了世界上第一台真正意义上的笔记本计算机。这台体形过于"另类"的产品,为以后笔记本计算机的造型打下了基础。而从1991年推出的苹果PowerBook 100型笔记本计算机产品开始,现代笔记本计算机的概念模式就这么一直延续到现在。

3. "1984"挑战IBM

不仅仅是产品,在传播方面,苹果也总在不断颠覆传统。1984年,初出茅庐的苹果公司向当时占统治地位的IBM发起了一次堪称经典的挑战。

阴森的大厅内,无数机器般冷酷的精悍男子整齐排列着。高悬的超大屏幕中,冷峻的"领袖"正在训话。忽然,一个身材健美的女子手握大锤冲进了大厅!她身穿一条红色短裤和一件白色Mac背心,在她身后有手持重型武器的警察在追赶。冲破重重阻隔,女子奔到屏幕前,扭转身躯,使出全身的力气掷出铁锤,屏幕轰然炸裂,旋即烟雾消散、祥光四射……

这不是《黑客帝国》的续集,而是早在1984年,苹果电脑为新推出的Macintosh系统所做的广告"1984"——矛头直指业界领袖IBM。在第18届超级杯电视转播中,"1984"在3/4场的广告时段播出。广告刚一结束,负责策划制作"1984"的Chiat/Day公司以及苹果电脑3家公司的电话铃声立刻响个不停,大部分来电都是问:"这广告说的是什么","这是什么产品"。"1984"是苹果用来推出Macintosh个人电脑的,但这个60秒的广告中却没有一点电脑的影子。苹果的初衷就是要用这种悬念的方式来吊人们的胃口,让世界都知道Macintosh的横空出世,而不是仅仅做产品介绍。

"1984"因其独特的广告宣传赢得了空前的关注和广泛的议论。美国的三大电视网和将近50个地方电视台都在超级杯后报道重放了"1984",还有上百家报纸杂志评论"1984"的现象和影响,这些都为苹果公司和Macintosh做了免费广告。之后,"1984"赢得了戛纳电影节大奖和30多项广告行业的评奖,并被誉为20世纪最杰出的商业广告。

有人说,"苹果改变了世界,并且不只一点点。"这话没错,通过革别人的命,革自己的命,从创业开始,苹果就一直以特立独行的姿态站在行业技术的最前沿,并一次次奉献出艺术般的完美产品,使其消费者产生一种使用偏好。即使是苹果的竞争对手,也不得不为苹果的创新意识和能力所折服。在某种意义上,苹果已经超越产品的概念,上升为一种标新立异的象征。

4. 成也创新,败也创新

成也创新,败也创新。标新立异是苹果得以在IBM、惠普等传统巨头的包围下安身立命的法宝,可是,它的问题也恰恰出在创新上。偏执于创新并没有使苹果站在产业的巅峰,其创新并不是良性的创新,即其创新没有针对性,只为创新而创新,却忘记了"技术是为市场服务"这一商业基本定律。早期乔布斯热衷于对技术的狂热追求,导致整个公司陷入一种完全崇尚技术革新的企业文化中而忽略了成本和消费者需求。在很多年里,乔布斯一直把技术的革新说成是"一种艺术精加工的过程,值得你倾尽所有。"一款款超前的产品一次次地将苹果带上波峰,又一次次地陷入低谷。特立独行的苹果一路走来,跌跌撞撞。

5. 固守技术孤岛

乔布斯追求产品完美细节的激情是比尔·盖茨和迈克尔·戴尔都无法比拟的。对完美的追求,使苹果做早期的Macintosh计算机时选择了封闭的操作环境,因为封闭式的操作环境比开放式系统更易于控制,开发出来的各种应用软件可以实现无缝融合,使系统的漏洞更少,消费者的感觉更好。

苹果计算机性能优越、使用方便,在技术上无可挑剔,但很长时间里,它都无法与微软与Intel控制的Wintel标准兼容。乔布斯曾经对比尔·盖茨说:"我们共同控制了100%的桌面操作系统。"可事实是,微软占有97%的绝对份额,而苹果仅仅拥有剩下的3%。苹果公司的优越感很强烈,乔布斯有一种想法,即行业内的所有其他人都是四肢发达、头脑简单的家伙。这样的想法导致的最直接的后果是,苹果固守技术孤岛,发展空间越来越窄。

第10章 企业文化的培育

现在为苹果公司的操作系统编写程序的内部及独立软件开发员仅有30万名,而为Windows平台开发应用软件的人员超过700万名。开发人员少意味着在苹果计算机上运行的新产品就少,也就意味着终端消费者的选择更少,这必定会影响到消费者的购买欲望,并最终影响到苹果的销售和利润。以个人视频录像器(PVR)为例,只有两家开发商为苹果的Macintosh电脑提供PVR,而与Windows兼容的PVR开发商至少有6家。

苹果技术的自我封闭,使得其消费者几乎全部分布在美术、广告、图形设计等专业领域。一直以来,人们都认为苹果计算机不过是"苹果迷"的最爱,而非大众消费者使用的产品。

6. 价格曲高和寡

1989年,苹果在全球PC市场的份额下降到10%时,公司一些研发人员担心,如果不扩大客户基础,公司将无法保持竞争力。而要扩大客户基础,就必须降低价格。为此,这些研发人员设计出了针对校园市场、部件成本仅约340美元的MacLC。如果按60%的利润率计算,其零售价只有1 000美元左右,远低于普通Macintosh计算机。但是,新样品演示时遭到了苹果管理层的否决,他们认为这样的计算机不符合苹果的形象,会让人们觉得苹果计算机是便宜货。于是,MacLC被要求重新设计。1990年,改进后的MacLC正式上市,零售价为2 400美元,相当于今天的3 300美元,MacLC成为一款高价的"低价计算机"。

苹果因不屑于降低成本而大大降低了苹果计算机的竞争力。由于产品价格昂贵,在戴尔猛烈的价格攻势下,苹果计算机的市场占有率一路从9.4%下降到2%以下。

但苹果高管仍然"傲慢"地认为,销售和服务这样的事都是不时髦的、单调的,没有想象力、令人厌烦的。苹果的任务就是生产出最"酷"的、最具技术含量的产品,剩下的就是消费者自己的事了。这种走得过"远"的技术战略,使苹果的产品在价格上处于绝对劣势,往往错失扩大市场的机会,以至于对技术巨大的投资无法产生"合理"的回报。

7. 创新信马由缰

苹果的追求是做出"完美的机器"。在这种心理的驱使下,苹果公司不计成本什么都做,从硬件到软件,而不像微软那样一开始时就有所专攻。在硬件制造上,苹果既做台式机,也做服务器,还做笔记本,从PC整机到鼠标、打印机、扫描仪、数码播放器,应有尽有。苹果甚至与运动休闲服装生产商Burton共同推出了世界上第一件所谓的电子夹克衫。但是,苹果似乎忘了自己是为了谁创新,往往造成新产品太过超前,叫好不叫座。苹果牛顿"个人数码助理(PDA)"就因此遭遇了失败。这个产品结合了多种数码功能,却把消费者的脑子搞晕了,消费者不知道它到底是做什么用的。好像后来就连苹果公司自己也不知道这个产品的功能是什么,所以其广告语为"这是什么"。在苹果退出该市场几年之后,PDA却很快成长为庞大的产业,苹果又一次扮演了先烈的角色。

另一方面,苹果在公司内部倡导我行我素的作风,技术精英们各行其是,缺乏统筹合作意识,结果也造成了一些创新项目的无果而终。苹果曾有两个项目同时开发下一代操作系统,一个项目代号为"蓝色",另一个代号为"粉红"。前者是在现有操作系统上进行改进,后者则是要开发出全新的操作系统。在项目选择上,苹果优柔寡断,无法确定到底该选择哪个方向。于是它像往常一样,两个项目分头并进,公司保留"蓝色"项目,"粉红"项目则交给它的合资公司。这两个项目耗费了两家公司大量的资金和人力,最后却不了了之。

在很长一段时间,尤其是乔布斯离开的那12年里,苹果的创新方向一直处于非受控状态。产品线的无原则膨胀,对苹果的实际业绩提升并没有带来多少帮助,反而让苹果如脱缰的野马离核心业务越来越远。创新能力有余,商业回报不足,苹果陷身于偏执的迷途中。到20世纪90年代中期,苹果遭遇空前危机,无论是个人计算机还是商业计算机,其市场份额都被竞争对手抢得所剩无几。

8. 穷则思变,王者归来

苹果提供了更优良的软硬件架构、更精美的工艺设计,却难以得到市场的认可,只因为它离市场太远。在这样一个消费至上的市场里,独特的设计和更先进的技术似乎敌不过消费惯性、便捷性和亲近性。后者

209

在"Wintel"的洪流中得到极致的发挥,牢牢地抓住了这个崇尚技术而又畏惧技术的时代人群。

市场在哪里?市场需要什么?市场规则究竟是什么?1997年,乔布斯重返苹果并开始认真思考公司未来的出路。他终于明白,今后信息技术公司主攻的战场不在实验室,而是在消费者;科技产品不应该高高在上,而是应该参与到消费者的生活之中,与他们一起激动、幻想和创作。超越产品设计的局限,乔布斯将创新运用到苹果再造的各个环节之中:从打破技术壁垒到开辟新业务,到产品营销乃至价格战……

9. 消费导向的产品开发

在对消费者进行充分研究之后,苹果发现消费者未必需要功能多的产品,因为他们很多时候不会用。他们需要的是一个操作简单而外形简洁时尚的产品,因此,苹果设计了操作简单而外形简洁时尚的产品,并将简洁时尚追求到了极致。因为满足了消费者的需求,他们的产品得到追捧,并成为一种文化。

iMac的推出是乔布斯重返苹果后做的第一件具有革命性意义的大事。当时苹果公司正处于低谷,它的产品因为兼容性等很多原因开始被市场遗弃。苹果公司根据对消费者的了解,1999年推出了有着红、黄、蓝、绿、紫5种水果颜色的iMac产品系列,一面市就受到消费者的热烈欢迎。极具创意的iMac让所有的电脑消费者眼前一亮,圆润柔美的身躯、半透明的装束、多变的色彩组合为个人电脑注入了更多的活力,用乔布斯的话来说,就是"它让你想舔它"——而在iMac诞生之前,个人电脑无非是黑色、白色两种色调。

iMac是苹果公司围绕消费者心理设计的一个很成功的经典案例。推出3年后,其市场销量达到500万台。这个利润率达到23%的产品,在其诱人的外壳之内,所有配置都与此前一代的Mac电脑几乎一样!但也就是这个产品,成功拯救了苹果公司。

2001年2月,苹果公司的工程师被要求去创造一种让人震撼的音乐播放器。乔布斯对这件东西的设想是:能快速和电脑连接并高速下载音乐;和iTunes软件高度一致,能够很容易地组织音乐,有容易操作的界面以及能让人感到愉快。仅用了几个月时间,一个注定要重写苹果历史的新产品iPod问世了。iPod以设计和感受取胜,是苹果对"把技术简单到生活"的实践,"站在苹果的角度,我们面对每件事情时都会问:怎么做能使使用者感觉方便?"

第一代iPod使用硬盘作为载体,容量为5GB,可以储存1000首歌曲。不到两个月的时间里,iPod一共售出了12.5万台。

在iPod试用过程中,乔布斯和他的团队意识到整个iPod平台还存在缺陷,那就是没有能够下载音乐的在线商店。他们知道必须有一个更简单的途径为iPod得到更多的音乐,而不是通过往电脑里一张张地塞CD。于是,苹果将iTunes从一个单机版音乐软件变为一个网络音乐销售平台,让人们将单曲从互联网下载到他们的iPod播放机上,收费仅为99美分。由此开始,苹果iPod也超越音乐播放器的概念,成为一种全新的生活体验。

因为满足了消费者的追求,近3年来iPod在消费电子领域创造的风头无人能及,迄今为止销量已超过4200万台,从而又一次将苹果从绝境边缘拉了回来,甚至连比尔·盖茨也不得不承认"iPod是成功的"。苹果iPod为消费电子市场开创了一种新的商业模式,这是一种远比技术发明更重要的价值创新。从技术上来说,MP3并不是苹果发明的,网络音乐下载也不是苹果的首创,但将两者结合却是苹果iPod的创新。这种"产品"加"内容"的模式一举奠定了苹果公司在MP3市场上的霸主地位。

10. 打破技术壁垒

技术的自我封闭曾让苹果失去了很多市场机会。苹果需要考虑的是,在提供更好的技术、更时尚的设计时,如何消除人们对技术的畏惧感。当然,苹果不会轻易去改变自己的个性基因。不过,它必须要打破的是因为过分追求独特而导致的曲高和寡和相对狭小的客户群。

重返苹果后的乔布斯做出了一个令世人大跌眼镜的决定——抛弃旧怨,与苹果公司的宿敌微软握手言欢,缔结了举世瞩目的"世纪之盟",达成战略性的全面交叉授权协议。这对偏执的苹果而言,无异于宗教信仰的转变。

第10章 企业文化的培育

初期的iPod只支持Mac系统,由iTunes程序从CD中复制音乐并上传到iPod上。iPod看上去销售不错,但还不算太突出,部分原因就在于其限制太多。于是苹果很快便在2002年6月推出了能够连接PC的"Windows版iPod"。iPod不再是服务苹果个人电脑消费者的"配件",而是面向全新市场的主流产品。事实证明,这是一个极为明智的抉择,苹果iPod突破了Mac系统的限制并迅速得到广大Windows消费者的青睐,潜在市场一下子就被打开了。

尝到甜头的苹果开始把开放式战略向电脑领域延伸。2005年6月,苹果公司宣布,"将在苹果Mac计算机中采用intel处理器"。苹果希望借与英特尔合作,摆脱长期以来Wintel联盟的制约,向Mactel(苹果MacOS操作系统+Intel中央处理器)联盟转变,打造全新的PC世界。在半年以后旧金山举办的MacworldExpo展会上,乔布斯与英特尔CEO保罗·奥特里尼共同推出了苹果历史上首款采用英特尔处理器的iMac台式机。苹果最新的iMac将采用英特尔CoreDuo双核处理器,另外,"MacBookPro"的推出也将是苹果第一款采用英特尔处理器的笔记本电脑。乔布斯表示,在2006年年底之前,苹果所有的iMac生产线都将采用英特尔处理器。

为了拉拢微软的XP消费者转向Mac阵容,苹果还特意发布了一款称之为BootCamp的软件,从而允许Mactel消费者可以在不需要从CD安装的情况下直接下载安装XP。并且苹果还声称,在下一代的OSX系统中,苹果将集成该软件。

另外,2005年末,苹果和微软签署了为期5年的协议,共同开发、升级新版的面向Mac机的Office软件。苹果高层表示,如果一部分Mac消费者转向Windows操作系统,他们并不会介意。事实上,微软公司一直在为苹果机开发软件。2004年,微软推出了面向Mac的Office软件,不过此后一直没有升级。

从iPod到电脑领域,苹果与微软、英特尔的兼容互通,对广大消费者来说无疑是一个福音。而驶离技术孤岛的苹果,前面的天空也从此越来越宽阔。

11. 价格走下"神坛"

2003年,苹果十几年来第一次低下高贵的头颅,其Power Mac G4台式机最大降幅达500美元,XServe服务器也降了200美元;到了年底,苹果再一次调整电脑全线产品价格,在中国市场上最大降幅高达2000元人民币。其中,配置PowerPC G4处理器的iBook笔记本电脑,在内置Combo光驱、ATi Mobility Radeon 9200显卡的情况下,价格仅为10900元。此举将苹果笔记本从高端拉到了中端的价格水平,这在苹果历史上极为罕见。而手掌大小的Mac Mini,售价只有4990元,这是苹果电脑从未想过的价格。由于现在的苹果电脑在接口方面属于兼容性设计,所以,用户可以自由给Mac Mini配置兼容PC的显示器、键盘和鼠标,成本相对完全原装配置的Mac机无疑要便宜很多。

对于眼下的明星产品iPod,苹果也根据外部环境的变化,主动改变了定价方法。2005年,苹果推出iPod shuffle,这是一款大众化的产品,价格降低到99美元一台,在同类产品中非常有竞争力。之所以在这个时候推出大众化产品,一方面是因为市场容量已经很大,占据低端市场也能获得大量利润;另一方面,索尼等企业也推出了类似的产品,在竞争对手产品的竞争下,苹果急需推出低价格产品来抗衡,但是原来的高价格产品并没有退出市场,而是略微降低了价格而已,苹果公司在产品线的结构上形成"高低搭配"的良好结构,改变了原来只有高端产品的格局。

近来,苹果一次次在价格上推出"亲民行动",这也正应了乔布斯的一句话:"现在,苹果计算机不仅面向小众人群,它需要更多的人去关心。"

12. 关注消费者体验

在苹果进军消费市场的时候,产品的外观、性能等多方面因素发生了根本性的改变,使之更能够满足消费者的需要。怎样才能让消费者尽快认识到这些呢?

"要想知道梨子的滋味,最好的办法就是亲口尝一尝。"苹果在普通消费市场的营销同样是这个道理,不仅要让普通消费者看到苹果产品的全新形象,更要让普通消费者真正了解苹果产品。必须让消费者意识到,苹果产品与他们没有距离,是他们生活中的一部分,能够最大限度地满足他们。如果让消费者相信,自己的产品比其他竞争品牌的产品更适合他们,并能产生情感的共鸣,让他们有使用产品的联想,那么品牌就会得到很好的推广。

2001 年,在整个 PC 产业都努力向戴尔电脑学习网络直销,从而实现成本削减时,苹果选择了逆行,它开始在全美国开设如设计师工作室风格的专卖店。在苹果专卖店里,虽然也销售产品,但更多时候它为消费者提供了最直接的产品体验——店里摆放的电脑可以免费上网,里面还装有数字音乐、电影和游戏,任何光顾连锁店的人都可以免费使用,因为开机不需要任何密码。销售员们没有太多的销售任务,他们的主要职责是回答消费者的提问。不久以后,苹果又将这种销售方式一路推广到日本和中国等地。

苹果公司通过设立终端销售场所,将展示、体验因素都融入销售终端中,使越来越多的消费者能更直接、更有效、更深入地了解苹果,体验苹果带给他们的激情享受。同时,苹果品牌所倡导的"不同凡响"的品牌主张也成为参与者们的共识。

2005 年,苹果的销售额为 162 亿美元,净收入 16.05 亿美元,净收入增长 2.16 亿美元,投资回报率 19.2%,种种指标都表现不俗。这些成绩的取得,显然与苹果调整后的创新战略密不可分。

13. 苹果创新的启示

国外咨询界的一份统计资料表明,在所有的市场创新实践案例中,真正获得成功的比率还不到 10%,而 80% 以上的创新努力都以失败告终。人们也观察到大部分的市场创新形同"找死"。苹果创新给人们的启示是:市场创新本身不能仅靠进取精神和商业勇气,还要讲究以下两个方法:

首先,创新必须贴近和满足消费者的需求,切忌为创新而创新。

苹果前期的创新是纯产品导向或者说是纯技术导向的,而恰恰忽略了消费者在技术兼容、价格合理等方面的需求,结果苹果电脑成为少数人的玩物,市场一直难有大的突破,甚至一度跌入深谷。而当它抓住年轻人的个性心理和简单娱乐需求推出 iMac 和 iPod,由单纯的产品创新上升到一系列变革组成的价值创新——打破技术壁垒、降低售价、引导消费者体验后,便得到了市场的迅速回应。消费者的购买欲望被大大激发出来,苹果也得以凤凰涅槃。

企业在实践中所作的市场创新往往涵盖了品牌价值、产品性能、价格、渠道、传播等营销的各个方面。通常而言,任何营销工作者都不会糊涂到认为消费者喜欢更差劲的产品,并且努力地使自己的产品变更差。但是,何谓好?何谓好的市场创新?必须是对目标消费者的消费需求更有力的响应和对消费难题更有效的克服。

很多时候,企业主和企业营销工作者认为好的东西,在目标消费者那儿往往会呈现出一副可怕的形象。这种令企业主和企业营销工作者百思不得其解的现象,足以毁灭任何一个不可一世的企业主所有的商业成就。其根源在于企业主和企业营销工作者对去认识和把握目标消费的兴趣过于稀薄,他们常常认为自己比某个消费者聪明就可以代表所有的目标消费者,并习惯于把自己的认识强加于他们身上。而实际上目标消费者的期许、希望和评判态度,没有任何人可以随意捏造和强加,唯一被捏造出来的只是那些所谓的市场创新成果。因此,企业如果想让创新能够良性地持续下去,就必须首先弄明白是为谁创新、创新的目的是什么。

其次,市场创新必须是对营销环境变化的切实响应,而非单纯地追求完美。

乔布斯是个不折不扣的完美主义者,他一手创造的苹果也无限追求完美,这些并没有给苹果公司带来相应的商业回报,原因在于苹果的创新与营销环境在某种程度上是脱离的。苹果的产品确实很超前,技术很先进,可其诞生之时的环境并没有给这些"未来产品"多大的生存空间,反倒是它的技术经别人发扬光大后,市场就被很快地放大。苹果后来推出的 iMac、iPod,在技术上算不得最超前的,可它们为什么就让苹果大放异彩呢?这与营销环境的相对成熟是分不开的。

具备创新精神的人很多都像乔布斯一样是完美主义者,这些人一旦身居企业营销决策的高位,往往会使企业陷入不切实际的窘境。同样,从事市场创新工作的人无不希望企业的营销工作比竞争对手更完美。但人们无法改变的是,营销环境的变化是一个漫长的循序渐进的过程。一个完美的产品和市场创新一旦脱离营销环境的实际,则必然导致企业经营的失败。因此说,市场创新不能一味地追求理想主义中的完美,而应该达成现实主义中的更好。

(资料来源:爱成,王逸凡. 化蛹成蝶——苹果的创新蜕变[J]. 销售与市场,2006,(7).)

讨论题

1. 苹果公司的文化创新主要体现在哪些方面?
2. 苹果公司文化实现成功创新主要依赖于哪些因素?

拓 展 阅 读

[1] 王成荣,周建波. 企业文化学[M]. 2版. 北京:经济管理出版社,2007.
[2] 刘光明. 企业文化[M]. 北京:经济管理出版社,2006.
[3] 刘光明. 企业文化案例[M]. 北京:经济管理出版社,2003.
[4] 刘光明. 企业文化塑造:理论·实务·案例[M]. 北京:经济管理出版社,2007.
[5] 王超逸,李庆善. 企业文化学原理[M]. 北京:高等教育出版社,2009.
[6] 陈春花. 企业文化管理[M]. 广州:华南理工大学出版社,2006.
[7] 张德. 企业文化建设[M]. 2版. 北京:清华大学出版社,2009.
[8] 罗长海,林坚. 企业文化要义[M]. 北京:清华大学出版社,2003.
[9] 王吉鹏. 企业文化建设[M]. 北京:中国发展出版社,2005.
[10] 刘宝宏. 企业战略管理[M]. 大连:东北财经大学出版社,2009.

第11章

企业文化"落地生根"的艺术

本章学习目标

1. 企业文化建设中制度、机制的建立；
2. 企业文化建设中制度、工作和人员的落实；
3. 企业文化的内化、外化、群体化、习俗化、社会化；
4. 领导者的示范艺术；
5. 企业文化培育的情境强化艺术。

第11章 企业文化"落地生根"的艺术

导入案例

中兴文化——中兴通讯稳健持续发展的驱动力

中兴通讯成立于1985年,是全球领先的综合通信解决方案提供商,全球第四大手机生产制造商,在香港和深圳两地上市,是中国最大的通信设备上市公司。中兴通讯的成功之道是如何走出来的?这应归功于中兴独特的企业文化。

随着经济全球化进程的加快,越来越多的企业开始认识到企业文化的重要性,一个企业的动力及凝聚力都来自于企业的文化,技术只是一个平台。没有一套较成功的文化的企业,其生命力是有限的。在企业成功的因素中,技术是很重要的一点,但技术不能成为企业的主宰,这样不易看到市场的变化,容易偏离市场。中兴文化之所以制胜,主要源于独特的经营理念和管理方式。对于国内一个规模庞大的高科技公司来说,培养独特的企业文化,是企业持续、稳定发展的基础。企业文化建设应侧重在企业员工的思想观念、思维方式、行为规范、行为方式等方面。同时,不同的企业处于不同的内部与外部环境中,企业文化的特征也会不相同,并产生不同的行为规范及思维方式和行为方式。因此,企业文化建设不能千篇一律,应该根据自己企业的特点、自己企业的经营环境,进行具体的设计定位,这样才能在万变的市场上立于不败之地。

以下是对中兴文化特色的一个简要概述。

1) 诚信文化:诚信是中兴通讯的立身之本,中兴人行动的第一准则

诚信的第一个概念:企业的诚信。中兴企业文化手册中明确规定,对外交往、宣传及发布公司业绩要坚持诚信务实的原则。例如,中兴通讯上市至今,从不参与股票炒作,给予投资者的是长期的回报,靠业绩增长赢得股民信任,基金大量持有中兴股票,看中的也是企业稳健经营,业绩保持持续增长带来的收益。

诚信的第二个概念:企业成员之间的尊重和信任。企业文化应该是企业中每个员工都认同的一种观念、一种制度。好的企业文化能调动员工最大的能量、担起应负的责任。在管理上,中兴所创造的文化是"充分授权",授权团队走向成功。信任每一名员工,将工作的主动权交给员工,给员工创造企业利益的便利,各级管理者扮演的是教练的身份,指导和帮助员工实现工作目标。

2) 顾客文化:顾客至上,始终如一地为顾客的成功而努力

企业是为客户服务的。企业成功的关键是客户,客户决定一切。中兴的产品是由客户决定的。客户随时变化的要求就是一种市场信息,指导企业的发展方向,企业必须适应这种情况而相应变化。建立顾客文化,永远保持对顾客的热情,同顾客做有利可图的生意,是成功企业发展的推动力。中兴公司有着一种与众不同的独特氛围。所有员工都了解和支持企业目标,总能生产出顾客愿意购买的产品或服务。他们不仅时刻检查自己目前的业绩水平,寻求各种方式迅速提高业绩,而且测控各项重要的健康标准。

3) 学习文化:不学习的人,实际上是在选择落后

学习是一种美德,学习先进企业的成功经验,以开放的心态对待一切批评;挑战变革,敢于突破常规,力图改变大大小小的游戏规则,把变革甚至危机转为机会;激励创新,不断寻找一切好的设想,不管它来自何处。知识经济下企业的竞争,不仅仅是产品、技术的竞争,更是人才的竞争,实质上是学习能力的竞争。企业必须建立有利于企业知识共享和增值的新型企业文化,将知识视为企业最重要的资源,支持组织和员工有效地获取、创造、共享和利用知识,提高企业核心竞争力,成为一种学习型组织,适应竞争的需要。中兴员工总是"从正面看问题",认为挑战是机会,失败是机遇。

企业文化的关键在于"落地生根",无法"落地"的理念就只是口号,只有倡导者的激

情,却没有响应者的行动;无法"落地"的理念更像是空中楼阁,即使建构起健全的文化架构体系,也只能悬在空中。前面几章讨论了企业文化建设的基本流程、原则、步骤、方法等,为企业文化建设提供了可以遵循的规律性的东西,但是,不同的企业面临不同的内外环境,企业文化"落地生根"的方法和过程却各不相同。例如,某个目标在甲企业让员工激动振奋,可在乙企业,员工却无动于衷,甚至嗤之以鼻;某种方法在甲企业立竿见影,可在乙企业,却屡试不灵。因此,从某种意义上说,企业文化"落地生根"是一种艺术——一种培育和塑造共享价值观的艺术,一种教育和影响人的艺术。本章将详细探讨企业文化的培育艺术,即企业目标文化深入人心、"落地生根"的艺术。

11.1 软管理的"硬化"艺术

在企业管理中,所谓硬管理主要是指建立规章制度,进行直接的外部监督及行政命令等刚性管理。所谓软管理是指开展思想工作,培育共同价值观,建立良好的企业风气,形成和谐的人际关系等柔性管理。硬管理需要软管理来牵引和辅助,软管理需要硬管理来保障和支撑,只有软硬兼施,才能相得益彰。那么,在企业文化培育中,如何使软管理"硬"起来呢?以下三个方面是最值得注意的。

1. 制度要"硬"

从企业的角度看,企业制度就是指规定或调节企业内部不同参与者之间权力关系和利益关系的基本原则或标准的总和。制度是大家必须共同遵守的硬性规定,是确保企业正常运转的有效手段,正所谓"没有规矩不成方圆"。

所谓制度要"硬",就是指在培育企业文化时,必须制定一系列"硬"的制度和纪律作为辅助手段,帮助确立和巩固企业目标文化。但凡失去制度规范,仅靠觉悟的力量维系并任其发展的事物,大多都不能收到理想的效果。企业文化的培育需要铁的制度予以规范,使其按照预定的轨道运转,这是不可逾越的阶段。

案例 11-1

"五个一"制度落实"快乐医疗"

在某医院的"快乐医疗"医院文化培育中,为了使"快乐医疗"这一核心价值观深入人心,人人践行,医院出台完善了一系列制度,其中,有病人出院时的"五个一"制度。"五个一"即要求病人填一张评价医护质量的评价表、由责任护士送一枝表示祝贺的花、送一程路(从医院病房到医院大门)道别、送一张出院后注意事项的温馨提示卡、出院一段时间(半个月)后打一个电话回访。这样的制度使抽象的"快乐医疗"理念,变得具体而容易操作。在制度的执行中,员工有效地认同和实践了"快乐医疗"理念。

制订相应的制度并有效执行是培育新文化理念最基本的途径之一。这里有两点非常重要:其一,制订制度必须以目标文化为核心,制度必须体现和承载文化;其二,执行制度必须严格,用制度影响、调节、塑造员工的认知、态度和行为。起初,制度可能只是以一

第11章 企业文化"落地生根"的艺术

种硬性的要求存在于员工面前,让员工在服从和遵守制度的过程中被动地接触和适应新观念,但经过反复的实践,制度的内在精神逐渐被员工理解并认同。一旦某种理念得到了员工普遍的认同和响应,相应的企业风气便形成了。反过来,这种企业风气又构成一种群体压力和心理环境,会对员工行为产生一种不可抗拒的、硬的推动力。在这种软硬环境的强化下,人们形成了相应的行为习惯和信念。至此,外在的制度约束就转化为内在的信念约束,自觉地管理也就出现了,企业所倡导的理念也已深入人心,"落地生根"。可见,在员工服从—认同—坚信的过程中,制度的作用非常关键。合理、科学的制度使员工向既定的目标发展,使正确的观念得以确立,相反,不合理的制度,则会使员工对倡导的观念淡漠甚至抵触。

当然,在培育企业文化时,要特别注意做到刚柔并济、软硬结合。企业出台的一系列硬制度并不是一种惩罚工具,而是起到一种提示作用,是用明确的可操作的行为规范来倡导或约束某种行为。

2. 机制要"硬"

所谓机制要"硬",是指在培育企业文化时,必须及时完善与价值观建设相配套的、相适应的工作机制和管理机制,实现常态管理,并实施相应的考核细则,严格奖惩制度,强化执行力,将企业所倡导的理念转化为实际行动,而不至于使其成为一句空口号。

案例 11-2

沃尔玛企业文化与管理机制的完美统一

在世界零售业"王国"沃尔玛公司,企业价值观与企业的管理机制完美统一,相得益彰。例如,"员工是合伙人"是创始人山姆·沃尔顿提出的沃尔玛核心价值观之一。沃尔玛把这一理念具体化为公司政策,并形成了一整套具体的管理机制,真正建立了企业与员工之间的合伙关系。这些具体政策和管理机制主要包括以下4个方面。

(1) 利润分享机制。1971年开始建立利润分享机制。在沃尔玛公司工作1年以上,且在一年内至少工作1 000个小时的员工都有资格分享公司利润,每年的红利相当于员工年薪的5.6%。员工离开公司的时候,可以取走这部分钱。

(2) 员工购股机制。从1972年开始实施。根据自愿原则,这个计划让员工通过工资扣除的方式,以低于市值15%的价格购买股票。凭借这个计划,沃尔玛公司员工的80%拥有了公司的股票,剩下20%基本上是不够资格的。

(3) 损耗奖励机制。自然损耗大是零售业盈利的大敌。山姆推出"损耗奖励计划"就是将公司的利益与员工的利益挂钩。具体的办法是设计一套奖励方式,使公司因减少损耗而获利时,有关的员工也因此获利。如果某分店将损耗控制在公司目标之内,该店每个员工都可获得奖金。这样,就形成了员工人人关心商店损耗问题的局面。结果,沃尔玛公司的损耗率降至零售业平均水平的一半。而且,它还使员工们增强了彼此之间的信任感。

(4) 员工培训计划。1975年创办的培训部,如今仍一如既往地为每位员工提供寓教于乐的全方位培训。培训不只是要教会员工从事某个工作岗位时所需要的知识与技能,同时还要让员工认识到,公司之所以愿意花时间和金钱栽培他们,是出于对他们的重视,这无形中会建立起员工对公司的向心力和凝聚力,以致彼此视对方为自己人,大大有利于良好的合作关系。

由此可见，如果把"员工是合伙人"的理念挂在嘴上，它只不过是一句动听的口号，是毫无实际意义的，只有把它落实在管理机制中，渗透于企业的日常运作中，才会令它起作用。对于一个企业来讲，仅有漂亮的理念表述是不够的，还需要用具体的运作机制来落实，使理念真正渗透到企业经营管理的各个层面、各个环节。

3. 推动要"硬"

企业文化变革到底是一个什么样的过程呢？艾弗莱特·罗格博士的研究给了人们一些启示。艾弗莱特·罗格博士的"规范"理论认为，变革思想往往是从占很小比例(只占人数的2.5%)的集体中产生的，它进而传到"早期采纳者"(可能占13.5%)那里。一旦这些人对变革思想予以赞同，则"大多数人"(正态分布曲线中间68%的部分)就会采纳它，最后"迟缓者"(剩余的15%)也接受了变革思想。因此，"变革者"倡导新文化的唯一方式就是联系"早期采纳者"。罗格博士认为，这些人认识到了出现的差错，却不知如何应对，他们也在寻找一种"好的方式"来解决。"大多数人"与"迟缓者"不会直接从"变革者"那里接受新思想，必须先通过"早期采纳者"的认可过程，才能全面接受。

在企业文化变革过程中会遇到很大的阻力，因此需要有力的推动。具体要做好以下四个方面的工作。

首先，要有高度的文化自觉的领导团队，推动企业文化变革。领导者应非常重视企业文化，把企业文化建设置于重要的战略地位上。领导者应掌握企业文化形成变迁的基本规律，清楚自己企业需要什么样的企业文化，明确企业文化建设目标，决心坚定，而且整个领导团队要达成共识，形成统一意志。这是企业文化建设成功的最有力的保证，只有强有力的领导和推动，才能更好地配置资源，使企业文化建设过程中出现的问题得到及时解决，从而推动企业文化建设全面、深入、持续地进行。有的企业领导团队没有达成一致，"有影响力的少数"难以形成，结果往往使企业文化变革受到很大的阻力。

其次，组建长期实施企业文化管理的职能部门。有些企业成立了企业文化处(部)，有些企业由党委宣传部主抓，总之，要明确成立这样一个职能部门，承担企业文化建设的具体实施职能，按计划组织落实企业文化建设各阶段的具体工作。例如，建立企业文化的传播网络、组织企业文化培训、策划组织各种活动、组织企业文化建设绩效评估等。有了这样一个职能部门，企业文化推动工作才能真正"硬"起来。

再次，各级管理者言传身教，形成全面推动。各级管理者要带头一丝不苟地学习企业价值观，旗帜鲜明地宣传企业价值观，结合日常经营管理活动大刀阔斧地推行企业价值观，做实践企业价值观的领头人，使企业价值观在管理者言行上得到淋漓尽致的体现，让广大员工切身感受到企业价值观对统一思想、鼓舞士气和兴企育人方面的显著作用。

最后，鼓励和调动全体员工的参与和响应。企业文化建设的核心是认同，认同的关键在于全体员工的参与，认同的效果在于行动。员工对企业文化建设在认识上不到位是在所难免，需要领导者有耐心、有恒心、不放松、常抓不懈，本着滴水穿石的态度，才能收到最佳效果。企业应将企业文化建设工作纳入员工绩效考核和奖惩之中，对于企业文化建设工作出色的部门和个人，其绩效评价较高，得到的薪酬也高，并且还会获得各种荣誉和奖赏；反之，那些轻视企业文化建设的部门和个人，其绩效评价较低，得到的薪酬较低，并且还会遭到批评和惩罚。这就使得企业文化建设"硬"起来，收到事半功倍的效果。

第 11 章 企业文化"落地生根"的艺术

11.2 "虚功"实做的艺术

企业文化作为意识形态的东西,是无形的,看不见、摸不着。很多人往往觉得企业文化虚无缥缈,可有可无,对企业文化建设常常持无所谓或不在意,甚至抵触的态度。因此,在企业文化培育中,必须"虚功"实做,掷地有声,让企业管理由内而外发生实质性的改变。

1. 制度落实

存在决定意识,不同的制度强化不同的价值观。例如,平均主义的分配制度强化"平庸"和"懒汉"的价值观,按劳取酬的分配制度强化"进取"和"劳动"的价值观,可谓泾渭分明。在企业文化培育中,要建立和完善企业的机制和体制,将企业价值理念和已取得的文化建设成果用规章、制度固定下来,执行下去,使员工既有价值观的导向,又有制度的约束规范,并运用于企业实践过程。

 案例 11-3

沃尔玛的特殊制度

沃尔玛公司的创始人山姆·沃尔顿曾制订了"今天的事情今天做"的日落原则。在沃尔玛公司的日常经营中也是严格执行这项制度的。

在一个周末晚上快关门的时候,有一家四口人一起走进沃尔玛设在夏季旅游景点的一家商店。虽然这家店就要关门了,可是店员们还是把他们迎进店里,询问他们需要什么。原来这家人是刚刚来到镇上自己的夏季别墅,却发现没有水,因为冬天的时候水管被冻坏了,他们需要买一个水管。店员领他们到卖管道的柜台,可是并没有他们需要的水管。这事要在其他商店里,并且是周末过了关门的时候,多数店员会说:"对不起,我们这里没有您要的水管,您到别处看看吧,再见!"

但在沃尔玛却没有发生这样的事。当时,店员接连打了几个电话帮助订购他们需要的水管。后来,他们终于找到了一家管道商,其中的一位店员和他们一起到管道商那里,帮助挑选出合适的管子,然后再送到这家人的别墅里,直到帮助他们把水管安装好,看到水管里流出水才离开。当时已是午夜 12 点多。沃尔玛店员的热情服务使得这家人在经过长途旅行后可以舒适地享受。可以肯定,在以后的日子里,这家人一定会成为沃尔玛忠实的顾客,并且他们会给沃尔玛带来更多的顾客。

在沃尔玛,所有员工都应该严格遵守日落原则。大家的工作相互关联,当天的事当天完成,是员工的做事标准。无论是楼下打来的电话,还是其他地方的申请需求,他们都应该当天答复每一个请求,这是他们的工作原则。它与山姆·沃尔顿先生的三个基本信仰,即尊重个人、服务顾客和追求卓越是一致的。所有员工都懂得,顾客生活在一个忙碌的世界里,日落原则是一种向顾客证明员工想他们所想、急他们所急的一种做事方法。

可见,一切制度建设都是围绕企业核心价值观进行的,只有制度上的充分落实,才能保证企业价值观"落地生根",使其具有较强的生命力。

2. 工作落实

企业文化培育是由许多具体工作组成的,而每一项具体工作也构成了企业文化。正如韩非子所讲:"天下之难事必作于易,天下之大事必作于细。"企业文化培育尤其如此,想"毕其功于一役"是不可能的。

海尔的质量管理

海尔在创业初期发生过一件"一根头发丝"的故事:一次,海尔集团杨绵绵副总裁在分厂检查质量工作,在一台冰箱的抽屉里发现了一根头发丝,她立即要求停产,召集全体员工开现场会。有的员工说:"一根头发丝不会影响冰箱的质量,拿掉就是了,没什么可大惊小怪的。"但杨绵绵斩钉截铁地告诉在场的员工:"抓质量就是要连一根头发丝也不放过。"

案例 11-4 的故事成为海尔抓质量、创名牌的缩影。一根头发丝几乎可以忽略,但如果忽略了,就不会有今天海尔的品牌。许多企业会把事情分为大小来处理,而企业管理工作,尤其是质量管理工作,是没有大小事之分的。

"慎易以避难,敬细以远大。"企业文化的落实往往是从细小处着手,才能积少成多。例如,英特尔公司是世界上第一家突破万亿美元大关的企业,在企业内部有一项制度叫做"清洁大使"制度。公司请一些资深管理者担任"清洁大使",在办公楼内检查卫生,如果发现哪里不合格,就要给予公布,直到合格为止。这看似琐碎的工作却得到如此重视,企业行事严谨的工作作风可见一斑。

三星人的生活守则

以三星集团创始人李秉哲为例,看一看他是怎样落实企业理念的。李秉哲坚持这样一个信念:"君子之仕也,行其义也",他要求员工有"质量第一"、"事事第一"、"利润第一"的"三个第一"精神,利润的前提是质量和信誉。

为了落实三星企业精神,李秉哲制定了"三星人生活守则",其中有十条要求:①每天清晨 6 时起床;②养成节俭朴素的生活习惯;③节省物资;④苦干实干,绝不懒惰;⑤自动自发,完成分内工作;⑥公私分明;⑦要养成至少积蓄 10%的习惯;⑧爱本公司产品;⑨不用外国货;⑩出差回国,不带(不购)礼物送人。可以看到,李秉哲对员工生活的一些细节都提出了要求,可谓想到了细微之处。其实,企业文化建设就是由极细小的事情构成的,而每一个细节背后都隐约可见企业所提倡的核心理念。

3. 人员落实

企业文化建设是一项长期而艰巨的任务,需要自上而下的人员配合。如果人员不能到位,推行企业文化建设就会"有心无力"。所谓人员落实主要包括三个层面:一是领导者要扛大旗;二是领导团队要努力推;三是常设机构要长期抓。

第11章 企业文化"落地生根"的艺术

1) 发挥企业领导者的主导作用，用企业家精神带动企业文化建设

企业家精神是企业领导者面对市场竞争的精神风貌、价值体系，是企业家素质的核心和灵魂，是带动企业文化建设的主要动力。企业领导者是企业文化的倡导者、策划者和推动者，理应率先示范、身体力行，为员工做出榜样。"身教胜于言传"，企业领导者在企业文化建设中的作用往往是成败的关键。例如，中信、三九、海尔、春兰、长虹、蓝岛大厦、北京王府井百货大楼等企业，都是由于企业董事长或总经理亲自抓、亲自督促，并以身作则，形成风气，才建设起优秀的企业文化，并树立了良好的企业形象。

2) 理顺领导体制，实现企业文化建设的领导职能

许多国有企业由党、政共同组成企业文化领导小组，一些三资企业和民营企业，则多由董事长或总经理为首组成领导小组。建立一个企业文化领导团队十分重要，但需要注意，这个团队首先要取得共识，不同意企业理念的成员最好不要加入，以免领导意见不统一，给执行工作带来阻力。

3) 设立职能部门，常抓不懈

有些企业由党委宣传部或人力资源部作为企业文化建设的职能部门，也有的企业专门成立企业文化部，形成人力资源部、企业文化部或总经理办公室齐抓共管的格局。总之，要有常设机构来管理企业文化，无论是在企业文化导入期，还是变革期、深化期，都有大量的具体工作需要做，没有一个专门的职能部门，工作会比较困难。如果一些职能部门工作负荷量小，又有相应工作能力，也可以采取"两块牌子，一套人马"的办法。这样就可以形成从上到下的领导组织，层层落实，保证实施效果。

11.3 价值观转化的艺术

促进企业发展是企业文化建设的根本目的。只有当企业提出的价值观被企业员工正确理解并加以转化——内化、外化、群体化、习俗化、社会化，企业文化才能真正"落地生根"，真正成为企业的灵魂，真正构成企业的核心竞争力，推动企业持续发展。

一个企业提炼了自己的价值观，明确了自己的企业理念，不能只挂在嘴上、写在墙上，也不能只是"上热下冷"，更不能将理念归于理念，将行动归于行动，表里不一。价值观深植的艺术在于转化。

1. 内化

内化即员工对企业倡导的价值观从感知到认知、从认知到认同、从认同到坚信，然后将其铭刻在心灵深处，转变为自觉的个人价值追求和品质。

内化在企业文化培育中非常重要，是整个过程的先导。只有人们心灵上接受的东西，才能成为自我意识，才能创造性地发挥。内化是员工在特定的环境中经过反复的实践，从中理解、体悟、内省、自律的结果。

2. 外化

外化是与内化相对应的，有内化就应有外化。凡内部主体的东西转化为外部客体的东西，就称其为外化。这里的外化即指在员工的可见行为、企业的可见产品或物质环境中，

以及在企业的一切有形物,如厂房、内环境、户外广告等方面,把崇高的企业理想、企业精神、价值观念体现出来。

提炼企业价值理念的终极目的是让价值理念指导员工的行动,并转变为企业和职工的具体行为,从而推动企业持续发展。

外化表现为两个方面:一是"外化于行";二是"外化于形"。"外化于行",就是在文化自觉的基础上,将企业价值理念具体为企业和职工的行动;"外化于形",是指不仅通过企业和职工的行动展示良好的企业形象,而且凭借企业特有的文化符号和传播网络,有计划、分步骤地进行形象塑造、宣传、推介和展示。

3. 群体化

群体化即指企业倡导的价值观念转化为员工的共同认识,变共同认识为心理认同,形成群体心理定势,进而形成企业共享价值观的过程。

企业价值观一旦形成群体心理定势,既可通过明确的意识支配行为,也可通过潜意识产生行为,其信念化的结果会大大增强员工主动承担责任和修正个人行为的自觉性,从而主动地关注企业的前途,维护企业的声誉,为企业贡献自己的力量。

企业职工来自五湖四海,不同的生长环境和教育程度形成千差万别的个人价值观,与企业价值理念存在或多或少的差别。价值观念的群体化是企业文化培育的关键所在,它往往是通过强有力的宣传培训、领导的言传身教、制度的调节规范及全体员工的积极参与而逐渐实现的。

4. 习俗化

习俗化即把企业的价值观念、精神状态等,变成全体员工自发地加以遵守的风俗、习惯、舆论、仪式等。这是一个极其漫长的"习惯成自然"的过程。

5. 社会化

社会化即指企业文化在企业与外界的交流过程中得以体现、传播和扩散,从而吸引现在的和潜在的顾客,并尽可能得到更多人的了解、认同和赞美,从而树立企业良好的社会形象。社会化其实也是企业文化辐射功能发挥的过程。社会化的途径有很多。例如,通过向社会提供体现本企业特有精神的优质服务和优良产品而实现,通过向社会介绍本企业的英雄人物而实现,还可以通过向社会展示并扩散本企业的风俗习惯而实现。

11.4 领导者的示范艺术

一个公司的企业文化,从某种意义上讲是企业家经营管理理念的集中体现,为了使企业更具竞争力,必须引导员工的行为和思维模式。领导的示范作用是企业文化建设的关键。示范是一门艺术,又是一门必修课。

1. 巧妙引导

所谓引导就是企业家在企业文化建设过程中,依靠领导权威和个人魅力将其倡导的价值理念传达给企业员工,通过自己的言行对整个企业员工产生作用,使他们在工作中慢慢接受和实践这种理念。案例11-6介绍了韦尔奇是如何在公司里巧妙引导他的员工的。

第 11 章 企业文化"落地生根"的艺术

案例 11-6

韦尔奇的巧妙表达和引导

GE 舵手韦尔奇不仅善于通过他著名的"数一数二论"来合并改组,而且还在"软件"上成功地改变了员工的思维模式。他指出:"如果你想让车再快 10 千米,只需加马力;而若想使车速增加一倍,你就必须要换铁轨了。资产重组可以一时提高公司的生产力,但若没有文化的改变,就无法维持高生产力的发展。"

在 GE 的三大理念中,"自信"是比较特别的一个,韦尔奇对其给予了极大的重视,他还把"永远自信"列入了美国能够领先于世界的三大法宝之一。他分析道:迅捷源于精简,精简的基础是自信。如何让员工执行这一个看似简单的理念呢?韦尔奇通过对员工的放权和尊重来实现,用他的话讲就是"掐着他们的脖子,你是无法将自信注入他们心中的。你必须要松手放开他们,给他们赢得胜利的机会,让他们从自己所扮演的角色中获得自信。"

一个好的表达,会使领导者的理念更好地被员工所接受。韦尔奇在表达三大理念之一的"速度"时,用了两个形象的比喻——"光速"和"子弹列车",这也是他很爱用的词。他坚信,只有速度足够快的企业才能生存。当这两个词被员工广泛传播的时候,韦尔奇的一种观点便被大家所接受了,那就是"世界正变得越来越不可预测,而唯一可以肯定的就是,我们必须加快速度来适应环境。"于是,大家行动起来了,使信息流传达得更快,产品设计得更易打入市场,组织的调整则更便于快速决策。这一切成果与他对理念的巧妙解释不无关系。

2. 以身作则

文化的变革需要领导者用示范来加以引导,尤其在新文化确立之初,更需要领导者以身作则。领导层对事业投入、对员工关心、对自己严格、对利益淡化、对公司认同的共同特点,使得管理团队威信高、力量大,成为公司获胜的基础。而责任、诚信、平易近人、远见、大度、思想开放、节俭、乐观精神等内在素质,是一个领导者的魅力所在,它们体现在领导者身上,构成了企业文化氛围的决定性因素。

案例 11-7

联想集团的罚站

联想集团有个规矩,凡开会迟到者都要罚站。在媒体的多次采访中,柳传志表示,自己也被罚过三次。公司规定,如果不请假、迟到的一定要罚站。但是这三次,柳传志都无法请假。例如,有一次,他被关在了电梯里。罚站是既严肃又尴尬的一件事,因为这并不是随便站着就可以敷衍了事的。在 20 个人开会的时候,迟到的人进来以后,会议要停一下,静默地看他站 1 分钟,有点像默哀。尤其是在大会场,会采用通报的方式。

据说,后来在联想被罚站的人不计其数,其中包括高层的领导。柳传志说,这样以后,迟到就要受罚的观念就深入人心了,不仅能有效改变拖拉散漫的会风和陋习,还体现了不管谁犯了错都会受罚的公平理念,整个团队才会精神百倍。

3. 言行一致

企业文化建设的本质不在于认知，而在于行动；不在说，而在于做。作为领导者不能只做言词巨人，还要做行动巨人，将自己对员工的要求通过自己的行动表现出来，做到言行合一，"行胜于言"。

 案例 11-8

玫琳·凯的身教

玫琳·凯对管理人员的教育、培养十分强调"身教重于言教"。有一段时间，公司的销售额上不去。在公司举行的大会上，玫琳·凯宣布："每个美容师每周要在 10 个不同地点举办化妆品展销。"话音刚落，下面马上议论纷纷，有人说："如果你能一周在 10 个不同地点举办化妆品展销，销售主任和美容师就会相信她们也能做到。"这可将了玫琳·凯的"军"。她自己参与办展销，那还是创业之初的事。10 年过去了，很多新东西需要从头学起，但是玫琳·凯还是勇敢地接受了这个挑战。她放下总经理的架子，拜能者为师，花了很多时间进行试训演练。不久之后，她在一周之内真的举办了 10 次化妆品展销。公布那一周零售额的名次，玫琳·凯名列全公司第三位。消息传开，员工们大吃一惊。玫琳·凯办到了，大家同样也办到了，全公司 10 多万销售人员争先恐后，公司营业额一路攀升。

在领导管理下属的实践中，领导者本人的所作所为，就是影响最大的榜样。正所谓"其身正，不令则行；其身不正，虽令不从"。

可见，没有行为要求的企业理念，只不过是一句看似在理的空话。对于企业来讲，务实是生存之本，空洞而高深的理念只会给员工带来困惑和不解。真正的理念只有通过实际行动才能得以体现。因此，领导者需要对一些行动做出示范，自身先表现出言行合一，员工才能心服口服，正所谓"上行下效"。

11.5　情境强化的艺术

企业文化建设还要利用情境强化来实现，即通过营造一定的情境，让员工自觉体会其中隐含的理念，从而达到自觉自悟的效果。

1. 巧用情境感染力

企业的理念是抽象的，不易把握，更不易入脑入心。怎么克服这一企业文化建设的瓶颈呢？"情境强化"是一把金钥匙。如果情境设计得巧妙，就可以发挥其视觉冲击力大、印象深刻等特点。有效地把企业理念渗透到员工内心的"情境强化"艺术，关键在于情境的设计。企业应该针对不同的理念、不同的参与对象，选择不同的环境、展现不同的场景、营造不同的氛围，以充分发挥这一特定场景的视觉冲击力和心灵震撼力，收到振聋发聩的效果。

第 11 章 企业文化"落地生根"的艺术

 案例 11-9

海尔铁锤砸冰箱

今天,"铁锤砸冰箱"已成了管理界著名的小故事。当年,海尔叫做"利勃海尔",正处于卖方市场,产品质量问题较多,因而张瑞敏决心狠抓质量。厂方检查出 76 台不合格冰箱,怎么办?领导班子中,有人主张"修一修卖出去",张瑞敏则主张"全部砸成废铁"。于是,一个别开生面的现场会开始了:76 台冰箱被分成几组,每一组前站着质量责任单位的车间主任,他们的任务是把眼前的几排冰箱砸成废铁。工人们看着自己的车间主任砸冰箱的情景,深深地被震撼了,有的工人甚至激动得哭起来。此情此景,刻骨铭心。从此以后,工人们生产时眼前总会浮现车间主任砸冰箱的情景,所以十分重视质量问题。众所周知,质量最重要,但质量意识却最难形成。"质量第一"、"质量就是生命"成为许多老总的口头禅,但随后就变成工人的耳旁风。张瑞敏"砸冰箱"之举,就是利用情境的视觉冲击力,达到了触及灵魂的目的。

2. 理念故事化,理念人格化

1) 理念故事化

企业文化的理念大都比较抽象,因此,需要充分利用各种素材把理念变成生动活泼的寓言、故事,需要充分挖掘体现价值理念精神实质的真人真事,以叙事方式在公司内部和相关媒体进行广泛的宣传,让价值理念通俗易懂、喜闻乐见、可亲可信。

 案例 11-10

蒙牛集团"狮子与羚羊"的故事

蒙牛集团的企业文化强调竞争。他们通过非洲大草原上"狮子与羚羊"的故事生动活泼地说明理念。在辽阔的草原上,羚羊和狮子都在拼命地向前奔跑。被狮子追逐的羚羊说:"今天我不拼命跑就会成为人家的美餐。"追逐羚羊的狮子说:"我不拼命跑也会像羚羊一样成为别人追逐的猎物。""物竞天择,适者生存",大自然的法则,对于企业的生存和发展同样适用。

 案例 11-11

海尔"真诚到永远"的故事

自从海尔提出"真诚到永远"理念以后,引起了员工的普遍关注。但是,怎么理解这句话?怎么做才算达到了"对用户真诚到永远"?这很抽象,很难准确把握。为此,海尔公司收集了许多故事,这些故事形象地阐释了"对用户真诚到永远"的含义。例如,在 2002 年春节的前几天,北京石景山区的一个海尔用户,他买的一台彩电坏了,很着急。海尔北京分公司经理亲自上门维修,在双方约定的晚上 8 点到达,但这个用户不在。怎么办?等!一直等到第二天早晨 6 点用户回来时,经理才进门维修。他和他的助手整整在门外冻了一夜,邻居们请他们进门休息,被他们婉拒。这件事深深地感动了那位用户和他的邻居,也

225

充分地体现出海尔"对用户真诚到永远"的最佳服务精神。诸如此类的故事,把这个抽象的服务理念具体化、形象化,变成可感受的、易把握的东西。

2) 理念人格化

一个典型就是"一面旗帜"。运用典型教育群众、引导舆论、推动工作,是企业文化建设中经常采用、行之有效的工作方法。它比空洞的说教更加形象,更容易令人接受。

同仁堂的"人参王"贾贵琛

北京同仁堂风雨兼程300多年,生生不息,是中国企业的常青树。这与企业能够长期保持优良的传统文化和核心价值观是分不开的。同仁堂有一整套价值理念,包括 "同修仁德,济世养生"的发展观;"炮制虽繁必不敢省人工,品味虽贵必不敢减物力"的质量观;"修合无人见,存心有天知"的自律观;"做人以德为先,待人亲和友善"的行为观。

同仁堂十分重视先进员工典型事迹的宣传,将代表企业文化的人和事编写成书,在员工中广泛流传。"人参王"贾贵琛就是一个代表。他 14 岁当学徒,在中药行业干了 66 年。他掌握一手中药鉴别的绝活,恪尽职守、只求奉献,被称为同仁堂的参天大树,他的行为和精神,鼓舞着所有同仁堂人。

在企业内流传着许多关于他的故事,员工耳熟能详。他经常为病人义诊,上到中央领导,下到布衣百姓,分文不取。他每年要看的病人在千人以上,许多病人为感谢他,送来礼金、礼品,都被他拒绝了。有一些经营药材的商人,他们给同仁堂推销的贵重药材中不乏伪劣产品,经常给他塞红包。每当遇到这种情况,他都严词拒绝,讲明利害,被供应商称为同仁堂的"门神"。他以实际行动实践着同仁堂"修合无人见,存心有天知"的道德观。

正是通过这种典型人物的宣传,使员工更加严格自律、注重内省,自觉履行企业提倡的价值理念。企业文化通过生动的人和事,起到"润物细无声"的作用。

3. 鼓励全员参与

在参与中,同化是统一认识最好的办法。这种方式最能让员工感到顺乎情、合乎理。但是,对任何新事物的接受总有一个过程,在一个企业中,对于企业文化理念的接受也是一个少数带动多数的过程。要让员工参与企业文化建设,在实践中去感知、体悟、反省、理解企业所倡导的价值理念。

GE 的"大家出主意"会

在 GE,每年有 2~2.5 万名员工参加"大家出主意"会,时间不定,每次 50~150 人,要求主持者善于引导与会者坦率地陈述自己的意见,及时找到企业运行中存在的问题,改进管理,提高效率。当基层召开"大家出主意"会时,各级经理都要尽可能出席参加。韦尔奇带头示范,他常常只是专心地听,并不发言。开展"大家出主意"活动给公司带来了生气,取得了很大的成果。例如,在某次会上,有一个员工提出,在建设电冰箱新厂时,可以借用公司的哥伦比亚厂的机器设备。哥伦比亚厂是生产压缩机的工厂,与电冰箱生产正好配套,如此节省了一大笔开支。这样生产的电冰箱将是世界上成本最低、质量最高的。

群策群力的思想打破了"蓝领"和"白领"的界限,不同岗位、不同阶层的员工集中在一起,针对某些问题提出建议和要求,当场确定实施意见。这种企业文化渐渐在 GE 形成了,不仅给公司带来了良好的工作氛围,还减少了大量的中间环节,显著提高了工作效率。

可见,员工的参与越广泛、越深入,宣传鼓舞的效果就越明显。同时,由于员工的行为可以相互模仿和影响,改变也就会更加迅速。

4. 寓教于乐

企业文化培育很重要的一条就是贴近员工,符合企业实际,寓教于乐。尤其是员工行为规范和员工训条,一定要联系员工的实际工作,看得见、摸得着,使员工在日常情境中可以随时想起企业提倡的理念,在一种非常轻松的氛围中真正实现对员工行为的指导。

美国西南航空公司的快乐工作

美国西南航空公司独特的企业文化表现在日常活动的每一个方面,因为他们发现了一个简单的真理:妙趣横生的员工很少抱怨工作艰苦和加班加点。所以凯勒尔努力创造一种充满乐趣的工作环境。在一次圣诞夜的航行中,他让机上服务人员扮成妖精的模样,同时让飞行员一边通过扩音器唱歌,一边轻轻晃动着飞机向前飞去。飞机乘务员在复活节的晚会上穿着小兔服装,在感恩节穿着火鸡服装,凯勒尔自己还经常穿着小丑服装或小精灵戏装扮演各种角色。

凯勒尔的方法很有效,员工们工作得很辛苦却毫无怨言,他们为受到尊重而自豪,并且喜欢他们的工作。西南航空公司员工的流动率为 7%,这在这个行业中是最低的。在一个充满乐趣、笑意融融、充满人情味的家庭式企业中工作,每一名员工都会身心愉快,创意无限,企业的生命之树自然长盛不衰。

"学不如好,好不如乐。"企业文化的终极目标,就是要让员工沉浸在企业大家庭的温暖之中,沉醉于创造性工作的快乐之中。企业领导者可以运用企业风俗,营造一种融洽快乐的工作氛围,感染和陶冶员工的心灵,使企业理念在不知不觉中深入人心。

如果企业可以为员工创造出一种和谐、愉快的工作环境,自然会得到员工内心的认同,使员工产生一种归属感,从心底热爱企业,愿意为企业分忧而不愿离开。

11.6 运用心理机制

企业文化作为微观的文化氛围,构成了企业内部的心理环境,有力地影响和制约着企业领导者和员工的理想、追求、道德、感情和行为,发挥着凝聚、规范、激励和导向的作用。因此,在企业文化培育中要善于遵循和运用心理机制。下面六种心理机制是培育企业文化时必须要注意的。

1. 运用心理定势

人的心理活动具有定势规律——一个比较强烈的心理活动，对于随后进行的心理活动的反应内容及反应趋势有影响。

企业文化培育的重要手段之一是培训。在对各层次员工的培训上，尤其是对新人的培训中，心理定势的作用十分突出。作为一名新员工或新提拔的管理者应该具备什么样的思想、感情和作风，在他们的头脑中还是一片空白。通过培训，不仅可以提高他们的业务能力，还可以把企业的经营哲学、战略目标、价值观念、行为准则、道德规范，以及企业的优良传统，系统而详细地介绍给他们，并通过讨论、总结、实习加深理解，入脑入心。这样，从他们成为新员工、新管理者的第一天起，就形成了与企业文化相协调的心理定势，对其今后的行为发挥着指导和制约作用。

在企业文化变革中，打破传统的心理定势，建立新的心理定势是十分关键的。企业领导者应率先转变观念，然后通过参观标杆企业、向先进企业学习、宣传培训等多种方式，把新的企业文化展现给员工，让员工认知并形成新的心理定势。实践表明，在企业文化实施导入阶段的这种学习和培训是完全必要且富有成效的。

2. 重视心理强化

所谓强化是指通过对一种行为的肯定或否定(奖励或惩罚)，从而使行为得到重复或制止的过程。使人的行为重复发生的称为正强化，制止人的行为重复发生的称为负强化。这种心理机制运用到企业文化培育上，就是及时表扬或奖励与企业文化相一致的思想和行为，及时批评或惩罚与企业文化相悖的思想和行为，使物质奖励或惩罚成为企业文化的载体，使企业文化变成可见的、可感的现实因素。许多企业制定的规章制度，以及开展的评比等活动，都发挥了良好的心理强化作用。

3. 利用从众心理

从众是在群体影响下放弃个人意见而与大家保持行为一致的心理行为。从众的前提是实际存在或想象存在的群体压力，它不同于行政压力，不具有直接的强制性或威胁性。一般来讲，从众心理较强的人主要有五类：重视社会评价、社会舆论的人；情绪敏感、顾虑重重的人；文化水平较低的人；性格随和的人；独立性差的人。

案例 11-15

阿希经典实验

美国心理学家阿希把 7～9 个被试者编成一组，让他们坐在教室里看两张卡片(如图 11.1 所示)，一张卡片上画着一条直线，另一张上面画着三条直线。让大家比较三条直线的卡片上哪条直线与另一张卡片上的直线长短相等。在正常情况下，被试者都能判断出 X=B，错误的概率小于 1%。但阿希对实验预先做了布置，在 9 人的实验组中要求前面 8 个人故意大声喊出一致的错误判断，如 X=C。然后，让事先并不知情的第 9 个被试者做出最后判断。

在经过许多组实验之后，阿希得到了这样一个统计结果：大约有 25%的被试者选择了与群体中其他成员一致的回答。也就是说,他们知道自己的答案是错误的,但这个错误的答案与群体其他成员的回答是一致的。

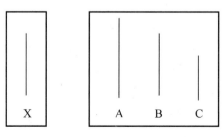

图 11.1　阿希研究所用卡片举例

阿希实验的结果表明,群体规范能够给群体成员形成压力,迫使他们的反应趋向一致,人们都渴望成为群体的一员,而不愿意与众不同。这个结论进一步推演开:如果个体对某件事情的看法与群体中其他人的看法很不一致,他就会感到有很大的压力,这种压力会驱使他与其他人保持一致。

在企业文化培育中,企业领导者应该动员一切舆论工具,大力宣传本企业的企业文化,主动利用从众心理,促成全体员工行动上的一致。一旦这种行动一致局面初步形成,对个别后进员工就构成一种群体压力,促使他们改变初衷,与大多数员工保持一致,进而实现企业文化建设所需要的舆论与行动的良性循环。

许多企业通过企业内部报纸、杂志、广播、电视等宣传手段,表扬好人好事、讲解企业规章制度、宣传企业精神等,形成有利于企业文化建设的积极舆论和群体压力,促成员工从众行为,收到了较好的效果。对于企业中局部存在的不良风气、不正确的舆论,则应该采取措施坚决制止,防止消极从众行为的发生。

4. 培养认同心理

认同是指个体将自己和另一个对象视为等同,从而产生彼此密不可分的整体性的感觉。初步的认同处于认知层面上,较深入的认同进入情绪认同的层次,完全的认同则含有行动的成分。个体对他人、群体、组织的认同,使个体与这些对象融为一体,休戚与共。

在企业文化培育过程中,取得全体员工的认同是首要任务。这就要求企业领导者起到模范表率作用:办事公正、以身作则、关心员工、真诚沟通和具有民主精神等。只要这样做了,员工才会把领导者视为靠得住、信得过的"自家人"。员工对企业领导者的认同感一旦产生,就会心甘情愿地把他所倡导的价值观念、行为规范,当做自己的价值观念、行为规范,从而形成企业领导者所期望的企业文化。

除此之外,还应注重培养员工对企业的认同感。为此,企业领导者应充分尊重员工的主人翁地位,真诚地倾听员工的心声,让员工参与企业决策和其他管理活动。同时,应尽量使企业目标与个人目标协调一致,使企业利益与员工的个人利益密切挂钩,并使员工正确、深刻地认识到这种利益的一致性。久而久之,全体员工就会树立起企业文化的真正基础。当然,更重要的措施是把企业的名牌产品、企业在社会上的良好形象、社会各界对企业产品和服务质量的良好评价等及时地反馈给全体员工,激发他们的集体荣誉感和自豪感。对企业充满荣誉感和自豪感的员工,必定对企业满怀热爱之情,站在企业发展的角度思考和行事,自觉地维护企业的好传统、好作风,使优秀的企业文化不断发展和完善。

5. 激发模仿心理

模仿是指个人受到社会现象刺激后而引起的一种按照别人行为的相似方式行动的倾向，它是社会生活中的一种常见的人际互动现象。

不言而喻，模仿是形成良好企业文化的一个重要的心理机制，榜样是模仿的前提和根据。企业中的模范人物、英雄人物是企业文化的人格化代表，全体员工对他们由钦佩、爱戴到模仿的过程，也就是对企业文化的认同和实现过程。

企业领导者自己首先应该成为企业的模范人物、英雄人物，言传身教。作为企业文化的倡导者，其一言一行都起着暗示和榜样作用，极易被企业中其他人所模仿。"耳听为虚，眼见为实"，实际事件的意义对于个体观点的改变是极其重要的。

例如，美国三角洲航空公司的高层经理人员在圣诞节期间帮助行李搬运员干活，已经成为公司的传统，并且他们每年至少与全体员工聚会一次，直接交换意见，以实践"增进公司的大家庭感情"的经营哲学。又如，日本三菱电机公司的总经理为了倡导"技术和销售两个车轮奔驰"的企业精神，改变过去重技术轻销售的状况，亲自到公司零销店站柜台，宣传本企业的产品，听取顾客意见。这些领导者，不仅提出了整套的经营哲学，而且他们自己就是实践这些哲学的楷模。

企业领导者通过大力表彰劳动模范、先进工作者、技术革新能手等，使他们的先进事迹及其体现的企业精神深入人心，就可以在全体员工中激发起模仿心理，这也是企业文化建设的有效途径之一。当然，树标兵应实事求是，切忌拔高作假，否则将适得其反。

6. 化解挫折心理

在企业的生产经营活动中，上级与下级之间、同事之间难免会发生一些矛盾和冲突，管理者和员工总会在工作和生活中遇到各种困难和挫折。这时，他们就会产生挫折心理。这种消极的心理状态，不利于个人积极性的提高，不利于员工的团结，不利于工作中的协同努力，不利于优良企业文化的形成。

企业文化通过长期的积淀而力量强大，它将阻碍一切不符合自己特性的变化的发生，而企业文化建设的本质就是破旧立新，在否定旧价值观、打破原有管理体制的同时，必然会改变原有的利益格局，使少部分人的利益受损。因此，在企业文化建设中必然会遭遇种种阻力，强大的阻力下出现挫折心理也是不可避免的，关键是如何及时化解。

例如，日本松下电器公司下属的各个企业，都有被称为"出气室"的"精神健康室"。当一个满腹牢骚的人走进"出气室"后，首先看到的是一排哈哈镜，逗人哈哈大笑一番后，接着出现的是几个象征经理、老板的塑像端坐在那里，旁边放着数根木棍。如果来者怨气仍然未消，可操起木棍把"老板"痛打一顿。最后是恳谈室，室内工作人员会以极其热情的态度询问来者有何不满或问题、意见、建议。

企业不必照抄松下的做法，但应该借鉴他们重视员工心理保健的管理思想。企业领导者可以通过家访、谈心、职工代表大会等方式，了解员工的思想动向和心理状态，并鼓励员工向各级领导提出批评和建议，也可以在员工之间展开批评和自我批评，解决矛盾，化解挫折心理，为企业文化培育创造和谐舒畅的心理环境。

第 11 章　企业文化"落地生根"的艺术

本 章 小 结

　　企业文化培育是一种艺术——一种塑造共享价值观的艺术，一种教育和影响人的艺术。本章详细探讨了让企业提炼的价值理念深入人心、"落地生根"的艺术。第一，建立和完善企业的制度和机制，让软管理"硬"起来，并以人为本，采取切实可行的措施，层层推进；第二，"虚功"实做，通过制度落实、工作落实、人员落实，使价值理念化虚为实，渗透到企业日常运作之中；第三，通过企业价值理念的内化、外化、群体化、习俗化、社会化，使企业文化"落地生根"，真正成为企业的灵魂；第四，通过企业领导者巧妙引导、以身作则、言行一致，充分发挥"领头羊"的示范作用；第五，通过营造生动的情境、挖掘典型的故事、塑造英雄等情境强化艺术，寓教于乐，让员工广泛参与进来，自觉体悟企业文化；第六，善于遵循和运用心理定势、心理强化、从众心理、认同心理、模仿心理、挫折心理等心理机制，优化企业内部的心理环境。

 关键词

　　软管理、硬管理、内化、外化、群体化、习俗化、社会化、心理定势、心理强化、从众心理、认同心理、模仿心理、挫折心理、理念故事化、理念人格化

复 习 题

1．如何将"软"管理变成"硬"约束？如何落实企业文化建设？
2．如何落实企业文化实施的人员？
3．如何理解企业文化的内化、外化、群体化、习俗化、社会化？
4．领导者在企业文化培育中如何扮演好其角色，有何技巧？
5．情境强化指的是什么？如何运用？
6．在企业文化培育中如何才能做到寓教于乐？
7．在企业文化培育中可以运用哪些心理机制？

思 考 题

1．结合自己的体会，谈谈如何理解领导艺术在企业文化建设中的应用。
2．谈谈你对企业文化实施中的"故事"是如何理解的？
3．结合自己的体会，谈谈企业文化难以"落地生根"的瓶颈何在？

 案例分析

中国大唐集团公司企业核心价值观的培育及转化

　　中国大唐集团公司是在原国家电力公司部分企事业单位的基础上于 2002 年 12 月 29 日组建的特大型

国有企业,是全国五大发电集团之一,系统内百家单位分布在全国24个省(自治区、直辖市),资产总额达1 850亿元。

大唐集团公司组建3年来,紧扣发展这一主题,以全面建设富有大唐集团特色的同心文化为基础,秉承用优秀的文化塑造人、用宽广的舞台成就人的方针,持续推进企业核心价值观的培育和转化,为企业快速发展注入了强大的动力。组建3年,大唐集团公司全资及控股的在役机组容量增长了74.7%,达到4 165.55万千瓦,是3年来国内新投产机组最多的发电企业;发电量增长了78.6%,创造了电力工业史上发电量连续3年同比增长率超过21%的罕见纪录,2005年完成发电量2 100亿千瓦时;利税总额年均增长25.17%,2005年达到86亿元;到2006年年底,集团公司的装机容量、资产规模等主要指标都在组建年的基础上翻了一番,相当于用4年的时间再造了一个大唐。

一、核心价值观的定位

核心价值观是企业遵循的基本的价值取向,是指导员工行动的最为核心的原则。价值观告诉员工"我们应该怎么做"或者"什么对我们才是最重要的",是所有理念中最为核心、也是最为稳定的。要培育企业的核心价值观,首先要考虑以下三大要素。

(1) 体现时代特征。企业价值观是随着企业的发展、社会的进步而逐渐形成并不断丰富的,企业小文化建设必须融于社会大文化中思考,培育企业价值观必须根植于社会的大环境中去定位,而不能游离于这种环境之外。当前,和谐、发展、创新已成为全社会共同的主题,如果偏离了这一主题,培育价值观就无从谈起,也不会有生命力。

(2) 符合行业特点。不同的行业有不同的特点。电力行业知识密集、资金密集、技术含量高、社会责任大,关系国家安定和社会有序运行,直接影响人民的生活质量,是国家的形象行业、民心行业、基础行业。那么,电力企业的价值观就必然要体现这一特性,从更深的层面体现鲜明的行业特征,并为维护行业形象和推动行业可持续发展提供不竭的精神动力和智力支持。

(3) 突出企业特色。培育企业价值观最直接的目的和宗旨,就是为企业发展服务,为凝聚职工队伍、调动职工热情、发挥职工潜能服务。工作中要充分考虑本企业的实际情况和综合条件,去凝炼、丰富、升华企业价值观,赋予价值观丰富的文化内涵,使其成为企业理念识别系统的统帅与核心,同其他企业相比表现出显著的异质性。

大唐集团公司是在经济全球化、文化多元化、电力体制改革快速推进的大背景下组建的。所属一百多个单位来自不同地域,原有的隶属关系、管理体制、历史沿革各不相同。用什么样的价值观来统一大家的意志和行动,成为了必须面对而且必须破解的命题。经过3年的整合提炼,集团公司提出了同心文化理论体系和"人为本,和为贵,效为先"的核心价值观。

"人为本",即"以人为本"。这是大唐集团公司对人的基本态度,主要包含三方面:一是尊重人的价值,使员工的理想与大唐的目标相一致,使员工的个人价值在大唐得以实现;二是信任员工的能力,给予适当的环境和激励,使员工工作更有主动性,更有创造性;三是激发人的潜能,大唐集团视人才为第一资源,注重培养员工能力、发展员工潜能。

"和为贵",即强调内外环境和谐。这是大唐事业成功的基本条件。主要包含三方面:一是内部和谐产生强劲的发展动力,外部和谐提供良好的发展环境;二是对内要建立合理的运营机制,责权利对等,规范运作,各得其所,公正合理,营造心气足、人气旺、风气正的文化氛围;三是对外要珍视企业形象,依法经营,规范运作,诚实守信,践诺履约,同社会共同发展、共同繁荣。

"效为先",即把高效置于首要位置,包括高效率和高效益两个方面。高效要满足四方面条件:一是要有一系列良好的运行机制的支撑;二是要有专业、专注、敬业、乐业的态度和员工队伍;三是要目标明确,执行时方法正确、反应迅速,能够独立解决问题并搞好团队协作,积极争取最佳结果;四是要养成雷厉风行、反应敏捷、紧张有序、只争朝夕的工作作风,杜绝不进取、不作为、回避问题、松散拖拉的工作表现。

大唐的核心价值观充分地体现了以人为本、追求和谐和追求卓越的思想。其表述方式也具有一定的特色,好懂好记,易于传播贯彻。

第11章 企业文化"落地生根"的艺术

二、核心价值观的培育

企业核心价值观是理念识别系统的最重要内容，是统揽其他文化理念的灵魂。大唐集团公司的理念提炼工作做了3年，通过3年的实践可以感觉到，核心价值观的培育没有捷径可走，必须像农民种庄稼一样，把握住天时、地利、人和的有利时机，严格按照链条式的管理模式，一步一个脚印地进行。

1. 广纳群言，优化理念

实践证明，要提炼出广大员工普遍认同的核心价值观至少需要经过三个步骤。一是坚持走群众路线，实事求是。坚持从群众中来、到群众中去的基本法则，是发展企业智慧和力量的源泉。在提炼过程中，首先将全系统各成员单位原有的核心价值观进行收集、分类、整理。最大限度地掌握各成员单位在价值观培育方面的客观情况，尽可能地了解系统企业原有价值观的倾向性，按照求同存异的标准找出其中的融合部分，将其作为集团公司核心价值观的参考，为进一步丰富和提高奠定了坚实的群众基础。二是善纳百家之言，拓宽采集视野。一方面突出继承性，认真汲取前人的思想、理论精髓，努力从中国传统文化精髓和现代企业管理思想中寻求启发；另一方面强化专业性，聘请系统内外的有关专家学者按照核心价值观的基本属性要求，结合企业的需求，对企业自身提出来的价值观进行分析，吸纳专家学者的意见和建议。三是严把讨论审定关，力求精益求精。讨论审定是企业核心价值观同职工见面前的最后一个环节，企业高层必须充分讨论，达成共识，这样才能确保在价值观的"落地"过程中，发挥出领导的主导作用。

2. 以人为本，层层推进

企业提炼出核心价值观，就如同种田人选好了优良的种子，继而进入正式播种的关键阶段。种子只有播在沃土上才能生根发芽，承载企业核心价值观的主体就是全体员工，没有全体员工的认同与呵护，再好的种子也发不出芽。显而易见，员工的素质就成了决定企业核心价值观发展前进的前提条件。因此，要培育核心价值观，必须要坚持以人为本的原则；否则，企业核心价值观就只能是昙花一现。

以人为本的核心就是对人的尊重。尊重源自对个体差异性的理解，对接受快慢程度的理解。一是树立登高望远，多看主流的思想。任何一个企业的某种管理理念在推行过程中都会或多或少地遇到这样或那样的困难甚至干扰，同时，也会出现一些意想不到的噪音或杂音，怎么办？是怨天尤人、停滞不前，还是对症下药、正确对待呢？为此，企业要登高望远，多看主流，不要在不必要的细枝末节上纠缠，要善于抓住主要矛盾研究对策，分清共性与个性问题，然后主动应对，各个化解，形成在执行中理解和理解中执行相互促进的良好局面。二是企业管理者要充分认识培育企业价值观的长期性和系统性。企业价值观的养成不是一朝一夕、一招一式就能完成的，它需要相当长一段时间的磨合与探索，需要在理论指导上超前、适度，载体活动上推进、升华，更需要在环境营造上和谐、融洽，政策倾斜上及时、保障。三是要善于激活员工的主观能动性，把践行价值观变为实现个人价值与企业价值的自发行为。在解决此类问题上，人们从"内蒙古人巧建敖包"的故事中得到一些启发。"敖包"是一种由大小石头堆积而成的圆形实心的包状"建筑"。它通常建在山顶、湖畔或者滩中醒目之处。内蒙古老祖宗留下了"在敖包旁绕3圈，然后再拣3块石头丢到包上，会得到神灵的庇佑，会一生平安"的传说。经过考证，其实敖包先于神学的意义却是一种草原中的导航标志。从理论上说，建造路标是人人得益的事情，并且，牧民每每遇到路标时奉献几块石头也不是什么难事。然而，放牧时得留意石头并且要携带到路标处，的确是件辛苦的活。试想：如果大家都认为，有那么多人贡献石头，我个人的几块石头无足轻重，添不添都无所谓，那么路标就不能长久地保存下来。为确保"敖包"长久存在，聪明的内蒙古人赋予了这个功能性的路标以安全、平安的意义，让路过的每个人都自觉地对发挥路标功能的敖包进行建设，从而在祈福中心甘情愿地作出了自己的贡献。由此可见，保证企业每名员工深层次地认识和树立企业核心价值观的双赢作用不容忽视。

3. 培育理念，多方扶持

企业核心价值观经过确定并被大多数职工认同是培育过程的基础环节，要使价值观永葆活力，长久不衰，营造和谐环境成了其中的决定性因素。要做到这一点，应该从以下三个方面努力。一是政策倾斜，尽全力。企业经营者不仅要在观念上重视起来，更要将工作抓实、抓紧，在费用政策、人员政策、培训政策、

233

例会政策、交流政策等方面给予足够的倾斜,为推进价值观创造宽松的政策环境。二是环境融洽,求合力。只要是企业的组成部分,不管是主业还是非主业的人员,都同企业核心价值观存在着不可分割的血肉关系。因此,建设企业核心价值观涉及企业的方方面面,它不是单独某个专业或协调部门就能优质高效完成的,需要企业党、政、工、青的合力领导,需要人力资源、宣传工作、安全管理、计划管理等部门的通力协作,少了任何方面的支持,日常工作的推行都会大打折扣。三是载体融合,显活力。企业价值观也好、企业精神也罢,如果没有载体活动的承载,就会成为无本之木、无源之水。因此,要将价值观的宣传贯彻融于企业各项活动中,形成立体的宣传贯彻态势,使企业核心价值观成为贯穿企业各项活动的主旋律。

三、核心价值观的转化

企业核心价值观培育是过程,将其转化成推进企业进步、促进员工个人价值实现的动力是培育过程的目的。价值观的转化是一个既由内向外渐次作用,又由外向内逐步渗透的过程,这两个过程互相依附、互为补充,缺一不可。

1. 沉下去,内化于心,抓大不放小

物质决定意识,内因与外因相互转化,没有外界作用,任何理念都不会变成某个体或群体的自觉意识。那么如何将企业核心价值观慢慢转换成员工的自觉意识呢?一是各级管理者要带头一丝不苟地学习企业价值观,旗帜鲜明地宣传企业价值观,大刀阔斧地推行企业价值观,做实践企业价值观的领头人,使企业价值观在管理者的言行上得到淋漓尽致的体现,让广大员工切身感受到企业核心价值观对统一思想、鼓舞士气和兴企育人方面的显著作用。发挥典型的示范和带动作用,尤其要用管理者,特别是企业各层面一把手的举手投足影响、感化身边的员工,引导他们按照价值观的内涵要求去想事、做事。二是宣传教育方面要张扬个性,提高品位,力求重大宣传震撼有力,争取共鸣,微观陈设独具匠心、内蕴丰厚、润物无声,为倾力打造全方位的大宣教环境和大宣教格局添砖加瓦。

2. 抓得住,固化于制,致力管出水平

没有规矩不成方圆。但凡失去制度规范仅靠觉悟的力量维系并任其发展的事物大多都不能收到理想的效果。因此,企业核心价值观的转化更需要铁的制度予以规范,使其按照预定的轨道运转,这是不可逾越的阶段。一是软指标,硬管理,加强制度文化建设。相对企业担负的能耗指标、利润指标而言,企业价值观的建树属于软指标之列。部分国有企业员工的惯性思维决定了他们在潜意识中总会把意识形态领域的事情当做无关紧要的,常常持无所谓或不在意的态度,甚至抵触。因此必须及时完善与价值观建设能配套的、相适应的工作机制和规章制度,实现常态管理,并实施相应的考核细则,严格奖惩,强化执行力,使软指标硬起来。二是硬制度,人文化,使制度赋予人文色彩。细节决定成败,价值观作用的对象是员工,经营者要善于抓住员工的心理特点,把优秀的企业价值观理念、基因融于制度之中,使制度中尽显友善与关爱。这样的制度使员工更易于接受,同时,这也是制度建设水平的终极体现。

3. 求实效,外化于形,旨在立竿见影

企业核心价值观外化于形,主要体现在两方面。一方面体现了企业核心价值观教育是由内到外转移的过程,即通过实实在在的物化刺激,使员工受到最直接的鞭策和鼓舞。大唐集团公司形象识别系统的应用,系统报纸、网站、电视机构的高效运行,大唐之歌、企业文化小故事的征集,《同心文化手册》的推广,不同主题的文艺演出等,都是寓无形理念教育于有形载体活动的有益尝试,都从不同视角对企业核心价值观的转化发挥了不可替代的推动作用。另一方面体现了对员工进行"物理"教育向"化学"成果转变的过程,即收获企业核心价值观引导人、教化人的成果,使员工能够沿着价值观的基本要求去规范自身行为,与企业同呼吸共命运,达到提升企业的核心竞争力,确保基业长青的目的。

同时,企业核心价值观"外化于形"还是价值观培育和转化的外在成果体现。那么,如何来检验衡量呢?一是通过对员工的工作绩效、协作意识、精神面貌、团队作用、言谈举止等方面进行调查、对比,看是否有明显的改善;二是看企业经营成果是否进一步扩大,企业运转是否更加和谐,潜在能力是否得到进一步提高,社会的美誉度、信誉度是否得到新的提升。如果以上两个方面是肯定的,则证明企业核心价值

第 11 章 企业文化"落地生根"的艺术

观培育、转化的思路是正确的,过程是高效的,成果是突出的;反之,就需要企业员工和经营者进行深刻的反思,及时对企业价值观的培育和转化这项系统工程进行"会诊",迅速调整工作思路,改进工作方法,以确保企业价值观沿着健康方向发展。

应该说,通过大唐集团公司两年多的摸索和实践,企业也深刻体会到,要稳步完成企业文化建设的核心任务——加强企业核心价值观的培育和转化,必须科学处理好以下五个方面关系。一是培育和转化的关系。培育和转化两者一脉相承,不能割裂;培育的过程同时也是转化的过程,只有侧重点的不同,没有本质的区别。二是民主和集中的关系。既要坚持群众路线不动摇,襟怀宽广,满腔热忱地听取基层的声音,又要善于集中优势力量对企业核心价值观的走势、状态做出准确的判断、评价,及时发现、解决发展前进中的问题。三是继承与创新的关系。要时刻端正心态,注意消化和吸收前人的优秀文化成果,做到扬长避短。同时要用与时俱进的标准赋予企业核心价值观新境界、新思维,但不可贸然行事,更不能好高骛远、不切实际。四是局部和整体的关系。抓企业核心价值观培育和转化不能唱独角戏,要唱群星谱,做到企业核心价值观同其他理念齐头并进、共同繁荣。五是眼前利益和长远利益的关系。在日常工作中既要把当前的培育和转化工作抓实、抓细、抓出成效、抓出经验,又要面向未来。在资金落实、设施增设、规划修订等方面从长计议。

(资料来源:王瑞祥. 铸造企业之魂:中央企业企业文化建设实践与探索[M].
北京:中国经济出版社,2006.)

讨论题

1. 大唐集团公司企业文化建设中有哪些可圈可点之处?
2. 大唐集团公司企业核心价值观是什么,它是怎样设计出来的?
3. "价值观的转化是一个既由内向外渐次作用,又由外向内逐步渗透的过程",对此你怎样理解?

拓 展 阅 读

[1] 刘光明. 企业文化[M]. 北京:经济管理出版社,2006.
[2] 刘光明. 企业文化塑造:理论·实务·案例[M]. 北京:经济管理出版社,2007.
[3] 罗长海,林坚. 企业文化要义[M]. 北京:清华大学出版社,2003.
[4] 吴声怡,周义邦,周金杰. 自在人:管理学的人性揭竿与价值革命[M]. 上海:上海大学出版社,2011.
[5] 王成荣. 企业文化建设[M]. 2 版. 北京:清华大学出版社,2009.
[6] 马步真. 论企业领导与企业文化建设[J]. 管理者说,2007,(5).
[7] 张德. 企业文化建设[M]. 2 版. 北京:清华大学出版社,2009.
[8] 王超逸,李庆善. 企业文化学原理[M]. 北京:高等教育出版社,2009.
[9] 洪向华. 论企业文化与企业领导的辩证关系[J]. 理论探讨,2003,(3).
[10] 刘宏宝. 企业战略管理[M]. 大连:东北财经大学出版社,2009.

第12章 企业文化的传播

本章学习目标

1. 企业文化传播的概念;
2. 企业文化传播的构成要素;
3. 企业文化传播的类型及规律;

第12章 企业文化的传播

导入案例

讲故事——凤凰卫视企业文化传播之道

"讲故事"是推广企业文化的一种有效形式,也是企业内部、企业与外界进行沟通和知识传播的基本途径,通过"讲故事"可以提高企业文化的内聚力和外发力,实现企业文化的名牌效应。在迅速崛起的过程中,凤凰卫视营造了独特的、能发挥潜能空间的企业文化,并通过"讲故事"的方式展现、诠释和宣扬文化内核与价值观念,使企业文化和品牌影响力得到了最大化的扩张,最终成为全球性的媒介品牌。

关于凤凰卫视和凤凰人,流传着许多鲜活、感人的故事。这些故事主题鲜明,价值取向明确,内容丰富多彩,构成了凤凰卫视独特的企业文化现象。就故事内容而言,大致有三种:一是关于创业方面的故事,如"画饼"的故事;二是关于经营与管理方面的故事,如"螺蛳壳里做道场"、"光脚不怕穿鞋的"、"'呼儿嘿哟'拉客队"、"载入史册的专业精神"、"有眼识得金镶玉"、"一竿子插到底"、"一天表扬三个人"等系列故事;三是关于变革与创新方面的故事,如"烟雾里的头脑风暴"、"科技专家王西年的故事"等。此外,从故事所涉及的人物来看,又可以分为"头头脑脑"的故事、"名嘴名说名记"的故事、普通员工的故事等。一方面,故事讲述了凤凰卫视在面对内外压力和阻力的情况下大胆改革的典型事迹,弘扬的是凤凰人改革创新、与时俱进的精神,以及对新闻专业理念的高境界的追求;另一方面,故事所涉及的内容大多数是凤凰人身边的管理问题,是许多凤凰人都能直接看得到、摸得着、能切身体会到的事例,显得亲切、自然。

在凤凰卫视的文化体系中,不管是理念的总结还是诠释,都是通过故事化来实现的。通过"理念—故事"的二元互动,使故事得以广泛流传,让企业的价值观被普遍接受,达到"君子和而不同"的境界。

1. 理念故事化

理念故事化就是把企业里高度浓缩的一条条文化理念,通过发生在企业里的人、事、物的现实经验、事迹,甚至引用寓言故事,来具体化与形象化,使员工从这些事迹或故事中理解文化的内涵与意义,明确"应该做什么"与"不该做什么"及"追求什么",从而慢慢实现文化的自觉。

通过对凤凰卫视企业文化体系的解析,可以说,凤凰卫视本身就是在不断地、重复地演绎着一个故事——"不死鸟"的故事。"不死鸟"的故事既准确地概括了凤凰卫视从沉寂、蜕变、革新、进步到成熟的发展历程,也彰显出凤凰卫视凤凰般的美丽与尊贵,以及凤凰人不断地自我挑战、更新与超越的"青云之志":一个志在云天的信念,一对翱翔天际的翅膀,一对目光高远的眼睛,一个永远出类拔萃的象征,一只浴火重生的不死鸟,一只浴火重生的不死精灵。对于强调创新精神的凤凰卫视而言,这种极强的自我更新能力,正是其希望达到的理想境界。此外,凤凰卫视还通过编撰生活或工作中的小故事来对凤凰人进行管理知识的普及,将倡导的理念、精神等内容融入故事情节中,使理念故事化。例如,为了体现"凤凰是一个大家庭"的亲情文化,引用了"重情义,但不要哥儿们机制"系列小故事。这些故事发生在刘长乐与员工之间,充溢着浓浓的人情味,说明凤凰卫视领导层十分注重与员工情感上的联系,体贴关爱员工。"有眼识得金镶玉"这则故事道出了凤凰卫视选用人才的理念,用人注重四个因素:人品优秀,学习能力,强烈的进取心,因热爱而来。为了诠释这一理念,还引用了"吕宁思任聘"的故事。程鹤麟副台长招聘吕宁思时,"只有几分钟就看准了","手续3分钟搞定",充分体现了凤凰卫视"出类拔萃,志同道合"的招贤之道和"不重形式,只讲实效"的办事风格。

2. 故事理念化

凤凰卫视在企业文化故事构建中,对先进人物的故事化宣传能上升到理念的高度,善于从理念方面对先进人物和事迹进行提炼,赋予它们以文化素养和精神灵魂,并探讨出很多具有很深管理哲学道理的东西。

凤凰卫视的企业文化故事均出自编导、记者们的集体创作，且很多都是以人物传记的形式体现的，这些传记既讲述了他们的生活细节，也记录了他们在凤凰卫视亲身经历、亲眼目睹的日常工作和新闻播报现场发生的故事。这类故事笔调幽默，语言短小精悍，寓意深刻，听起来有趣，想起来有味，能够入耳、入脑。故事的主角有管理层，有名主播、名记者，还有与凤凰打交道的内地演艺界、文化界名人。在凤凰卫视，每个人都可以尽情张扬个性，发挥无限想象，不管是外在风格还是内在修行，都可以自由表达、激情释放。他们的个性特征、工作状态及遭遇到的各种在"正史"里不便表达的有趣故事，被用一种调侃的语言呈现出来，诙谐幽默的背后传达出的是凤凰人独特的事业追求和文化理念。

故事形式易于接受，传播速度快，受众面广，用讲故事的形式来推广企业文化，在感染力、趣味性、直观性等方面具有其他形式不可具备的优势。凤凰卫视的企业文化包含了丰富的故事素材，并通过著书立说的形式来有意识地传播自己故事，形成了凤凰卫视企业文化传播一大亮点。

在文化经济时代，全面、准确地对外展示、传播企业文化，在社会公众心目中留下美好印象，塑造兼具文明度、知名度和美誉度的企业形象，对企业发展至关重要。本章会探讨企业文化传播的内在规律。

12.1 企业文化传播概述

12.1.1 企业文化传播的概念

传播，英文译为"Communication"，来源于拉丁语 Communicare，含有共享的意义。"Communication"在汉语中还可以译为"沟通"。根据《大不列颠百科全书》的解释，沟通指运用任何方法，彼此交换信息，即指一个人与另一个人之间用视觉、符号、电话、电报、收音机、电视或其他工具作为媒介，所从事的交换消息的方法。"传播"这个概念原本是在物理学中使用的，人类学家泰勒最早把它移植到文化现象的研究中，而其被广泛应用则是1945年被写入联合国教科文宪章之后。传播学者斯拉姆认为，传播与社区(Community)具有相同的词根，说明两者之间有着紧密的联系。美国社会学家库利认为，"所谓传播是人际关系借以成立的基础，又是其得以发展的机理，就是说它是精神现象转换为符号并在一定距离空间得到搬运，经过一段时间得到保存的手段"。从这一角度出发，传播就是在一定范围内，人们互相沟通，将信息转化为符号，进行传递和共享，保存和记录的过程。传播活动是社会得以形成的工具，也是人类区别于动物的根本特征。社会学家查尔斯·科利认为，传播是"人类关系赖以存在和发展的机制，是一切智能的象征，以及通过空间传达它们和通过时间保存它们的手段"。

人类的传播活动大致可以分为内向传播、人际传播、大众传播和组织传播四种。企业文化传播属于组织传播范畴。组织传播可以分为两大学派，包括美国的功能主义学派和欧洲的社会文化学派。从功能主义学派中又发展出管理学派、人际关系学派和系统论学派。功能主义学派认为组织是一个整体，传播是组织系统功能的组成部分，传播的目的在于如何协调组织活动、促进组织沟通、发展人际关系，以提高组织绩效，发展生产，其实实现组织目标的有效工具之一；社会文化学派认为，组织是社会文化的组成部分，无数的组织借助传播活动，有机组合成完整的社会文化系统。企业文化传播功能学派是功能主义学派与社会文化学派观点的综合体。结合企业文化，我们可以说，企业文化传播是指企业将企

第 12 章　企业文化的传播

业文化理念意义进行象征性符号化，借助符号编码和解码过程，以隐喻结构的方式，将企业文化的目的与意义符号的功能联系起来，通过对象征性意义符号的传播推广，展现企业的权利结构和运作机制，促使企业员工和社会公众使用符号，共享意义，形成企业所期望的价值行为范式。

企业文化的传播与一般文化的传播有一定的共性，但也有自己的特殊性，无论传播内容，还是传播方式、传播媒介、传播目的都有很大的不同，因此不能照搬或套用一般文化的传播，而是要研究发现其特有的规律。文化的优势扩散原理告诉我们，越是先进、发达、文明程度高的文化，越容易得到传播和扩散。所以，一个企业的企业文化的传播半径、影响深度与该文化的质量密切相关，是优质文化还是劣质文化，是强文化还是弱文化，决定着企业文化的传播效果。

12.1.2　企业文化传播的特征

1. 多元化

企业文化传播包括传播途径和传播对象的多元化。传播途径的多元化是指，企业文化在传播中，往往通过各种途径进行符号意义信息的有效传达。首先，传播媒介具有多元化特点。企业可以通过大众媒介进行传播，通过产品形式、服务形式、形象展示形式、参观形式等传播，还可以采用语言传播、非语言传播、文字传播、视频传播、网络传播、人际传播等。其次，传播方式具有多元化特点。企业文化的传播可采用内部传播、外部传播、内外结合传播、单向式传播、双向式传播、多向式传播、沟通式传播、灌输式传播等。再次，企业文化传播载体具有多元化特点，企业可以通过企业故事、文化手册、厂歌、企业报刊、仪式、影视作品等进行企业文化传播。最后，传播手段具有多元化的特点。企业文化传播手段丰富多样，具体的传播手段包括鼓励、渗透、倡导、诠释、讲解、宣传、实践等。此外，企业文化传播对象也有多元化的特征，在企业内部包括企业高层领导、核心员工、普通员工等企业各阶层全体员工；在企业外部包括企业股东、客户、政府、媒体、社区、供货商、服务商等利益相关者。

2. 长期性

企业文化的形成是一个长期的历史凝聚过程，其传播具有长期性特点。首先，企业文化的传播目的，不是简单地对一事一物发生作用，而是用企业的经营灵魂、企业的价值观念，对企业和社会的文化面貌形成根本性影响，而只有长期坚持，通过潜移默化、春风化雨的传播，才能实现企业全面的、根本的、实质的改变和塑造。其次，改变大众根深蒂固的传统消极观念和不良行为习惯，摒弃不科学、不合理的价值理念和生活方式，打破阻碍理念传播的各种错综复杂的既有利益关系，需经历一个长期、艰巨的过程；促使员工改变原有的文化观念，建构新的价值理念体系同样需要时间；个体对于新的行为模式，完成从表面模仿性服从，到行为的认同，再到真正内化为自身价值观念的组成部分，进而在全体员工中形成良好习惯，演变为集体意识，成为优良的企业文化传统，也需经历一个漫长反复的过程。最后，真正意义上的企业文化，从源头文化的产生，到企业传统文化形成，一般需要经历口头文化、文本文化、行为文化、习惯文化、机制文化和传统文化六个阶段。企业文化的传播活动，必须建立在实际文化阶段的基础上，与该阶段的要求和目标相吻合。文化阶段的长期演化性，决定了传播活动的长期性。

3. 符号性

企业文化不是对企业及社会现实自然感性的反映，而是企业有意识提炼和创造的产物，是后天的、重构的、约束性的意义符号体系。企业文化传播也是一种符号的编码和解码过程，其功能在于传播信息、表达情感与指导行动。因此，企业文化传播具有符号性特点。企业文化传播可以通过企业故事、文化手册、厂歌、企业报刊、仪式、影视作品等象征符号物质形式，向员工、公众传达深层次的企业价值观和思维方式。正如卡西尔所描述的那样："作为感性实体和精神形式之间的中介物的象征符号，不仅是一个领域指示另一个领域的指示性符号，而且是参与这两个不同领域的符号，即通过外部物质世界中的符号显示内部精神世界中的符号，或从可见物质世界中的符号过渡到不可见世界中的符号。"员工、公众通过对企业文化传播形式符号意义的解码，认识活动背后的真实意义，改造或重建自身的认知图式和价值观念，学习新的行为连接，完成符号意义的传播过程。

4. 整合性

企业文化传播具有整合性特点。本尼迪克特指出："文化的发展是一个整合的过程，在历史的发展过程中，一些文化物质被选择、吸收，渐渐规范化、制度化、合理化，并被强化为人的心理特征和行为特征；另一些文化物质被抑制、排除、扬弃，失去了整体意义和价值。文化的这种内聚和整合就渐渐形成一种风格、一种理想、一种心理和行为的模式。"在企业文化传播的同时，同步发生着企业文化自我生长、自我发展、自我完善、自成体系的整合过程。全面的文化传播活动，使得各种文化特质能够充分接触和交流，吸收优秀的内生或外来文化因子，构成企业的主导文化。在企业文化的主动传播中，企业所倡导的优秀文化特质强势扩张，发挥了积极整合作用，同化、合并与企业文化理念趋同的文化特质，改造、规范与企业文化理念趋异的文化特质，抑制甚至消灭与企业文化理念相悖的文化特质，巩固、发展优势企业文化理念的主导地位。通过传播整合，在企业内外编织出一张强大的文化意义网，将企业员工"笼罩"起来，促使他们的认知、情感、目标、价值、信仰与企业文化产生趋同效应，使其自觉履行企业所倡导的行为模式。

5. 层次性

企业文化的层次性，决定了企业文化传播也具有层次性。企业文化的传播有三个层次。首先，企业处于国家民族的社会文化背景之中，企业是社会的基本细胞，而企业文化是社会文化的亚文化组成部分，企业的文化传播必须体现对国家民族主文化的尊崇与弘扬，如对中华民族优秀传统文化的传承和宣扬。其次，企业作为一个整体，具有自身统一的主流文化体系，在传播中，必须体现主流文化理念的绝对主导性。同时，在主导文化的指导之下，企业内各个团体、组织、部门形成了各自的个性文化，它们构成了企业内部的亚文化体系，这些组织亚文化的存在与传播，有利于推动企业主流文化的扩散和发展。最后，企业的主流文化体系又可以分为核心价值观和衍生价值观。核心价值观是企业的基本价值理念，具有根本性和长久性，就像企业的根本宪法精神，指导企业的一切活动。而衍生价值观是在基本价值观的基础上，根据企业不同的时期和不同的经营活动需求而产生的独特价值理念，如企业的生产价值观、营销价值观、研发价值观、战略价值观等。在企业文化价值观的传播中，既要传播衍生价值观，又要展示企业的核心价值观。

6. 开放性

企业文化不是一个被动、凝固、保守的体系，而是一个发展与变动着的"活"的流体。开放性是企业文化的内在属性，客观上要求企业文化的传播也必须具有开放性。企业文化是由社会生产力所决定的，社会生产力和生产关系处于不断发展与变化之中，企业文化必须以一种开放的状态去适应生产力的变革，在不同的历史阶段，形成与之相适应的不同特色的企业文化。企业文化传播的开放性表现为静态的连续性和动态的非连续性。首先，对于对优秀的民族文化传统等沉积文化因子，在企业文化传播中，必须予以继承和发扬；对于企业自发产生的良好行为习惯、风尚、信仰、价值观等内生文化因子必须吸收整合，并加以传播。其次，企业文化传播需要融入时代的发展，融入世界文化的优秀因子，不能因循守旧、裹足不前。文化是社会生产方式发展的产物，随着社会生产方式的不断变革，原有的合理企业文化可能不适应社会发展，对企业形成消极影响。在文化传播中，企业必须用合理扬弃的辩证方法，将文化转化为富有现实意义的新文化因子，重新建构与新经济时代相适应的先进企业文化体系，以一个开放的传播系统去把握时代脉搏。

12.2 企业文化传播的构成要素

美国学者 H. 拉斯维尔于 1948 年在《传播在社会中的结构与功能》一篇论文中，首次提出了构成传播过程的五种基本要素，形成了传播学著名的 5W 模式，即 Who(谁)、Says What(说了什么)、In Which Channel(通过什么渠道)、To Whom(向谁说)、With What Effect(有什么效果)。1949 年，美国的两位学者香农和韦弗在《传播的数学理论》一文中提出了一个传播模式，被称为传播过程的数学模式或香农-韦弗模式(如图 12.1 所示)。在这个模式中，传播被描述为一种直线性的单向过程，包括了信息源、发射器、信道、接收器、信息接收者及噪声六个因素。

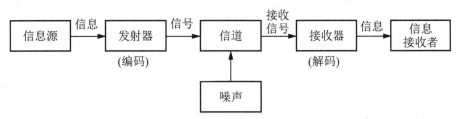

图 12.1 香农-韦弗模式

企业文化传播属于传播学研究范畴，因此 5W 模式及香农-韦弗模式对于研究企业文化传播具有非常重要的借鉴意义，结合传播双向性的特征，将该企业文化传播的构成要素归纳成以下七大要素。

12.2.1 传播者

传播者处于信息传播链条的第一个环节，是传播活动的发起人，也是传播内容的发出者。因此，传播者不仅决定着企业文化传播活动的存在与发展，而且在很大程度上影响着企业文化建设的目标、内容及实施效果。在企业文化传播活动中，传播主体主要分为以下五类。

1. 企业领导者

从某种意义上说，企业文化是企业领导者价值观的反应，企业领导者在企业文化的创建、传播和变革中均承担着至关重要的角色。在企业文化发展史中，所有企业领导者都是企业文化的第一设计者，也是最身体力行的第一传播者。海尔集团公司董事长张瑞敏在谈到自己在公司的角色时说："第一是设计师，在企业发展中使组织结构适应企业发展；第二是牧师，不断地布道，使员工接受企业文化，把员工自身价值的体现和企业目标的实现结合起来。"可见企业领导者总是将企业文化传播作为自身工作的一项重要业务，他们是企业文化传播的第一"布道者"。

2. 企业文化相关的职能部门

企业文化相关的职能部门主要包括企业文化部、广告部、宣传部等企业文化建设相关的部门，它们是企业文化传播主体的重要组成部分。首先，企业文化相关的职能部门是企业文化建设的执行机构，通过落实企业文化建设各个阶段的具体工作将企业价值观、企业愿景、企业精神等企业文化相关的信息传播到企业内外部。例如，华硕广告部在其计算机产品的广告宣传中所使用的广告词——"华硕品质，坚若磐石"，不仅是为了提升产品的销售额，同时，也传达给受传者华硕无止境地追求世界第一品质的企业理念。其次，企业文化相关的职能部门，特别是企业文化部是企业文化相关理念和制度的官方宣传及解释部门，在向受传者传播企业文化时，具有正式性、权威性、专业性等特性，在传播中起到其他传播主体难以替代的作用。

3. 企业英雄

企业英雄往往是在企业生产经营活动中涌现出来的具有较高思想文化水平、业务技术能力和优秀业绩的劳动模范、先进骨干分子或英雄人物等。他们的观念、品格、气质与行为特征都是企业价值观的具体体现。他们是因集中体现企业主流文化而被企业推崇、被广大员工一致仿效的特殊员工，这些人在企业正常的生产经营活动中起着带头作用，是企业先进文化的体现者，是企业价值观的化身。企业英雄是在企业实践中逐步成长起来的，但最后真正成为人们所敬仰的英雄又需要企业的外在培育，是典型人物良好的素质所形成的内在条件与企业"天时、地利、人和"的客观环境形成的催化力共同造就的。

从企业中发现和塑造企业英雄，是彰显企业文化特色、传播企业文化的有力手段。英雄人物是振奋人心、鼓舞士气的导师，是众人仰慕的对象，他们的言行体现着企业的价值观。他们不一定担任企业的高级职务，也许算不上出类拔萃的人才，但在他们身上体现着企业所要弘扬的某些精神，具有强大的号召力，成为企业文化的一个代表性"符号"，极大地推动了企业文化在企业内部的传播。对内来说，企业英雄是员工心目中有形的精神支柱，代表了企业文化某一方面的内容，增强了员工对企业文化的认同感；对外来说，企业英雄赋予企业文化以特色，使企业在公众心中具有形象感和亲和力。

第12章 企业文化的传播

4. 意见领袖

意见领袖,又称"舆论领袖",他们不是企业组织中的正式领导者,但是他们消息灵通、精通时事,或足智多谋,在某个方面有出色的才干,或有一定的人际关系能力而获得大家认可,成为能左右多数人态度倾向,有着公众影响力的人物。

传播学中的"两级传播"理论认为,在信息传播中,信息输出不是全部直达普通受传者,往往是通过意见领袖来传播的。因此,意见领袖成了企业信息传播中的闸门、滤网,是企业人际沟通中的"小广播"或"大喇叭"。正因如此,他们在企业文化的传播中发挥着特殊的作用。如果意见领袖认同企业文化,那么其传播的内容是有利于促进企业文化建设的;如果意见领袖的价值观念、行为规范是与企业文化相左的,那么其传播对于企业文化建设就是一种干扰,是企业文化传播中的"噪声"。

因此,企业文化建设要重视意见领袖在企业文化传播中所起的"中介"作用。为发挥其积极的正面作用,企业家们首先要向意见领袖正确地传递本企业的以价值观、企业精神、理想追求为核心,包括企业制度、习俗及体现企业理念的一切物质要素在内的综合企业文化,并将意见领袖的价值观念、行为规范和个人利益统一、同化到整个企业中。这样,意见领袖在全面、正确地接受企业文化信息后,才会对之消除错误或歪曲式的理解,才会对企业文化信息予以加工,进行再传播、再扩散。

5. 普通员工

普通员工在企业文化传播中扮演着双重角色:他们既是企业文化对内传播的主要受传者,也是企业文化传播的重要传播者。之所以说他们是企业文化的重要传播者:首先,普通员工是企业文化对内传播的受传者,会对本企业文化加以反映、认识和评价,并将自身所感知的企业价值观、企业精神、企业理念等企业文化相关信息传达给其他受传者;其次,普通员工是企业文化活动的主体,是企业文化实施的主要参与者,通过对所接受的企业文化的践行,在观念、思维方式、行为习惯等方面影响其他受传者,促进企业文化变革,保证了企业文化传播的效果;最后,普通员工通过扮演故事员、小道消息传播者、饶舌者等角色,在企业文化传播中起到了相应的作用,不同程度地影响着企业文化实施的效果。

12.2.2 信息

瑞士著名语言学家索绪尔把人类所创造和运用的符号分为语言符号和非语言符号两大系统。语言符号包括语音符号(口头语言符号)和文字符号(书面语言符号)两种形式。非语言符号又可分为物体语言符号、体态语言符号、时空语言符号、艺术语言符号等四种类型。企业文化传播的信息是企业文化,其内容也可以用语言符号和非语言符号表现出来。

1. 企业文化的语言符号表现

语言符号可分为语音符号和文字符号,它是人类传播中最为重要的符号系统,有着极强的表现力,企业文化传播的大部分内容都是通过语音符号和文字符号等表现出来的。

语音符号就是一种有意义的声音符号。以声音符号系统表达企业文化,就是以"说"的形式来表达企业文化。在以"说"的形式传播企业文化时,它可以是演讲、朗诵,但更多的是面对面的沟通与交流。我们可以发现许多有着强盛企业文化的企业都会有一些口口相传的企业文化故事。这些典型的企业文化故事往往将抽象的企业文化理念具体化、生动化，使受传者更加容易感知、理解并认同。

文字符号则是指记录语言的书写符号。企业文化的文字符号表现是指用文字形式所记录的企业价值观、企业愿景、企业精神、企业道德、企业社会责任等。企业文化传播在以文字符号表现企业文化内容时，需要用词精准，同时也要做到构思新颖，信息编码的"信、达、美、新"的基本原则同样也是用文字符号表现企业文化的原则。

2. 企业文化的非语言符号表现

除了语言符号外，企业文化传播信息还包括非语言符号表现企业文化的内容。

首先，是企业文化的物体语言符号表现。物体语言符号本身是生活中所见的各种物体，但是在其制造、加工或使用过程中，由于传递出相关主体的某些信息，使其具有了符号的意指作用，从而产生了传播的功能。如图12.2所示，联想公司的徽标 Lenovo 发音上和"联想"的"联"相近；而"novo"是拉丁语，译为"新的创新"。Lenovo 可被演绎为"创新的联想"或"联想创新"。整个标识采用现代"sans serif"字体，以达到设计简洁和易读的目的。在"e"上向上倾斜的一笔暗示着联想在提升客户生活和工作质量中都占有重要的地位。同时，徽标采用独具现代感的蓝色，意味着专业、企业精神和科技。

图 12.2　联想公司徽标

其次，是企业文化的体态语言符号表现，包括企业员工在执行、服务、仪式、典礼、礼仪等活动中表情达意的动作、姿态、表情、眼神等身体动作。例如，服务业所一直倡导的微笑服务，"微笑"就是一种体态语言符号的表现，真诚的微笑服务可以在一定程度上反映一个公司良好的企业文化。

再次，是企业文化的时空语言符号表现。传播学认为时间、空间也是一种非语言的传播符号，其在企业也可以反映出企业文化的内涵。例如，日本著名企业家土光敏夫在出任东芝公司总经理的时候，为了改变公司员工的散漫作风，提倡"走廊交谈"、开短会和站着开会。在他的倡导和要求下，东芝公司上下员工的工作面貌焕然一新。从中，我们可以看出时空语言符号(时间符号：短；空间符号：走廊)所反映出的企业文化中追求效率的工作理念和作风，即企业的效率文化。

最后，企业文化还包括艺术语言符号，如厂歌、公司之歌等。

12.2.3　媒介渠道

企业文化传播的媒介是非常多样化的，几乎所有媒介都可以用来进行企业文化传播。这其中包括传统媒介，如电视、报刊、宣传栏、黑板报、文化手册、广告牌、电话传真、广播、私人信件、备忘录、仪式等；同时，也包括随着信息技术日益发展而来的新电子媒

第 12 章 企业文化的传播

介,如电子邮件、即时通讯软件、视频会议、互联网、局域网等。总体上,我们将企业文化传播渠道归纳为面对面传播、书写式传播和新电子媒介传播三种类型。

1. 面对面传播

面对面传播是社交力、敏感度、温馨度和人性化程度最高,传递信息能力最强,最为快捷的企业文化传播渠道。这种传播方式以其媒介丰裕度高、社会展现度强等特性,成为企业文化有效传播的最佳选择。在企业,利用面对面媒介进行企业文化传播的形式主要有面谈、会议及培训和研讨等形式。

1) 面谈

面谈交流是企业中最常用、最便利、最为有效的传播方式。这种传播方式以其媒介丰裕度高、社会展现度强等特性,成为企业文化有效传播的最佳选择。企业文化传播者通过面谈的方式可以将企业的价值观等有效地传达给受传者,并在直接沟通的过程中,增进与受传者之间的感情。这减少了因为感性认知而产生的沟通障碍,极大地提升了企业文化传播的效率。但是这种"点对点"的面谈传播方式亦存在着沟通成本过高、传播范围不够广泛的缺点。

2) 会议

与面谈相比,会议无疑是可以克服"点对点"面谈传播成本过高这一缺点的一种传播方式。在任何企业,会议都是把组织结合在一起的凝固剂。会议可以使企业文化所传达的信息在一定的传播空间内顺畅地流动。同时,会议也为组织成员提供了某种程度的社会联系,增强了与会人员开展企业文化传播工作的使命感。此外,会议作为企业官方组织正式传播的方式,它所传播的企业文化信息还具有权威性、真实性、正式性等特点。但是,因为会议所要传播的信息是通过组织系统层层传递的,该传播方式同时也存在传播速度慢、互动性不够、传播信息缺乏反馈的缺点。

3) 培训和研讨

通过企业内外部各种形式的培训和研讨,可以对企业文化所要传达的信息进行传播。从国外成功的企业文化案例来看,许多企业已选择了"伦理培训"的方式来传播企业文化。德里斯科尔、霍夫曼在《价值观驱动管理》一书中说:"组织已经发现,培训即让雇员讨论所居组织的价值观和他们在维护这种价值观中所发挥作用的过程,是任何伦理建设方案成功有效的必需之路。"这也就是说,与会议相比,培训中的面对面传播,已经不仅是企业管理者或培训师对下属员工的文化传播,它还反映着员工与员工之间对企业价值观的讨论(这也是面对面传播);从传播空间来看,这种"伦理培训"已跳出了培训会场的传播空间,并给员工留下了在工作中对照企业的伦理和价值观进行自我校测(自我传播)的空间。

2. 书写式传播

书写式传播,即企业通过内刊、企业文化手册、价值观卡、公开报刊、黑板报、宣传栏等书写式媒介进行企业文化传播。书写式传播作为企业文化主要的传播方式之一,具有以下六个优点。第一,文字是最具有实质性的,并且可以随时保存与查证的传播符号。以文字符号进行传播,其信息具有较好的逻辑性、明确性,与面对面传播相比,书写式传播在信息表现的严谨性和深度上都更胜一筹。第二，书写式传播媒介具有可重制性、可携性、可浏览性三种特性，使信息数据可以随时记录并流传使用。这种特性适合记录、流传一些企业文化相关的知识和概念，从而具有教育与反省的媒介功能。第三，受传者可以根据书写式媒介所传递的信息内容，选择性地泛读和精读，并对已读的内容进行重复阅读和深度思考。这相对于其他传播方式更具有重复阅读的积累价值与效果。第四，书写式传播方式可以对企业文化相关的复杂问题进行详尽的阐述，因此在处理歧义性较高的事件中，其可以发挥宣传优势，营造出有利于企业文化发展的舆论环境。第五，书写式传播不仅是企业内部进行信息沟通与交流的一种方式，同时也是企业对外展示其形象和宣传企业文化的重要方式。很多企业外部人员和客户都是通过书写式传播媒介来感知企业文化，形成对该企业的第一印象。第六，受传者以书写式媒介为本位的传统教育和学习方式，也是其他传播方式不能完全取代书写式传播的一个重要因素。同时，书写式传播媒介也存在着一定的劣势，这决定了其不能作为企业文化传播的唯一渠道。从媒介选择理论来分析，它在媒介丰裕度和社会临场感上均不及面对面沟通。此外，从传播的参与感而言，书写式传播媒介仅能呈现平面的图文，在互动性和对受传者的刺激性上，也不及新电子媒介传播。

3. 新电子媒介传播

新电子媒介传播指的是企业通过互联网、局域网、电子邮件、即时聊天软件、视频会议等新电子媒介进行企业文化传播。近年来，随着计算机的普及和信息网络技术的不断发展，新电子媒介传播技术不断地被引入企业组织，并在企业文化传播中发挥着越来越重要的作用。例如，企业在进行企业文化建设过程中，可以利用即时聊天软件建立企业文化项目群，不仅可以进行"点对点"的信息传播，也可以面向群成员群发信息，并获得群成员第一时间的信息反馈，提升了信息传播的效率；计算机会议可以摆脱时间和空间的束缚，将不同地域的企业文化建设相关人员组织在一起开展会议，确保企业文化信息及时、顺畅地传播，同时，相比于传统会议，极大地降低了人力、物力成本。由上述事例，我们也可以看到以信息网络技术为支持的新电子媒介给企业传统的传播媒介造成了很大的冲击，给企业组织带来了一套更为便利、快速及有效的企业文化信息沟通模式，它进一步打破了信息传播中的时间、空间及人员等因素的限制，大大缩短了企业中人与人之间的距离，使得信息及情感的沟通变得更加便捷，更能满足企业文化传播的需要。此外，新电子媒介传播可以给企业文化传播带来更好的效果及多元的沟通领域，使得企业文化传播渠道更多元、更有时效性。例如，在企业文化传播过程中，企业中任何一名员工都可以通过企业总裁信箱或在线互动评论和高层领导进行渠道顺畅的企业文化相关的信息沟通，克服了传统组织传播模式下普通员工接收到的按组织层级传达下来的企业文化信息，无法越级与高层领导之间沟通的现象，拓展了信息沟通的领域和内容，增强了信息沟通效果。

12.2.4 受传者

1. 对内传播对象：企业员工

企业文化对内传播的受传者为企业员工。企业文化的对内传播实际上就是对企业内部职工及管理者进行的企业内部的文化培训、教育、宣传、灌输。企业文化对内传播具有辅助企业文化形成的功能，又兼有使企业文化得到传承和发扬，从而激发员工战斗力的功能。企业文化的形成、发展、积累都与企业文化对内传播有密切的关系。企业文化对内传播的通道有五个：企业发展过程中的种种事迹、故事案例等，是对内传播的无形通道；将企业文化用语录、标语、口号等形式表达出来，就成为对内传播的有形通道；企业管理者及对下属的要求及个人行为、作风等，构成对内传播的主要通道；企业文化培训、考核、激励机制的制定与实施，是对内传播的重要通道；企业举办的一系列活动、仪式、庆典等，是对内传播不可缺少的通道。

2. 对外传播对象：社会公众

企业文化对外传播的受传者为社会公众。企业文化对外传播具有树立企业形象、提高品牌忠诚度和竞争力的功能，同时也兼有推动社会精神文明建设、促进社会文化进步的作用。企业文化的对外传播是一种双向的文化交流，不是单向的文化输出。全面准确地对外展示、传播本企业的文化，最终在社会公众心目中留下一个美好印象，塑造良好、健康的企业形象，是企业文化建设工作的一个重要部分。对外传播的途径有企业文化的主动输出式传播、企业文化的示范传播、企业文化的交流合作。

12.2.5 效果

企业文化传播效果是一切企业文化传播活动的试金石，是所有企业文化传播者的共同追求。企业文化传播效果位于企业文化传播过程的最后阶段，它是各种企业文化传播要素相互作用的集合效应，也是受众受到信息作用在某些方面发生的具体变化。企业文化的传播是通过不同的工具和途径，将已设计出来的企业理念、核心价值观等有针对性、有计划地呈现出来，并为企业内部和外部所认知、认同。企业文化传播只有达到一定的效果，才能真正对企业的发展起到促进作用，企业的理念和价值观才能真正融入企业的安全生产和经营管理中。

1. 企业文化传播效果的概念

企业文化传播效果指的是企业文化在传播过程中所产生的有效结果。这里的"有效结果"一词，狭义上指的是行为者的某种行为实现其意图或目标的程度；广义上则指该行为所引起的客观结果，包括其对他人及周边社会实际产生的一切影响和后果。因此企业文化传播效果这个概念也具有下述双层含义。

第一，它指带有说服动机的企业文化传播行为在受传者身上所引起的心理、忠诚度和行为的变化。说服性传播指的是通过劝说或宣传，来使受传者接受某种观点或从事某种行为的传播活动，这里的传播效果，通常意味着传播活动在多大程度上实现了传播者的意图或目的。

第二，它指企业文化传播活动尤其是通过报刊、电视、互联网等大众传播媒介，进行传播的企业文化传播活动对受传者和社会所产生的一切影响和结果的总体，不管这些影响是有意的还是无意的、直接的还是间接的、显在的还是潜在的。

上述的双层含义构成了企业文化传播效果既相互联系又相互区别的两个重要方面，一是对企业文化传播效果产生的微观过程分析，二是对它的综合、宏观过程的考察。前者主要研究具体传播过程的具体效果，后者主要研究综合的传播过程所带来的综合效果。

2. 企业文化传播效果的层次

由于企业文化传播中的传播者、信息、媒介渠道、受传者各有不同，其效果有作用范围大小与作用程度深浅不同的区别。企业文化传播对于受传者的影响可以达到四种程度，也就是四层次传播效果。

1) 信息层次

信息层次是指将企业文化精神层、制度层、行为层、物质层的内容传到受传者处，使其完整、清晰地接收到，并且尽可能减少歧义、含混、缺漏，这是简单的传到、知晓层次，是任何传播行为首先应达到的传播效果层次。只有在该层次获得了理想的传播效果，企业文化传播才可能更好地向其他层次发展，因此信息层次传播效果是整个企业文化传播效果的基础。

2) 情感层次

情感层次是指企业文化从知晓进而触动受传者的情感，使受传者在感情上与企业文化接近、认同，对企业文化传播活动感兴趣，从而与企业文化传播者接近，这是企业文化传播达到的较为理想的效果。但是需要注意的是，情感有正负之分，只有正面情感才是企业文化传播者所需要的；负面情感，如反感、厌恶等，应予以避免。

3) 态度层次

态度层次是指在企业文化传播过程中，受传者对企业文化认识的程度、情感表达和行为倾向的总和。它已从感性层次进入了理性层次，是在感性认识基础上经过分析判断、理性思维而产生的，一经形成就非常难以改变。企业文化传播若达到该层次，则能对受传者产生非常深入的影响。态度除有正负、肯定与否定之外，也不一定与情感有必然的同方向联系。例如，某员工对企业所力推的企业文化工作在感情上表示理解和支持，但是在理智上并不完全认同，甚至持反对态度。

4) 行为层次

行为层次是企业文化传播效果的最高层次。它是指受传者在感性、理性认识和认同企业文化之后，行为方式发生改变，做出与企业文化传播者要求目标一致的行为，从而完成从知到行的认识—实践全过程，使企业文化的建设不仅有了同情和肯定者，而且有了具体实施和执行者。实验研究证明，态度对行为的改变有着较密切的相关关系。

随着企业文化传播效果层次的提高，受传者由于各种原因而逐渐减少；同时只有能达到较高的效果层次，才能使上一级至初级的传播效果得以较长时间的保持，否则受传者会很快淡忘，企业文化传播的效果也会大打折扣。

企业文化传播的四层次效果不是直线相连、必然上升的，它们之间的互相影响是复杂的、关系是辩证的。

12.2.6 反馈

反馈又称回馈，是控制论的基本概念，指将系统的输出返回到插入端并以某种方式改变输入，进而影响系统功能的过程，即将输出量通过恰当的检测装置返回到输入端并与输入量进行比较的过程。传播学上的反馈指传播过程中受传者对收到的信息所做出的反应，获得反馈讯息是传播者的意图和目的，发出反馈是受传者能动性的体现。直线模式容易把传播者和接受者的角色、关系和作用固定化,一方只能是传播者,另一方只能是接受者;而在人类传播中,双方的转换无时不在,在传播活动中,每一个人既是传播者,也是受传者。

企业文化传播的目的是使全体员工共享企业的价值观、企业精神、企业理念,共同遵循企业规章制度,共创企业特有的内在和外在形象。企业文化在企业内部传播,反馈来自于企业员工。在这一过程中,企业员工对企业文化的感知、理解和接受程度,以及企业文化传播者所设想的程度存在这样或者那样的偏差,企业员工需要将偏差反馈给传播者,以便使传播者对企业文化传播工作进行相应的控制,达到更好的传播效果。企业文化在企业外部传播,反馈主要来自于社会公众。社会公众通过企业的产品、服务方式、公共关系来认知和接受企业相关文化信息,并通过提意见、口碑相传、赞美、购买该企业产品等方式表达其对企业文化的接受程度并反馈给传播者。企业可以根据社会公众对相关信息的反馈,对企业文化对外传播方式进行相应的调整。

12.2.7 噪声

在企业文化传播过程中,还有一些噪声影响着企业文化传播的效果。噪声不是企业文化传播者有意传达而附加在信号上的信息内容,而是指一切企业文化传播者意图之外的,对正常文化信息传达造成影响的干扰性因素。构成噪声的原因包括两个方面。首先,来自企业文化传播者本身。例如,企业文化推行者因为企业资金或发展等方面的压力,对企业文化传播工作力不从心,打乱了企业文化传播工作的节奏,导致传播效果变差。其次,来自外界因素的干扰,如社会流言、企业文化相关的谣言、小道消息等都会对企业文化传播造成不同程度的影响。噪声会增加企业沟通成本,影响企业文化传播的效果,因此,如何降低噪声是企业文化传播应予以重视的一项工作。

12.3 企业文化传播的类型及规律

12.3.1 企业文化传播的类型

1. 按传播载体分类

企业文化传播按传播载体可以分为以下三类。

(1) 产品传播。即企业在生产和销售产品的过程中传播自己的企业文化。"一般而言,企业通常是以畅销产品为主流载体,让消费者在认识和使用产品的过程中接受企业文化,并由此使得企业的品牌价值得到提升。"(魏杰等,2001)

(2) 人员传播。指通过企业领导者和全体员工的语言与行为等符号系统来传播本公司的企业文化。

(3) 媒体传播。指通过电视、广播、广告、报刊、网络等各种大众传播媒介来传播企业文化。

2. 按传播动机分类

以上每一种类型的传播,按传播动机分类,又分为有意识传播和无意识传播,其中产品对于企业文化的传播多是无意识的，通过产品的生产和销售将附着于产品上的企业文化特质传播给企业员工或消费者；人员传播的有意识成分与产品传播相比有所增加，员工个体和团体在自己的行为过程中会将本公司的企业精神、价值理念等文化要素有意识或无意识地传送出去，尤其是公司的对外部门，如营销部、采购部、公关部、售后服务部门等；媒体传播的情况比较复杂一点，企业为了营销和树立企业形象不可避免地要通过媒体做广告，这些广告中以促进产品销售量为目的的广告所传播的企业文化是无意识传播，形象广告比较接近于有意识传播，但形象广告尚不是纯粹意义上的企业文化的有意识传播。借助媒体有意识地传播整体意义上的企业文化在现实的企业中还不是很多，大多数企业往往是通过一句体现企业价值观和企业精神的广告词零星地传播自己的企业文化。例如，红塔集团的形象广告——"山高人为峰"，画面波澜壮阔，寓意颇深，可以说是红塔品牌和企业文化的集中体现，既反映出红塔集团气吞山河的气魄，又反映出企业"以人为本"，人先于物的经营理念。同时，还体现出企业敢于直面困难、不断拼搏进取的精神，是一则比较成功的形象广告与企业文化相融合的例子。

3. 按传播受众分类

企业文化传播按照受众不同可以分为对内传播和对外传播，其中向企业内部员工的传播称为对内传播，向社会大众的传播称为对外传播。

1) 企业文化的对内传播

企业文化对内传播是企业文化的接受、内化过程，有的企业称之为"企业文化落地"，其最终目的是让企业文化深入员工内心。其传播效果分为三个层次：软控制手段、内化并变成员工的行为指南、渗入员工的潜意识变成员工的自觉行动。企业文化的对内传播也有无意识与有意识之分，但要形成系统的、优良的企业文化必须进行有意识的对内传播。这主要通过企业文化的专题培训、规章制度的制定与学习、内部刊物、企业网站、各种会议、活动和内部人际关系等载体来实现。企业文化的对内传播十分重要，它不仅是发挥企业文化凝聚、激励、约束等对内功能的前提，也是对外传播的基础。没有完成内化的企业文化不能叫企业文化，至多是格言、警句或标语口号，前者刻在员工的心里，后者写在纸上、墙上或者停留在口头上。

人们往往通过企业文化的外显部分，即一切能表现企业文化的某种特质的物质形态或动作方式来理解企业文化的内涵。外显部分是企业文化的最直接的外在体现，它容易观察，但有时其代表的意义却不容易确切定义，即某种现象究竟代表哪种文化内容和意义，观察者的理解是不会完全相同的，在描述和解说上总是存在着或多或少的差异，有时甚至会得出相反的意义。一个企业的价值观念、精神境界和理想追求是企业文化系统中的种子要素或称为中心要素。企业价值观是群体的共同信念和价值追求，是管理者和企业员工共享的群体价值观念。人人都有基本的价值观，它通过个体行为及态度意向表现出来。当绝大多数成员的价值观呈现大致趋同化状态时，便使企业行为方式带有了共同特质，企业文化在价值观层面上达成了共识。多数情况下，企业员工的价值观是不一致的，这使企业形成了许多"次文化"。按照帕特纳姆和普勒(1987)对冲突的解释，目标的不一致或人们观念不同造成的理解认识的偏异，总是导致冲突的根源。因此，企业文化内部传播的意义在于通过各种手段和方式，在企业全体员工中加强、深化交流和沟通，形成对企业物质文化、制度

第 12 章 企业文化的传播

及行为方式、企业精神和价值观的共识,以减少甚至消除企业内部冲突和分歧,从而便于以整合和一体化的风貌对外展示企业形象。

2) 企业文化的对外传播

根据组织传播理论,组织环境是组织生存的土壤,与组织产生与发展有这样或那样关系的各种联系。它一方面可以有效地帮助组织发展壮大,顺利地实现组织目标;另一方面,也会阻碍组织目标的完成,成为制约组织扩展的主要力量。环境是组织存在的基础,没有适当的环境支持,组织便不复存在,更无所谓发展。在组织与环境之间约束和适应利用的辩证关系中,传播始终扮演着极其重要的角色。正是传播行为把组织与组织之间联系起来,通过组织边界把环境资源输入组织之中,又把组织信息与产品传递给消费对象,从而对环境发挥作用。因而,对外传播是组织的本性和必需。

企业这一特殊组织,需要进行对外传播活动,其中企业文化传播是其重要的内容。全面、准确地对外展示和传播本企业的文化,最终在社会公众心目中留下一个美好印象,塑造兼具文明度、知名度和美誉度的企业形象,对企业发展至关重要。根据格鲁尼哥和亨特于 1984 年推出的新的环境划分模式:按组织面对的"公众"类型,把组织环境分为四大部分,即职能部门、功能部门、规范部门和扩散部门。而一个企业的文化的对外传播对象就是这些部门,如作为职能部门工商、税务、公安等的各级政府部门;作为功能部门的供应商、顾客、人才中心、银行等;规范部门的贸易协会、专业协会、竞争者等;扩散部门的社区和一般公众。企业将自己的企业文化向这些部门传播,让最具评价力的社会公众来充分认识自己的文化,并塑造良好的公共形象,推进企业发展。因此,企业出于自身的发展目的而主动保持并推进与外部环境的种种联系,其中企业文化的全方位对外传播是促使企业与其他组织间关系及行为的协调,从而保证企业具有良好的运作环境。

12.3.2 企业文化传播的规律

企业文化的传播与一般文化的传播有一定的共性,但也有自己的特殊性,无论传播内容,还是传播方式、传播媒介、传播目的都有很大的不同,因此不能照搬或套用一般文化的传播规律,我们要研究和发现企业文化传播特有的规律。

1. 企业文化传播形式迭加效果倍增规律

企业文化传播形式的有机组合和迭加,带来的不仅是传播效果量的叠加,而是质的倍增。企业文化传播方式迭加是一个无限制的扩大过程,在一定范围内,能够优化企业文化的传播方式,使得传播所产生的价值能量呈几何极增大。建立企业文化传播模式,是遵循这一传播规律的最好表现。通过传播模式,把各种不同的传播形式有机组合起来,发挥各自的优点,形成传播形式的迭加,就能确保企业文化传播效果的最大化。例如,企业文化开放式公域传播模式,以展览形式为中心,迭加了培训讲座、文娱活动、影视展播、歌曲舞蹈、仪式典礼等多种传播形式,取得了倍增的传播效果。其中,展览又采用了多种形式,主要有图文资料、视听影像、文艺活动、教育讲座、实物展示等,以满足不同人群的审美、知识追求、娱乐等需求,获得更好的企业文化传播效果。

2. 企业文化传播场共振规律

根据布迪厄的"场域"理论，在社会文化场之下，企业内部还具有自己相对独立的文化场。在现代工业社会，企业成为社会经济的基本细胞，是社会经济文化发展的主要推动力量。社会发展的基本规律表明，社会的经济基础决定了上层建筑的产生、性质和变革，由于企业作为社会生产力发展的核心动力，企业的生产力状况代表了整个社会生产力状况，所以它所蕴含的企业文化对社会文化具有直接的影响力。反过来，由于企业文化属于社会亚文化范畴，社会文化的面貌又会对企业文化的建构产生影响，中华民族优良的社会文化道德传统，有助于形成健康积极的企业文化，而某些拜金、功利、欺诈的社会不良风气，则会对企业文化的形成产生不利影响。企业是一个天然的耗散结构，需要不断地与外界进行信息能量交换，必然包含文化信息的输入和输出，企业文化场与社会文化场具有本质的内在联系，具备潜在的共振效应，如果运用得当就能产生巨大的能量。借助企业文化的对外传播，使企业内的企业文化场与企业外的社会文化场，有机结合起来，形成交叉范围内的共同场，实现传播场域的共振效应，促进两个不同文化场之间的良性循环交流，发挥企业文化传播的最大效果。

3. 企业文化传播对象扩散规律

早期的企业文化传播对象，仅仅集中于企业内部的少数高层管理人员和技术骨干。随着文化时代的全面到来，实施先进的企业文化管理成为企业现代管理方式调整的趋势，这客观上要求企业必须以全体员工为中心，因此，企业文化传播的对象逐步扩大到全体员工，每一个人都成为企业文化宣传的对象。生产力的快速发展，社会的不断进步，物质财富的极大满足，促使社会大众和企业家开始重新审视企业的功能和作用，人们开始认识到，企业之所以存在，并不是为了赚钱盈利，而是为了承担社会的责任，企业担负着社会使命、经济使命和文化使命三项历史重任。企业的社会使命在于塑造社会的面貌；企业的经济使命在于不断提高人类的生活水平，为社会创造财富；企业的文化使命在于提高全社会的文化力水平，成为先进文化的代表。由于意识到这三项历史使命，企业认清自身作为社会构成细胞的重要作用和地位，开始将企业文化的传播对象，扩展到包括社会全体公众在内的更广大范围，以发挥企业在塑造社会文化面貌等方面的积极作用。

4. 企业文化传播行为模仿规律

法国社会学家塔尔德认为，模仿是人类的本性，人类所有的行为都是在重复某种东西，客观意义上讲，就是一种模仿。相互模仿的个体所组成群体的综合就构成了社会，社会最基本的关系是模仿，人们借助模仿而进行信息的交换和文化的传播。塔尔德提出三种模仿规律，即距离规律、方向规律和插入规律。个体在群体中模仿与自己关系密切的人的行为，称为距离规律；群体中的底层模仿高层，弱势模仿强势，称为方向规律；当存在两种和两种以上的互斥行为时，个体选择一种行为取代别的行为，称为插入规律。企业文化传播基本遵循模仿规律，企业向员工提供所倡导的价值体系及行为模式样本，供员工参照模仿。如果员工选择和保持与企业文化标准不同的模仿模式，就会与企业或他人产生对立和冲突，此时，企业就需要借助各种传播手段，引导员工改变模仿对象，实现与企业的和谐一致。距离规律导致企业文化的横向人际传播，方向规律导致企业文化的纵向正式传播。在企业

第 12 章 企业文化的传播

文化传播中,企业必须遵循传播的行为模仿规律,促使员工、公众选择与企业文化一致的模仿行为模式。

5. 企业文化传播程度与企业文化风格关联规律

企业文化的传播程度,不仅取决于企业的重视程度及传播活动方式的选择实施,还取决于企业的文化风格。企业风格就是企业的个性特征,日本管理学家上野明认为:"正如每个人都具有自己的个性一样,企业也有自己的特色或独特的性格,这些独特的性格可称为企业风格。"企业风格是企业文化理念的外在表现,不同的企业具有不同的风格特征,如保守型的企业风格、开拓型的企业风格、张扬型的企业风格、开放型的企业风格、内敛型的企业风格、稳健型的企业风格、活跃型的企业风格、经验型的企业风格、慎重型的企业风格等。企业风格与企业文化传播的程度具有较强的关联性。例如,开放型、活跃型的企业风格,表现出强烈的对外扩张性,与企业文化传播的要求契合;而内敛型、保守型的企业风格,低调处事,具有较强的文化内倾性,不易主动进行企业文化的扩散传播。任何类型的企业文化都需要传播,只有通过传播才能发挥企业文化的先进管理作用,但是,由于文化风格与传播程度的关联律,要求企业在进行文化传播时,要注意结合自身的企业风格,选择合适的传播方式,与企业风格保持一致。

6. 企业文化传播主客体对立统一规律

对立统一规律作为马克思主义唯物辩证法的核心与实质,揭示了事物内部对立双方的统一与斗争是事物普遍联系的根本内容,是事物发展的根本动力。矛盾存在于一切事物的发展过程中,每一事物的发展过程中存在着自始至终的矛盾运动。矛盾双方的对立性,使得它们相互分离、相互排斥、相互反对、相互限制、相互否定;同时,矛盾双方又共处于一个统一体中,具有统一性,表现为相互依存、相互作用、相互贯通、相互影响,在一定条件下还可以相互转化。在企业文化传播中,同样具有矛盾的对立统一规律。作为传播主体的企业,通过各种手段将其所倡导的价值观,渗透到作为受众的员工价值系统中,用新的行为模式去改变员工原有的行为习惯。美国心理学家詹姆士·赫尔曼认为,人们对习惯有很强的依赖性,习惯是人保留行为的最根本模式,人们倾向于生活在一个习惯的世界中,用习惯的方式去思考问题,产生行为,维持现有的安全状态,恐惧习惯改变后可能出现的混乱。当企业企图改变员工已有的价值观和行为习惯时,必然会受到员工的抵制,产生激烈的对立矛盾。但是,企业与员工两者又不可分离,如果没有了作为受体的员工,企业这一传播主体也就失去了存在的意义。企业借助说服、鼓励、渗透、倡导、诠释、讲解、教授、宣传、强化、实践、惩罚等各种方式,促使员工改变态度,接受企业的价值观和行为模式。当员工完全理解并消化企业文化理念体系之后,又会通过自身的行为活动和人际交流,强化企业文化的形成与传播,实现传播主客体的统一。

本 章 小 结

企业文化传播是企业通过各种媒介向内部员工和社会大众传递自己的企业文化的过程,普遍存在于企业活动的各个方面,它既是企业活动的具体形式,也是企业行为实在的内容。企业的决策、计划、执行、协调、控制等所有管理活动,都离不开企业文化信息传播,因此,文化信息传播的主客体、传播内容、传播媒介渠道、传播效果等构成要素的整合,将影响企业管理活动的直接结果,也决定了企业生存及发展的状况。本章从企业文化传播概念、特征、构成要素、类型、规律五个方面全面阐述了企业文化传播工作。其中,企业文化传播具有多元化、长期性、符号性、整合性、层次性、开放性等特征。企业文化传播的类型包括:从传播载体不同的角度,可以将企业文化分为产品传播、人员传播和媒体传播;从传播动机的角度,可以将企业文化分为有意识传播和无意识传播;从传播受众不同的角度,可以将企业文化分为对内传播和对外传播。企业文化传播规律包括:传播形式迭加效果倍增规律、传播场共振规律、传播对象扩散规律、传播行为模仿规律、传播程度与文化风格关联规律、传播主客体对立统一规律。

关键词

企业文化传播、企业文化传播特征、企业文化传播构成要素、企业英雄、意见领袖、语言符号表现、非语言符号表现、企业传播媒介渠道、面对面传播、书写式传播、新电子媒介传播、受传者、企业文化对内传播、企业文化对外传播、企业文化传播效果、传播效果层次、企业文化传播类型、传播规律、企业文化传播注意事项

复 习 题

1. 如何正确理解企业文化传播的概念,它对于企业文化建设有何意义?
2. 企业文化传播有哪些特征?
3. 企业文化传播的构成要素有哪些?
4. 企业文化传播效果指的是什么?分为哪几个层次?
5. 企业文化传播的媒介渠道有哪些,各有怎样的特点?
6. 企业文化传播有哪些类型及规律?
7. 企业文化对内传播和对外传播对于企业文化建设各有什么作用,两者之间的关系如何?

思 考 题

1. 结合自身的认识,谈谈企业如何通过传播要素的整合达到最佳的企业文化传播效果?
2. 为了取得理想的传播效果,企业文化对内、对外传播需要特别注意哪些?

杉杉的绿色意识与品牌文化

一、背景材料

杉杉股份有限公司(以下简称杉杉)始创于 1980 年,前身为宁波甬港服装厂,1992 年与中国服装研

第 12 章 企业文化的传播

设计中心、上海市第一百货商店股份有限公司等五家单位共同发起,采用定向募集方式成立杉杉。1995年,杉杉被中国纺织总会、中国服装工业总公司评为"中国服装工业八强"之一,名列第二位,主要生产和销售西服及其他系列服装。公司综合经济效益多年位居中国服装百强之首。

二、树绿色意识、创品牌文化

(一) 在国内率先提出并实施品牌战略

我国是一个生产服装的大国,但多年来服装企业大多为小作坊生产,服装几乎没有名牌,产品附加值很低。1989年,杉杉的前身——宁波甬港服装厂在行业内率先提出品牌战略,从此,"杉杉"这一品牌风靡神州大地,成为家喻户晓的知名品牌。1994年,公司斥资200万人民币,成功导入CI,促进了杉杉品牌、市场、产品的全面发展。同年,杉杉西服被中国服装协会及其他权威机构评为"中国十大西服之一"和"中国十大名牌服装之一",确立了"杉杉"品牌在全国的名牌地位。

杉杉把CI导入作为实施品牌战略的第一步,1994年初,杉杉决策层决定请台湾艾肯形象策划公司(以下简称艾肯)实施CI导入计划。经过艾肯分析和杉杉CI委员会的商讨,杉杉CI导入的目标定为:提升杉杉的品牌地位,提高杉杉的企业形象。同年6月28日,杉杉向社会发布CI实施计划,启用杉杉新标志,举行盛大的杉杉集团CI标志发布会。在电视、报纸、户外广告、灯箱、霓虹灯等一律换成统一的杉杉新标志,启用新的企业口号、企业精神用语。专卖店、专卖厅的外观和内部布置也经过全面装修和设置。杉杉在全国范围内征集企业吉祥物。

1995年,杉杉推出了BI系列活动,其中:第一项——于3月11日在北京香格里拉饭店举行了以"我们与世纪同行"为主题的BI展示会和时装表演;第二项——当晚和中央电视台共同推出"我爱这绿色家园"植树节大型文艺晚会,杉杉的企业理念是美化人类环境,所以,投身绿化和环境保护是杉杉义不容辞的责任;第三项——推出以绿化为主题的大型公益活动;第四项——在上海、南京、杭州、苏州、青岛、合肥、武汉、南昌、西安等城市,配合北京的行动,推出"让大地披上绿装"的绿化宣传活动;第五项——"绿叶深情"万人签名活动;第六项——资助教育事业,向宁波大学广告专业捐资50万元,向中央音乐学院指挥系捐资200万元。这些活动极大地提高了杉杉的美誉度,提升了杉杉的企业形象。

1997年,集团公司推出"走进东方"大型时装展示会,1998—1999年,公司再次投入巨资在全国15个大城市推出"不是我,是风——1998年王新元、张肇达高级时装发布会",为21世纪中国服装品牌和服装产业的升级、中国服装行业与国际接轨做准备。

虽然杉杉的主导产品的品牌取得了成功,但公司决策层意识到,服装产业必须实施多品牌战略才能在市场上立于不败之地。目前,杉杉旗下拥有大众品牌衫、高级男女时装品牌法涵诗、麦斯奇来(合资)品牌服装。1998年,推出法涵诗高档男装系列,1999年多品牌战略全面启动,与意大利、法国合作,通过外方销售网络,将杉杉公司的品牌服装打入国际市场。

为了加大杉杉品牌服装的科技含量,增强企业的竞争力,公司投入巨资在宁波建立了现代化的服装工业基地,生产基地引进了日本、意大利最先进的技术设备。

(二) 以文化推进营销

一个品牌仅有知名度是不够的,还必须狠抓市场营销,稳步提高市场份额。靠什么来推进营销?杉杉首先确定以优质服务的理念来推进生产营销。各市场销售公司以优质服务争取大家户的订单,赢得了许多大客户的信任。与此同时,加强全国营销网络的建设,公司在全国各地设立了23家市场营销公司,从业人员达2300多人。为实施优质服务,公司推出"限量生产"、"名牌进名店"、"专卖连锁"等系列营销策略,有力地促进了市场开拓。杉杉在扩大营销规模的过程中,始终把宣传企业的环保理念作为文化动力,把美化人类环境、美化生活作为企业的使命。杉杉在全国各大城市开设了1600家专卖店、专卖厅,在北京、上海、天津、南京、武汉等各大城市最高档的商业街面和场所开设了20多家法涵诗高级女装专卖店、厅,法涵诗男装店也在北京、上海开设。杉杉与意大利合资的新品牌麦斯奇来女装专卖店也开设了11家,营造了高档服装文化新潮流。公司还大力发展加盟连锁店和风险承包经营等营销形式,开拓县级中小城镇及农村市场。

(三) 深化形象工程、强调内外结合

为了增强企业竞争力，杉杉继续深化企业形象工程，并强调在实施企业对内活动和对外活动中做到内外结合、内外并重。在企业内部，制定了《员工手册》，使每一个员工明确员工行为规范，并按照手册规定的员工行为规范严格实施，通过《员工手册》的实施，使全体员工的纪律性和主人翁精神大大提高。杉杉在全体员工中开展"立马沧海，挑战未来"企业理念的宣传，并举办了"我爱杉杉"主题演讲会和歌舞会，以多种形式激发每一个职工的高昂斗志，既沟通了员工情感，又增强了企业凝聚力。为开发一流产品，公司抓了三件大事：①抓人才，不惜重金外引、内掘、外培；②抓硬件，投入近亿元进行大规模技术改造和设备更新；③抓以质量为中心的技术管理，强化经济责任制，把个人经济利益和产量、质量、设备保养、文明生产、劳动纪律紧密挂钩，建立严格的质量监督体系和质量保证体系，为保证产品质量，公司实行"三不"，即产品不搞外加工、产品产量不随意增加、产品不搞削价处理或压价竞销。

杉杉对外继续加强企业形象的宣传，把"让大地披上绿装"的绿化宣传和"绿色环保"的企业理念深入持久地开展下去。

讨论题

1. 结合案例，谈谈杉杉如何进行企业文化传播，对企业管理和企业营销产生了什么影响？
2. 在新电子商务时代，假定你是杉杉的企业文化部经理，你将如何为杉杉企业文化传播工作注入新的活力？

拓 展 阅 读

[1] 张明海. 讲故事：凤凰卫视企业文化传播之道[J]. 中国人力资源开发，2008，(9).
[2] 危红波. 企业文化传播理论及应用的研究[D]. 合肥：合肥工业大学，2002.
[3] 张洁. 体验式培训在企业文化传播中的应用研究[D]. 上海：华东师范大学，2008.
[4] 蒋兆雷，王良平. 企业文化传播的条件和时机[J]. 五邑大学学报(自然科学报). 2003，(4).
[5] 侯盼. 零售企业的文化传播模式研究：以沃尔玛为例[D]. 长春：吉林大学，2009.
[6] 吴声怡. 企业文化学[M]. 北京：光明日报出报社，2004.
[7] 罗长海，林坚. 企业文化要义[M]. 北京：清华大学出版社，2003.
[8] 李建军. 企业文化制度与制度创新[M]. 北京：清华大学出版社，2004.
[9] 王超逸，高洪深. 当代企业文化与知识管理教程[M]. 北京：企业管理出版社，2007.
[10] 王吉鹏. 企业文化建设[M]. 北京：中国发展出版社，2005.

参 考 文 献

[1] 张德．企业文化建设[M]．2 版．北京：清华大学出版社，2009．
[2] 张德，吴剑平．企业文化与 CI 策划[M]．2 版．北京：清华大学出版社，2003．
[3] 魏杰．企业文化塑造：企业生命常青藤[M]．北京：中国发展出版社，2002．
[4] 罗长海．企业文化学[M]．3 版．北京：中国人民大学出版社，2006．
[5] 罗长海，等．企业文化建设个案评析[M]．北京：清华大学出版社，2006．
[6] 刘光明．企业文化[M]．北京：经济管理出版社，2006．
[7] [美]吉姆·柯林斯，杰里·波勒斯．基业长青[M]．2 版．真如，译．北京：中信出版社，2005．
[8] [美]特雷斯·迪尔，阿伦·肯尼迪．企业文化：现代企业的精神支柱[M]．唐铁军，等译．上海：上海科学技术文献出版社，1989．
[9] [美]约翰·科特，詹姆斯·赫斯克特．企业文化与经营业绩[M]．李晓涛，曾中，译．北京：华夏出版社，1997．
[10] [美]约翰·科特．现代企业的领导艺术[M]．史向东，颜艳，译．北京：华夏出版社，1997．
[11] [美]彼得·圣吉．第五项修炼：学习型组织的艺术与实务[M]．郭进隆，译．上海：上海三联书店，1994．
[12] [美]巴克·罗杰斯．IBM 道路——国际商用机器公司成功秘诀[M]．刘文德，张翠，译．北京：中国展望出版社，1987．
[13] [美]埃德加·沙因．企业文化生存指南[M]．郝继涛，译．北京：机械工业出版社，2004．
[14] [美]彼得·德鲁克．21 世纪的管理挑战[M]．朱雁斌，译．北京：机械工业出版社，2006．
[15] [美]彼得·德鲁克．管理：任务、责任与实践[M]．王永贵，译．北京：机械工业出版社，2004．
[16] [美]彼得·德鲁克．创新与企业家精神[M]．蔡文燕，译．北京：机械工业出版社，2007．
[17] [美]彼得·德鲁克．管理前沿[M]．闾佳，译．北京：机械工业出版社，2009．
[18] [美]菲利·普科特勒．营销管理[M]．梅汝和，等译．上海：上海人民出版社，1999．
[19] [美]斯蒂芬·罗宾斯．管理学[M]．4 版．北京：中国人民大学出版社，1997．
[20] [美]迈克尔·波特．竞争优势[M]．北京：华夏出版社，1997．
[21] [美]赫伯特·西蒙．管理行为[M]．詹正茂，译．北京：机械工业出版社，2004．
[22] [丹麦]杰斯帕·昆德．公司精神[M]．王珏，译．昆明：云南大学出版社，2002．
[23] [美]乔治·戴维森．最伟大的管理思想[M]．文岗，译．北京：中国纺织出版社，2003．
[24] [美]斯蒂芬·罗宾斯．组织行为学[M]．10 版．孙建敏，李原，译．北京：中国人民大学出版社，2005．
[25] [美]加里·德斯勒．人力资源管理[M]．6 版．刘昕，吴雯芳，等译．北京：中国人民大学出版社，1999．

[26] [美]杰弗瑞·克雷默. 杰克·韦尔奇领导艺术词典[M]. 罗晓军, 于春海, 译. 北京: 中国财政经济出版社, 2001.

[27] [美]弗莱蒙特·E.卡斯特, 詹姆斯·E.罗森茨韦克. 组织与管理: 系统方法与权变方法[M]. 4版. 傅严, 等译. 北京: 中国社会科学出版社, 2000.

[28] [日]土光敏夫. 经营管理之道[M]. 北京: 北京大学出版社, 1982.

[29] [日]松下幸之助. 实践经营哲学[M]. 滕颖, 译. 北京: 中国社会科学出版社, 1989.

[30] [英]斯图尔特·克雷纳. 管理大师50人[M]. 海口: 海南出版社, 2000.

[31] 陈亭楠. 现代企业文化[M]. 北京: 企业管理出版社, 2003.

[32] 陈维政, 等. 转型时期的中国企业文化研究[M]. 大连: 大连理工大学出版社, 2005.

[33] 应焕红, 公司文化管理[M]. 北京: 中国经济出版社, 2001.

[34] 赵文明. 中外企业文化经典案例[M]. 北京: 企业管理出版社, 2005.

[35] 罗争玉. 企业的文化管理[M]. 广州: 广东经济出版社, 2004.

[36] 陈德中. 学习型组织: 第五项修炼简明教程[M]. 北京: 企业管理出版社, 2005.

[37] 王成荣. 企业文化学教程[M]. 北京: 中国人民大学出版社, 2003.

[38] 朱山河, 陈翰武. 企业文化教程[M]. 武汉: 武汉大学出版社, 2003.

[39] 王成荣. 企业文化建设[M]. 2版. 北京: 清华大学出版社, 2009.

[40] 石伟. 组织文化[M]. 上海: 复旦大学出版社, 2004.

[41] 杨月坤. 企业文化[M]. 北京: 清华大学出版社, 2011.

[42] 王成荣, 周建波. 企业文化学[M]. 2版. 北京: 经济管理出版社, 2007.

[43] 刘宝宏. 企业战略管理[M]. 大连: 东北财经大学出版社, 2009.

[44] 刘光明. 企业文化案例[M]. 3版. 北京: 经济管理出版社, 2007.

[45] 刘光明. 新编企业文化案例[M]. 北京: 经济管理出版社, 2011.

[46] 刘光明. 企业文化塑造: 理论·实务·案例[M]. 北京: 经济管理出版社, 2007.

[47] 刘光明. 企业文化教程[M]. 北京: 经济管理出版社, 2008.

[48] 王超逸, 李庆善. 企业文化学原理[M]. 北京: 高等教育出版社, 2009.

[49] 栾永斌. 企业文化案例精选精析[M]. 北京: 中国社会科学出版社, 2008.

[50] 张国良. 企业文化管理[M]. 北京: 清华大学出版社, 2010.

[51] 罗长海, 林坚. 企业文化要义[M]. 北京: 清华大学出版社, 2003.

[52] 王超逸, 高洪深. 当代企业文化与知识管理教程[M]. 北京: 企业管理出版社, 2007.

[53] 郝振华. 企业文化论[M]. 太原: 山西人民出版社, 1989.

[54] 张铭远. 企业文化导论[M]. 沈阳: 辽宁大学出版社, 1990.

[55] 李建军. 企业文化制度与制度创新[M]. 北京: 清华大学出版社, 2004.

[56] 王吉鹏. 企业文化建设[M]. 北京: 中国发展出版社, 2005.

[57] 李庆善. 企业文化之源——企业文化[M]. 北京: 科学技术出版社, 1991.

[58] 黎群. 企业文化[M]. 北京: 清华大学出版社, 北京交通大学出版社, 2008.

[59] 张羿. 后现代企业与管理革命[M]. 昆明: 云南人民出版社, 1998.

[60] 张德, 刘翼生. 中国企业文化: 现在与未来[M]. 北京: 中国商业出版社, 1991.

[61] 赵泽林. 21世纪企业文化发展的六大趋势[J]. 中外企业文化, 2001, (9).

[62] 陈春花. 企业文化管理[M]. 广州: 华南理工大学出版社, 2002.

[63] 梁漱溟. 东西文化及其哲学[M]. 上海: 商务印书馆, 1922.

[64] 侯贵松. 企业文化怎样落地[M]. 北京：中国纺织出版社，2005.

[65] 庄锡昌，等. 多维视野中的文化理论[M]. 杭州：浙江人民出版社，1987.

[66] 黄铁鹰，海底捞你学不会[M]. 北京：中信出版社，2005.

[67] 吴声怡. 企业文化学[M]. 北京：光明日报出报社，2004.

[68] 吴声怡，周义邦，周金杰. 自在人：管理学的人性揭竿与价值革命[M]. 上海：上海大学出版社，2011.

[69] 李海，郭比恒，李博. 中国企业文化建设：传承与创新[M]. 北京：企业管理出版社，2005.

[70] 陈春花，等. 领先之道[M]. 北京：中信出版社，2004.

[71] 郭淑琴. 普通心理学[M]. 北京：中国科学技术出版社，1999.

[72] 齐善鸿，等. 道本管理：中国企业文化纲领[M]. 北京：中国经济出版社，2007.

[73] 居延安. 公共关系学[M]. 2版. 上海：复旦大学出版社，2001.

[74] 余凯成，等. 人力资源管理[M]. 3版. 大连：大连理工大学出版社，2006.

[75] 宏泰顾问. 世界优秀企业的卓越理念[M]. 北京：中国纺织出版社，2003.

[76] 王璞. 企业文化咨询实务[M]. 北京：中信出版社，2003.

[77] 王新婷，等. 中国传统文化概论[M]. 北京：中国林业出版社，2004.

[78] 孙先红，张治国. 蒙牛内幕[M]. 北京：北京大学出版社，2005.

[79] 华锐. 新世纪中国企业文化[M]. 北京：企业管理出版社，2000.

[80] 李玉泉，等. 企业文化的理论与实践[M]. 北京：石油工业出版社，1999.

[81] 林坚. 企业文化修炼[M]. 北京：蓝天出版社，2005.

[82] 王瑞祥. 铸造企业之魂：中央企业企业文化建设实践与探索[M]. 北京：中国经济出版社，2006.

[83] 叶生，等. 重塑：企业文化培训手册[M]. 北京：机械工业出版社，2005.

[84] 强以华. 企业：文化与价值[M]. 北京：中国社会科学出版社，2004.

[85] 黎永泰，黎伟. 企业管理的文化阶梯[M]. 成都：四川人民出版社，2003.

[86] 周施恩. 企业文化理论与实务[M]. 2版. 北京：首都贸易大学出版社，2007.

[87] 黄静. 以人为本的企业文化[M]. 武汉：武汉大学出版社，2003.

[88] 黎鸣. 中国人性分析报告[M]. 北京：中国社会出版社，2003.

[89] 芮明杰. 管理学：现代的观点[M]. 上海：上海人民出版社，1999.

[90] 金吾伦. 知识管理：知识社会的新管理模式[M]. 昆明：云南人民出版社，2001.

[91] 吴培良，等. 组织理论与设计[M]. 北京：中国人民大学出版社，1998.

[92] 颜建军，胡泳. 海尔中国造[M]. 海口：海南出版社，2001.

[93] Kim S C, Robert E Q. *Diagnosing and Changing Organizational Culture：Based on the Competing Values Framework*[M]. New York: Addison-Wesley, 1999.

[94] Geert H, Bram N, Denise D Ohayx, Geert Sanders. *Measuring Organizational Cultures：A Qualitative and Quantitative Study Across Tuenty Cases*[J]. Administrative Science Quarterly, 1990, 35, (2).

[95] O'Reilly C A. Chatman J, Caldwell D. *Peaple and Organization Culture：A Prfile Comparison Approach to Assessing Person-organization Fit* [J]. Academy of Academy of Management Journal, 1991, 34, (3).

[96] 赵曙明，裴宇晶．企业文化研究脉络梳理与趋势展望[J]．外国经济与管理，2011年，(10)．

[97] 张志学，张建君，梁钧平．企业制度和企业文化的功效：组织控制的观点[J]．经济科学，2006年，(1)．

[98] 张勉，李海，闫举刚．组织文化度量模型的构建与实证研究[J]．科学学与科学技术管理，2007，(12)．

[99] 许雄奇，赖景生．企业文化生命周期的理论探析[J]．重庆工学院报，2001，(1)．

[100] 崔章国，赵冬云，谢嘉．试析经济全球化进程下文化冲突的原因及特点[J]．宁夏社会科学，2005，(2)．

[101] 周有斌，齐卫国．论中西企业文化的冲突与融合[J]．企业家天地，2008，(7)．

[102] 娄兵役．企业文化变革的阻力与克服[J]．乡镇经济，2001，(2)．

[103] 张明海．讲故事：凤凰卫视企业文化传播之道[J]．中国人力资源开发，2008，(9)．

[104] 蒋兆雷，王良平．企业文化传播的条件和时机[J]．五邑大学学报(自然科学报)．2003，(4)．

[105] 陈燕，邓旭．浅论环境对组织文化的影响[J]．经济体制改革，2005，(3)．

[106] 马步真．论企业领导与企业文化建设[J]．管理者说．2007，(5)．

[107] 洪向华．论企业文化与企业领导的辩证关系[J]．理论探讨，2003，(3)．

[108] 王锦，等．基于行为微观视角的企业文化建设探析[J]．经济研究导刊，2008，(1)．

[109] 张旭，等．企业文化评估模型开发及应用[J]．科学学与科学技术管理，2008，(1)．

[110] 张勉，张德．组织文化测量研究评述[J]．外国经济与管理，2004，(8)．

[111] 陈占锋．企业文化传播与品牌塑造[J]．中外企业家，2008，(2)．

[112] 帅萍，赵晓敏．企业文化管理实施分析[J]．华东经济管理，2007(1)．

[113] 邹樵，丁冬．企业文化制度建设的依据与原则[J]．管理世界，2007(4)．

[114] 曲庆．中美优秀企业文化陈述的对比研究[J]．中国工业经济，2007，(5)．

[115] 吴照云，王宇露．企业文化与企业竞争力：一个基于价值创造和价值实现的分析视角[J]．中国工业经济，2003，(12)．

[116] 韩文辉，等．国外企业文化理论主要流派述评[J]．哈尔滨工业大学学报(社会科学版)，2000，(4)．

[117] 宋莉，张德．企业文化的影响因素及形成[J]．企业管理，2005(10)．

[118] 程兆谦，徐金发．企业文化与购并研究[J]．外国经济与管理，2001，(9)．

[119] 余松涛．企业文化的哲学思维[M]．太原：山西师范大学出版社，1997．

[120] 李桂荣．创新型企业文化[M]．北京：经济管理出版社，2002．

[121] 王小锡．经济伦理与企业发展[M]．南京：南京师范大学出版社，1998．

[122] 王文奎．浅析组织文化的人力资源开发管理功能[J]．软科学，2003，(4)．

[123] 王磊，等．柔性文化：企业柔性战略的核心[J]．中国软科学，2000，(8)．

[124] 黎永泰．试论企业文化的两种基本类型[J]．经济体制改革，2001，(1)．

[125] 董文胜，王缨．联想从裁员到新文化运动[J]．中外管理，2004，(5)．

[126] 爱成，王逸凡．化蛹成蝶：苹果的创新蜕变[J]．销售与市场，2006，(7)．

[127] 李斌．基于企业文化的绩效管理研究[D]．衡阳：南华大学，2007．

[128] 张旭．企业文化对竞争优势的影响机理研究[D]．大连：大连理工大学：2007．

[129] 杨雨诚. 企业文化认知对企业凝聚力影响的实证研究[D]. 武汉：华中农业大学：2007.
[130] 危红波. 企业文化传播理论及应用的研究[D]. 合肥：合肥工业大学，2002.
[131] 张洁. 体验式培训在企业文化传播中的应用研究[D]. 上海：华东师范大学，2008.
[132] 侯盼. 零售企业的文化传播模式研究：以沃尔玛为例[D]. 长春：吉林大学，2009.
[133] 陈殿春. 论中国企业文化的冲突与再造[D]. 黑龙江：哈尔滨工程大学，2006.
[134] 李亮辉. 企业文化冲突背景下的客户关系管理[D]. 北京：北京交通大学，2008.
[135] 刘霖. 企业文化重塑的研究[D]. 苏州：苏州大学，2006.
[136] 江繁锦. 领导行为与企业文化的适配性研究[D]. 长沙：湖南大学，2008.
[137] 周冬梅. 论企业家精神与企业文化建设[D]. 合肥：合肥工业大学，2006.
[138] 王吉鹏. 价值观的起飞与落地[M]. 北京：电子工业出版社，2004.
[139] 高贤峰. 企业管理制度与文化理念对员工行为作用的机理及应用研究[OL]. 国研网，http://www.decnet.com.cn，2004.

北京大学出版社本科财经管理类实用规划教材（已出版）

财务会计类

序号	书名	标准书号	主编	定价	序号	书名	标准书号	主编	定价
1	基础会计（第2版）	7-301-17478-4	李秀莲	38.00	26	财务管理理论与实务（第2版）	7-301-20407-8	张思强	42.00
2	基础会计学	7-301-19403-4	窦亚芹	33.00	27	公司理财原理与实务	7-81117-800-5	廖东声	36.00
3	会计学	7-81117-533-2	马丽莹	44.00	28	审计学	7-81117-828-9	王翠琳	46.00
4	会计学原理（第2版）	7-301-18515-5	刘爱香	30.00	29	审计学	7-301-20906-6	赵晓波	38.00
5	会计学原理习题与实验（第2版）	7-301-19449-2	王保忠	30.00	30	审计理论与实务	7-81117-955-2	宋传联	36.00
6	会计学原理与实务（第2版）	7-301-18653-4	周慧滨	33.00	31	会计综合实训模拟教程	7-301-20730-7	章洁倩	33.00
7	会计学原理与实务模拟实验教程	7-5038-5013-4	周慧滨	20.00	32	财务分析学	7-301-20275-3	张献英	30.00
8	会计实务	7-81117-677-3	王远利	40.00	33	银行会计	7-301-21155-7	宗国恩	40.00
9	高级财务会计	7-81117-545-5	程明娥	46.00	34	税收筹划	7-301-21238-7	都新英	38.00
10	高级财务会计	7-5655-0061-9	李奇杰	44.00	35	基础会计学	7-301-16308-5	晋晓琴	39.00
11	成本会计学	7-301-19400-3	杨尚军	38.00	36	公司财务管理	7-301-21423-7	胡振兴	48.00
12	成本会计学	7-5655-0482-2	张红漫	30.00	37	财务管理学实用教程（第2版）	7-301-21060-4	骆永菊	42.00
13	成本会计学	7-301-20473-3	刘谨中	38.00	38	政府与非营利组织会计	7-301-21504-3	张丹	40.00
14	管理会计	7-81117-943-9	齐殿伟	27.00	39	预算会计	7-301-22203-4	王筱萍	32.00
15	管理会计	7-301-21057-4	彤芳珍	36.00	40	统计学实验教程	7-301-22450-2	裘雨明	24.00
16	会计规范专题	7-81117-887-6	谢万健	35.00	41	基础会计实验与习题	7-301-22387-1	左旭	30.00
17	企业财务会计模拟实习教程	7-5655-0404-4	董晓平	25.00	42	基础会计	7-301-23109-8	田凤彩	39.00
18	税法与税务会计	7-81117-497-7	吕孝侠	45.00	43	财务会计学	7-301-23190-6	李柏生	39.00
19	初级财务管理	7-301-20019-3	胡淑姣	42.00	44	会计电算化	7-301-23565-2	童伟	49.00
20	财务管理学原理与实务	7-81117-544-8	严复海	40.00	45	中级财务会计	7-301-23772-4	吴海燕	49.00
21	财务管理学	7-5038-4897-1	盛均全	34.00	46	会计规范专题(第2版)	7-301-23797-7	谢万健	42.00
22	财务管理学	7-301-21887-7	陈玮	44.00	47	基础会计	7-301-24366-4	孟铁	35.00
23	基础会计学学习指导与习题集	7-301-16309-2	裴玉	28.00	48	信息化会计实务	7-301-24730-3	杜天宇	35.00
24	财务管理理论与实务	7-301-20042-1	成兵	40.00	49	会计学原理	7-301-24872-0	郭松克	38.00
25	税法与税务会计实用教程（第2版）	7-301-21422-0	张巧良	45.00					

工商管理、市场营销、人力资源管理、服务营销类

序号	书名	标准书号	主编	定价	序号	书名	标准书号	主编	定价
1	管理学基础	7-5038-4872-8	于干千	35.00	29	市场营销学：理论、案例与实训	7-301-21165-6	袁连升	42.00
2	管理学基础学习指南与习题集	7-5038-4891-9	王珍	26.00	30	市场营销学	7-5655-0064-0	王槐林	33.00
3	管理学	7-81117-494-6	曾旗	44.00	31	国际市场营销学	7-301-21888-4	董飞	45.00
4	管理学	7-301-21167-0	陈文汉	35.00	32	市场营销学（第2版）	7-301-19855-1	陈阳	45.00
5	管理学	7-301-17452-4	王慧娟	42.00	33	市场营销学	7-301-21166-3	杨楠	42.00
6	管理学原理	7-5655-0078-7	尹少华	42.00	34	国际市场营销学	7-5038-5021-9	范应仁	38.00
7	管理学原理与实务（第2版）	7-301-18536-0	陈嘉莉	42.00	35	现代市场营销学	7-81117-599-8	邓德胜	40.00
8	管理学实用教程	7-5655-0063-3	邵喜武	37.00	36	市场营销学新论	7-5038-4879-7	郑玉香	40.00
9	管理学实用教程	7-301-21059-8	高爱霞	42.00	37	市场营销理论与实务（第2版）	7-301-20628-7	那薇	40.00
10	管理学实用教程	7-301-22218-8	张润兴	43.00	38	市场营销学实用教程	7-5655-0081-7	李晨耘	40.00
11	通用管理知识概论	7-5038-4997-8	王丽平	36.00	39	市场营销学	7-81117-676-6	戴秀英	32.00
12	管理学原理	7-301-21178-6	雷金荣	39.00	40	消费者行为学	7-81117-824-1	甘瑨琴	38.00
13	管理运筹学（第2版）	7-301-19351-8	关文忠	39.00	41	商务谈判（第2版）	7-301-20048-3	郭秀君	49.00
14	统计学原理	7-301-21061-1	韩宇	38.00	42	商务谈判实用教程	7-81117-597-4	陈建明	24.00
15	统计学原理	7-5038-4888-9	刘晓利	28.00	43	消费者行为学	7-5655-0057-2	肖立	37.00
16	统计学	7-5038-4898-8	曲岩	40.00	44	客户关系管理实务	7-301-09956-8	周爽来	44.00
17	应用统计学（第2版）	7-301-19295-5	王淑芬	48.00	45	公共关系学	7-5038-5022-6	于朝晖	42.00
18	统计学原理与实务	7-5655-0505-8	徐静霞	40.00	46	非营利组织	7-301-20726-0	王智慧	33.00
19	管理定量分析方法	7-301-13552-5	赵光华	28.00	47	公共关系理论与实务	7-5038-4889-6	王玫	32.00
20	新编市场营销学	7-81117-972-9	刘丽霞	30.00	48	公共关系学实用教程	7-81117-660-5	周华	35.00
21	公共关系学与实务	7-5655-0155-5	李泓欣	37.00	49	跨文化管理	7-301-20027-8	晏雄	35.00
22	质量管理（第2版）	7-301-24632-0	陈国华	39.00	50	企业战略管理	7-5655-0370-2	代海涛	36.00
23	企业文化理论与实务	7-81117-663-6	王水嫩	30.00	51	员工招聘	7-301-20089-6	王挺	30.00
24	企业战略管理	7-81117-801-2	陈英梅	34.00	52	服务营销理论与实务	7-81117-826-5	杨丽华	39.00
25	企业战略管理实用教程	7-81117-853-1	刘松先	35.00	53	服务企业经营管理学	7-5038-4890-2	于干千	36.00
26	产品与品牌管理	7-81117-492-2	胡梅	35.00	54	服务营销	7-301-15834-0	周明	40.00
27	东方哲学与企业文化	7-5655-0433-4	刘峰涛	34.00	55	运营管理	7-5038-4878-0	冯根尧	35.00
28	市场营销学	7-301-21056-7	马惠敏	42.00	56	生产运作管理（第2版）	7-301-18934-4	李全喜	48.00

序号	书名	标准书号	主编	定价	序号	书名	标准书号	主编	定价
57	运作管理	7-5655-0472-3	周建亨	25.00	77	现代企业管理理论与应用（第2版）	7-301-21603-3	邸彦彪	38.00
58	组织行为学	7-5038-5014-1	安др民	33.00	78	服务营销	7-301-21889-1	熊凯	45.00
59	组织设计与发展	7-301-23385-6	李春波	36.00	79	企业经营ERP沙盘应用教程	7-301-20728-4	董红杰	32.00
60	组织行为学实用教程	7-301-20466-5	冀鸿	32.00	80	项目管理	7-301-21448-0	程敏	39.00
61	现代组织理论	7-5655-0077-0	岳澎	32.00	81	公司治理学	7-301-22568-4	蔡锐	35.00
62	人力资源管理（第2版）	7-301-19098-2	颜爱民	60.00	82	管理学原理	7-301-22980-4	陈阳	48.00
63	人力资源管理经济分析	7-301-16084-8	颜爱民	38.00	83	管理学	7-301-23023-7	申文青	40.00
64	人力资源管理原理与实务	7-81117-496-0	邹华	32.00	84	人力资源管理实验教程	7-301-23078-7	畅铁民	40.00
65	人力资源管理实用教程（第2版）	7-301-20281-4	吴宝华	45.00	85	社交礼仪	7-301-23418-1	李霞	29.00
66	人力资源管理：理论、实务与艺术	7-5655-0193-7	李长江	48.00	86	营销策划	7-301-23204-0	杨楠	42.00
67	人力资源管理教程	7-301-24615-3	夏兆敢	36.00	87	企业战略管理	7-301-23419-8	顾桥	46.00
68	政府与非营利组织会计	7-301-21504-3	张丹	40.00	88	兼并与收购	7-301-22567-7	陶昌智	32.00
69	会展服务管理	7-301-16661-1	许传宏	36.00	89	统计学（第2版）	7-301-23854-7	阮红伟	35.00
70	现代服务业管理原理、方法与案例	7-301-17817-1	马勇	49.00	90	广告策划与管理：原理、案例与项目实训	7-301-23827-1	杨佐飞	48.00
71	服务性企业战略管理	7-301-20043-8	黄其新	28.00	91	客户关系管理理论与实务	7-301-23911-7	徐伟	40.00
72	服务型政府管理概论	7-301-20099-5	于千千	32.00	92	市场营销学（第2版）	7-301-24328-2	王槐林	39.00
73	新编现代企业管理	7-301-21121-2	姚丽娜	48.00	93	创业基础：理论应用与实训实练	7-301-24465-4	郭占元	38.00
74	创业学	7-301-15915-6	刘沁玲	38.00	94	生产运作管理（第3版）	7-301-24502-6	李全喜	54.00
75	公共关系学实用教程	7-301-17472-2	任焕琴	42.00	95	统计学	7-301-24750-1	李付梅	39.00
76	现场管理	7-301-21528-9	陈国华	25.00	96	企业文化理论与实务(第2版)		王水嫩	38.00

经济、国贸、金融类

序号	书名	标准书号	主编	定价	序号	书名	标准书号	主编	定价
1	宏观经济学原理与实务（第2版）	7-301-18787-6	崔东红	57.00	25	东南亚南亚商务环境概论	7-81117-956-9	韩越	38.00
2	宏观经济学（第2版）	7-301-19038-8	蹇令香	39.00	26	证券投资学	7-301-19967-1	陈汉平	45.00
3	微观经济学原理与实务	7-81117-818-0	崔东红	48.00	27	证券投资学	7-301-21236-3	王毅	45.00
4	微观经济学	7-81117-568-4	梁瑞敏	35.00	28	货币银行学	7-301-15062-7	杜小伟	38.00
5	西方经济学实用教程	7-5038-4886-5	陈孝胜	40.00	29	货币银行学	7-301-21345-2	李冰	42.00
6	西方经济学实用教程	7-5655-0302-3	杨仁发	49.00	30	国际结算（第2版）	7-301-17420-3	张晓芬	35.00
7	西方经济学	7-81117-851-7	于丽敏	40.00	31	国际结算	7-301-21092-5	张慧	42.00
8	现代经济学基础	7-81117-549-3	张士军	25.00	32	金融风险管理	7-301-20090-2	朱淑珍	38.00
9	国际经济学	7-81117-594-3	吴红梅	39.00	33	金融工程学	7-301-18273-4	王淑锦	30.00
10	发展经济学	7-81117-674-2	赵邦宏	48.00	34	国际贸易理论、政策与案例分析	7-301-20978-3	冯跃	42.00
11	管理经济学	7-81117-536-3	姜保雨	34.00	35	金融工程学理论与实务（第2版）	7-301-21280-6	谭春枝	42.00
12	计量经济学	7-5038-3915-3	刘艳春	28.00	36	金融学理论与实务	7-5655-0405-1	战玉峰	42.00
13	外贸函电（第2版）	7-301-18786-9	王妍	30.00	37	国际金融实用教程	7-81117-593-6	周影	32.00
14	国际贸易理论与实务（第2版）	7-301-18798-2	缪东玲	54.00	38	跨国公司经营与管理（第2版）	7-301-21333-9	冯雷鸣	35.00
15	国际贸易（第2版）	7-301-19404-1	朱廷珺	45.00	39	国际金融	7-5038-4893-3	韩博印	30.00
16	国际贸易实务（第2版）	7-301-20486-3	夏合群	45.00	40	国际商务函电	7-301-22388-2	金泽虎	35.00
17	国际贸易结算及其单证实务	7-5655-0268-2	卓乃坚	35.00	41	国际金融	7-301-23351-6	宋树民	48.00
18	政治经济学原理与实务（第2版）	7-301-22204-1	沈爱华	31.00	42	国际贸易实训教程	7-301-23730-4	王茜	28.00
19	国际商务	7-5655-0093-0	安占然	30.00	43	财政学	7-301-23814-1	何育静	45.00
20	国际贸易实务	7-301-20919-6	张肃	28.00	44	保险学	7-301-23819-6	李春蓉	41.00
21	国际贸易规则与进出口业务操作实务（第2版）	7-301-19384-6	李平	54.00	45	中国对外贸易概论	7-301-23884-4	翟士军	42.00
22	金融市场学	7-81117-595-0	黄解宇	24.00	46	国际经贸英语阅读教程	7-301-23876-9	李晓娣	25.00
23	财政学	7-5038-4965-7	盖锐	34.00	47	管理经济学（第2版）	7-301-24786-0	姜保雨	45.00
24	保险学原理与实务	7-5038-4871-1	曹时军	37.00	48	矿业经济学	7-301-24988-8	李创	38.00

法律类

序号	书名	标准书号	主编	定价	序号	书名	标准书号	主编	定价
1	经济法原理与实务(第2版)	7-301-21527-2	杨士富	39.00	6	金融法学理论与实务	7-81117-958-3	战玉锋	34.00
2	经济法实用教程	7-81117-547-9	陈亚平	44.00	7	国际商法	7-301-20071-1	丁孟春	37.00
3	国际商法理论与实务	7-81117-852-4	杨士富	38.00	8	商法学	7-301-21478-7	周龙杰	43.00
4	商法总论	7-5038-4887-2	任先行	40.00	9	经济法	7-301-24697-9	王成林	35.00
5	劳动法和社会保障法（第2版）	7-301-21206-6	李瑞	38.00	10	政治经济学	7-301-24891-1	巨荣良	38.00

电子商务与信息管理类

序号	书名	标准书号	主编	定价	序号	书名	标准书号	主编	定价
1	网络营销	7-301-12349-2	谷宝华	30.00	6	电子商务概论	7-301-13633-1	李洪心	30.00
2	数据库技术及应用教程（SQL Server版）	7-301-12351-5	郭建校	34.00	7	管理信息系统实用教程	7-301-12323-2	李松	35.00
3	网络信息采集与编辑	7-301-16557-7	范生万	24.00	8	电子商务概论（第2版）	7-301-17475-3	庞大莲	42.00
4	电子商务案例分析	7-301-16596-6	曹彩杰	28.00	9	网络营销（第2版）	7-301-23803-5	王宏伟	36.00
5	管理信息系统	7-301-12348-5	张彩虹	36.00	10	电子商务概论	7-301-16717-5	杨雪雁	32.00

序号	书名	标准书号	主编	定价	序号	书名	标准书号	主编	定价
11	电子商务英语	7-301-05364-5	覃 正	30.00	27	数字图书馆	7-301-22118-1	奉国和	30.00
12	网络支付与结算	7-301-16911-7	徐 勇	34.00	28	电子化国际贸易	7-301-17246-9	李辉作	28.00
13	网上支付与安全	7-301-17044-1	帅青红	32.00	29	商务智能与数据挖掘	7-301-17671-9	张公让	38.00
14	企业信息化实务	7-301-16621-5	张志荣	42.00	30	管理信息系统教程	7-301-19472-0	赵天唯	42.00
15	电子商务法	7-301-14306-3	李 瑞	26.00	31	电子政务	7-301-15163-1	原忠虎	38.00
16	数据仓库与数据挖掘	7-301-14313-1	廖开际	28.00	32	商务智能	7-301-19899-5	汪 楠	40.00
17	电子商务模拟与实验	7-301-12350-8	喻光继	22.00	33	电子商务与现代企业管理	7-301-19978-7	吴菊华	40.00
18	ERP原理与应用教程	7-301-14455-8	温雅丽	34.00	34	电子商务物流管理	7-301-20098-8	王小宁	42.00
19	电子商务原理及应用	7-301-14080-2	孙 睿	36.00	35	管理信息系统实用教程	7-301-20485-6	周贺来	42.00
20	管理信息系统理论与应用	7-301-15212-6	吴 忠	30.00	36	电子商务概论	7-301-21044-4	苗 森	28.00
21	网络营销实务	7-301-15284-3	李蔚田	42.00	37	管理信息系统实务教程	7-301-21245-5	魏厚清	34.00
22	电子商务实务	7-301-15474-8	仲 岩	28.00	38	电子商务安全	7-301-22350-5	蔡志文	49.00
23	电子商务网站建设	7-301-15480-9	藏良运	32.00	39	电子商务法	7-301-22121-1	郭 鹏	38.00
24	网络金融与电子支付	7-301-15694-0	李蔚田	30.00	40	ERP沙盘模拟教程	7-301-22393-2	周 菁	26.00
25	网络营销	7-301-22125-9	程 虹	38.00	41	移动商务理论与实践	7-301-22779-4	柯 林	43.00
26	电子证券与投资分析	7-301-22122-8	张德存	38.00	42	电子商务项目教程	7-301-23071-8	芦 阳	45.00

物流类

序号	书名	书号	编著者	定价	序号	书名	书号	编著者	定价
1	物流工程	7-301-15045-0	林丽华	30.00	34	逆向物流	7-301-19809-4	甘卫华	33.00
2	现代物流决策技术	7-301-15868-5	王道平	30.00	35	供应链设计理论与方法	7-301-20018-6	王道平	32.00
3	物流管理信息系统	7-301-16564-5	杜彦华	33.00	36	物流管理概论	7-301-20095-7	李传荣	44.00
4	物流信息管理	7-301-16699-4	王汉新	38.00	37	供应链管理	7-301-20094-0	高举红	38.00
5	现代物流学	7-301-16662-8	吴 健	42.00	38	企业物流管理	7-301-20818-2	孔继利	45.00
6	物流英语	7-301-16807-3	阚功俭	28.00	39	物流项目管理	7-301-20851-9	王道平	30.00
7	第三方物流	7-301-16663-5	张旭辉	35.00	40	供应链管理	7-301-20901-1	王道平	30.00
8	物流运作管理	7-301-16913-1	董千里	28.00	41	现代仓储管理与实务	7-301-21043-7	周兴建	45.00
9	采购管理与库存控制	7-301-16921-6	张 浩	30.00	42	物流学概论	7-301-21098-7	李 创	44.00
10	物流管理基础	7-301-16906-3	李蔚田	36.00	43	航空物流管理	7-301-21118-2	刘元洪	32.00
11	供应链管理	7-301-16714-4	曹翠珍	40.00	44	物流管理实验教程	7-301-21094-9	李晓龙	25.00
12	物流技术装备	7-301-16808-0	于 英	38.00	45	物流系统仿真案例	7-301-21072-7	赵 宁	25.00
13	现代物流信息技术(第2版)	7-301-23848-6	王道平	35.00	46	物流与供应链金融	7-301-21135-9	王道平	30.00
14	现代物流仿真技术	7-301-17571-2	王道平	34.00	47	物流信息系统	7-301-20989-9	王道平	28.00
15	物流信息系统应用实例教程	7-301-17581-1	徐 琪	32.00	48	物料学	7-301-17476-0	肖生苓	44.00
16	物流项目招投标管理	7-301-17615-3	孟祥茹	30.00	49	智能物流	7-301-22036-8	李蔚田	45.00
17	物流运筹学实用教程	7-301-17610-8	赵雨君	33.00	50	物流管理	7-301-21676-7	张旭辉	48.00
18	现代物流基础	7-301-17611-5	王 侃	37.00	51	新物流概论	7-301-22114-3	李向文	34.00
19	现代企业物流管理实用教程	7-301-17612-2	乔志强	40.00	52	物流决策技术	7-301-21965-2	王道平	38.00
20	现代物流管理学	7-301-17672-6	丁小龙	42.00	53	物流系统优化建模与求解	7-301-22115-0	李向文	32.00
21	物流运筹学	7-301-17674-0	郝 海	36.00	54	集装箱运输实务	7-301-16644-4	孙家庆	34.00
22	供应链库存管理与控制	7-301-17929-1	王道平	28.00	55	库存管理	7-301-22389-5	张旭凤	25.00
23	物流信息系统	7-301-18500-1	修桂华	32.00	56	运输组织学	7-301-22744-2	王小霞	30.00
24	城市物流	7-301-18523-0	张 潜	24.00	57	物流金融	7-301-22699-5	李蔚田	39.00
25	营销物流管理	7-301-18658-9	李学工	45.00	58	物流系统集成技术	7-301-22800-5	杜彦华	40.00
26	物流信息技术概论	7-301-18670-1	张 磊	28.00	59	商品学	7-301-23067-1	王海刚	38.00
27	物流配送中心运作管理	7-301-18671-8	陈 虎	40.00	60	项目采购管理	7-301-23100-5	杨 丽	38.00
28	物流项目管理	7-301-18801-9	周晓晔	35.00	61	电子商务与现代物流	7-301-23356-6	吴 健	48.00
29	物流工程与管理	7-301-18960-3	高举红	39.00	62	国际海上运输	7-301-23486-0	张良卫	45.00
30	交通运输工程学	7-301-19405-8	于 英	43.00	63	物流配送中心规划与设计	7-301-23847-9	孔继利	49.00
31	国际物流管理	7-301-19431-7	柴庆春	40.00	64	运输组织学	7-301-23885-1	孟祥茹	48.00
32	商品检验与质量认证	7-301-10563-4	陈红丽	32.00	65	物流管理	7-301-22161-7	张佺举	49.00
33	供应链管理	7-301-19734-9	刘永胜	49.00					

相关教学资源如电子课件、电子教材、习题答案等可以登录 www.pup6.cn 下载或在线阅读。

扑六知识网(www.pup6.com)有海量的相关教学资源和电子教材供阅读及下载(包括北京大学出版社第六事业部的相关资源),同时欢迎您将教学课件、视频、教案、素材、习题、试卷、辅导材料、课改成果、设计作品、论文等教学资源上传到 pup6.cn,与全国高校师生分享您的教学成就与经验,并可自由设定价格,知识也能创造财富。具体情况请登录网站查询。

如您需要免费纸质样书用于教学,欢迎登录第六事业部门户网(www.pup6.com.cn)填表申请,并欢迎在线登记选题以到北京大学出版社来出版您的大作,也可下载相关表格填写后发到我们的邮箱,我们将及时与您取得联系并做好全方位的服务。

扑六知识网将打造成全国最大的教育资源共享平台,欢迎您的加入——让知识有价值,让教学无界限,让学习更轻松。联系方式:010-62750667,wangxc02@163.com,lihu80@163.com,欢迎来电来信。